U0083324

古代歷史文化研究輯刊

九編

王明蓀 主編

第 8 冊

孫吳國家戰略及其施展

劉東霖 著

國家圖書館出版品預行編目資料

孫吳國家戰略及其施展／劉東霖 著 — 初版 — 新北市：花木
蘭文化出版社，2013〔民 102〕
目 4+272 面；19×26 公分
（古代歷史文化研究輯刊 九編；第 8 冊）
ISBN：978-986-322-190-6（精裝）
1. 三國史　2. 國家戰略
618　　　　　　　　　　　　　　　　　　　102002670

ISBN-978-986-322-190-6

古代歷史文化研究輯刊
九　編　第八冊　　　　　　　ISBN：978-986-322-190-6

孫吳國家戰略及其施展

作　　者　劉東霖
主　　編　王明蓀
總 編 輯　杜潔祥
出　　版　花木蘭文化出版社
發 行 所　花木蘭文化出版社
發 行 人　高小娟
聯絡地址　235 新北市中和區中安街七二號十三樓
　　　　　電話：02-2923-1455／傳真：02-2923-1452
網　　址　http://www.huamulan.tw 信箱 sut81518@gmail.com
印　　刷　普羅文化出版廣告事業
初　　版　2013 年 3 月
定　　價　九編 27 冊（精裝）新台幣 45,000 元

孫吳國家戰略及其施展

劉東霖　著

作者簡介

劉東霖，1984 年生，畢業於淡江大學歷史系，其後進入國立中正大學歷史研究所，碩士畢業後，續繼於中正大學歷史研究所攻讀博士學位。主要研究方向為三國史、魏晉南北朝史、軍事戰略等。現擔任雷家驥教授國科會計畫「北朝後期軍制之變化與影響——以都督制為中心」兼任助理，並同時在中學擔任歷史科教師。曾發表論文〈從「進圖淮南」到「限江自保」—談孫吳後期國家戰略的轉變與萎縮（222～280）〉，收入《中國中古史研究》第 11 期。

提　　要

　　「國家戰略」為近代軍事學領域發明之術語，係指一國具統籌性質的發展決策，故範疇不單侷限於軍事。同時是支配著一國軍事國防、外交、經濟等層面，藉此整合力量，實踐國家目標。但國家戰略之成型，並非只限於國家正式建立後，部分分裂時期的政權，亦有提早出現者，如本文研究主題——孫吳即為一例。孫吳集團創自孫堅，政權則奠基於孫策渡江。孫權繼任後將「西向征荊」的方針轉型擴充成「全據長江」的國家戰略，成為孫吳前期第一目標。其間孫吳與曹操、劉備等勢力多番周旋，終至建立戰略構想中「劃江而治」的國家型態。因此，三國鼎立的形成，可謂是孫、劉、曹三方戰略制衡下的結果。

　　秦漢以降，「統一」即成極具標的性的政治理想，如曹操、劉備都曾明確表達追求意志，但學者對於孫吳是否「意在偏安」，歷來觀點不一。筆者認為孫吳建國後，曾將國家戰略調整為「進圖淮南」，簡言之，便是把奪取淮南當成追求統一的前置步驟，並具體表現在孫權北伐之上。但因吳、魏國力差距，吳、魏攻防戰略的優劣等因素影響，「進圖淮南」未果，反使孫吳國力日衰，改行「限江自保」戰略。亦即全力固守長江防線，維繫政權。然西晉南征，成功瓦解孫吳長江防線，使「限江自保」亦不能維持，孫吳終仍覆亡。因此，筆者認為，孫吳後期國家戰略之演變，實是由積極擴張失敗，轉而萎縮成偏安的過程。如此，對於孫吳偏安疑義、以及亡國之因兩題，皆有其合理解釋，此誠本研究嘗試提出的觀點。

目

次

附　表

第一章　緒　論

前　言

　　兵聖孫武在《孫子兵法・計篇》有云：「兵者，國之大事也；死生之地，存亡之道，不可不察也。」〔註1〕此闡明一理，軍事者攸關一國盛衰存亡，必為國家大政不能輕忽的環節。〔註2〕東漢末年中央朝廷苦於宦官、外戚政爭，地方則逢黃巾亂起，社會動盪不安、民生凋敝，州郡割據勢力遂在王朝崩解的時刻，獲得壯大機會，進而相互攻伐、爭奪地盤，其發生戰事之頻率遠大於承平時期。三國鼎立的出現，以及魏、蜀、吳三政權發展建國之歷程，無不是透過戰爭手段而來，〔註3〕是故，分裂時期的軍事對歷史發展的影響力實是更為突出。

〔註1〕〔東周〕孫武、〔東漢〕魏武帝等註，〔清〕孫星衍等校，《孫子集註》（臺北：東大圖書股份有限公司，2006年），卷1〈計篇〉，頁1。

〔註2〕本文對於「國家」的定義採用〔美〕Andrew Heywood，楊日新等譯，《最新政治學新論》（臺北：韋伯文化出版社，2002年）之說法：指在特定疆域內，行使至高無上管轄權的政治組合，見頁173。

〔註3〕三國鼎立的形成，可約略以三場重大戰役為指標。其一「官渡之戰」，曹操擊敗袁紹，奠定統一北方之基礎；其二「赤壁之戰」，曹操南下敗於孫權、劉備聯軍，後操子曹丕篡漢，曹魏政權正式建立；劉備則是赤壁戰後得荊州為據點，隨之入據益州，建漢（蜀漢）；孫吳政權肇建則始孫策渡江，繼之孫權時代，先自劉備手上奪回荊州，而後也正式稱帝，故其三則是吳蜀的「夷陵之戰」，此戰使得三國版圖大致抵定，進入長期對峙。但鼎立局面後因曹魏滅蜀而打破，轉而形成吳、晉（篡魏）南北對抗。最後，晉平吳，三國時代宣告正式終結。另外，本文對於「戰爭」此一軍事用語之定義採用〔德〕克勞塞維茨，楊南芳等譯校，《戰爭論》（臺北：左岸文化出版社，2006年）之說法：「戰爭是指使用暴力行為，迫使敵人服從自己的意志。」參頁86。

一國採取之軍事行為，除盲目興戈外，基本是依循其背後的戰略指導，〔註4〕此指導又理以其國利益為旨，故其戰略的規劃執行，必不能脫離國家目標的訴求。然而，實踐國家目標，僅仰賴軍事手段並不足夠，還需有更高層級的戰略，來整合及運用各項資源、政策，此即「國家戰略」存在之重要意義。〔註5〕簡言之，國家戰略作為一國最高層級之方針，各領域政策方針皆受其指導，諸如軍事、國防、外交等方面。因此，在研究上，除針對戰略形成背景、決策考量做探討外，也須同時審視戰略在戰爭行為、國防以及外交等活動上，所呈現之具體成果，以及對當時代造成之影響，方能較全面宏觀的把握其歷史意涵。

不過，值得注意的是，中國分裂時期的部份政權，在其正式建國稱制前，即已出現國家戰略之雛型，並依之為發展方針，如本文研究之孫吳政權即屬一例，故本文將研究斷限向前延伸，擴大考察範疇，而不止侷限孫權稱帝後的情況，方算完整。從國家戰略角度來研究一國（一政權）之發展存亡，雖可從宏觀視野觀察其演變脈絡，以理解其對一國（一政權）造成之諸般影響。然而，本文採取這種研究架構，亦具有方法上的侷限性。首先，研究涵蓋範圍較廣，可能導致論述分析上過度強調總體性，而忽略一些較次要、獨立之歷史事實或歷史因素。其次，本文使用之部分軍事名詞，如題目中的「戰略」、「國家戰略」者，蓋中國古代無之，為近代軍事學逐漸發展而來的術語。故本研究僅著重於協助詮釋史料之中，部份概念相近通同之處，

〔註4〕關於「戰略」之定義，本文採用克勞塞維茨在《戰爭論》中的看法「戰略是為了達到戰爭目的而對於戰鬥運用的藝術」，參頁240。同樣對於「戰略」一詞的詮釋，另見〔法〕薄富爾，鈕先鍾譯，《戰略緒論》（臺北：麥田出版社，2000年）之定義為：「戰略乃指運用各種力量以追求達成目標之藝術。」參頁25。以及〔英〕李德哈特，鈕先鍾譯，《戰略論》（臺北：麥田出版社，2007年）中認為：「戰略是分配與運用軍事工具，以達到政策目的的藝術。」此三人論述上略有出入，意涵上則亦大抵相同。

〔註5〕「國家戰略」一詞，為近代逐漸發展而成的軍事術語，對本詞的定義與內涵，首先具備明確定位定義者為美國。1962年《美軍作戰綱領》將其定義修正為：「平時及戰時，發展運用國家之政治、經濟、心理、軍事及技術等國家資源，並擴張其他一切資源，以達成國家目標之藝術與科學。」由前可知，國家戰略基本是由國家所制定，以國家整體利益為目標的戰略。此外，在同一概念的名詞使用上，薄富爾認為，「總體戰略」比起國家戰略更加適切，因其更能突顯，此種戰略具有金字塔頂點的最高層級性，前揭《戰略緒論》，頁38。但總體戰略一詞有動員人民之意涵，不盡符合中國古代戰爭的型態，因此，本文仍統一採用國家戰略。

也希望力求避免因現代性思維濫用投喻，造成之誤解落差。

一、研究動機

　　《三國演義》開卷即言：「話說天下大勢，分久必合，合久必分。」〔註6〕這是把中國歷史中，分裂統一之交替過程，簡化成一種必然常態規律。乍看之下似有其理，然東漢末年的歷史發展，並非初始即必然走向三分的鼎足之勢，魏、蜀、吳三政權能從眾多割據勢力中脫穎而出，除了受到自然地理形勢、社會經濟發展等因素影響外，還應特別關注三方在軍事、外交等方面的角力競逐，內含出許多傑出政治家、軍事家鬥智、鬥勇之細節，其過程可謂複雜而精采。是以，「人謀之因」作為此時期歷史發展的關鍵推手，尤不能忽視。〔註7〕

　　筆者對於歷史中形成三國鼎立，又促使回歸統一的「人謀之因」深感好奇，欲以國家戰略之視野角度，作進一步系統性之探討，誠限於學力不足，不能兼顧三國全盤範疇，故擇一為主、深入探討。本文選擇「孫吳」政權之因，主要是認為孫吳首創控制長江、建國江南的模式，北抗曹魏，西拒蜀漢，並常在三方不斷複雜驟變的和戰關係中，取得主動優勢；且孫吳立國南方之歷史經驗，後為東晉南朝所承繼（傳統歷史研究上常將其合併探討，構成所謂「六朝」概念），〔註8〕則孫吳的國家戰略，就中國南方王朝發展的角度而言，實具有一種「啓後」的歷史價值。鑒於今時學界對此部分的研究成果，尚有值得再深入、統合的空間，〔註9〕故選擇孫吳政權作為研究對象，透過史

〔註6〕〔明〕羅貫中，《三國演義》（臺北：聯經出版社，1990年），頁1。

〔註7〕張大可認為三分局面的形成，人謀佔有決定的作用。因此，他認為陳壽著《三國志》有紀傳無志，雖屬缺憾，卻也反映出三國歷史演變中，人物的主導性。見氏著，〈三國鼎立形成的歷史原因〉，收入《三國史研究》（北京：華文出版社，2003年），頁14～19。

〔註8〕本文對於「六朝」一詞概念之定義，係採胡阿祥之說法，參氏著《六朝疆域與政區研究》（北京：學苑出版社，2006年），頁1～15。

〔註9〕據張大可統計，發現過去大陸學界對於三國史的研究十分偏重人物，研究數量所佔比例甚高，以諸葛亮與曹操相關研究最多；軍事議題方面則以赤壁之戰與武侯北伐比重最高，外交議題方面上又以「隆中對」與孫、劉聯盟佔要角；但是在跨領域的總體性戰略研究上，則成果較少，見〈建國以來三國史研究評述〉與〈（1978～2001）三國史與《三國志》研究現狀的定量分析〉兩文，前揭《三國史研究》，頁406～449。另外，臺灣涉及孫吳研究方面的論文，與本研究直接相關的篇章目前則見有傅樂成，〈孫吳與山越之開發〉（《文史哲學報》第3期，1951年）、許倬雲，〈三國吳地的地方勢力〉（《史語所集刊》第

料分析與學理應用，將孫吳國家戰略形成、推動以及轉變的過程，以及在軍事、外交、國防等活動之情況，結合成一較全面性的考察。藉此釐清其戰略形成的背景爲何？如何影響政權發展與國家型態建構？推動過程中，戰略產生轉變因素爲何？在前述各項層面中的體現方式爲何？此戰略又對三國情勢的形成、結束，帶來何種影響？上述問題皆筆者冀望能在本研究中，得到解答之部分。

二、研究時間斷限、地域範圍與主題

本文研究主題以孫吳國家戰略爲主軸，孫堅時期征伐的地盤，與後來的吳國疆域並無直接承繼關係，又孫堅壽短，亦未及參與孫吳國家戰略的決策，則理似不宜涵括於內。但筆者認爲，若不以孫堅爲始，則不能明孫策渡江前，所具有的武裝資本與時空環境，也將無法充分釐清整體國家戰略之形成背景。故在時間斷限上，本文約略以漢熹平四年（172）孫堅募兵平亂、草創武裝集團爲始，歷孫策平定江東，初具割據型態，後孫權於吳黃龍元年（229）稱帝建國，續有孫亮、孫休繼統，最後結束於晉太康元年（280）孫皓出降爲止，前後共計長約百年。

孫吳政權之疆域，〔註10〕肇始於孫策收定揚州六郡，至孫權逐步奪得荊、

---

37 期上冊，1967 年）、毛漢光，〈三國政權的地方勢力〉《史語所集刊》第 41 期，1969 年）、王霜媚，〈孫吳政權的成立與南北勢力的興替〉《食貨月刊》第 10 期 3 月號，1980 年）、雷家驥，〈赤壁之戰——形成中國首次分裂的三大會戰之二〉《歷史月刊》第 16 期，1989 年）與〈猇亭之戰——形成中國首次分裂的三大會戰之三〉《歷史月刊》第 18 期，1989 年）、樂凱銘，〈三國時代孫吳之軍事外交策略〉《陸軍學術月刊》第 34 期，1998 年）、劉芝慶，〈「隆中對」的魯肅版〉《歷史月刊》第 172 期，2002 年）、謝偉傑，〈孫吳「彈性外交」述論〉《漢學研究》第 22 期，2004 年）、何堤，〈失荊州原因新議〉《歷史月刊》第 209 期，2005 年）、呂春盛，〈三國時代的山越與六朝的族群現象〉《臺灣師大歷史學報》第 33 期，2005 年）、萬穎中，〈東漢末年的荊州問題析論——兼談「借荊州」事件的眞僞〉《淡江人文學刊》第 33 期，2008 年）、馬以謹，〈孫吳九攻合肥失利之因試探〉（收入國立中興大學歷史系主辦《中國中古史社會與國家國際學術研討會》會議論文，2010 年）等數篇，此處礙於篇幅所限，無法完全列載，本文將續在研究回顧中詳細論述相關成果。

〔註10〕 本文對疆域一詞之定義，係採胡阿祥之說法，指「國家或政權實體的境界所能到達的範圍，即時際占有、控制的地域」，另按胡氏又指出疆域與領土兩名詞基於歷史條件之不同，實有差異，蓋領土指一國主權之下的區域，包含陸地、河流、湖泊、內海、領海、領空，係具有現代性意義；疆域則不然，往往僅涉地表之陸地、水域，且不限於一個正式國家的存在才產生，亦不具有

交兩州，而達到版圖最大階段。因此，本研究設定的地域範圍，基本以孫吳全盛時期的疆域爲基礎，即東漢時期荊、揚兩州大部分與交州全部。對照今日中國大陸的行政區劃來看，則包含浙江、福建、江西、廣東、湖南等省的全部，湖北、安徽、江蘇、廣西、貴州等省的一部份，四川省東側一隅以及越南中北部，以上屬於孫吳疆域範疇。因軍事、外交行爲涉及之地區，則包含與魏、漢等敵對勢力連接的交戰區域、國防邊境，如淮南、荊北、益州南中等地區，亦包含浮海出使的遼東、高句驪等東北地區政權。

　　據前，本文依主題之需求，設定探討的範疇如下：
（一）國家戰略決策與疆域拓展層面：
　　　　內容以孫吳國家戰略的制定，與各時期疆域之拓展情況爲主軸，並探討其戰略背景、決策制定、方針變動等部分，及評價孫吳國家戰略對三國歷史發展所造成之影響。
（二）外交政策層面：
　　　　內容以國家戰略指導下，孫吳各時期外交政策、活動爲主軸，並探討其執行手段、執行成效，以及對國家戰略推動所造成之影響。
（三）國防政策層面：
　　　　內容以國家戰略指導下，孫吳國防體系的建構與運作爲主軸，探討孫吳在邊境防務、軍事部署、軍事體制上，如何配合國家戰略需求。

三、研究回顧

　　就筆者所見，今人著作以孫吳史爲主軸的專書論著，目前已見有王永平的《孫吳政治與文化史論》、《孫吳文化》，陳健梅的《孫吳政區地理研究》等三書。〔註11〕不過，除了近年長沙出土的「走馬樓吳簡」有專屬簡牘學研究

　　　　絕對性的主權，前揭《六朝疆域與政區研究》，頁 16 以及頁 19 註 1。就本文研究主題而言，孫吳正式建國晚在黃龍元年（229），但實際上興平元年（194）孫策渡江，未久略定六郡，雖表面仍奉漢室名義，但已初具割據政權的型態，故使用疆域概念來論述控制區域之變化，較領土爲宜。
〔註11〕從王永平，《孫吳政治與文化史論》（上海：上海古籍出版社，2005 年）、《孫吳文化》（南京：南京出版社，2005 年），以及陳健梅，《孫吳政區地理研究》（長沙：岳麓書社，2008 年），從三書的出版時間皆在近年來看，孫吳史似逐漸被視爲一個可獨立研究的主題。

外，基本孫吳史研究仍以較輕的比例，或是較短的篇幅附屬在三國史或是魏晉南北朝史之內。另外，由於不少魏晉南北朝史領域的專書論著，採行概括性的綜合論述，本文礙於篇幅所限，實難全部詳述其內容，故僅選擇與本文主題密切相關，且論述專精於孫吳史某領域或是觀點突出之研究，做一簡略的回顧。

（一）專書論著部分

以政治結構與政策層面來看，萬繩楠在《魏晉南北朝史論稿》中，將孫吳的治國之道，歸納為「限江自保」與「施德緩刑」兩大面向，其指出南方人口增加反映著江東經濟力量之提升。而缺乏政治憑藉的孫氏，選擇與江東大族合作，乃是孫吳立國的重要基礎，例如孫吳特殊之「世襲領兵、奉邑、復客」等制度，尤是鞏固大族利益，換取支持的實際政策，最後則針對孫吳時期的山越問題作分析。雖篇幅較短，但已是相當全面性的觸及孫吳政權的諸項問題。〔註12〕其中，萬氏所謂「限江自保」的論點，是否能夠詮釋孫吳國家戰略？因攸關本文核心議題，最為筆者所關注。與萬氏持相同觀點者不少，例如，李培棟在《魏晉南北朝史緣》中〈六朝國策異同論〉的部份即認為，孫吳意在獨立江東，不求進取天下。〔註13〕

田余慶在《秦漢魏晉史探微》中談到，孫吳統治集團在結構上的「江東化」，是孫氏為凝聚江東大族認同、鞏固政權力量，不得不採行的施政方針，對於國家型態的塑造，實有深遠影響。〔註14〕而王永平在《孫吳政治與文化史論》中，則進一步闡述此問題，其認為孫吳之統治結構，概可分成三個主要集團，即孫氏宗室、淮泗江北人士以及江東大族，在江東化的過程中，勢難避免的產生利益衝突，對於孫吳政治局勢，以及整體國家延續留下了深刻的後遺症。〔註15〕

〔註12〕見萬繩楠，《魏晉南北朝史論稿》（臺北：雲龍出版社，1994年），第四章〈孫吳的治國之道〉，頁71～89。

〔註13〕見李培棟，《魏晉南北朝史緣》（上海：學林出版社，1996年），〈六朝國策異同論〉，頁96～97。

〔註14〕見田余慶，《秦漢魏晉史探微》（北京：中華書局，1993年），〈孫吳建國的道路〉，頁245～270。

〔註15〕如王永平提到，孫權死後諸葛恪掌政，發動了有違江東大族利益的規模性北伐，引起孫休、孫亮時代一連串的政治內鬥，北伐失利除了軍事戰略上的錯誤外，更隱含著孫吳潛在的政治問題，見〈建興年間諸葛恪主持的政治改革與北伐及失敗原因考析〉一文，收入氏著，《孫吳政治與文化史論》，頁256～270。

　　日人川勝義雄在《六朝貴族制社會研究》則提到，由於孫吳政權長期經營江南，使之形成與華北截然不同，既特殊且獨立的開發領主制，對於六朝政局以及社會結構產生了深遠的影響。〔註 16〕日人宮川尚志的《六朝史研究‧政治社會篇》則有專節探討孫吳的政治與制度，其認為孫吳政權之主體，仰仗南渡武人與江東當地大族而建立，兩者之間的利益衝突是吳國後期政爭的的源頭，此種具有江南地域性的貴族制社會，對於南朝政治發展亦具關鍵性影響。〔註 17〕以上諸書，所論重點皆為孫吳統治集團的結構性質，筆者以為，此性質與國家戰略的制定、變化關係密切，故多所參照。

　　接著從土地制度與經濟政策來看，唐長孺指出孫吳對於江南地區的經濟開發，對於形塑東晉南朝社會經濟型態，具有重要的影響力，包含農民成為大族之部曲佃客，而南方大量山越的宗部戶口，也為孫吳所吸收，兩者代表的勞動力實屬孫吳立國的重要基礎，控制權則受孫氏與江東大族共同瓜分。〔註 18〕王仲犖的《魏晉南北朝史》也有專節論述，他認為孫吳對江南開發之實質行動，包含大量開墾屯田、促使部曲佃客依附江東豪族，為其所用，以及孫吳與南洋經濟貿易之交流等，對於江南地區的經濟開發，有其正面意義。〔註 19〕高敏的《魏晉南北朝社會經濟史探討》則考證，孫吳的屯田制度起於何時、屯田區域範圍分布、屯田制運作的組織與特徵等，對於孫吳此制度有相當深入的分析與考察。〔註 20〕

〔註 16〕　見〔日〕川勝義雄，〈孫吳政權與江南的開發領主制〉、〈從孫吳政權的崩潰到江南貴族制〉兩篇，收入氏著，《六朝貴族制社會研究》（上海：上海古籍出版社，2007 年），頁 102～153。

〔註 17〕　見〔日〕宮川尚志，《六朝史研究‧政治社會篇》（京都：平樂寺書店，1977 年）第三章第三節〈三國吳の政治と制度〉，頁 233～262。

〔註 18〕　見唐長孺，《魏晉南北朝史論叢》（石家庄：河北教育出版社，2002 年），〈孫吳建國及漢末江南的宗部與山越〉，頁 71～89。與《三至六世紀將南大土地所有制的發展》（臺北：帛書出版社，出版資訊不詳），〈孫吳統治期間農民封建化的迅速發展〉，頁 10～30。

〔註 19〕　見王仲犖，《魏晉南北朝史》（臺北：頂淵文化事業有限公司，2004 年），第一章第四節〈吳在東南的開發〉，頁 99～121。

〔註 20〕　見高敏，〈東吳屯田制略論〉，收入氏著《魏晉南北朝社會經濟史探討》（北京：人民出版社，1987 年），頁 80～103。另外，李劍農也指出，三國時期的人口戶數與東漢相去甚遠，原因不只是戰亂、飢荒，而是隱戶問題，其中一項導因乃是部分農民由屯田客變為私家之部曲佃客，不列入國家編戶，尤與魏、吳兩國獎賜功臣或其子孫之體制有關，參氏著《魏晉南北朝隋唐經濟史稿》（臺北，華世出版社，1981 年），頁 21～40。

　　以外交政策來看，張大可在《三國史研究》中提及，夷陵之戰抵定了三國疆域之形勢，在此之前，孫權利用外交手腕遊走魏、蜀之間，此外交政策對於三國情勢的形成消長，實扮演重要角色。〔註21〕朱大渭在《六朝史論》則認為夷陵之戰反映出吳、蜀戰略方針衝突的必然性，又指出蜀漢僵硬的依循諸葛亮〈隆中對〉路線走，未如孫吳能因應局勢修正其戰略，直接導致襄樊、夷陵兩戰之重大挫敗，造成了蜀國貧弱的國勢。〔註22〕張儐生的《魏晉南北朝政治史》則分析，魏、蜀立場蓋處於絕對對立之上，造成孫吳有空間選擇採行聯魏，或者盟蜀的外交政策，擁有主動優勢，並指出後期吳、蜀聯盟實際效益低落，僅是維持互不侵犯的薄弱關係。〔註23〕前述三書對於孫吳外交政策、活動方面的分析，是本研究對於探討孫吳外交上，相當重要之參考著作。

　　以歷史地理的相關研究來看，石泉在《古代荊楚地理新探：續集》中，分別針對赤壁、夷陵兩役戰略要地之位置進行考辨，並指出傳統研究上對於戰事發生地點的幾處矛盾說法。〔註24〕胡阿祥在《六朝疆域與政區研究》中，從政區地理的角度切入，論述孫吳各時期不同的發展目標，以及孫策割據江東到國策限江自保的形成過程，其觀點與萬氏頗有呼應。〔註25〕陳健梅《孫吳政區地理研究》則在胡阿祥的研究基礎上，繼續深入，詳盡彙整了清人、民初以來洪亮吉、謝鐘英、吳增儀與楊守敬等學者，對於三國時期郡縣疆域的考證成果，上篇依序考訂孫吳政區建置的沿革過程，下篇則針對政區建置特殊之歷史背景做分析，為本研究在疆域、政區諸問題上，奠下良好基石。〔註26〕

〔註21〕見張大可，〈夷陵之戰與三國鼎立的地理均勢〉與〈三國形成時期的外交〉兩文，收入氏著《三國史研究》，頁91～125。

〔註22〕見朱大渭，〈《隆中對》與夷陵之戰〉，收入氏著《六朝史論》（北京：中華書局，1997年），頁507～529。

〔註23〕見張儐生，第五章〈三國之外交與戰爭〉第一節，收入氏著《魏晉南北朝政治史》（臺北：中國文化大學出版部，1982年）上冊，頁86～89。

〔註24〕見石泉，《古代荊楚地理新探：續集》（武漢：武漢大學出版社，2004年），頁80～116、241～251。

〔註25〕見胡阿祥，《六朝疆域與政區研究》，第一章〈孫吳疆域的開拓與保持〉，頁37～88。

〔註26〕陳健梅的《孫吳政區地理研究》一書，上篇著重文獻中的地理沿革考證，篇幅達280餘頁，下篇分析部份則僅佔30餘頁，較為概論性的提出影響政區建置的因素。筆者管見以為，政區建置能夠反映一個國家在政治、軍事、外交、經濟等層面上的戰略規劃，是故，在陳健梅的下篇研究成果上，論述分析較

　　胡阿祥《兵家必爭之地》則由自然地理環境為探討基礎，分析中國古代戰爭的攻守形勢，並考證列舉，古代區域對抗中，幾個關鍵戰略重地，其第五講〈再論孫吳的守江〉一目，則著重分析孫吳與東晉南朝政權，在南北分裂形勢上的異同之處。〔註27〕另外，饒勝文的《佈局天下──中國古代軍事地理大勢》一書，其認為中國軍事地理具有一種棋盤式的格局，以中原為中央腹地，另分四邊四角合為九大區域，並進一步分析，九大區域間戰略要地的作用，就孫吳史而言，涉及的區域即包含了東南、湖北、四川等。〔註28〕王蕊的《魏晉十六國青徐兗地域政局研究》一書主要探討青徐地區，若以三國疆域劃分，蓋曹魏之屬，不過徐州南濱長江，又涉及吳、魏激烈交戰的淮南地區，以國防佈局的角度視之，本區防線建構同孫吳的軍事活動關係密切，亦可視作孫吳敵對政權的戰略回應。〔註29〕

　　張儐生在《魏晉南北朝史》中，針對三國行政組織、區劃與軍制、國防的關係，置有專章討論，如張氏製吳都督表，指出孫吳守江區出分上、中、下游三段，沿江諸都督區各有不同的國防地位，顯見其孫吳軍鎮都督制，實與國防體系的運作方式關係密切。〔註30〕宋杰的《中國古代戰爭的地理樞紐》中，分別以〈合肥與曹魏的禦吳戰爭〉與〈孫吳的抗魏重鎮濡須與東關〉兩篇，交叉探討，在淮南的爭奪上，魏、吳各自採用何種國防戰略，在各時期的軍事交鋒上，雙方的利弊得失又呈現何種意涵，對本研究眾多論述之推展，實具重大參考價值。〔註31〕

　　以軍事作戰層面來看，黃仲文在《三國戰爭史略》中，挑選漢末到三國時期的重要戰役為對象，如官渡、赤壁以及夷陵等，分析各勢力在交戰過程

　　略，仍有值得再深入探討之空間。

〔註27〕見胡阿祥主編，《兵家必爭之地》（海口：海南出版社，2007年），頁157～161。另有各省軍事地理與戰略要地的探討，如第十二講湖南、湖北、第十三講江西、第十八講浙江等，皆為三國時期孫吳的疆域範圍。

〔註28〕見饒勝文，《佈局天下──中國古代軍事地理大勢》（北京：解放軍出版社，2002年），頁1～15。

〔註29〕見王蕊，《魏晉十六國青徐兗地域政局研究》（濟南：齊魯出版社，2008年），頁129～165。

〔註30〕見張儐生，《魏晉南北朝史》（臺北：幼獅文化出版社，1987年），第四章〈三國行政組織與區劃、軍制與國防〉之第三節〈吳都督表〉，頁168。

〔註31〕見宋杰，《中國古代戰爭的地理樞紐》（北京：中國社會科學出版社，2009年），頁187～251。另有〈孫吳武昌又稱東關考〉一文，考證今人對史書地名之誤解，見同書，頁251～264。

中，所展現的軍事佈局，並分析魏、蜀、吳後期在國家戰略上的佈局，如何體現在幾個關鍵戰役中。〔註 32〕陳金鳳則著有《魏晉南北朝中間地帶研究》一書，其針對魏晉南北朝分裂時期，時常發生戰事的對峙地區，提出「中間地帶」之概念，並提出「統一之過程乃是中間地帶逐漸消滅」之觀點，其書針對三國經常交戰如荊州、江淮、江漢等地區，分析交戰雙方在中間地帶上的經營，以及軍爭過程所呈現的戰事特色，並歸結雙方的成敗因素。〔註 33〕

雷家驥師在《孔雀東南飛箋證》中，因考究詩文主角焦仲卿任職之地，以及該地之政治情勢，是故，對於東漢末到三國期間，淮南地區之間的吳魏交戰有所探討，雷師認為此區域在吳、魏長期對峙下，成為「廢隙之地」，亦即兩國戰略緩衝地帶，吳軍戰略最優先者是九江郡（後曹魏改為淮南郡）的合肥，魏軍則是廬江郡的皖城，合肥能久攻不陷，與滿寵議建新城，使用「雙城計」防守，迫使吳軍登陸作戰有極大關係。〔註 34〕

另外，同樣與軍事作戰密切相關的兵制研究，則有高敏的《魏晉南北朝兵制研究》、《秦漢魏晉南北朝土地制度研究》兩書，針對孫吳獨特的世襲領兵制，以及其與奉邑、軍屯等制度的配合運作，有專文探討，並比較分析曹魏、孫吳兩者在軍制設計上的異同之處。〔註 35〕日人濱口重國的《秦漢隋唐史の研究》，第一部份主要探討魏晉南北朝時期，各政權的軍事制度，第十一篇〈吳‧蜀の兵制と兵戶制〉則提到，漢末戰亂之際，為確保軍隊來源，以及應對戶籍散亂難以徵兵之情況，兵戶制成為國家主體軍隊的基礎，並認為孫吳以將領父子繼承領兵的制度，與曹魏、蜀漢皆不相同，具有其特殊性意涵。〔註 36〕

〔註 32〕 如黃仲文在《三國戰爭史略》（臺北：信明出版社，1969 年），第十章〈猇亭之役〉中論道，劉備違反隆中對策的方針，稱帝後怒興復仇之兵，實未充分考量國力與情勢的現況，使得蜀漢蒙受關羽失荊州的再次嚴重損害，相當程度的耗去了諸葛亮日後北伐的資源。

〔註 33〕 見陳金鳳，《魏晉南北朝中間地帶研究》（天津：天津古籍出版社，2005 年），第二章〈三國時期中間地帶之爭〉，頁 24～79。陳氏所謂「中間地帶」者，定義乃指兩敵對勢力主要交戰的區域，此區域往往具有重要的戰略價值，或為兩勢力的軍事緩衝地帶。以曹魏與孫吳來看，江淮、江漢便屬兩國經常發生戰事的中間地帶，如淮南的合肥與濡須口即為此中間地帶的戰略要地。

〔註 34〕 見雷家驥師，《孔雀東南飛箋證》（臺北：蘭臺出版社，2008 年），頁 56～67。

〔註 35〕 見高敏，《魏晉南北朝兵制研究》（鄭州：大象出版社，1999 年），頁 68～120，以及《秦漢魏晉南北朝土地制度研究》（河南：中州古籍出版社，1986 年），頁 108～130。

〔註 36〕 見〔日〕濱口重國，《秦漢隋唐史の研究》（東京：東京大學出版社，1966 年），

　　而馬植杰的《三國史》則對政治、軍事、經濟、制度、民族問題等方面，於三國時期的歷史演變，做相當全面性的介紹與論述，內容更涵蓋當時學術、科技發展，補足了過去魏晉南北朝史爲名的專論，除描寫當時史事之演進發展外，後半部有制度、社會經濟、民族政策方面的探討，可補足三國史過去較偏重政治、軍事層面之不足。〔註37〕

　　上述諸書，對於孫吳史或是整個三國史，皆屬於較大範疇的研究成果，內容涵蓋了政治、軍事、外交、經濟、制度、地理各個層面，同是本文研究上重要的參考論著。

（二）期刊論文與學位論文部分

　　戰略決策部分，裴傳永的〈孫權偏安江東說質疑〉認爲，〔註38〕孫權是具有問鼎中原雄心的君主，孫吳雖然依託在江東大族的支持上立國南方，但不代表君主意志就必須完全迎合江東大族「限江自保」之期望。孫權之所以未能實現北進的戰略理想，乃是受到曹魏實力堅強、重要將領多早逝、山越叛亂未定等外在因素限制，並非自始即消極退守。

　　王延武的〈「隆中對」與「吳門對」的比較能說明什麼？〉則從蜀漢與孫吳國家戰略的衝突上著眼，認爲魯肅的戰略思想乃是積極層面的「鼎足江東」爲基礎，逐步向帝王之業推展，〔註39〕因此他認爲司馬光在《資治通鑑》裡把魯肅的話改爲「保有江東」並不合原意。〔註40〕此兩篇之特殊處，乃是因學界普遍採取孫吳國策即「限江自保」之看法，但裴氏、王氏觀點則截然不同，爲本研究探討此項議題上，提供了不同視角的學術觀點。

　　　頁 430～458。

〔註37〕見馬植杰，《三國史》（北京：人民出版社，2006 年），由於馬植杰此書的斷代
　　　範疇限於三國，因此對於三國史事能有更充足、更完整的篇幅論述，從研究
　　　意義上，也是把三國自魏晉南北朝史的長時段研究中獨立出來。

〔註38〕見裴傳永，〈孫權偏安江東說質疑〉，《山東社會科學》第 6 期，1991 年。

〔註39〕見王延武，〈「隆中對」與「吳門對」的比較能說明什麼？〉，收入武漢大學中
　　　國三至九世紀研究所編《中國前代史理論國際學術研討會論文集》，武漢：湖
　　　北人民出版社，1997 年。

〔註40〕王氏之說法可分參〔宋〕司馬光撰、〔元〕胡三省注，《資治通鑑》（北京：中
　　　華書局，1992 年），卷 63〈漢紀·建安五年〉條，載魯肅語爲「保有江東」（頁
　　　2038）。但是〔晉〕陳壽撰、〔劉宋〕裴松之注《三國志》（北京：中華書局，
　　　2006 年），卷 54〈吳書·魯肅傳〉，原句乃「鼎足江東」，兩語意義有所差距，
　　　相比之下「保有江東」是讓人閱讀上就有消極、偏安之意，未知司馬光何以
　　　作此判斷修改。

　　陳金鳳在〈益州戰略與吳蜀關係〉中，〔註41〕則分析孫吳在奪回荊州之後，基於國力考量，修正最初攻取益州，與曹魏二分天下的戰略，重建吳蜀聯盟關係，提出這是一種基於補償西進政策的新益州戰略。此論述即充分體系出，孫吳國家戰略與外交政策的關連性。陳冬陽在〈孫權時期孫吳戰略決策研究〉中，〔註42〕認為孫權在戰略決策上，掌握有很高的主導權，因此在位時期，多次與曹魏、蜀漢的盟戰互動，往往依循孫權個人意志與判斷。另外，張文杰的〈三國孫吳政治社會結構及其統治政策探研〉，則從統治集團之組成來談，孫吳透過何種機制團結南北成員，使其政權能順利穩固，後期又為何因政治利益的對立，形成激烈的內部政爭，以及其對國家發展帶來何種影響。〔註43〕

　　戰爭與國防情勢部份，王延武在〈孫權北擊合肥的歷史作用——吳、魏前期戰事評議〉中提到，〔註44〕赤壁一戰，並不能夠直接導致三國鼎立的情勢形成，孫吳建安末年在淮南戰線與曹魏交手，疆域方面雖無進展，但仍起到牽制曹操主力之作用，掩護劉備集團西向壯大。且孫權之爭合肥，乃是具有意圖逐步問鼎的積極態度，不純粹只是為了鞏固防守。

　　曾現江在〈孫吳長江防線略論〉中，則依據萬氏「限江自保」的立論基礎上，說明孫吳長江防線之形成，乃是透過據守要地、廣行屯田、軍鎮都督駐防等方式，達到令曹魏難越長江天險的戰略目標。〔註45〕張鶴泉在〈孫吳軍鎮都督略論〉中認為，孫吳的軍鎮都督的設置鞏固了國防安全，有效建立以長江兩岸重鎮為核心，幾個不同結構的防禦體系。軍鎮都督制的發展也在人事遷轉上，反映了孫吳政權的權力分配與集團鬥爭。〔註46〕

　　陳健梅〈從政區建置看三國時期川江沿線的攻防策略〉一文，以荊州西側的長江峽口地區為中心，分析吳、蜀與吳、晉兩個不同時期，其東西對抗情勢的情勢產生何種變化，並以獨特的政區建置與佈局情況來驗證，一軍事

〔註41〕見陳金鳳，〈益州戰略與吳蜀關係〉，湖北：《江漢論壇》第 2 期，2008 年。
〔註42〕見陳冬陽，〈孫權時期孫吳戰略決策研究〉，華南師範大學歷史研究所碩士論文，2004 年。
〔註43〕見張文杰，〈三國孫吳政治社會結構及其統治政策探研〉，國立中興大學歷史研究所博士論文，2007 年。
〔註44〕見王延武的〈孫權北擊合肥的歷史作用——吳、魏前期戰事評議〉，湖北：《中南民族學院學報》（人文社會科學版）第 6 期，2001 年。
〔註45〕見曾現江，〈孫吳長江防線略論〉，成都：《成都大學學報》第 2 期，2001 年。
〔註46〕見張鶴泉，〈孫吳軍鎮都督略論〉，吉林：《史學集刊》第 2 期，1996 年。

要地常因應情勢之變化，使得所扮演的戰略角色也隨之改變。〔註47〕趙小勇在〈論長江防線與東吳政局〉，先探討長江沿岸的軍事重鎮有哪些，以及牽涉到的自然地理因素，並則嘗試推算，孫吳末年在長江防線上，所投入之國家軍隊數量，藉此驗證長江防線與孫吳立國型態之關聯。〔註48〕

日人村田哲也對於孫吳征服山越以強化軍隊力量，以及後期北伐戰略的推動與挫敗亦有相關論述，詳見〈孫吳政權の軍事力形成と山越討伐の――考察〉，〔註49〕與〈孫吳政權後期政治史の――考察：孫權死後の北伐論の開展から〉兩文。〔註50〕

軍事制度部分，陶元珍在較早時期完成的〈三國吳兵考〉，〔註51〕則對孫吳軍制有一全面性的探討，包含世襲領兵制，江防重地，中央與地方兵之區隔，軍鎮都督制等，提出了吳兵的六大特點：異族兵之特多、兵種之復雜、世兵制、諸將兵之授襲制度、屯戍之眾多、奉邑與諸將待遇之優渥，其說雖早且論證較爲簡略，然參考價值甚高，後來許多孫吳軍制的相關研究，皆發軔於其說。日人村田哲也在田哲也，〈孫吳政權の軍制に関する一考察：孫吳政權像の理解をめぐって〉中認爲，〔註52〕孫吳幾項獨特的軍事制度，乃是源自孫氏集團掌握國家力量的政治措施，其中又以孫權的運用最爲成功。

趙昆生在〈孫吳世襲領兵制研究〉中認爲，孫吳此種兵制乃是因應戰事需求而生的，兵籍世襲本身是一種穩固兵源的手段，且兵員作爲勞動力，政府合法售與能藉此攏絡大族將領，又能令其長期駐守軍鎮重地，君主本身則透過世襲兵的授予、繼承、奪取等方式，作爲調控，使地方將領力量不過度膨脹之手段。〔註53〕雷家驥師則有〈從督軍制、都督制的發展論西魏北周之

〔註47〕見陳健梅，〈從政區建置看三國時期川江沿線的攻防策略〉，北京：《中國歷史地理論叢》第 23 卷第 3 輯，2008 年。

〔註48〕見趙小勇，〈論長江防線與東吳政局〉，安徽師範大學歷史研究所碩士論文，2006 年。

〔註49〕見〔日〕村田哲也，〈孫吳政權の軍事力形成と山越討伐の――考察〉，《東洋史苑》第 47 號，1996 年。

〔註50〕見〔日〕村田哲也，〈孫吳政權後期政治史の――考察：孫權死後の北伐論の開展から〉，《東洋史苑》第 52、53 號，1999 年。

〔註51〕見陶元珍，〈三國吳兵考〉，《燕京學報》第 13 期，1933 年。

〔註52〕見〔日〕村田哲也，〈孫吳政權の軍制に関する一考察：孫吳政權像の理解をめぐって〉，《東洋史苑》第 59 號，2002 年。

〔註53〕見趙昆生〈孫吳世襲領兵制〉，重慶：《重慶師範大學學報》（社會哲學版）第 4 期，2003 年。

統帥權〉一文，其文雖以西魏北周為主軸，不過始從東漢督軍制出發，探討魏晉時期如何轉變為都督制，其以曹魏為例，特別分析了都督制在國防上，屬於分區防衛的機制，筆者以為此與孫吳軍鎮都督制有其異同之處，值得關注。〔註54〕

陳玉屏在〈論孫吳毗陵屯田的性質〉一文分析，孫吳因應不同區域的需求，有軍屯與民屯的差異，並指出多數軍事屯田分布在多數江邊，為江防軍隊自給自足的重要生產機制，則孫吳的世襲兵本身亦是耕戰合一的身分。〔註55〕劉漢東的〈東吳領兵、復客、奉邑三制關係之研究〉則認為，孫吳的復客與奉邑兩制度乃是因應經濟需求，從而作為領兵制的配套措施，因此，三者具有一體性，若三項制度分開論述，則有礙於理解孫吳制度背後的推行原因。〔註56〕另外，黃聲岳的〈孫吳的屯田與農田水利〉則運用了新出土的長沙走馬樓吳簡資料，詳細分析孫吳屯田事業的經營情況，以及與相關軍政制度的結合。〔註57〕

外交政策部分，金裕鳳的〈試論孫權外交策略〉提到，孫權在安吳原則上先聯劉抗曹，瓦解曹操統一的契機；借荊州給劉備使之能單線對抗曹魏，勢力穩固後又假降曹魏，自蜀漢手中奪回荊州，過程中始終保持靈活主動的態勢，實三國時期一流的外交家與政治家。〔註58〕劉國石的〈三國外交人才述論〉認為，三國時期的割據勢力，都有賴外交人才的奔走，方能更有效推動其戰略目標，成功者可為國家帶來極大利益，如魯肅促成了孫劉聯軍，方有赤壁一戰擊退曹操的功業；失敗者如浩周使吳問質，成為孫權藉口拖延的工具，反倒使曹魏錯失夷陵之戰趁虛而入的機會。〔註59〕謝偉傑的〈孫吳「彈性外交」述論〉也指出，孫吳的外交政策在孫權的運作下，具有很大的轉變

〔註54〕見雷家驥師，〈從督軍制、都督制的發展論西魏北周之統帥權〉，收入《中國中古史研究》第八期，2008年。

〔註55〕見陳玉屏，〈論孫吳毗陵屯田的性質〉，雲南：《西南民族學院學報》（社會科學版）第 2 期，1989 年。

〔註56〕見劉漢東，〈東吳領兵、復客、奉邑三制關係之研究〉，河南：《許昌師專學報》（社會科學版）第 13 卷第 1 期，1994 年。

〔註57〕見黃聲岳，〈孫吳屯田與農田水利〉，國立彰化師範大學歷史研究所碩士論文，2010 年。

〔註58〕見金裕鳳，〈試論孫權的外交策略〉，山東：《柳城師範學院學報》（社會科學版），第 2 期，2000 年。

〔註59〕見劉國石，〈三國外交人才述論〉，《吉林師範學院學報》第 11 期，1996 年。

空間。並且能夠因應戰情需求，有效避開兩線作戰的困境，從戰略觀點上相當成功。

　　邱宏亮的〈孫吳外交思想述論〉則從「均勢」概念出發，認爲孫吳的外交目的在於創造三國情勢的平衡，使吳國不致同時對抗曹魏與蜀漢，並且能夠在轉變的結盟關係中取得利益。〔註60〕另外，萬穎中在〈東漢末年的荊州問題析論——兼談「借荊州」事件的眞僞〉一文，則對赤壁戰後，孫、劉爭荊州問題做出辨駁，認爲劉備獨力取得荊南四郡，孫吳方面並無「借荊州而索還」的立場。

　　黎虎的〈孫權對遼東的經略〉則以爲，孫吳致力於經略東北，〔註61〕除了是取得貿易馬匹的管道外、藉助遼東牽制曹魏外，更是孫權在國家戰略與外交政策的積極一面的具體表現。日人西嶋定生則有〈親魏倭王冊封に至る東アジアの情勢——公孫氏政權の興亡を中心として〉一文，對於三國時代東亞的東北地區形勢，包含孫權、公孫氏、曹魏三方之間的往來，亦有詳細分析。〔註62〕

　　山越問題部份：高亞偉，〈孫吳開闢蠻越考〉〔註63〕與葉國慶的〈三國時山越分布之區域〉兩文，〔註64〕主要探討山越宗帥宗部的組織結構與地域性，以及說明山越叛亂嚴重之情況，對孫吳政權造成強大威脅。而呂春盛的〈三國時代的山越與六朝的族群現象〉則指出，山越是孫吳最嚴重的內患問題，並觀察到孫吳對山越的數十年征討，使得山越民族驟然萎縮，影響了六朝時期發生族群轉化的現象。〔註65〕另外，陶元珍的〈三國吳兵考〉也有相關論述，其考證至少有十三萬的山越人口成爲了孫吳士兵，吸收山越人口，對於孫吳之兵力結構組成實具深遠影響。日人川本芳昭的〈六朝における蛮の理

〔註60〕見邱宏亮，〈孫吳外交思想述論〉，重慶師範大學歷史研究所碩士論文，2007年。

〔註61〕見黎虎，〈孫權對遼東的經略〉，《北京師範大學學報》（社會科學版）第5期，1994年。

〔註62〕見〔日〕西嶋定生，〈親魏倭王冊封に至る東アジアの情勢——公孫氏政權の興亡を中心として〉，收入氏著，《中國古代國家と東アジア世界》，東京：東京大學出版社，1983年。

〔註63〕見高亞偉，〈孫吳開闢蠻越考〉，《大陸雜誌》第7卷第7、8期，1953年。

〔註64〕見葉國慶，〈三國時山越分布之區域〉，《禹貢》第2卷第8期，1934年。

〔註65〕見呂春盛，〈三國時代的山越與六朝的族群現象〉，《臺灣師大歷史學報》第33期，2005年。

解についての一考察：山越・蛮漢融合の問題を中心として見た〉，〔註66〕則從民族的融合的角度探討，山越的組成性質爲何，以及其與孫吳產生衝突的問題根源。

　　除了上述直接涉及的專書論文外，尚有其他涉及孫吳史研究的相關論著，如嚴耕望的《中國地方行政制度史乙部‧魏晉南北朝地方行政制度》上冊，第一章的前半部，整理了三國時期州郡縣與都督區的設立情況，對於理解孫吳在國防戰略的需求上，以及如何部署地方軍政合一之統治機制，助益甚大。〔註67〕另有中國歷代戰爭史編纂委員會所編纂的《中國歷代戰爭史》第四冊，彙整了三國魏晉時代重要戰役的佈局情勢、交戰經過，以及戰略得失的分析，亦可資參照。〔註68〕在主題地圖方面，基本以譚其驤《中國歷史地圖集》、〔註69〕許盤清的《三國風雲圖說》，以史書所載之戰爭經過與地名，繪成戰場示意圖百幅，〔註70〕日人立間祥介的《三國志戰略年代記》，〔註71〕則針對著名戰事繪有多幅可突顯地理形勢的分層設色圖，筆者在本研究的製圖中，亦多所參照。

　　考古方面，近年在湖南長沙市走馬樓出土了大量的吳簡，如「嘉禾吏民田家莂」部分，內容乃是記載孫吳嘉禾四年（235）與五年（236）時，官府向佃戶收取佃租時，帶有收據性質的文書，對於研究當時社會經濟、戶籍制度助益甚大。〔註72〕學界對於吳簡的相關論文甚多，難以逐一列舉，茲舉高敏所著《長沙走馬樓簡牘研究》〔註73〕與北京吳簡研討班所編的《吳簡研究（第一輯）》爲代表，〔註74〕然而，此資料之性質與本文主題並不直接相關，僅具相關旁證之價值，就台灣的研究者來說，如張文杰，即在其博士學位論

〔註66〕見川本芳昭，〈六朝における蛮の理解についての一考察：山越・蛮漢融合の問題を中心として見た〉，《史學雜誌》第95卷第8號，1986年。

〔註67〕見嚴耕望，《中國地方行政制度史‧乙部》上冊，臺北：中央研究院歷史語文研究所專刊之四十五，1963年。

〔註68〕見中國歷代戰爭史編纂委員會所編纂，《中國歷代戰爭史》第四冊，臺北：黎明出局書版社，1963年。

〔註69〕譚其驤，《中國歷史地圖集》，北京：中國地圖出版社，1996年。

〔註70〕許盤清，《三國風雲圖說》，北京：地震出版社，2004年。

〔註71〕立間祥介，《三國志戰略年代記》，臺北：楓書坊文化出版社，2006年。

〔註72〕長沙市簡牘博物館走馬樓簡牘整理組等編著，《長沙走馬樓三國吳簡》，北京：文物出版社，2003年。

〔註73〕高敏，《長沙走馬樓簡牘研究》，桂林：廣西師範大學出版社，2008年。

〔註74〕北京吳簡研討班編，《吳簡研究（第一輯）》，北京：崇文書局，2004年。

文內，大量使用走馬樓吳簡作爲孫吳社會經濟制度研究的第一手證據，本文亦多有參照。〔註75〕

綜合上述各領域的學者論著來看，孫吳史在政治、軍事、外交、制度乃至於民族問題等，其實皆具有相當程度的研究成果，對於本文欲從宏觀的國家戰略角度來進行研究，助益甚大，透過上述議題跨領域的整合，將可使本文研究主題在結構與論述更具完整性。

四、問題意識

在本研究中，有幾項筆者欲嘗試釐清、探討的問題，茲簡述如下：

（一）孫吳國家戰略的形成背景

戰略之形成，除基本時空限制外，最大的成因，往往來自「人謀」在決策制定上的選擇。其最關鍵者，扣除領導人本身意志外，便是下屬之建言。孫吳主要的戰略方向，先後受魯肅、周瑜、呂蒙與陸遜、陸抗父子等人影響，其或爲謀士，或任軍隊主帥，基於情勢判斷及自身智慧理念，曾分別提出了不同的戰略規劃，受孫吳領導人支持，繼而主導了孫吳政權發展與戰略規劃。因此，本研究在孫吳國家戰略的分析上，不能脫離前述要角的戰略思考，例如赤壁戰後原由外交結盟派的魯肅擔當荊州防務，去世後由主戰派的呂蒙接手，魯、呂兩人即在政權發展的看法上十分不同，未久孫權便從呂蒙建議，重啓對荊州的經略，孫、劉終至敗盟開戰，〔註76〕故孫吳不同時期戰略形成及演變之因爲何？受何人影響？影響程度多大？此皆筆者感到好奇之處。

（二）自然地理的影響

孫吳立國江南，其政權發展與長江關係密不可分。最初其起於揚州，依

〔註75〕張文杰，〈三國孫吳政治社會結構及其統治政策探研〉，國立中興大學歷史所博士論文，2007年。

〔註76〕建安二十年（215），孫權與劉備即因荊州轄郡歸屬爆發衝突，雙方集結大軍，展開談判對峙，當時魯肅駐防陸口，爲吳方代表，力主避免開戰。後因曹操進攻漢中，劉備求和讓出荊南二郡，但建安二十四年（219），魯肅去世，呂蒙暗中佈局，趁關羽發動襄樊之戰，偷襲江陵、公安，使得劉備勢力被迫退出荊州。則反映，在孫吳的國防佈局上，魯、呂兩人思考模式截然不同，衝突主因孫吳國防安全有賴長江中上游的鞏固，故荊州主權對孫吳而言，無長久退讓的空間，故雙方聯盟破裂，並非偶然，乃必然而致的戰略衝突。

托長江爲北界，擁大江天塹的環境優勢，同時致力向上游荊州發展，來改善在東西向防禦的缺陷，建國後又積極向北與曹魏爭淮南，則可知孫吳之國家戰略，很大程度的受到長江地理形勢的制約。如此，欲探討不同時期的戰略規劃，不同區域的戰略部署，其戰略因素爲何？則必須探討其與長江地理特質的聯繫爲何？受其影響程度多大？影響之中的正負面爲何？方能對本研究主題的詮釋有更深入、全面的分析。

（三）國家戰略的演變與核心思考

戰略本身不可能一成不變，除了自身發展方針改易，也需考量到外在局勢變化與敵我立場變動，如孫吳建國前後，即在政權的疆域經略上，呈現出前期向西（爭荊），後期向北（爭淮）的差異。又如外交部分，孫吳與曹、劉都曾建立爲期長短不一的友好關係，若將立場轉換視之國家戰略調整的前置作業，則新階段戰略的形成，外交政策則具重要的指標作用。那麼變動的時間？變動的因素？變動的前後不同爲何？此皆是本研究探討的重點。再者，探討孫吳國家戰略，無可迴避的，必須對統一意願，做出一定詮釋，誠學界過去對孫吳持所謂「限江自保」的觀點，〔註77〕認爲其屬偏安政權。但筆者常思索此觀點能否正確詮釋史實？如是，則此戰略形成之因爲何？如何作爲？如非，則又須釐清「限江自保」何以成爲主流觀點？其論點上是否有修正調整或再詮釋的空間？此誠本研究問題意識之核心所在。

（四）國家戰略與各層面政策的結合

戰略目標的實踐與維持，必須仰賴各類制度、手段協助，就軍事來說，戰爭部署、軍政軍令體制以及後勤補給等，皆屬要題。如孫吳的國防線長期與長江重疊，在「江防即國防」的形勢上，則在兩岸要地駐軍置督、立屯田，又採士伍職業化的世襲領兵制，來滿足國防需求。外交方面，魏、蜀政治立場基本完全對立，孫吳則不然，不論拉攏其何者，都具有一定程度的選擇空間，故本研究探討的是，這些體制、手段的產生與國家戰略的連繫處爲何？發揮之效益如何？其政策成、敗因素爲何？另外山越問題，歷來學者多相當關切。陳壽嘗評曰：「山越好爲叛亂，難安易動，是以孫權不遑外禦，卑詞魏氏」，〔註78〕《三國志》「關於亂之記載次數多，分布也廣」對於國家安全是

〔註77〕此說法贊同者甚眾，誠如萬繩楠、王仲犖、胡阿祥、李培棟等，在本文後續章節會說明上述學者之看法與分析，並探討其學理，此處概難詳舉，暫略。
〔註78〕參《三國志》，卷60〈賀全呂周鍾離傳〉卷末陳壽評曰，頁1395。

一大隱患。如胡阿祥即認爲山越問題是孫權「老死東南、限江自保」的主因。
〔註 79〕故本研究在此處希望不僅由社會、民族問題的層面來看待。也探討將
其對國家戰略造成影響，去理解其正、負面之影響爲何？〔註 80〕上述諸項誠
爲本研究關注與欲主要探討之議題。

五、研究方法與章節架構

　　本研究主題爲「孫吳國家戰略研究」，範疇當涵蓋國家戰略的形成、演變
以及實際推動的情況與影響。是故，研究方式上，對於史事過程、史料解釋
上，蓋採行「文獻分析法」，並佐以地下考古發現的文物研究以爲旁證。另外，
爲避免史料徵引上過於冗長、不易觀察，也將運用地圖、表格協助資料之呈
現與彙整，使之能夠簡約明確的突顯本研究欲傳達之意旨。

　　古籍文獻之使用方面上，在史實發展的建構部份，基本運用《史記》、《漢
書》、《三國志》、《後漢書》、《晉書》、等正史爲主，輔以《建康實錄》、《資治
通鑑》等，作爲本研究主要論述之基礎。關於古代地理、政區沿革之資料等
方面，則運用《水經注疏》、《華陽國志》、《漢唐地理書鈔》、《漢唐方志輯佚》、
《元和郡縣圖志》、《太平寰宇記》、《與地紀勝》、《通鑑地理通釋》、《嘉慶重
修大清一統志》等，以及《二十五史補編》中，清末民初學者一系列之考證
甄補成果，如《補三國疆域志》、《三國疆域表》、《補三國疆域志補注》、《三
國郡縣表附考證》等爲主，以補充正史記載闕漏、不足的部份。

　　史評史論部份則參考《六朝通鑑博議》、《六朝事跡編類》、《讀通鑑論》、
《讀史方輿紀要》、《十七史商榷》、《廿二史劄記》、《義門讀書記》等書之看
法觀點，作爲史料詮釋上援引輔佐的資料。制度典章以及歷代學者補充《三
國志》之部分，則有《通典》、《太平御覽》、《文獻通考》、《三國會要》、《三
國職官表》、《三國志集解》、《三國志考異》、《三國志注補》、《補三國兵志》、

〔註 79〕前揭《六朝疆域與政區研究》，頁 50。
〔註 80〕除了《三國志》，卷 60〈吳書・賀齊傳〉，頁 1379：「揀其精健爲兵，次爲縣
　　　　戶」，另外同書〈陸遜傳〉、〈諸葛恪傳〉也多見類似的政策。據陶元珍考證，
　　　　孫吳軍隊中有大量的山越人口，參見〈三國吳兵考〉，頁 53～55；張大可也認
　　　　爲孫吳討平山越後，多數會吸收其作士兵或是耕戶，前揭《三國史研究》，
　　　　頁 330～333。從上可知，孫吳對於山越問題採取的政策，包含了治安、經濟、
　　　　國防等層面的考量，要之古代人口可反應一定程度的國家力量，山越歸降人
　　　　口，某種程度上對孫吳也屬助益。故山越問題即不能只單純分析利或弊其中
　　　　一項層面了。

《三國食貨志》等書，以補充正史記載闕漏、不足的部份。

　　另外，在研究主題定位上，以現今社會科學分類觀之，本研究以國家戰略爲題，研究範疇不限於歷史學，亦涉及政治、軍事、外交等領域之學理，爲避免研究上在史料詮釋方面的不足，筆者擬借重上述學門之專業知識、理論與研究方法爲輔，以期對於史料史事分析判斷，能更爲全面、精確。例如，軍事理論中的戰略決策、戰場戰術、軍隊軍備編組織之部份，筆者亦將參考中國傳統兵書如孫武的《孫子兵法》，西方軍事思想著作如克勞塞維茨的《戰爭論》、李德哈特的《戰略論》、薄富爾的《戰略緒論》等書，以期能運用諸書理論之長，補充筆者在學識學力上不足之處。

　　以下茲針對本文正文部分，章節設計之架構原理，作簡要說明：

第二章「全據長江──孫吳前期疆域經略與國家戰略形成」

　　本章共設三節，主要探討孫吳建國前，國家戰略「全據長江」的形成與推動，以及其在疆域經略上的表現。第一節範疇涵括孫堅、孫策時代，探討孫吳集團之建立，以及在國家戰略正式形成前，所面臨的戰略環境。第二節始孫權領導，探討「全據長江」戰略形成後，孫吳在赤壁之戰至夷陵之戰的期間，如何實踐戰略目標與建立國家，並分析其完成之「全據長江」，與原先規劃之異同，及其對於國家發展造成的影響。第三節則著重孫吳對交州地區的經略，探討其與國家戰略的聯繫，與扮演角色功能爲何？以及蜀亡後，交州在國防地位上的轉變。

第三章「從進圖淮南到限江自保──孫吳後期戰略轉變與萎縮」

　　本章共分兩節，主要探討孫吳建國後，到亡國之役，國家戰略的轉變與瓦解，第一節針對孫權建國後的北伐行動，探討「進圖淮南」戰略失敗之因；第二節探討孫吳後期「限江自保」戰略的出現原因，並總結孫吳走向滅亡，與國家戰略施行之間的關係，與第二章合爲本文核心章節。

第四章「孫吳前後期外交政策及其施展」

　　本章預計分三節，主要配合國家戰略分期，將孫吳外交政策，也成前後兩時期。第一節探討「全據長江」時期，孫吳的外交立場爲何在曹、劉之間屢有變動，並分析此時期外交上短程規劃的特質。第二節則探討「進圖淮南」時期，吳蜀聯盟，對於三國晚年情勢造成之影響，以及分析吳蜀合作終不能逆轉局勢的原因爲何？第三節則將「進圖淮南」時期，孫吳對東北地區，遼

東、高句驪政權之往來，獨立出來探討，分析其與國家戰略之聯繫，以及活動失敗之因。

第五章「孫吳戰略佈局下國防政策之推動」

本章共分兩節，主要探討孫吳國家戰略下，國防政策在內外兩大議題上的施行情況，第一節探討對外的「國防──江防」關係，分析孫吳如何利用長江地理特性，建構起相應的國防機制，以達到保衛國家安全之目的。第二節則探討孫吳內部統治之山越活動，對國家戰略與國防安全造成何種影響，以及分析孫吳的處理手段，如何滿足國家安全訴求。

第六章「結論」

歸納本文在前後期疆域經略、外交、國防等層面之探討，總結孫吳國家戰略在形成、演變與推動上的實際情況，並作一客觀的歷史評價，回應孫吳政權是否偏安這個核心問題，並補充本研究在孫吳史、三國史乃至於魏晉南北朝史研究上，值得再深耕與研究未盡完善之部分，以作反思。

針對本研究所設定，孫吳國家戰略，及外交、國防政策之時間分期，製簡表如下：

表 1-1-1：本研究分期結構示意表

領導人		國家戰略	發展戰略	外交政策				國防政策		
孫　策		尚未形成	西向爭荊	尚未形成						
孫　權	前期	全據長江	經略交州	發展期	孫劉聯盟			建構與維持長江防線	對外	對內
					聯曹臣魏				西向延展	
	後期	進圖淮南	進圖襄陽	穩定期	吳蜀復交				北向延展	鎮撫山越
							經略遼東			
					吳蜀聯盟抗魏					
三嗣主時期	孫亮	三權相過渡期								
	孫休	限江自保						限江自保		
	孫皓			蜀亡無外交						

備註說明：紅色字體代表屬本文第二章範疇；藍色代表第三章範疇，綠色代表第四章範疇，咖啡色代表第五章範疇。

第二章　全據長江
——孫吳前期疆域經略與國家戰略形成

　　國家戰略本質上屬於全局性的宏觀決策，爲國家之生存發展服務。但是，並非待至國家建立才會形成，部分政權在建國階段，即以初步形成國家戰略，作爲政權發展之指導方針。漢末一統王朝崩潰，使得群雄紛起，天下因魏、蜀、吳之崛起，走向三國鼎立之新局。其中，孫吳政權始於孫策平江東，繼之孫權據長江、建國稱帝，達版圖全盛，後歷孫亮、孫休、孫皓三主，亡於西晉。本研究嘗試將孫吳國家戰略略區分爲前、後期，本章所謂「前期」始自孫堅創建武裝集團，而下限至孫權自稱吳王，明確帶領政權走向獨立之路，〔註1〕希望藉著前期發展過程的追溯，能對孫吳國家戰略之形成背景，以及其建國之路有更全面性的探索。

第一節　南佔江東與西向爭荊戰略

　　田余慶嘗論：「孫吳霸業之起，在魏、蜀前；稱王稱帝，在魏、蜀後，其建國道路，曲折而又漫長。」〔註2〕筆者以爲，田氏此語實點出一項可發人省思的議題，即是什麼樣的環境形勢？引導著孫吳政權走向立國江南，繼而創設出一個前代未見的特殊國家型態，故本節始孫堅起事，下限至建安五年

〔註1〕按孫權稱帝在黃龍元年（229），初孫權之吳王乃魏文帝所封，但黃初三年（222）夷陵之戰孫權擊退劉備後，爲因應與魏開戰，即自行改元黃武，形同脫離曹魏藩屬身分，故筆者認定上，把黃武元年（222）視爲孫吳建國的重要標的，也是前、後期不同國家戰略的關鍵分水嶺。

〔註2〕參〈孫吳建國的道路〉，前揭《秦漢魏晉史探微》，頁244。

（200）孫策去世，探討孫氏爲何選擇江東落腳？建立政權後，這樣的形勢又對日後國家戰略之形成，帶來何種影響？

一、孫堅起事與草創集團

（一）孫堅家世及其崛起

孫堅字文臺，吳郡富春人，爲孫氏集團的創建者，年少爲縣吏，《三國志》的作者陳壽在其本傳卷末評曰「孤微發跡」，〔註3〕可見孫堅應家世不顯。〔註4〕孫堅嘗「與父共載船至錢唐，會海賊胡玉等從匏里上掠取賈人財物」，孫堅藝高膽大，僞裝指揮官兵來捕，驚走海賊，此番勇舉讓孫堅「由是顯聞，府召署假尉」。後「會稽妖賊許昌起於句章」，又與子「扇動諸縣」，聚眾萬人叛亂，孫堅以郡司馬，募精勇千餘人，協同州郡守兵討平。故孫堅發跡，完全是憑藉其「勇摯剛毅」之性格與武勇建立，〔註5〕亂平，孫堅因功先後出任鹽瀆、盱眙與下邳三縣丞，〔註6〕史稱：

（孫）堅歷佐三縣，所在有稱，吏民親附。鄉里知舊，好事少年，

往來者常數百人，堅接撫待養，有若子弟焉。〔註7〕

孫堅歷事三縣，並未得令長之職，可知尚不爲政府重用。不過，在任官遷轉

〔註3〕 見《三國志》，卷47〈吳書・孫破虜討逆傳〉（以下孫堅部分省稱〈孫堅傳〉，孫策部份省稱〈孫策傳〉），頁1093、1112。

〔註4〕 關於孫堅的出身背景，據〔南朝梁〕沈約，《宋書》（北京：中華書局，2008年），卷27〈符瑞志上〉，頁780載：「孫堅之祖名鍾，家在吳郡富春獨與母居。性至孝。遭歲荒，以種瓜爲業。」又（劉宋）劉敬淑，《異苑》（北京：中華書局，1996年），卷4，頁27則記孫鍾、孫堅爲父子，兩書說法不同。另外，《三國志》本傳言其「蓋孫武之後」（頁1093），同頁注引《吳書》則云「堅仕仕吳」，田余慶指出，上述說法有相悖與矛盾之處，這因爲韋昭在吳修史，自會盧美，陳壽不詳其事故因之，又舉清人楊守敬《水經注疏》糾「孫權父塚」之誤與《宋書・禮志》孫權不立七廟兩例，說明孫堅先世之輩份問題，以及後人遮掩隱情之故，見〈孫吳建國的道路〉，前揭《秦漢魏晉史探微》，頁247～248。

〔註5〕 事俱參《三國志》，卷47〈吳書・孫堅傳〉，頁1093。

〔註6〕 按〔南朝宋〕范曄撰、〔晉〕司馬彪補志，《後漢書》（北京：中華書局，2006年），卷19〈郡國志三〉，頁3461～3462所載，鹽瀆、盱眙屬廣陵郡，下邳屬下邳郡。又據同書卷28〈百官志五〉，頁3623所載，縣滿萬戶設令，不滿設長，下設丞一人，主署文書、典知倉獄。可知孫堅沒有當到一縣的最高行政長官，僅至副長官之位。又此三縣位在徐州南部，處淮、泗流域，故日後在此招募之卒，被稱爲淮泗精兵。

〔註7〕 《三國志》，卷46〈吳書・孫堅傳〉注引《江表傳》，頁1094。

的過程，他積極經營地方人脈，培養支持自己的鄉里勢力，這是日後起事，重要的武裝力量來源。〔註8〕

中平元年（184）「黃巾之亂」爆發，朝廷派遣軍隊四處鎮壓，時中郎將朱儁聞孫堅勇名，且具平亂經驗，便表請孫堅擔任佐軍司馬，協助征討。孫堅隨即動員先前任三縣丞時，所拉攏的擁護群眾，史稱「鄉里少年隨在下邳者皆願從」，堅又募「諸商旅及淮、泗精兵，合千許人」，此武裝集團隨孫堅作戰，表現傑出，初交鋒即令汝、潁地區的黃巾賊眾退守宛城，孫堅攻宛奮勇衝鋒，「身當一面，登城先入」，大敗黃巾，受拜別部司馬，〔註9〕此役後堅驍名更顯。

中平三年（186），西北「邊章、韓遂作亂涼州，中郎將董卓拒討無功」，朝廷派司空張溫赴援，張溫因孫堅討黃巾之功，表請堅隨軍。邊、韓兩人聞朝廷大軍至，便「黨眾離散，皆乞降」，事後孫堅拜議郎，留仕中央。〔註10〕未久，荊州南部又生動亂，中央無力平定，便遣孫堅前往，史稱：

> 時長沙賊區星自稱將軍，眾萬餘人，攻圍城邑，乃以（孫）堅爲長沙太守。到郡親率將士，施設方略，旬月之間，克破星等。周朝、郭石亦帥徒眾起於零、桂，與星相應。遂越境尋討，三郡肅然。漢朝錄前後功，封堅烏程侯。〔註11〕

〔註 8〕 孫堅本人以武勇見長，但無學術素養，如《三國志》，卷 50〈吳書・妃嬪・孫堅吳夫人傳〉，頁 1195 所載：「孫堅聞其才貌，欲娶之，吳氏親戚嫌堅輕狡」。其次，同書卷 46〈孫堅傳〉，頁 1094 則載，孫堅與「好事少年」往來密切，又頁 1097 載，孫堅至荊州討賊時，刺史王叡「以堅武官，言頗輕之」，由上可知，孫堅之身分與作爲不受地方望族與官員之尊敬，反倒以鄉里土豪形象吸引中下階層人民的親附支持。毛漢光師指出孫堅乃標準軍人，不但與士大夫幾無往來，甚至初期也不受故鄉豪族支持，參〈三國政權的基礎〉（收入《史語所集刊》第 41 期，1969 年），頁 11。另外，宮川尚志頗疑孫堅出身名裔，認爲其名聲僅是地方治安軍功，見〈六朝貴族的生成〉第三節〈三國吳の政治と制度〉，前揭《六朝史研究（政治社會篇）》，頁 234。川勝義雄也指出，孫堅歷任江淮諸縣次官，聚合不少無賴烏合之眾，進而成爲這類任俠集團的首領，此是其核心部隊之特色，見〈孫吳政權與江南的開發領主制〉，前揭《六朝貴族制社會研究》，頁 105。王永平則指出孫堅之娶吳夫人，背後原因乃是懼孫堅逼婚報復，亦顯其無賴形象，見〈論孫權父子之「輕脫」〉，前揭《孫吳政治與文化史論》，頁 2〜6。另可參〔日〕大川富士夫，〈三國時代の江南豪族について〉、〈孫吳政權の成立をめぐって〉（以上兩文收入氏著《六朝江南の豪族社會》，東京：熊山閣，1987 年）。

〔註 9〕 事參《三國志》，卷 46〈吳書・孫堅傳〉，頁 1094。

〔註 10〕 事參《三國志》，卷 46〈吳書・孫堅傳〉，頁 1095。

〔註 11〕 《三國志》，卷 46〈吳書・孫堅傳〉，頁 1095。

朝廷任命準備前往的孫堅爲長沙太守，這可分兩個層面來看：一、是原本的長沙太守可能已經遇害，孫堅以新任太守身分到郡，可有效掌握當地軍政資源，用以平亂；其二是等同是承諾亂平後，堅即直接留任，以爲軍功之報償。筆者推測，孫堅應是帶領著原先招募之部隊，並配合長沙郡兵來對付區星。鄰近的零陵、桂陽兩郡有周朝、郭石，率眾同叛，亦爲孫堅所敗，從「越境尋討」到「三郡肅然」來看，孫堅有效控制了荊南三郡，初次擁有了自己的地盤。〔註12〕

孫堅在郡三載，中平六年（189）「（漢）靈帝崩，少帝即位。大將軍何進與司隸校尉袁紹謀誅諸閹官，太后不從」，故何進召董卓帶兵入京、欲脅太后，未料何進遇害，中常侍劫少帝逃亡，逢董卓軍至，迎少帝回宮，卓以手段吸收了車騎將軍何苗與執金吾丁原的部眾，〔註13〕勢力大盛、專擅朝政，又廢少立獻，引來關東諸郡起兵聲討，並共推袁紹爲盟主。

聞北方戰起，孫堅決意參與討伐董卓，率軍由長沙北上，途中孫堅與武陵太守曹寅串謀，逼害荊州刺史王叡。〔註14〕至南陽，又拉攏江夏太守劉祥，以「道路不治，軍資不具」與「稽停義兵，使賊（董卓）不時討」等理由，治斬南陽太守張咨。〔註15〕從前述可知，孫堅不選擇留駐長沙，一方面雖是欲爲勤王之師；但也打算趁亂控制荊州、擴大地盤，並充軍隊北上之戰略後援。王叡、張咨畢竟爲朝廷命官，象徵基本公權力，孫堅縱素性輕狡，又對兩人不滿，可若非早有意圖謀荊州，且知朝廷根本無能干預，不見得敢如此妄殺他們。〔註16〕

〔註12〕朝廷無力平亂，等於失去對該郡之實際治權，故平亂的孫堅一定程度上，等於取代了中央政府的功能。同時間，揚州豫章郡的宜春縣也逢叛亂，便向孫堅求助，其反映漢中央當時對諸多地方的普遍喪治，僅能仰賴地方軍力作爲，事參《三國志》，卷46〈吳書・孫堅傳〉注引《吳錄》，頁1096。

〔註13〕《三國志》，卷6〈魏書・董卓傳〉，頁172。

〔註14〕《三國志》，卷46〈吳書・孫堅傳〉注引《吳錄》，頁1097。

〔註15〕事參《三國志》，卷46〈吳書・孫堅傳〉，頁1096。以及《三國志》，卷39〈蜀書・劉巴傳〉注引《零陵先賢傳》，頁980。

〔註16〕據《三國志》，卷46〈吳書・孫堅傳〉，頁1096曰：「王叡素遇（孫）堅無禮。」同傳注引《吳錄》頁1097曰：「叡先與堅共擊零、桂賊，以堅武官，言頗輕之。」可是此是宿怨之因。另外，同傳注引《吳錄》頁1098曰：「初堅至南陽，咨既不給軍糧，又不肯見堅。堅欲進兵，恐有後患。」則說明了，孫堅所以殺張咨，不僅是因爲軍糧問題，同時也擔心張咨藉機扯自己後腿，便殺王、張，此蓋孫堅假討伐董卓之名，行侵奪荊州之實。

孫堅殺害張咨後，至魯陽，碰上奔至南陽的袁術，史稱：

> 時董卓將欲廢立，以術爲後將軍。術畏卓之禍，出奔南陽。會長沙
> 太守孫堅殺南陽太守張咨，引兵從術。劉表上術爲南陽太守，術又
> 表堅領豫州刺史，使率荊、豫之卒，擊破董卓於陽人。〔註17〕

孫堅手握軍隊，然政治聲望不足，與之相比，袁術出身四世三公的大族，孫堅便選擇率軍依附、借其名氣。孫堅遂讓南陽予袁術作根據地，時逢豫州刺史孔伷爲卓軍所害殺，袁術順水人情，便表孫堅行破虜將軍，領豫州刺史。

董卓聞王叡被殺，即遣劉表赴任，對孫堅採釜底抽薪之計，劉表後來控制荊州，使得孫堅喪失戰略後方、影響甚鉅。〔註18〕在陽人一戰孫堅大敗卓軍，袁術慮孫堅力盛，恐日後難以駕馭，〔註19〕便停運軍糧。孫堅先失荊州，南陽軍資接濟又斷，前線軍危，即夜馳魯陽，面見袁術，對曰：「所以出身不顧，上爲國家討賊，下慰將軍家門之私讐。堅與卓非有骨肉之怨也，而將軍受譖潤之言，還相嫌疑！」〔註20〕袁術無得反駁，只得重新調發軍糧助堅。董卓憚孫堅之勇，〔註21〕遣使求和，並開出「列疏子弟任刺史、郡守者，許表用之」的拉攏條件，孫堅未許，持續「進軍大谷，拒雒九十里」。〔註22〕董卓判斷情勢，以「山東豪傑並起，恐懼不寧」，故焚棄洛陽，西撤關中，挾獻帝徙都長安。〔註23〕孫堅入洛，復其所壞之宗廟、陵寢，見洛陽城毀民散、據之無用，還駐魯陽，此回作戰的進軍路線，茲可

〔註17〕《後漢書》，卷75〈袁術傳〉，頁2438。

〔註18〕初，劉表單馬入宜城，但靠著蒯良、蔡瑁等人之計，平定地方宗賊，據有襄陽。按劉表雖有名士身分，但孤身赴任、無所憑藉，收此奇效，應是董卓任命時，也未預期之結果。不過，劉表最初僅控制荊北的南郡，荊南諸郡，爲張羨所控制，羨死，劉表南收諸郡，才基本掌握整個荊州。事參《三國志》，卷6〈魏書・劉表傳〉注引《戰略》，頁211～212。

〔註19〕《三國志》，卷46〈吳書・孫堅傳〉注引《江表傳》，頁1098載：「或謂（袁）術曰：『（孫）堅若得洛不可復制，此爲除狼而得虎也』，故術疑之。」

〔註20〕《三國志》，卷46〈吳書・孫堅傳〉，頁1097。

〔註21〕《三國志》，卷46〈吳書・孫堅傳〉注引《山陽公載記》，頁1098～1099：董卓曰：「關東軍敗數矣，皆畏孤，無能爲也。惟孫堅小戇，頗能用人，當語諸將，使知忌之。」

〔註22〕《三國志》，卷46〈吳書・孫堅傳〉，頁1097。

〔註23〕事參《三國志》，卷6〈魏書・董卓傳〉，頁176。又雷家驥師指出，董卓此番西撤乃是欲保全實力，繼續挾持天子之戰略性決策，見《蔡琰悲憤詩箋證》收入氏著《史詩三首箋證》（臺北：蘭臺出版社，2009年），頁15～16。

參下圖：

圖 2-1-1：孫堅北討董卓示意圖〔註24〕

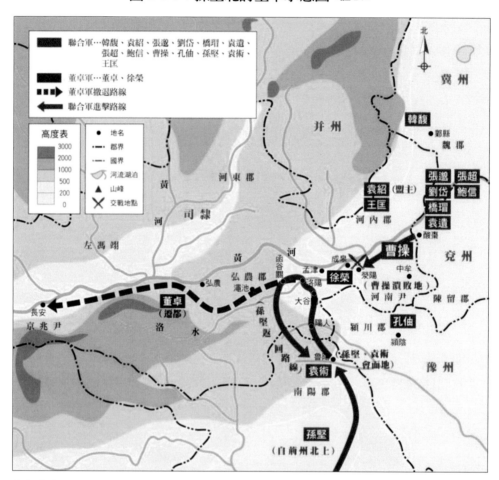

參考資料：
1.《三國志‧武帝紀》、《三國志‧董卓傳》、《三國志‧孫堅傳》、《資治通鑑》卷 59、60。
2.《三國志戰略年代記》，頁 15、《三國風雲地圖說》，頁 234～239。

〔註24〕 本文此類型示意圖係參酌立間祥介，《三國志戰略年代記》附圖爲基礎，並據
史料及譚其驤《中國歷史地圖集》、許盤清《三國風雲圖說》重新改繪。補充
說明：一、本圖採分層設色表示地形高度概況，高度關係參圖例。二、行軍
路線以顏色區隔所屬勢力，並以同顏色補充說明其行動內容，其他符號參圖
例。三、本圖對州級地名標註綠色、郡級標註咖啡色、縣級與水名標註黑色，
以爲區隔。四、本圖勢力之藍、紅等色不代表戰爭中進攻防禦角色，但固定
以孫氏一方爲紅色，以便判讀。五、以下同類型之地圖，再次出現僅註底圖
與參考資料出處，其餘沿用上述說明。

袁紹為關東聯合軍之盟主，與袁術同出汝南望族，但兩人素來不和，袁紹憂袁術藉孫堅之能坐大。故趁孫堅與卓軍交戰時，派會稽周喁為豫州刺史，同採釜底抽薪之法，來挖空孫堅後方地盤，待董卓退走長安，孫堅便回師擊退周喁，重奪豫州。〔註25〕

　　孫、袁駐軍魯陽，以為坐守難有發展，便研議新的發展方向，但當時環顧四方，北面洛陽司州殘破、不能久據，關東諸州郡太守則擁兵自重、相互兼併，〔註26〕西北又有董卓據守關中，獨南方劉表可圖，遂選擇「南奪荊州」，史稱：

> 初平三年（192），術使堅征荊州，擊劉表。表遣黃祖逆於樊、鄧之間。堅擊破之，追渡漢水，遂圍襄陽，單馬行峴山，為祖軍士所射殺。兄子賁，帥將士眾就術，術復表賁為豫州刺史。〔註27〕

其進軍路線，可參下圖：

〔註25〕筆者以為，若孫堅擊潰董卓，則可能演變成袁術入京挾持皇帝，外以勇猛的孫堅軍為藩，情況便對袁紹相當不利。故袁紹遣周喁去佔豫州，希望藉此削弱袁術實力。事可分參《後漢書》，卷 75〈袁術傳〉，頁 2438，與《三國志》，卷 46〈吳書・孫堅傳〉注引《吳錄》，頁 1100 以及同傳注引《會稽典錄》，頁 1100 等處之記載。

〔註26〕據《三國志》，卷 2〈魏書・文帝紀〉注引《典論・自敘》，頁 8：「山東大者連郡國，中者嬰城邑，小者聚阡陌，以還相吞滅。」此即指出，當時關東諸軍在董卓西邊之後，便進入爭奪地盤的內戰，其中以袁紹與曹操勢力發展最快，日後遂有兩人爭奪北方霸權的官渡之戰。

〔註27〕《三國志》，卷 46〈吳書・孫堅傳〉，頁 1100。但據裴松之所考，孫堅之死應在初平二年，方能與孫策年歲對應，參同書〈孫策傳〉注引《吳錄》，頁 1107。

圖 2-1-2：孫堅南征荊州示意圖

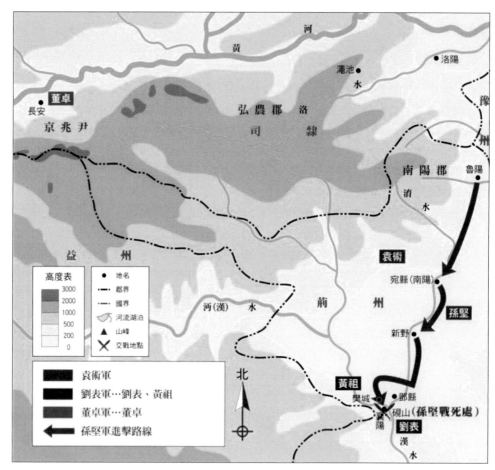

參考資料：
1.《三國志‧孫堅傳》。
2.《三國志戰略年代記》，頁 21、《三國風雲地圖說》，頁 246。

堅軍勇猛，初交鋒即取得優勢，軍隊一路南圍襄陽，大有擊潰劉表、奪回荊州之勢。但橫生變故，孫堅竟在夜晚探察敵營時，於硯山不慎中伏殞命，使得「南奪荊州」計畫重挫，袁術受劉表反擊，甚至連手上地盤也無法順利保住，史稱：

> （初平）四年春，（曹操）軍鄄城。荊州牧劉表斷（袁）術糧道，術引軍入陳留，屯封丘，黑山餘賊及於夫羅等佐之。術使將劉詳屯匡亭。太祖擊詳，術救之，與戰，大破之。術退保封丘，遂圍之，未合，術走襄邑，追到太壽，決渠水灌城。走寧陵，又追之，走九江。

夏，太祖還軍定陶。〔註28〕

其戰況可參下圖：

圖 2-1-3：袁、曹匡亭之戰示意圖

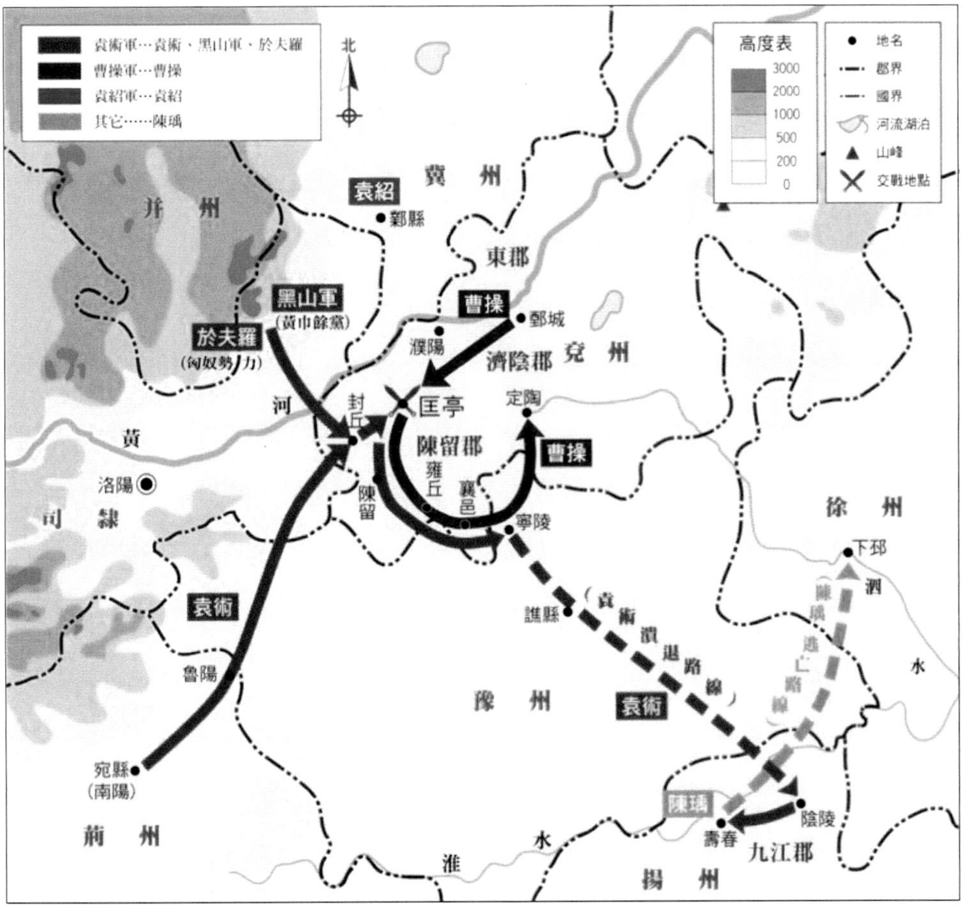

參考資料：

1.《三國志‧武帝紀》、《資治通鑑》卷60。

2.《三國志戰略年代記》，頁24、《三國風雲地圖說》，頁249。

袁術不敵劉表，勢力撤出南陽郡，殘軍向東北方移動，先退往封丘，接著想進攻匡亭，以奪取豫州北方的兗州。匡亭戰前黑山賊餘眾及匈奴於夫羅勢力來奔，但袁術仍不敵曹操，只得再度迂迴往東南撤退至九江郡陰陵，並逐走壽春的揚州刺史陳瑀。才得擺脫離處在曹操與劉表夾縫之間的困境，孫氏集

〔註28〕《三國志》，卷1〈魏書‧武帝紀〉，頁10。

團亦隨袁術至淮南地區。其眾由孫賁率領，在失去領袖的情況下，只能繼續依附袁術，但孫堅一死，袁術即連戰皆北，不但喪失原有根據地，還讓孫氏集團險些也陷入覆滅危機，自遑論有何遠圖可爲。集團之恢復發展，有待日後長子孫策之作爲了。

二、孫策平定江東與西向戰略形成

（一）孫策重建集團

孫策割據江東〔註29〕，實際上與孫堅生前作爲並無直接關係。不過，孫策會由自淮南渡江發展，卻與其父之死頗有關係。按孫氏集團隨袁術至淮南，而袁術所以往淮南，實是起因於孫堅去世，自己不敵劉表，導致南陽地盤丟失，北往兗州又爲曹操逼退，最終撤至淮南，以此來看，孫堅之死，反而是促成孫策渡江的間接原因。

孫策渡江的武裝力量，基本承孫堅部眾爲主，此軍原由孫賁接手，但孫賁受袁術驅策，故孫策須向袁術重新討取這支「父兵」的指揮權。〔註30〕宮川尚志曾分析兵力之性質，認爲其有五種來源：〔註31〕

1. 任會稽郡司馬時，爲平亂而招募的鄉勇。
2. 討黃巾時所招募，先前歷任三縣丞之地鄉里少年。
3. 自荊州北討董卓時，遠征沿途招募而來之兵。
4. 烏合的義從之人。
5. 淮泗地方的精兵。

〔註29〕按此地理概念漢代前即有，如項羽便稱所率楚人爲江東子弟，這是因長江下游始蕪湖自南京處，呈西南流向東北的路徑，東漢時長江北岸的揚州廬江郡亦稱江西，而長江南岸丹陽郡、吳：會稽郡等亦泛稱江東，如《資治通鑑》，卷66〈漢紀・獻帝建安十七年〉條，頁2118胡注即曰：「大江東北流，故自歷陽至濡須口皆謂之江西，而建業謂之江東。」即此區域江西──江東意近同於江北──江南，本文後續提及不再解釋。

〔註30〕語見《三國志》，卷46〈吳書・孫策傳〉注引《吳歷》，頁1102及同傳注引《江表傳》，頁1103，內稱孫堅所留之部眾，有「先君餘兵」、「父兵」、「堅餘兵」等詞，則知此支部隊在一定程度上具有孫氏部曲的性質，故堅死後，雖依附袁術麾下，尚須以孫氏集團成員爲領導。

〔註31〕見宮川尚志，第一章第一節〈三國軍閥的形成〉，前揭《六朝史研究・政治社會篇》，頁33。另據《三國志》，卷51〈吳書・宗室・孫靜傳〉，頁1205：「堅始舉事，靜糾合鄉曲及宗室五六百人以爲保障，眾咸附焉。」這裡的宗族及鄉曲爲討黃巾時，在故鄉聚合的，並未隨孫堅征戰各地，未列入上述五項來源之內，其真正發揮作用，是在孫策渡江後，參與攻會稽郡的戰事。

　　筆者按討黃巾時招募的三縣鄉里少年即「淮泗精兵」，則宮川氏分列兩項似有誤，未知其理由為何。

　　孫堅初於熹平元年（172）招募會稽鄉勇，至興平元年（193）孫策領回，已歷二十一載，精壯程度必不如新招募之淮泗精兵。故川勝義雄指出，孫堅這支部隊，基本以江淮之間的無賴、任俠集團為戰力中心。〔註 32〕此集團內有不少能力出色，受堅倚重之成員，也成為孫策初期的核心骨幹，其成員茲參下表：

表 2-1-1：孫堅起事時期集團成員表 〔註 33〕

姓名	籍貫	加入身分	孫堅時期之事蹟	續從策部	資料出處
1.孫靜	吳郡	宗族	（孫）堅始舉事，靜糾合鄉曲及宗室五六百人以為保障，眾咸附焉。	✓	〈宗室・孫靜傳〉，頁1205
2.孫賁	吳郡	宗族	（孫賁）父羌，堅同產兄也。……為郡督郵守長。堅於長沙舉義兵，賁去吏從征伐。	✓	〈宗室・孫賁傳〉，頁1209
3.孫香	吳郡	宗族	（孫香）父孺，字仲孺，堅再從弟也。仕郡主簿功曹。香從堅征伐有功，拜郎中。		〈宗室・孫賁傳〉注引《吳書》，頁1210
4.孫河	吳郡	宗族	（孫河）堅族子也。……少從堅征討，常為前驅，後領左右兵，典知內事，待以腹心之任。	✓	〈宗室・孫韶傳〉注引《吳書》，頁1214
5.徐琨	吳郡	姻親	（徐）琨少仕郡，漢末擾亂，去吏，隨堅征伐有功，拜偏將軍。	✓	〈妃嬪・吳主權徐夫人傳〉，頁1197
6.吳景	吳郡	姻親	（吳）景常隨堅征伐有功，拜騎都尉。	✓	〈妃嬪・孫堅吳夫人傳〉，頁1195
7.朱治	丹楊	從募	初為縣吏……隨孫堅征伐。中平五年，拜司馬，從討長沙、零、桂等三郡賊周朝、蘇馬等，有功，堅表治行都尉。從破董卓於陽人，入洛陽……東助徐州牧陶謙討黃巾。	✓	〈朱治傳〉，頁1303
8.韓當	遼西	從募	以便弓馬……幸於孫堅，從征伐周旋，數犯危難，陷敵擒虜，為別部司馬。	✓	〈韓當傳〉，頁1285

〔註32〕見川勝義雄，第二章〈孫吳政權與江南的開發領主制〉，前揭《六朝貴族制社會研究》，頁105〜106。
〔註33〕本表資料皆引自《三國志・吳書》，故出處僅書傳名及頁數。

9.程普	右北平	從募	初為州郡吏，有容貌計略，善於應對。從孫堅征伐，討黃巾於宛、鄧，破董卓於陽人，攻城野戰，身被創夷。	✓	〈程普傳〉，頁 1283
10.黃蓋	零陵	從募	初為郡吏，察孝廉，辟公府。孫堅舉義兵，蓋從之。堅南破山賊，北走董卓，拜蓋別部司馬。	✓	〈黃蓋傳〉，頁 1284
11.芮祉	丹楊	從募	從孫堅征伐有功，堅薦祉為九江太守，後轉吳郡，所在有聲。		〈潘濬傳〉注引《吳書》，頁 1398

首先，從出身與加入方式來看，基本可分兩大類型，一是宗族姻親之人，如徐琨、吳景；二是從募軍人，以黃蓋、程普、韓當等為代表。宗族中孫賁、孫河同受孫堅器重，以其典掌內事，故孫策未成年時，部眾便由孫賁攝領，居故鄉富春的孫靜甚至還動員宗族及地方鄉里，呼應孫堅，不過當時並未直接加入集團。此外，表中跟隨堅者，不少曾任地方州郡之吏，皆去職從募，除本身有在亂世追求事業的意願外，也可理解是受孫堅魅力所感，故願來投。

其次，除孫香、芮祉在孫策渡江前疑已去世外，其他成員未受孫堅之死之影響，皆隨孫策渡江，如朱治、程普、韓當、黃蓋等，更是到了孫權統事時代，仍活躍於大小戰事之中，足證，這些成員的忠誠支持，加上孫堅平亂與征討董卓之名聲（雖實際效益有限），基本是孫策能取得的創業資本了。

孫策創業之路並不順遂，除孫堅之死對集團發展的巨大衝擊外，由於孫堅生前在名義上依附袁術，這層關係未因孫堅死而消失，反而在集團少了有力領袖的情況下，使依附關係更強化，故史稱「袁術上（吳）景領丹楊太守，討故太守周昕，遂據其郡」。〔註34〕這說明了袁術利用孫堅舊部，為其擴張地盤出力，據史載：

> 後袁術徙壽春，（孫）賁又依之。術從兄（袁）紹用會稽周昂為九江太守，紹與術不協，術遣賁攻破昂於陰陵。術表賁領豫州刺史，轉丹楊都尉，行征虜將軍，討平山越。〔註35〕

初孫策年幼，故未隨孫堅征伐，居於江都，孫策聞孫賁與母舅吳景佔領丹楊，便渡江投靠。成年後，於興平二年（194）前往壽春面會袁術，希望取回其麾下剩餘的先父部眾，〔註36〕但中間頗遇波折，史稱：

〔註34〕《三國志》，卷 50〈吳書・妃嬪・孫堅吳夫人傳〉，頁 1195。
〔註35〕《三國志》，卷 51〈吳書・宗室・孫賁傳〉，頁 1209。
〔註36〕按吳景與孫賁兩人皆屬孫堅部眾，因此攻丹楊所率之軍，應多出自孫堅舊兵，故孫策所討者，則是還受袁術控制的部份。

　　（孫）策徑到壽春見袁術，……（袁）術甚貴異之，然未肯還其父
　　兵。術謂策曰：「孤始用貴舅爲丹楊太守，賢從伯陽爲都尉，彼精兵
　　之地，可還依召募。」策遂詣丹楊依舅，得數百人，而爲涇縣大帥
　　祖郎所襲，幾至危殆。於是復往見術，術以堅餘兵千餘人還策。
　　〔註37〕

原先，袁術並不答應，頗有提防孫策之意，〔註38〕討取不成，孫策復回丹楊
招募，遇山越襲擊，差點身亡，孫策無奈再訪袁術，袁術礙於人情，便答應
將所剩千餘人還予孫策。但遭遇祖郎一事，也非全無收穫，至少這讓孫策在
日後進軍江東時，已先體認到山越問題的存在。〔註39〕

　　興平年間袁術持續割據淮南，朝廷炮製以劉表舊事，派遣了同爲名士的
東萊劉繇赴任揚州刺史，企圖重新將控制力伸入江南、牽制袁術。當時揚州
治所壽春在袁術手中，劉繇「畏憚，不敢之州」，靠吳景、孫賁協助，得「迎
置曲阿」，未料劉繇立穩腳跟，便以袁術謀逆、驅離兩人，吳、孫退軍江北歷
陽，一時形成袁、劉兩揚州之對抗。〔註40〕原本袁術欲透過孫氏人馬控制丹
楊，把江東作爲戰略後方，此計畫被劉繇破壞，爲奪回控制權，只好再派吳、
孫進攻劉繇所部之樊能、張英。至此，雙方進入正式交戰，吳景、孫賁失利，

〔註37〕《三國志》，卷46〈吳書・孫策傳〉注引《江表傳》，頁1103。
〔註38〕見《三國志》，卷46〈吳書・孫策傳〉，頁1101：「興平元年，（孫策）從袁術。
　　　　術甚異之」，又曰：「術大將喬蕤、張勳皆傾心敬焉。術常歎曰：『使術有子如
　　　　孫郎，死復何恨！』」不過孫策越傑出，袁術便會像猜忌孫堅一般猜忌孫策，
　　　　擔心日後威脅到自己，故可見袁術雖然知道孫策才能，但對於駕馭孫堅父子，
　　　　並無信心。
〔註39〕見《三國志》，卷54〈吳書・周瑜傳〉，頁1260：「（孫策渡江後對周）瑜曰：
　　　　『吾以此眾取吳會平山越已足。卿還鎮丹楊。』」可見，孫策知渡江面對的敵
　　　　人不僅地方郡守，亦包括山越，其後孫吳政權對山越長期採取武力鎮壓。本
　　　　文第五章第二節有「山越問題與征討政策」一節專門討論，此處暫略。
〔註40〕事參《三國志》，卷49〈吳書・劉繇傳〉，頁1184。又《後漢書》，卷76〈循
　　　　吏・劉寵傳〉，頁2479：「興平中，繇爲揚州牧、振威將軍。時袁術據淮南，
　　　　繇乃移居曲阿。」又《三國志》，卷49〈吳書・太史慈傳〉，頁1119亦稱繇爲
　　　　揚州刺史，但是同傳注引《江表傳》，孫策語太史慈曰：「劉牧往責吾爲袁氏
　　　　攻廬江」未知刺史與牧何者孰是。關於袁術部份，其未嘗以自領揚州刺史，
　　　　僅以故吏惠衢領之，但據同書卷46〈吳書・孫策傳〉注引《吳歷》，頁1102
　　　　有：「欲從袁揚州求先君餘兵」一語。因此，田余慶指出不論實際名號爲何，
　　　　袁、劉確實形成江北（江西）與江南（江東）兩揚州的對立局面，孫策一方
　　　　既從袁術、又助劉繇，是一種保有進退空間的手段。見〈孫吳建國的道路〉，
　　　　前揭《秦漢魏晉史探微》，頁246。

成為了孫策揮軍渡江的契機。

　　孫策渡江是孫吳集團發展建立政權，最為關鍵的一次行動，而孫策作此選擇，背後實有值得探討之因。首因，乃是孫策在袁術麾下雖有表現，但受猜忌，始終不授寸土，故孫策察覺繼續依附，沒有發展空間，史稱：

> （袁）術初許（孫）策為九江太守，已而更用丹楊陳紀。後術欲攻徐州，從盧江太守陸康求米三萬斛。康不與，術大怒。策昔曾詣康，康不見，使主簿接之。策嘗銜恨。術遣策攻康，謂曰：「前錯用陳紀，每恨本意不遂。今若得康，盧江真卿有也。」策攻康，拔之，術復用其故吏劉勳為太守，策益失望。〔註41〕

孫策從袁術命攻陷盧江，震驚江東，「是時吳景已在丹楊，而策為術攻盧江，於是劉繇恐為袁、孫所并，遂構嫌隙」，〔註42〕可見，陸康被害，是劉繇與孫氏集團反目之因，陸康乃江東大族，宗族在戰事中被害百餘，加上漢末群雄以袁術最早暴露稱帝野心，對於孫策日後入主江東之形象，造成深遠的負面影響。〔註43〕達成任務後，袁術屢屢背約，仍舊啟用自己的親信，加深孫策離心，遂決意獨立發展。

　　次因，則是孫策受到戰略思想之啟發，將集團發展方式做轉型與調整。孫堅年少即具殺賊之勇，但不見有任何學術活動，又長期身在軍旅，其元從部眾亦多武人，堅本人之社會形象亦屬任俠、土豪，無文化素養之可言，是以生平多受士大夫階層輕視，互動不佳。因此，孫堅的發展規劃，多於個人意志判斷，沒有文人智士建策出計，便始終缺乏較宏觀的戰略思考，僅是致力於擴張眼前地盤。孫策此點與堅不同，史稱「堅初興義兵，策將母徙居舒，與周瑜相友，收合士大夫，江、淮間人咸向之」，〔註44〕可見年少時期的

〔註41〕見《三國志》，卷46〈吳書·孫策傳〉，頁1102。

〔註42〕《三國志》，卷56〈吳書·朱治傳〉，頁1303。

〔註43〕據《後漢書》，卷31〈陸康傳〉，頁1114：「時袁術屯兵壽春，部曲飢餓，遣使求委輸兵甲。康以其叛逆，閉門不通，內修戰備，將以禦之。術大怒，遣其將孫策攻康。」陸康為朝廷立場，拒絕給糧，孫策銜命攻城，則策為袁術爪牙身分，無由避免。另外，方北辰指出，孫策以反漢立場打擊陸康，且陸氏居江東大族之領袖，又與吳縣顧氏、烏程沈氏結為姻親，吳郡四姓對孫策渡江後的冷淡與不支持，同此事淵源頗深。參〈孫吳時期江東世家大族的政治活動〉，《魏晉南朝世家大族述論》（臺北：文津出版社，1999年），頁20～21。

〔註44〕《三國志》，卷46〈吳書·孫策傳〉，頁1101。

孫策，在經營地方人脈上，交遊層次較廣闊，結識不少士人，﹝註45﹞如廬江人周瑜即出身仕宦家庭，在孫策開疆拓土的過程，扮演重要副手。孫策渡江，部分江北士人來投，集團成員中也開始出現「謀主」這類近於軍師功能的角色。﹝註46﹞其中，張紘出身廣陵，在孫策渡江前即識，未正式加入集團前，便有所建言，故他是謀主之中，對孫策影響最關鍵之人。

　　初，孫策往丹楊依吳景前，曾居江都，張紘因母喪亦留江都，孫策聞其名，屢次拜訪，向張紘「咨以世務」，所謂世務，乃是當今局勢混亂，是否有適合發展的計畫，孫策嘗對張紘曰：

> 方今漢祚中微，天下擾攘，英雄儁傑各擁眾營私，未有能扶危濟亂者也。先君（孫堅）與袁氏（術）共破董卓，功業未遂，卒爲黃祖所害。（孫）策雖暗稚，竊有微志，欲從袁揚州求先君餘兵，就舅氏於丹楊，收合流散，東據吳會，報讐雪恥，爲朝廷外藩。君以爲何如？﹝註47﹞

當時孫策正準備前往壽春見袁術（劉繇還未被迎至江東），策之構想乃是運用父親留下的武裝力量，自丹楊郡南下，控制吳、會稽兩郡，言中其稱「漢祚中微」，且「未有扶危濟亂者」，說明孫策判斷，漢室在軍閥兼併的局面下，遲早滅亡，故他打算先行佔據江南吳、會之地，再溯江而上，討黃祖、報父仇。不過，值得注意的是，孫策在政治立場上，說的比較保守，所謂「朝廷外藩」乃是一種掩飾用詞，說穿只是在爭奪地盤時，不打著反朝廷之名義，但本質上仍是一種割據。筆者認爲，此時孫策力量薄弱，又無根據地，根本談不到建國稱帝這類遙遠目標；另外，也顧慮過早顯示不臣漢室之心，可能招致張紘反感，方語帶試探的詢問。

　　張紘本用「無以奉贊盛略」作爲搪塞，但見孫策「忠壯內發，辭令慷慨」，便「感其志言」，提出了著名的「江都對」，其答曰：

> 昔周道陵遲，齊、晉並興；王室已寧，諸侯貢職。今君紹先侯之軌，

﹝註45﹞王永平指出，孫策雖與士大夫往來，乃是藉機拉壟，欲借重其地方影響力，非以儒學爲務，故習之不深，參見〈論孫權父子之「輕脱」〉，前揭《孫吳政治與文化史論》，頁7～8。

﹝註46﹞按孫策本傳所言「謀主」乃指彭城張昭、廣陵張紘、秦松、陳端等，魯肅當時與周瑜爲舊識，不過他在孫策時期並未正式加入集團，待周瑜再次引薦於孫權幕下，始受重用，事可參孫策、周瑜、魯肅諸本傳，此處不贅。

﹝註47﹞《三國志》，卷46〈吳書‧孫策傳〉注引《吳歷》，頁1102。

有驍武之名，若投丹楊，收兵吳會，則荊、揚可一，讎敵可報。據
長江，奮威德，誅除羣穢，匡輔漢室，功業侔於桓、文，豈徒外藩
而已哉？方今世亂多難，若功成事立，當與同好俱南濟也。〔註48〕

張紘此語不僅是爲孫策出謀畫策，也承諾事成，願隨策南渡。故孫策離開時
又曰：「一與君同符合契，有永固之分，今便行矣，以老母弱弟委付於君，策
無復回顧之憂。」〔註49〕，孫策以家眷相託，足證認同信賴之情。

　　對比孫、張構想，可知張紘具有較宏觀的戰略層次，首先，他以齊桓、
晉文稱霸之事爲喻，間接點出孫策應追求更高的政治目標，不要侷限在割據
一方的「外藩」。簡言之，即外名周全漢室，暗地則在南方發展個人勢力，日
後逐一掃除其它軍閥。當時北方主要有袁紹、公孫瓚、曹操等混戰不休，袁
術又控制淮南，阻擋北進路線，獨南向向無強大勢力控制的江東是最佳選擇
（某種程度上也是唯一選擇）。其次，具體規劃上，要充分利用「吳、會」地
區，當成發展根據地，所謂收兵，當是獲取兵力及作戰資源，〔註50〕在揚州
站穩腳步後，則西奪荊州。但西進目的不在父仇私怨，而是使地盤獲得「據
長江」之有利形勢。其利者，乃是荊、揚兩州長江交通地緣聯繫緊密，荊
州本身地理條件亦佳，史稱「境廣地勝，西通巴蜀，南當交趾，年穀獨登，
兵人差全」，〔註51〕且「自中平以來，荊州獨全。及劉表爲牧，民又樂豐」，

〔註48〕 《三國志》，卷46〈吳書‧孫策傳〉注引《吳歷》，頁1103。

〔註49〕 《三國志》，卷46〈吳書‧孫策傳〉注引《吳歷》，頁1102。

〔註50〕 按學者指出，東漢以降，長江流域人口數量顯著增加，加上農耕技術、水利
工程等方面的進步，是南方經濟開發之重要助力。如蔣福亞與萬繩楠分析《漢
書‧地理志》與《續漢書‧郡國志》中，兩漢戶口數量的增長變化，作爲江
南經濟力具備立國條件上，有重要意義，分見蔣福亞，《魏晉南北朝社會經濟
史》（天津：天津古籍出版社，2005年），頁37～43，以及萬繩楠，前揭《魏
晉南北朝史論稿》，頁71～73。另外，張大可也指出，漢末戰亂時期流動南遷
的大量人民，爲孫吳提供了可觀勞動力，前揭《三國史研究》，頁309～315，
上述是指當時大環境部分的情況。而筆者認爲，吳郡之太湖平原，是當時江
南開發程度較高、人口較稠密的地區，如〔東漢〕班固撰，《漢書》（北京：
中華書局，1962年），卷68〈地理志下〉，頁1668：「吳東有海鹽張山之銅，
三江五湖之利。」又如《三國志》，卷54〈吳書‧周瑜傳〉注引《江表傳》，
頁1261：「鑄山爲銅，煮海爲鹽，境內富饒」，因此，先取得重要經濟精華區，
對於孫策拿下整個江東也有幫助，故戰略上，以吳、會地區爲優先目標。張
靖龍也指出，長江下游擁鹽、鐵、銅、金等重要天然資源，加上水利工程修
繕帶動農獲增加，形成「東南有天子氣」的物質基礎，見氏著《赤壁之戰研
究》（鄭州：中州古籍出版社，2004年），頁81～82。

〔註51〕 見《後漢書》，卷64〈趙岐傳〉，頁2124。

〔註 52〕顯示奪取荊州的戰略價值很高，有助勢力的鞏固壯大，如此，孫策才能往「豈徒外藩而已」的方向邁進。

　　張紘之論乃孫策平江東的重要指導，〔註 53〕戰略上「據長江」、「混一荊揚」之卓越見識，直到孫權時代，仍是致力推動的重點，雖孫策生前未能完成。但「西向征荊」之概念，後經魯肅、甘寧、呂蒙等人之提倡，遂凝聚成孫吳君臣的戰略共識。不過，張紘的「江都對」還不是一個成熟完整的國家戰略，在孫策力量尚弱之時提出，乃屬務實且不失宏觀的發展戰略。對孫吳政權早期發展，及日後國家戰略之形成，可謂影響深遠。孫策、孫堅同善戰陣，但孫策受張紘之言，不止關注眼前地盤爭奪，也在長期規劃上考慮到了未來發展。

（二）渡江之戰與孫策驟亡

　　興平二年（195）孫策往見袁術，表達「乞助（吳）景等平定江東」的想法（時吳景、孫賁已為劉繇驅回江北），史稱：

　　　　（孫）策說（袁）術云：「家有舊恩在東，願助舅討橫江；橫江拔，
　　　因投本土召募，可得三萬兵，以佐明使君匡濟漢室。」術知其恨，
　　而以劉繇據曲阿，王朗在會稽，謂策未必能定，故許之。〔註 54〕

孫策表示願協助吳景渡江，並在故鄉招募兵力，作袁術爭霸天下的後盾，此說詞袁術是否相信今難確知，但袁術真正同意之因，實是不看好孫策能擊敗劉繇、王朗，故答允。除吳景、孫賁手上軍力，搜之史書，尚可見孫策渡江前聚合的武裝力量有下列來源：一、於丹楊招募的數百人；二、自袁術處取回的父兵千餘人；三、賓客願從者數百人；四、沿途行軍至歷陽所招募之兵。發動攻擊前夕，孫策本軍計約「五六千人」，〔註 55〕關於此次作戰的進軍情況，可參下圖：

〔註 52〕見《三國志》，卷 6〈魏書·劉表傳〉注引《傅子》，頁 214。

〔註 53〕另外，朱治也曾勸孫策「還平江東」，但僅是著眼於袁術「政德不立」，恐後致敗亡的憂慮，當時朱治受辟任吳郡都尉，為之後征討許貢帶來很大的幫助，其意見不過未如張紘之宏觀完整，事參《三國志》，卷 56〈吳書·朱治傳〉，頁 1303。

〔註 54〕《三國志》，卷 46〈吳書·孫策傳〉注引《江表傳》，頁 1103。

〔註 55〕《三國志》，卷 46〈吳書·孫策傳〉，頁 1102。另據同書卷 54〈周瑜傳〉，頁 1259：「（周）瑜從父尚為丹楊太守，瑜往省之。會（孫）策將東渡，到歷陽，馳書報瑜，瑜將兵迎策。策大喜曰：『吾得卿，諧也。』」則知孫策征討劉繇的戰事中，協助進攻的兵力似尚有周瑜從父之部隊。

圖 2-1-4：孫策渡江之戰示意圖

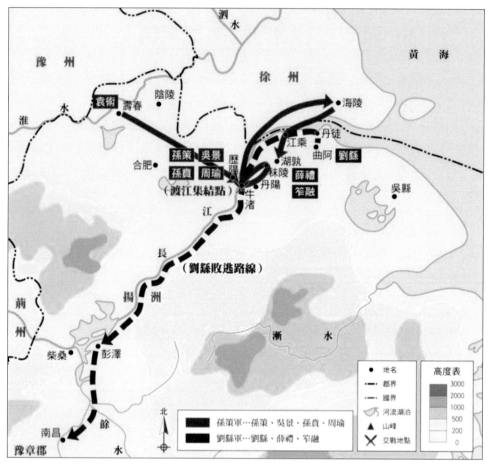

參考資料：
1.《三國志‧孫策傳》、《資治通鑑》卷 61。
2.《三國志戰略年代記》，頁 33、《三國風雲地圖説》，頁 263。

戰事之初，孫策率吳景、孫賁等，自歷陽分擊長江北岸的橫江、當利口，守將樊能、于麋及張英等陸續潰敗。孫策控制江津後，順利渡江，〔註 56〕直攻牛渚營，「盡得邸閣糧穀、戰具」，又北破據守秣陵城的薛禮、笮融，接著連下湖孰、江乘，劉繇在曲阿見孫策軍勢不可擋，只得由丹徒乘船，奔逃豫章。〔註 57〕此次勝利不但奪回先前吳、孫據有的丹楊之地，也替拿下江東的戰略

〔註 56〕 孫策當時舟船甚少，係採徐琨母建議，蘆葦製筏協助運兵，事參《三國志》，
　　　　 卷 50〈吳書‧妃嬪‧吳主徐夫人傳〉，頁 1197。
〔註 57〕 上數戰事詳細經過可參見《三國志》孫策以及吳景、徐琨、孫河、呂範、孫

目標，立穩重要的第一步。〔註58〕史稱孫策「渡江轉鬪，所向皆破，莫敢當其鋒」，而且「軍令整肅，百姓懷之」，〔註59〕顯見戰事過程幾乎以壓倒性勝利一路挺進，且軍紀良好、不犯民資。能以短時間聚合兵眾，使其展現優異的戰力，孫策傑出的軍事才能不下其父。

　　孫策入曲阿後，對周瑜曰：「吾以此眾與吳會平山越已足。卿還鎮丹楊。」〔註60〕其想法是，袁術在淮南虎視眈眈，攻打吳、會時，丹楊後方須託付給能信任的周瑜。袁術果有動作，跳出來分享勝利成果，將周尚、周瑜調回壽春，改任堂弟袁胤為丹楊太守。又籌備進攻徐州的軍力，一方面先徵調豫州軍隊，又把吳景、孫賁調回壽春協助作戰，聯合呂布擊敗劉備後，為安撫孫策一方，以補償形式任吳景「廣陵太守」，但袁胤仍在丹楊負責監視，可見袁術對孫策之防範。

　　孫策控制曲阿，等於把勢力伸入吳郡北部，時吳郡太守為許貢（治於郡南由拳縣）。初「太傅馬日磾在壽春，辟（朱）治為掾，遷吳郡都尉」，又逢孫策帳下吳景、孫賁等人前往袁術處助陣，故建安元年（196）孫策讓朱治自錢唐率兵，以「上任」名義前往，擔任進攻吳郡的先鋒。許貢知孫策圖謀，發兵抵抗，「拒之於由拳」，〔註61〕其戰事過程可參下圖：

賁、程普、周泰、呂蒙等各本傳。

〔註58〕《三國志》，卷46〈吳書・孫策傳〉，頁1104載：「劉繇棄軍遁逃，諸郡守皆捐城郭奔走。」又同傳注引《江表傳》，頁1104～1105：「策時年少，雖有位號，而士民皆呼為孫郎。百姓聞孫郎至，皆失魂魄；長吏委城郭，竄伏山草。及至，軍士奉令，不敢虜略，雞犬菜茹，一無所犯，民乃大悅，競以牛酒詣軍。劉繇既走，策入曲阿勞賜將士，遣將陳寶詣阜陵迎母及弟。發恩布令，告諸縣：『其劉繇、笮融等故鄉部曲來降首者，一無所問；樂從軍者，一身行，復除門户；不樂者，勿強也。』旬日之間，四面雲集，得見兵二萬餘人，馬千餘匹，威震江東，形勢轉盛。」可見孫策驍勇，造成了很大的震懾力，敵人多有棄戰逃亡者。按孫策旗下初僅五、六千人，不足拿下整個江東，故在曲阿招募軍隊，孫策個人魅力出色，又能約束軍紀，頗受百姓歡迎；加上願意接納劉繇、笮融潰留的兵眾，短時間軍隊數量即大增。

〔註59〕孫策善馭軍眾一事尚可見《三國志》，卷46〈吳書・孫策傳〉，頁1102：「（孫）策騎士有罪，逃入（袁）術營，隱於內廄。策指使人就斬之，訖，詣術謝。術曰：『兵人好叛，當共疾之，何為謝也？』由是軍中益畏憚之。」這是孫策甫得堅餘兵時，嚴明軍令，整肅紀律之舉。其軍隊數量雖不多，卻能戰力強盛，實與此管理得宜頗有關係。

〔註60〕《三國志》，卷54〈吳書・周瑜傳〉，頁1260。

〔註61〕上引俱參《三國志》，卷56〈吳書・朱治傳〉，頁1303。

圖2-1-5：孫策平定江東諸役示意圖

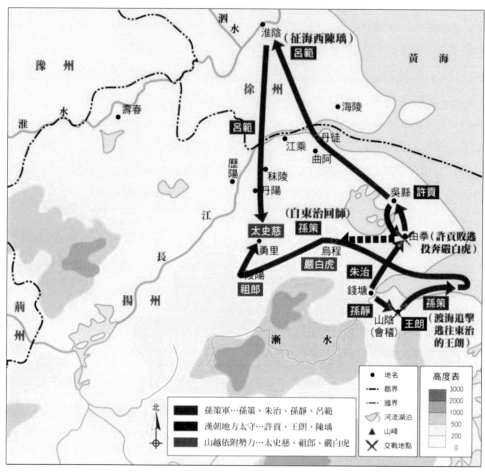

參考資料：
1.《三國志‧孫策傳》、《三國志‧呂範傳》、《三國志‧孫靜傳》、《資治通鑑》卷61。
2.《三國志戰略年代記》，頁33、《三國風雲地圖說》，頁267、273。

如圖示，許貢不敵朱治，西逃附山越宗帥嚴白虎，吳郡遂入策軍掌握。時「吳人嚴白虎等眾各萬餘人，處處屯聚。吳景等欲先擊破虎等，乃至會稽。策曰：『虎等羣盜，非有大志，此成禽耳。』」〔註62〕說明嚴之勢力頗具規模，諸將認爲必先剿滅才無後患，但孫策認爲不必擔心，先行擱置、南取會稽。

會稽太守王朗聞孫策來犯，帳下功曹虞翻進言「力不能拒，不如避之」，

但王朗拒絕，以「身爲漢吏，宜保城邑」爲由，舉兵抵禦。王朗沿浙江部署兵力，史稱王朗「拒策於固陵，策數度水戰，不能克」，防守策略一時奏效，爲突破僵局，率眾自富春前來會合的孫靜向孫策提議：

> （王）朗負阻城守，難可卒拔。查瀆南去此數十里，而道之要徑也，宜從彼據其內，所謂攻其無備、出其不意者也。吾當自帥眾爲軍前隊，破之必矣。〔註63〕

孫靜之策乃分兵繞道，自西南方迂迴進攻，王朗所派之周昕遭孫策斬殺後，眼見無法再守，便棄郡治山陰，浮海南逃東治，侯官長商升起兵響應王朗，孫策主力自海路追擊，王朗潰敗投降。孫策再派永寧長韓晏領會稽南部都尉，從陸路進攻，但敗於商升，故起用當地有威名的賀齊，〔註64〕接任都尉一職，會商升遭山越宗帥張雅、詹彊殺害，賀齊用計離間，順利討平。〔註65〕孫策隨即回師，破嚴白虎等勢力，〔註66〕連戰皆克，「收兵吳、會」的階段性目標，迅速於一年內達成。

建安二年（197）孫策聞袁術欲僭號自立，乃「以書責而絕之」，〔註67〕雙方劃清界線，此舉除爭取「忠於漢室」之名聲外，更是孫策脫離袁術集團的機會，吳景自袁術處來歸後，漢使亦至，史載：

> （孫）策以書喻（袁）術，術不納，便絕江津，不與通，使人告（吳）景。景即委郡東歸，策復以景爲丹楊太守。漢遣議郎王誧。銜命南行，表景爲揚武將軍，領郡如故。〔註68〕

時獻帝在許都，爲曹操掌控，來使之意乃欲利用孫策牽制袁術，組成「反袁術陣營」，授孫策「騎都尉・襲爵烏程侯・領會稽太守」，命他與呂布以及行

〔註63〕《三國志》，卷51〈吳書・宗室・孫靜傳〉，頁1205。

〔註64〕《三國志》，卷60〈吳書・賀齊傳〉，頁1377所載：「賀齊字公苗，會稽山陰人也。少爲郡吏，守剡長。縣吏斯從輕俠爲姦，齊欲治之，主簿諫曰：『從，縣大族，山越所附，今日治之，明日寇至。』齊聞大怒，便立斬從。從族黨遂相糾合，眾千餘人，舉兵攻縣。齊率吏民，開城門突擊，大破之，威震山越。後太末、豐浦民反，轉守太末長，誅惡養善，期月盡平。」賀齊年輕時候任縣長即有打擊勾結山越勢力之大族的經驗，始斯從案，賀齊建立名聲，故孫策借重其才幹經驗。

〔註65〕事參《三國志》，卷60〈吳書・賀齊傳〉，頁1377～1378。

〔註66〕事參《三國志》，卷46〈吳書・孫策傳〉注引《吳錄》，頁1105。

〔註67〕文長不錄，可參見《三國志》，卷46〈吳書・孫策傳〉注引《吳錄》，頁1105～1106。

〔註68〕《三國志》，卷50〈吳書・妃嬪・孫堅吳夫人傳〉，頁1195～1196。

吳郡太守陳瑀共討袁術。〔註 69〕也因孫策與袁術斷絕關係，曹操表策爲討逆
將軍，故孫策又稱孫討逆。〔註 70〕按陳瑀原爲袁術所置的揚州刺史，後叛術
嘗爲孫策所攻，兩人生隙，時陳瑀駐江北廣陵郡的海西縣，史稱他：

> 遣都尉萬演等密渡江，使持印傳三十餘紐與賊丹楊、宣城、涇、陵
> 陽、始安、黟、歙諸險縣大帥祖郎、焦已及吳郡烏程嚴白虎等，使
> 爲內應，伺策軍發，欲攻取諸郡。策覺之，遣呂範、徐逸攻瑀於海
> 西，大破瑀，獲其吏士妻子四千人。〔註71〕

陳瑀在孫策調動軍隊時，挑動地方勢力作亂，想擾動孫策後方，孫策察覺，
即派呂範往海西攻破陳瑀、打擊首謀，並揮軍掃蕩騷動的山越。

　　袁術不甘孫策背離，又「陰遣閒使齎印綬與丹楊宗帥陵陽祖郎等，使激
動山越，大合眾，圖共攻策」。〔註 72〕先前逃至豫章的劉繇，又委太史慈爲丹
楊太守，準備反攻，當時孫策「平定宣城以東，惟涇以西六縣未服。慈因進
住涇縣，立屯府，大爲山越所附」，〔註 73〕以祖郎、太史慈爲首的山越勢力，
造成丹楊郡西部數縣動亂不安。孫策以孫輔屯歷陽防術，再分別於勇里擒太
史慈、陵陽破祖郎，且納兩人入麾下，內部危機暫息。

　　孫策定三吳（丹楊、會稽、吳三郡合稱）後，基本有兩個發展戰略可選
擇：一是北向，自丹徒渡江攻佔廣陵、消滅陳登，並藉助替姻親曹操「平叛」，
打擊劉備、奪取徐州。〔註 74〕二是西向，針對江夏黃祖，以報父仇之名，順
道拿下揚州上游的豫章、廬陵等郡。最後，孫策選擇依照張紘「江都對」之
規劃，優先追求「混一荊揚」。建安四年（199）孫策受詔與曹操、董承、劉
璋等，共討袁術、劉表，整軍待發之際，會六月袁術病死，史稱：

> （袁術麾下）長史楊弘、大將張勳等將其眾欲就（孫）策，廬江太守

〔註69〕時孫策所據丹楊、吳郡、會稽三郡，曹操假朝廷之命，以吳景領丹楊、孫策
　　　　領會稽，而插入陳瑀在江北行吳郡太守，目的在於牽制孫策，不欲使其獨占
　　　　三郡。

〔註70〕事參《三國志》，卷46〈吳書·孫策傳〉，頁 1104。

〔註71〕《三國志》，卷46〈吳書·孫策傳〉注引《江表傳》，頁 1107。

〔註72〕《三國志》，卷 51〈吳書·宗室·孫輔傳〉注引《江表傳》，頁 1212。

〔註73〕《三國志》，卷 49〈吳書·太史慈傳〉，頁 1118。

〔註74〕據《三國志》，卷 46〈吳書·孫策傳〉，頁 1104：「是時袁紹方彊，而策并江
　　　　東，曹公力未能逞，且欲撫之。乃以弟女配策小弟匡，又爲子章取賁女，皆
　　　　禮辟策弟權、翊，又命揚州刺史嚴象舉權茂才。」從曹操結親示好之舉，可
　　　　見孫策勢力已日漸茁壯，故拉攏之。

劉勳要擊，悉虜之，收其珍寶以歸。策聞之，僞與勳好盟。勳新得
術眾，時豫章上繚宗民萬餘家在江東，策勸勳攻取之。勳既行，策輕
軍晨夜襲拔廬江，勳眾盡降，勳獨與麾下數百人自歸曹公。〔註75〕
關於此次交戰過程可參下圖：

圖 2-1-6：孫策襲劉勳及沙羨會戰示意圖

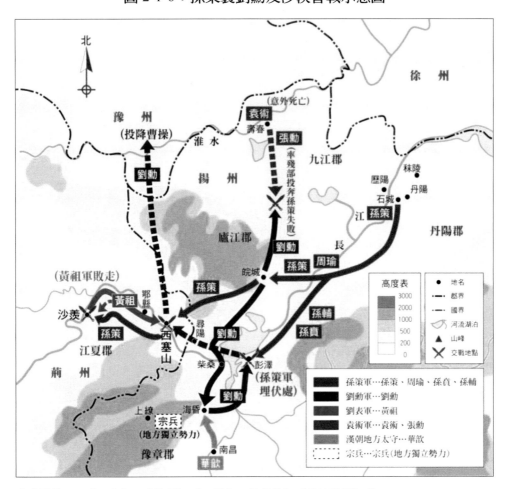

參考資料：1.《三國志·孫策傳》、《三國志·劉曄傳》、《資治通鑑》卷 63。
　　　　　2.《三國志戰略年代記》，頁 45、《三國風雲地圖說》，頁 279。

袁術死後勢力瓦解，給予孫策奪取江北廬江郡的機會。先是，劉勳駐皖，遣
使向豫章華歆求米未果，華歆建議其往豫章北部海昏、上繚，求於當地宗部，

但得米不足。劉勳不理謀士劉曄反對，執意出兵攻打，〔註76〕孫策待其軍發，即率周瑜等偷襲皖城，得「（袁）術百工及鼓吹部曲三萬餘人」，〔註77〕並表用汝南李術任廬江太守以守皖。

劉勳返軍時，先遭孫賁、孫輔截擊，遂西逃求助於荊州劉表，孫策一路追擊，先敗援助劉勳的黃射，至夏口爆發沙羨會戰，孫策大破黃祖，一舉深入江夏郡長江南岸的腹地，也首次敲開了西進荊州的關口。〔註78〕

沙羨大捷後，孫策並未急於包圍江夏郡城，而將軍力後撤收攏，目指豫章，以經略揚州南部。時華歆受詔，接替建安四年病死的劉繇任豫章太守，孫策先派太史慈招撫劉繇在郡的餘眾萬人。太史慈歸來後，指出華歆無保郡能耐，且北有鄱陽宗部不受控制，南有廬陵僮芝自號郡守，〔註79〕實無抵抗之力，孫策便決意一鼓作氣取下豫章。〔註80〕進軍前孫策遣虞翻為說客，使華歆知難而降，孫策「待以上賓之禮」，便兵不血刃的接管了豫章郡。〔註81〕

〔註76〕《三國志》，卷14〈魏書·劉曄傳〉，頁443～444：「時勳兵彊于江、淮之間。孫策惡之，遣使卑辭厚幣，以書說勳曰：『上繚宗民，數欺下國，怨之有年矣。擊之，路不便，願因大國伐之。上繚甚實，得之可以富國，請出兵為外援。』勳信之，又得策珠寶、葛越，喜悅。外內盡賀，而曄獨否。勳問其故，對曰：「上繚雖小，城堅池深，攻難守易，不可旬日而舉，則兵疲於外，而國內虛。策乘虛而襲我，則後不能獨守。是將軍進屈於敵，退無所歸。若軍必出，禍今至矣。」勳不從，興兵伐上繚，策果襲其後。

〔註77〕《三國志》，卷46〈吳書·孫策傳〉，頁1104。

〔註78〕《三國志》，卷46〈吳書·孫策傳〉注引《吳錄》，頁1008，載孫策上表朝廷，呈報此戰情況曰：「臣討黃祖，以十二月八日到祖所屯沙羨縣。劉表遣將助祖，並來趣臣。臣以十一日平旦部所領……等同時俱進。身跨馬櫟陳，手擊急鼓，以齊戰勢。吏士奮激，踴躍百倍，心精意果，各競用命。越渡重塹，迅疾若飛。火放上風，兵激煙下，弓弩並發，流矢雨集，日加辰時，祖乃潰爛。鋒刃所截，姦火所焚，前無生寇，惟祖迸走。獲其妻息男女七人，斬（劉）虎、韓晞已下二萬餘級，其赴水溺者一萬餘口，船六千餘艘，財物山積。……臣討有罪，得效微勤。」由前可知，此戰孫策重創荊州東線防禦的主力，帶給劉表極大威脅。

〔註79〕據陳健梅所考，廬陵郡地原屬豫章郡南部，其建置非為東漢原有，乃興平年間丹楊僮芝據地自立，孫輔佔有其地並沿用其名，故非孫策所置。前揭《孫吳政區地理》，頁124～125。

〔註80〕太史慈所言情況詳參，《三國志》，卷49〈吳書·太史慈傳〉注引《江表傳》，頁1190。

〔註81〕虞翻說華歆之詞，說法記載眾多，文長不錄，可分見《三國志》，卷13〈魏書·華歆傳〉注引《吳歷》、《江表傳》，頁402～403。以及《三國志》，卷57〈吳書·虞翻傳〉注引《江表傳》，頁1318～1319。

　　華歆降後，孫策以孫賁任豫章太守，並對他說：「兄今據豫章，是扼僮芝咽喉而守其門戶矣。但當伺其形便，因令國儀杖兵而進，使公瑾爲作勢援，一舉可定也。」按國儀即孫輔。孫策之作戰計畫是，太史慈領建昌都尉監視黃祖，孫賁坐鎮豫章、周瑜據贛水中游巴丘爲援，〔註82〕由孫輔負責南進，後逢僮芝病故，孫輔順利進佔廬陵，留任太守。至此，孫策對於江東之丹楊、吳、會稽、廬江、豫章、廬陵等六郡的開拓大致抵定，整個揚州僅江西九江一郡（含壽春、合肥等縣）尚未佔領了。

　　建安五年（200）春二月袁紹大軍南下，與曹操進行官渡決戰，《三國志》在孫策、曹操本傳皆言，孫策欲襲許昌，策本傳甚至直言目的在迎取獻帝。但孫策未渡江，竟遭許貢門客刺殺身亡。〔註83〕原是，許貢爲孫策所敗，奔附嚴白虎，孫策初未趕盡殺絕。然建安四年的西征劉勳、黃祖，雖得皖城與沙羨大捷，但後方三吳防備空虛，時廣陵太守陳登爲陳瑀之從兄子，欲報瑀仇，便「陰復遣間使，以印綬與嚴白虎餘黨，圖爲後害，以報瑀見破之辱」，〔註84〕這又是企圖以山越勢力擾亂孫策後方之策，孫策明白只有消滅主謀，才能控制叛亂，故準備渡江攻陳登，則渡江眞正目標實非曹操。

　　孫策領導日短，但重建一度遭逢瓦解危機的孫氏集團，使之不再是流寓的武裝力量，又奪取江東爲地盤，是促生孫吳政權的重要基礎。雖然，孫策時期的「混一荊揚」的規劃，並不能算是完備成熟的國家戰略，只能說是一

〔註82〕 按《三國志》，卷54〈吳書‧周瑜傳〉，頁1260，裴松之案曰：「孫策于時始得豫章、廬陵，尚未能得定江夏。瑜之所鎮，應在今巴丘縣也，與後所卒巴丘處不同。」

〔註83〕 《三國志》，卷46〈吳書‧孫策傳〉，頁1109：「策殺貢，貢小子與客亡匿江邊。策單騎出，卒與客遇，客擊傷策。創甚，……至夜卒，時年二十六。」另外，羅肇前認爲孫策之死並非單純遇仇，乃是曹操陣營之謀士郭嘉，安排計畫性的暗殺，筆者以爲此論未有確切證據，僅資備考，見氏著《三國征戰史》（長沙：岳麓書社，2009年），頁133～137。

〔註84〕 《三國志》，卷46〈吳書‧孫策傳〉注引《江表傳》，卷46，頁1111。又同注中孫盛認爲，孫策受荊州黃祖、廣陵陳登之牽制，實無冒險遠迎獻帝之必要。但裴松之則不同意，指出孫策已平山越，先前又重創黃祖，此次渡江雖是攻陳登，但目標卻不僅於此，本傳稱其利用官渡之戰北進並非錯誤。呂思勉贊同孫盛的說法，以孫策出兵以圖陳登爲實，見氏著《三國史話》（北京：中華書局，2006年），頁74～75。筆者基本贊同孫盛與呂氏之說法，孫策此次渡江，仍是比照先前陳瑀誘亂山越之模式，優先打擊主謀，且當時袁紹形勢強於曹操，若合力滅曹，自己恐將是袁紹下個目標，不如先觀其勝敗態勢再行動，不失是合宜的選擇。

個中程的發展戰略。但往長江中上游進攻的發展方針，以「西向征荊」的形式留存下來，到了孫權時期即正式形成「全據長江」的國家戰略，大大影響了孫吳政權建國歷程。因此，可言孫策渡江，替孫吳國家戰略之形成，提供了重要的戰略基礎。然而，孫策突然去世，卻又激化孫氏入主江東日短，統治基礎不穩的問題，不但使孫吳疆域經略的行動陷入停擺，也在如何持續保有江東的課題上，成為孫權領導初期十分嚴峻的考驗。

第二節　全據長江戰略的形成與實踐

陳壽評孫策「英氣傑濟，猛銳冠世，覽奇取異，志陵中夏」，又言「割據江東，策之基兆也」，〔註85〕可見，陳氏認為孫策對孫吳政權之建立，扮演關鍵角色。然孫策之死也對初生的孫吳政權帶來極大衝擊，故孫權統事，首重安定內部問題，而後才恢復對外發展。孫權壽長，在位長達五十二年，期間西向征荊的規劃，在他手中正式形成「全據長江」的國家戰略，並逐步推行，帶領孫吳走上建國之路。由此觀之，孫權無負兄長之託。故本節上起孫權統事，下迄夷陵之戰，探討「全據長江」戰略形成與實踐的過程，並分析其對三國鼎立之形成，造成何種影響？〔註86〕

一、孫權領導與恢復西向發展

（一）孫權繼任初期的統治危機

建安五年孫策臨終前，對大臣張昭等人道：「中國方亂，夫以吳、越之眾，三江之固，足以觀成敗。公等善相吾弟！」又呼年輕的次弟孫權「佩以印綬」，對其曰：「舉江東之眾，決機於兩陳之間，與天下爭衡，卿不如我；舉賢任能，各盡其心，以保江東，我不知卿。」〔註87〕觀前語可知，孫策以為孫氏眼下

〔註85〕上引俱見《三國志》，卷 54〈吳書・孫破虜討逆傳〉傳末陳壽評曰，頁 1112
～1113。

〔註86〕張大可指出，赤壁一戰勝負並無法直接在軍事上導致三分，南北經濟均衡的
客觀環境，亦不足解釋，且兵荒戰亂、民為倒懸，故曹、孫、劉無不打著統
一旗幟建國。因此，真正引導局勢走向分裂鼎立的原因，乃是諸競爭者握有
的統一條件皆不成熟，使得歷史不得不繞了曲折的路線。可參其〈三國鼎立
形成的歷史原因〉、〈赤壁之戰與三國鼎立〉兩文，前揭《三國史研究》，分見
頁 1～19、67～77。

〔註87〕《三國志》，卷 46〈吳書・孫策傳〉注引《江表傳》，頁 1109。

勢力粗具氣候，在亂世中有發展契機，但慮及自己死後，孫吳政權可能面臨的統治問題，故不選擇同樣長於武勇的三弟孫翊，而託負個性持重的孫權，期許他能任用效忠孫氏的能人賢士，保住江東基業。〔註88〕

孫權甫繼位，張昭身率「羣僚立而輔之。上表漢室，下移屬城，中外將校，各令奉職」，〔註89〕勸孫權收歛悲傷，對曰：

> 孝廉（指孫權），此寧哭時邪？且周公立法而伯禽不師，非違父，時
> 不得行也。況今姦宄競逐，豺狼滿道，乃欲哀親戚，顧禮制，是猶
> 開門而揖盜，未可以爲仁也。〔註90〕

並讓孫權換下喪服、出巡諸軍，安定眾心。另一方面，鎮守巴丘的周瑜，率兵赴吳奔喪，並以中護軍身分與長史張昭共掌事。〔註91〕張、周兩人爲集團內文、武兩派代表，他們認定「權可與共成大業，故委心而服事焉」，〔註92〕成了交接過程重要的安定力量。

吳太夫人也嘗憂孫權年輕，以江東安危詢問眾臣，當時董襲答曰：

> 江東地勢，有山川之固，而討逆明府，恩德在民。討虜承基，大小
> 用命，張昭秉眾事，（董）襲等爲爪牙，此地利人和之時也，萬無所
> 憂。〔註93〕

史稱「眾皆壯其言」，可見集團核心成員表態效忠，頗具提奮士氣之用。然孫

〔註88〕據《三國志》，卷51〈吳書‧宗室‧孫翊傳〉，頁1212載：「（孫翊）驍悍果烈，有兄策風。」又同頁注引《典略》曰：「翊名儼，性似策。策臨卒，張昭等謂策當以兵屬儼，而策呼權，佩以印綬。」則知孫策與孫翊特質相近，時翊年十七小孫權兩歲，不過孫策把領導位子交給孫權，似出乎大臣意料。又據《三國志》，卷47〈吳書‧吳主傳〉注引《江表傳》，頁1115曰：「及（孫）堅亡，（孫）策起事江東，權常隨從。性度弘朗，仁而多斷，好俠養士，始有知名，侔於父兄矣。每參同計謀，策甚奇之，自以爲不及也。每請會賓客，常顧權曰：『此諸君，汝之將也。』」則不難看出孫策早有栽培孫權接班之意。

〔註89〕《三國志》，卷52〈吳書‧張昭傳〉，頁1220。

〔註90〕《三國志》，卷47〈吳書‧吳主傳〉，頁1115。

〔註91〕事參《三國志》，卷54〈吳書‧周瑜傳〉，頁1260，又同頁：「初瑜見友於策，太妃又使權以兄奉之。是時權位爲將軍，諸將賓客爲禮尚簡，而瑜獨先盡敬，便執臣節。」按周瑜乃孫策器重大將，自前線帶兵奔喪，又爲諸將表率先表臣禮，足見其拱護孫權之忠心。

〔註92〕《三國志》，卷47〈吳書‧吳主傳〉，頁1116。同傳又稱「孫權待張昭以師傅之禮」，則周、張對孫權一兄一師之角色，在當時孫吳政權來說，其地位獨特性不喻而明。

〔註93〕《三國志》，卷55〈吳書‧董襲傳〉，頁1291。

策亡故，不僅讓「西向征荊」的發展腳步暫時中止，也使得原本潛伏的統治問題浮上檯面。當時史稱「惟有會稽、吳郡、丹楊、豫章、廬陵，然深險之地猶未盡從，而天下英豪布在州郡，賓旅寄寓之士以安危去就爲意，未有君臣之固」，〔註94〕這考驗了孫權的危機處理，若未能克服，則孫氏對江東的統治必生動搖，更遑論後發展。不過，爲釐清孫權初期所擁有的資源，本節將先由孫策的「遺產」探討起。「遺產」者，基本指疆域、臣僚、軍隊三方面。按前文所引，可知孫權一開始僅能控制江東五郡，廬江太守李術，據皖叛離，後被孫權討定，此先不贅，而將重點放在組成臣僚的「集團成員」，與軍隊象徵的「武裝力量」，這兩個部份。

孫策平定江東，非獨一人可成，尚賴良臣猛將輔佐，除了孫堅留下的元從部眾外，孫策時期新加入的成員，多數仍爲孫權初期的重要班底，故搜之史籍觀察這些成員是否能反映出某些值得重視的訊息，參下表：

表 2-2-1：孫策時期新加入集團成員表

姓名	出身	加入身分或方式(性質)	孫策時期之事蹟	資料出處〔註95〕
1.孫輔	吳郡	宗族孫賁之弟（武將）	（孫輔）佐孫策平三郡……使輔西屯歷陽以拒袁術，并招誘餘民，鳩合遺散。又從策討陵陽，生得祖郎等。策西襲廬江太守劉勳，輔隨從，身先士卒，有功。策立輔爲廬陵太守，撫定屬城，分置長吏。遷平南將軍，假節領交州刺史。	〈宗室‧孫輔傳〉，頁 1211
2.太史慈	東萊	劉繇舊部（武將）	（太史）慈因進住涇縣，立屯府，大爲山越所附。策躬自攻討，遂見囚執。策即解縛……後劉繇亡於豫章，士眾萬餘人未有所附，策命慈往撫安焉。……果如期而反。……嘗從策討麻保賊，……圍外萬人莫不稱善。	〈太史慈傳〉，頁 1188～1190
3.芮良	丹陽	孫堅舊部芮祉之子（武將）	（芮良）隨孫策平定江東，策以爲會稽東部都尉。	〈潘濬傳〉注引《吳書》，頁 1398
4.張昭	彭城	孫策舉用（文臣）	（張）昭皆南渡江。孫策創業，命昭爲長史……文武之事，一以委昭……策臨亡，以弟權託昭，昭率群僚立而輔之。	〈張昭傳〉，頁 1219～1210

〔註94〕《三國志》，卷47〈吳書‧吳主傳〉，頁1116。
〔註95〕本表據《三國志‧吳書》所整理，故資料出處僅書傳名與頁數。

－50－

5.張紘	廣陵	孫策舉用（文臣）	（張紘）避難江東。孫策創業，遂委質焉。表爲正議校尉，從討丹楊。……建安四年，策遣紘奉章至許宮，留爲侍御史。	〈張紘傳〉，頁1243、1247
6.秦松	廣陵	孫策舉用（文臣）	（張）紘同郡秦松字文表，陳端字子正，並與紘見待於孫策，參與謀謨。各早卒。	
7.陳端	廣陵	孫策舉用（文臣）		
8.周瑜	廬江	孫策故舊（武將）	（孫策與周瑜）獨相友善，……會（孫）策將東渡，到歷陽，馳書報（周）瑜，瑜將兵迎策。……遂從攻橫江、當利，皆拔之。乃渡擊秣陵，破笮融、薛禮，轉下湖孰、江乘，進入曲阿，……出備牛渚，後領春穀長。頃之，策欲取荊州，以瑜爲中護軍，領江夏太守，從攻皖，拔之。……復進尋陽，破劉勳，討江夏，還定豫章、廬陵，留鎮巴丘。	〈周瑜傳〉，頁1259～1260
9.呂範	汝南	以部曲附孫策（武將）	（呂範）……將私客百人歸策……後從策攻破廬江，還俱東渡，到橫江、當利，破張英、于麋，下小丹楊、湖孰，領湖孰相。策定秣陵、曲阿，收笮融、劉繇餘眾……討破丹楊賊，還吳，遷都督。	〈呂範傳〉，頁1309～1310
10.鄧當	不明	自行投募（武將）	（鄧）當爲孫策將，數討山越。	〈呂蒙傳〉，頁1273
11.蔣欽	九江	袁術舊部（武將）	孫策之襲袁術，（蔣）欽隨從給事。及策東渡，拜別部司馬，授兵。與策周旋，平定三郡，又從定豫章……遷西部都尉。	〈蔣欽傳〉，頁1286
12.周泰	九江	隨蔣欽投募（武將）	（周泰）與蔣欽隨孫策爲左右，服事恭敬，數戰有功。……策討六縣山賊，權住宣城……而山賊數千人卒至。……是日無泰，權幾危殆。策深德之，補春穀長。	〈周泰傳〉，頁1287～1288
13.陳武	廬江	自行投募（武將）	孫策在壽春，（陳）武往脩謁，……因從渡江，征討有功，拜別部司馬。策破劉勳，多得廬江人，料其精銳，乃以武爲督，所向無前。	〈陳武傳〉，頁1289
14.董襲	會稽	自行投募（武將）	孫策入（會稽）郡，（董）襲迎於高遷亭……時山陰宿賊黃龍羅、周勃聚黨數千人，策自出討，襲身斬羅、勃首……從策攻皖，又討劉勳於尋陽，伐黃祖於江夏。	〈董襲傳〉，頁1290

15.凌操	吳郡	自行投募（武將）	孫策初興，（凌操）每從征伐，常冠軍履鋒。守永平長，平治山越，奸猾斂手，遷破賊校尉。	〈凌統傳〉，頁1295
16.全柔	吳郡	以郡兵附孫策（武將）	孫策到吳，（全）柔舉兵先附，策表柔為丹楊都尉。	〈全琮傳〉，頁1381
17.賀齊	吳郡	孫策舉用（武將）	（賀齊）少為郡吏……建安元年，孫策臨郡，察齊孝廉。……以齊為永寧長……一戰大破雅，彊黨震懼，率眾出降。	〈賀齊傳〉，頁1377～1388
18.李術	汝南	孫策舉用（武將）	（孫策）表用汝南李術為廬江太守，給兵三千人以守皖，皆徙所得人東詣吳。	〈孫策傳〉注引《江表傳》，頁1108
19.虞翻	會稽	王朗舊部（文臣）	孫策征會稽……（虞）翻既歸，策復命為功曹，待以交友之禮，身詣翻第……出為富春長。	〈虞翻傳〉，頁1317

補充說明：吾粲為孫河治縣小吏，後表為曲阿丞，因孫策時尚無功勳及影響力，故僅此備註，又孫輔任廬陵太守時，劉惇任事其下，不列入表中理由同前，亦於此備註，事參《三國志‧吳書》各本傳。

從上表可知，此時期集團成員的來源管道，比孫堅時代更多元，包含有吸收敵對勢力劉繇、王朗、袁術等人舊部，如太史慈、虞翻、蔣欽等；或是舉用東渡江南的士人，如最具代表性的張昭、張紘。且成員性質文武兼具，地域性上亦含括江西、江東，除了是渡江前已加入者，也有自渡江後出身吳、會地區之人（但屬少數）。

　　另外，前述成員為孫策出謀劃策、征戰奔走，多數在獲得江東六郡的過程中，立下功勳。如太史慈投降孫策，為之招撫劉繇餘眾、增加軍力；張紘渡江前便進言「江都對」；呂範、朱治也在攻劉繇、許貢之戰事等擔任先鋒。由於孫策領導時短，這批成員除李術叛變外，全為孫權繼承，其中最受孫策信任的周瑜、張昭，居集團文、武執牛耳地位，〔註96〕故能在關鍵時刻發揮

〔註96〕如《三國志》，卷54〈吳書‧周瑜傳〉注引《江表傳》，頁1260：「策又給瑜鼓吹，為治館舍，贈賜莫與為比。策令曰『周公瑾英儁異才，與孤有總角之好，骨肉之分。如前在丹楊，發眾及船糧以濟大事，論德酬功，此未足以報者也。」此是追念佐助渡江之功，特示寵待。又同書卷52〈張昭傳〉，頁1219：「孫策創業，命昭為長史、撫軍中郎將，升堂拜母，如比肩之舊，文武之事，一以委昭。昭每得北方士大夫書疏，專歸美於昭，昭欲嘿而不宣則懼有私，宣之則恐非宜，進退不安。策聞之，歡笑曰：『昔管仲相齊，一則仲父，二則仲父，而桓公為霸者宗。今子布賢，我能用之，其功名獨不在我乎！』則說明了張昭的名望高，受孫策敬重。也可見周瑜與張昭兩人何以能

拱衛新任領導之功能。可見，孫策識人眼光精準。不過，由周、張兩人出身地域來看，孫策時期集團成員基本仍以江西淮泗之人爲核心。

武裝力量部份，孫策渡江前所集兵眾多出江西淮泗，渡江後則陸續吸收劉繇、笮融餘眾約二萬人（含太史慈在豫章招撫者），攻皖城時，得「（袁）術百工及鼓吹部曲三萬人」，追擊劉勳時，再收編兩千餘兵。可見，孫策是在征戰中，利用招降納俘的方式，補充兵源，以應作戰需求。史稱「（孫）策破劉勳，多得廬江人，料其精銳」，〔註97〕建安九年（204）孫瑜初領兵也稱「賓客諸將多江西人」，〔註98〕按孫策本有「投本土招募，可得三萬兵」的計畫，但未得遂行，平六郡過程也不見有任何江東地方大族支持（受陸康與袁術問題的影響），僅故里孫靜，糾合鄉曲宗族數百人附之，則知孫策渡江雖有補充江東兵卒，但規模較小，除地位較高的張昭、周瑜外，主要將領如程普、韓當、呂範、周泰、陳武等，多非江東人，使得孫策軍保持著濃厚的江西淮泗色彩。〔註99〕而按陶元珍之估算，孫策死前，集團的總兵力應已達十萬之眾，〔註100〕對此數字筆者持保留態度。

釐清政權資產後，接著便回頭分析，孫權面臨的統治危機。首先，是「深險之地猶未盡從」，此係指江東有許多著頑強抵抗的地方勢力，其中規模與影響力最大者爲山越，如嚴白虎、祖郎等，皆以宗帥身分率領宗部，反抗孫策。又往往受敵對勢力如袁術、陳登之煽動誘亂，造成問題。孫策渡江後嘗有數次掃蕩，但未能治本，且山越勢力遍佈揚州地區，至孫吳亡國尚有留存者，可見其數量龐大。例，如初孫策死，各地官員欲奔喪，虞翻言：「恐鄰縣山民

在集團成員中，擁有較高的地位。此處尚可參〔日〕渡邊義浩之說法，見〈孫吳政權の形成〉（收入《大東文化大学漢学会誌》第 38 期，1999 年），頁 12～19。

〔註97〕《三國志》，卷 55〈吳書·陳武傳〉，頁 1289。

〔註98〕《三國志》，卷 51〈吳書·宗室·孫瑜傳〉，頁 1206。另外，關於諸將與賓客之差異，〔日〕大川富士夫指出，乃是隨從者中在官與非在官之區別，參〈孫吳政權の成立をめぐって〉一文。

〔註99〕如《三國志·吳書·虞翻傳》，卷 57，頁 1318，虞翻所云：「明府（指孫策）用烏集之眾，驅散附之士」可見虞翻認爲新吸收的江東力量，向心力不足。田余慶也認爲，此時期新投入的江東鄉曲，也僅能融溶於淮泗力量之中，無從保持江東色彩以制約淮泗之眾。見前揭《秦漢魏晉史探微》，頁 249。另外，關於軍隊的淮泗性質，尚可參宮川尚志，前揭《六朝史研究·政治社會篇》，頁 32～34。

〔註100〕參〈三國吳兵考〉，頁 52～53。

或有姦變，遠委城郭，必致不虞。」〔註101〕使官員原地行喪，才未給山越叛亂機會，不過山越勢力仍普遍依存於江南山林之間、負險據守。孫策時期便嘗受制於此，無法專心開疆闢土，眼下對失去軍事支柱的孫吳政權來說，威脅甚大。為解決此問題，孫權採取「分部諸將，鎮撫山越」的方式，〔註102〕運用賀齊、太史慈、程普、韓當、周泰等將領，武力鎮壓，又使將領坐鎮動亂頻繁的地區，頗有成效，替日後西征江夏的後方安定問題，奠下基礎。由於山越問題是孫吳史中，歷來學者皆相關關注的議題，故本文將在第五章第二節專門討論，此暫不贅。

其次，第二個危機則是「天下英豪布在州郡」，所謂州郡英豪乃是指社會中避難江東的北士，或是出身江東社會中，具地位名聲的大族人物，亦包含東漢朝廷所辟用的地方名士。初孫策害吳郡大族陸康，渡江部眾又以江西淮泗人為主體，且名義仍依附於謀逆的袁術勢力。故江東人目之「入侵者」，往往透過武力與其他方式對抗，故有孫策「誅戮英豪」之事。孫策之渡江「轉鬥千里，盡有江東」，但曹操陣營的郭嘉指出「（孫）策新併江東，所誅英豪雄傑，能得人死力者也」，〔註103〕又史稱孫策：「誅其名豪，威行鄰國」，〔註104〕可見孫策入主江東，基本以武力手段壓制地方反對聲音。如陸康、許貢、盛憲、高岱、周昕、于吉、王晟等，或任郡守，或屬地方具號召力、名聲之人，皆遭殘酷打擊。因此，孫策遺言提醒孫權其任用賢才，以保江東，希望孫權能改善孫氏集團在江東孤立之處境。〔註105〕

第三個統治危機乃「賓旅寄寓之士以安危去就為意，未有君臣之固」，承

〔註101〕《三國志》，卷57〈吳書‧虞翻傳〉，頁1319。

〔註102〕《三國志》，卷47〈吳書‧吳主傳〉，頁1119。

〔註103〕《三國志》，卷14〈魏書‧郭嘉傳〉，頁433。

〔註104〕《三國志》，卷47〈吳書‧吳主傳〉注引《傅子》，頁1149。

〔註105〕關於誅戮英豪一題，田余慶認為，韋昭修《吳書》時在江東大族大量合流之後，不得不對此多加隱諱，且事多在孫策之時，反映了孫氏初期與江東大族的劇烈矛盾，若這些具有社會影響力的人不願親附，將危及孫氏對江東的統治，此為孫策遺言叮囑之深意，前揭《秦漢魏晉史探微》，頁252～257。另外，王永平也指出，孫吳統治者對江東士族的屠殺，引起許多流寓士人反感，紛紛返歸鄉里，或遠航避禍，顯見初期甚不得人心，前揭《孫吳政治與文化史論》，頁24～25。另可參方北辰，《魏晉南朝世家大族述論》，頁19～24，以及張文杰，〈孫吳創業與地方意識〉，前揭〈三國孫吳政治社會結構及其統治政策探研〉，頁26～35，與渡邊義浩，〈孫吳政權の形成〉，頁17～19。

前所論，孫氏據江東，不受南方大族支持，除鞏固集團內的淮泗成員，還須積極拉攏南渡之士之中，卻尚未正式加入集團者，並透過其協助應付江東在地的反抗勢力（即不服從的山越與江東大族），以及補充政治、軍事人才。〔註106〕史稱孫權「招延俊秀，聘求名士，魯肅、諸葛瑾等始爲賓客」，〔註107〕另外如步騭、嚴畯、呂蒙、甘寧等人在建安年間陸續加入，皆在孫吳政權的發展上，扮演了重要角色。〔註108〕

（二）恢復西向發展與全據長江戰略形成

孫權初期入幕士人中，以臨淮魯肅對孫吳政權發展最具影響。初周瑜任居巢長，因求糧之事與肅交好，瑜奔孫策，魯肅亦隨行。不過，孫策時代他並未加入集團，周瑜惜才、薦之孫權，恰聞肅有北歸念頭，勸肅曰：

> 昔馬援答光武云「當今之世，非但君擇臣，臣亦擇君」。今主人親賢
> 貴士，納奇錄異，且吾聞先哲祕論，承運代劉氏者，必興于東南，
> 推步事勢，當其曆數。終搆帝基，以協天符，是烈士攀龍附鳳馳騖
> 之秋。吾方達此，足下不須以（劉）子揚之言介意也。〔註109〕

周瑜能說動魯肅，主要掌握三個關鍵要點：首先，孫吳政權宏圖方興，孫權求賢若渴，魯肅可望受到重用。其次，漢朝日衰，魯肅亦有建立事功的雄心，必不甘平淡載浮。此語終使魯肅決心正式入仕。且同時期臨淮步騭、琅邪諸葛瑾、彭城嚴畯等人，也受孫權延攬，日後多爲孫吳政權帶來貢獻，此反映出，孫權已逐步克服孫策所遺留的統治危機。

孫權與魯肅初會面便「語甚悅之」，在「眾賓罷退」之刻，權獨留肅「合

〔註106〕如田余慶指出，原本聚集在劉繇、王朗、華歆等北方名士門下之士，在孫策掃平六郡後，無法北歸者甚多，不得不依附孫策諸將，但其多未立即投入孫策幕府，欲待孫吳政權立穩，方決定去留。而孫策幕府除了張昭、張紘、秦松等人外，擅長政治之士頗缺乏，故孫權要鞏固江東統治，勢必借重其助，前揭《秦漢魏晉史探微》，頁258～259。方北辰也指出，孫策時代集團仍屬軍事集合體，必須靠著領袖優異的指揮能力來整合，孫權年輕，乏足夠之實戰經驗，因此，內部會出現離心的跡象，如鎮廬陵的孫輔致書通曹操，廬江李術更是直接叛變，要在軍事征服後尋求長治久安，是孫權接棒的重點。

〔註107〕《三國志》，卷47〈吳書‧吳主傳〉，頁1116。

〔註108〕孫權領導時期，寄寓之士加入者不少，除前述提及者，尚見薛綜、孫邵、徐盛、潘璋、胡綜等，可詳參張文杰，〈三國孫吳政治社會結構及其統治政策探研〉，表2-2〈孫權統事後（建安年間）寄寓士人入幕表〉，頁38～41。

〔註109〕《三國志》，卷54〈吳書‧魯肅傳〉，頁1268。

榻對飲」，顯見其十分看重，其向肅問曰：「今漢室傾危，四方雲擾，孤承父兄餘業，思有桓文之功。君既惠顧，何以佐之？」此與孫策當年向張紘咨以世務一般，想詢問謀士對政權未來發展方向之看法。筆者按張紘提「江陵對」時，北方情勢未明朗，但建安五年魯肅已見曹勝袁敗之勢，便曰：

> 高帝區區欲尊事義帝而不獲者，以項羽爲害也。今之曹操，猶昔項羽，將軍何由得爲桓文乎？肅竊料之，漢室不可復興，曹操不可卒除。爲將軍計，惟有鼎足江東，以觀天下之釁。規模如此，亦自無嫌。何者？北方誠多務也。因其多務，剿除黃祖，進伐劉表，竟長江所極，據而有之，然後建號帝王以圖天下，此高帝之業也。〔註110〕

時孫權治吳，姑名之「吳下對」。首先，魯肅開口即點破天下大勢，指出象徵中央政權的獻帝，受實力強大的曹操控制，應正視漢室遲早滅亡之現實，故齊桓、晉文的霸業模式已不可復求，不該侷限於過往歷史經驗，也就是說，政治立場上捨去「匡輔漢室」之掩飾，直接建議孫權以帝王爲目標。具體方案上，則是在江東地盤立穩根基，趁北方尚未統一之時，舉兵西向，剿除黃祖、劉表，奪取荊楚，控制長江爲立國之基。

筆者以爲，文中不能明魯肅論中「竟長江所極，據而有之」，是否包含奪取益州？但以長江南北「二分天下」，作爲建國架構者，歷史從無先例，足見魯肅之創見與宏觀眼光，且以建國稱帝爲目標，基本已屬國家戰略的層次。與張紘相較，魯肅同樣指出西向奪荊之重要，故就軍事而言，魯肅是恢復西向戰略的提倡者；但若以整個政權的長遠規劃來說，魯肅則有了更明確的政治目標定位。但此不應理解魯肅見識必定勝於張紘，而應注意的是，魯肅對天下大勢變化之敏銳眼光。

面對魯肅侃侃而談，又精采絕倫的議論，孫權在兩人獨處之際，尚謹慎的回答：「今盡力一方，冀以輔漢耳，此言非所及也。」〔註111〕可知孫權是個頭腦清楚，且相當務實之人，他知道此戰略雖佳，但尚無立即實踐之能力，故不大膽妄言，孫權性格穩健，相信是孫策何以託負之因。其後孫權稱帝，臨壇祭祀時對百官言：「昔魯子敬嘗道此，可謂明於事勢矣。」〔註112〕可見魯

〔註110〕《三國志》，卷54〈吳書・魯肅傳〉，頁1268。
〔註111〕《三國志》，卷54〈吳書・魯肅傳〉，頁1269。
〔註112〕《三國志》，卷54〈吳書・魯肅傳〉，頁1269。

肅此論，確實是孫權心中重要的戰略指導，此規劃展現了十足進取性，是孫吳政權走向建國的關鍵一步。

渡過初期內部嚴峻的統治危機，孫權便開始逐步推動魯肅「據長江而稱帝」的戰略構想，其首要步驟便是恢復西進、武力取荊，計孫權曾三度出兵進攻黃祖，為明其戰事路線，參下圖：

圖 2-2-1：孫權三征黃祖示意圖

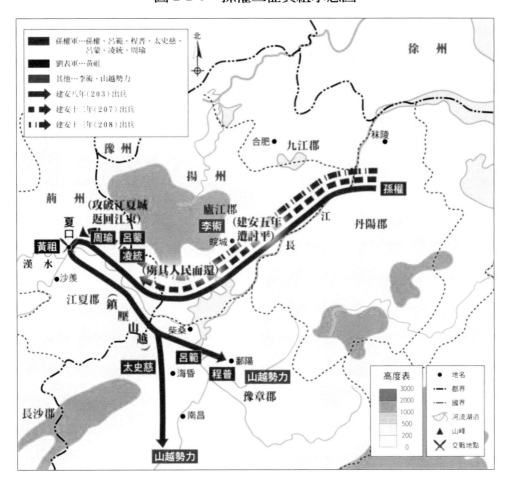

參考資料：
1.《三國志·吳主傳》、《三國志·周瑜傳》、《三國志·呂蒙傳》、《資治通鑑》卷 64、65。
2.《三國志戰略年代記》，頁 67、《三國風雲地圖說》，頁 294、299。

如圖示，李術於建安五年為孫權討平，而孫權恢復西向的首次進攻在建安八年（203），離孫策亡故已有四年。史稱此回「破其舟軍，惟城未克，而山寇

復動」，〔註113〕因山越叛亂，孫權暫緩進攻，派呂範往鄱陽、程普討樂安以及太史慈領海昏，輔之韓當、周泰、呂蒙諸將，鎮壓各動亂地區。此回雖獲勝利，不過卻顯示出孫吳的軍事實力，還沒有強大到足以同時應付荊州軍與山越。

建安九年（204），孫權原欲再次西征，卻聞孫翊遇害，孫權率軍趕至，誅叛人餘黨，以孫瑜領丹楊太守，接手防務，〔註114〕但西征也因此擱置。建安十一年（206）周瑜協同太史慈、凌統破麻、保二屯。〔註115〕隔年孫權認為時機成熟，第二度西征黃祖，僅虜其人民而還，但未繼續擴大勝果，〔註116〕孫權一直無法有效的奪取江夏。

時甘寧在黃祖麾下屢建戰功、但未得重用，見吳軍攻勢凌厲，江夏早晚失守，便投靠孫權。受周瑜與呂蒙引薦，故頗受孫權器重，甘寧向孫權獻計曰：

> 今漢祚日微，曹操彌憍，終為篡盜。南荊之地。山陵形便，江川流通，誠是國之西勢也。寧已觀劉表，慮既不遠，兒子又劣，非能承業傳基者也。至尊當早規之，不可後操。圖之之計，宜先取黃祖。祖今年老，昏耄已甚，財穀並乏，左右欺弄，務於貨利，侵求吏士，吏士心怨，舟船戰具，頓廢不脩，怠於耕農，軍無法伍。至尊今往，其破可必。一破祖軍，鼓行而西，西據楚關，大勢彌廣，即可漸規巴蜀。〔註117〕

甘寧此論，蓋與張紘、魯肅西向戰略不謀而合，寧原籍益州巴郡、前依黃

〔註113〕《三國志》，卷54〈吳書·魯肅傳〉，頁1272。

〔註114〕事詳參《三國志》，卷51〈吳書·宗室·孫韶傳〉，頁1214，以及同書卷51〈宗室·孫翊傳〉，頁1212。

〔註115〕事參《三國志》，卷54〈吳書·周瑜傳〉，頁1260，此舉目的在於控制江夏郡南方陸地，使水軍進發無後顧之憂，可全力圍攻江夏郡城，黃祖遣「鄧龍將兵數千人入柴桑」，為孫瑜擊破，吳軍進路便再無阻攔。

〔註116〕《三國志》，卷55〈吳書·吳主傳〉，頁1292～1293。按《三國志·吳主傳》與同書〈孫堅吳夫人傳〉皆稱吳太夫人建安七年死，但同傳注引《志林》又載：「按會稽貢舉簿，建安十二年到十三年闕，無舉者，云府君遭憂，此則吳后以十二年薨也。八年九年皆有貢舉，斯甚分明」，另外《資治通鑑》，卷65〈漢記·獻帝建安十二年〉條也載：「權母吳氏疾篤，引見張昭等，囑以後事而卒。」則建安十二年之未明原因之退兵，或許與孫權遭母喪有關，未知上述資料之異孰是。

〔註117〕《三國志》，卷55〈吳書·甘寧傳〉，頁1292～1293。

祖，對益、揚兩州之地理形勢，以及內部政治情勢，自是較熟悉，是極佳的情報來源。且他出身戰陣，又素有大志，故力勸孫權再啓西征。論中「漸規巴蜀」一言，可看見甘寧明顯在「據長江」之範疇上，已將益州考慮在內。且「荊爲國之西勢」的概念，後爲鎮荊大將陸遜、陸抗父子屢次申重，亦證甘寧的戰略眼光不凡。魯、甘兩人，先後提倡西進，但張昭不贊同，先輕甘寧「年少麤疎，未可用」，〔註118〕又云「吳下業業，若軍果行，恐必致亂」，欲止西征。但孫權並未因此作罷，顯見他本人亦是贊同積極發展的。〔註119〕

　　奪取荊州之原因前已闡述，此不贅，故本文接下來特別要談的是甘寧明確提到的益州，益州巴蜀之地古稱天府之國，物資殷盛，到了東漢時人口可達百萬，經濟實力不容小覷，西漢末公孫述便曾據此建國，劉備所建蜀漢亦是單據此州。從戰略位置來看荊、益兩州的關係，清人王鳴盛即以爲「江左不可無蜀」，其曰：「險既足恃吳楚，溯流直達，由關中可窺關隴；晉滅蜀，吳不能救，失犄角之勢，晉之取吳易矣。」又曰：「隋之破陳，勢如破竹，皆與晉取吳同。」〔註120〕李燾也評論道：「不得荊則無以固上流之勢，不得益則無以爲西土之援。」〔註121〕前雖古人後設之明，但可知掌握益州、荊州對於下游的揚州之防禦事攸至要，關鍵則是自上游順流而下的水軍，以東西向之勢破壞了長江的南北之險，晉、隋兩代都賴此消滅南朝政權。簡言之，有揚、荊之長江可阻南北，若在兼有益之長江則無憂於東西，此形同是把「據長江」的概念，往「全據長江」的層次提升了。

　　建安十三年（208）春，孫權三度西征，任命周瑜爲主帥，自己隨軍鎮後，史稱先鋒呂蒙「從征黃祖，祖令都督陳就逆以水軍出戰。蒙勒前鋒，親梟就首，將士乘勝，進攻其城。祖聞就死，委城走，兵追禽之」，〔註122〕戰中董襲、

〔註118〕《三國志》，卷54〈吳書・魯肅傳〉，頁1269。

〔註119〕《三國志》，卷55〈吳書・甘寧傳〉，頁1293，同頁載甘寧答張昭曰：「國家以蕭何之任付君，君居守而憂亂，奚以希慕古人乎？」權舉酒屬寧曰：「興霸，今年行討，如此酒矣，決以付卿。卿但當勉建方略，令必克祖，則卿之功，何嫌張長史之言乎？」則孫權之態度明矣。

〔註120〕〔清〕王鳴盛，《十七史商榷》（北京：中華書局，1985年），卷57〈江左不可無蜀〉條，頁543～544。

〔註121〕〔宋〕李燾，《六朝通鑑博議》（收入南京稀見文獻叢刊，南京：南京出版社，2007年），卷1〈吳論〉，頁156。

〔註122〕《三國志》，卷54〈吳書・呂蒙傳〉，頁1273。

凌操諸將奮勇向前，終於擊潰黃祖。這已雙方自孫策時代以來第四度交手，四役黃祖皆敗，但此戰，終於為孫吳打開西進大門。然孫權聞北方曹操南下，擔心與劉表持續交戰，將使曹操坐收漁翁之利。故未佔江夏，僅虜人民、毀城池，採取了「擁軍在柴桑，觀望成敗」的策略。〔註123〕

　　總結孫權此時期之領導，可以看出孫吳國家戰略進行「形成期」，其間魯肅、甘寧先後提出「據長江」之構想，雖在範疇上稍有歧異，但對於西向爭荊的共識雷同。尤其是魯肅所提出之規劃，不單僅是恢復孫策時期的西向戰略，更是要把孫吳政權推向建國之路，儼然是一完整的國家戰略，後續課題，便是如何逐步實踐。然「多務者」不單北方，孫吳本身也有實力不足、山越叛亂等問題，有待解決，拖遲了攻入荊州的時機，同時間曹操掃平華北（僅涼州馬騰、韓遂尚存），大軍南指荊州，成為孫吳西向的最大勁敵，故孫權留駐柴桑行營，密切關注局勢，以利隨時做出迅速回應。

二、「孫劉聯軍」與赤壁之戰

（一）西向戰略的轉型與聯荊政策

　　建安十三年春孫權破江夏，曹操也返回鄴城，「作玄武池以肆舟師」，〔註124〕備戰南征，六月任丞相，鞏固自身權力，七月即攻劉表。曹操在統一路線上，選擇先進攻荊州，而非從淮南攻揚州，〔註125〕與郭嘉「當先定荊」的規劃有關，〔註126〕原因在於荊州居重要之戰略位置，按諸葛亮評荊州「北據漢、沔，利盡南海，東連吳會，西通巴、蜀，此用武之國」，〔註127〕魯肅曰：「荊楚與國隣接，水流順北，外帶江漢，內阻山陵，有金城之固，沃野萬里，士民殷富。」趙鼎亦稱：「荊、襄左顧川、陝，右控湖、湘，而下瞰京、洛，三國所必爭。」〔註128〕顯見，荊州除了物資豐饒外，在戰略地緣上，更

〔註123〕《三國志》，卷35〈蜀書・諸葛亮傳〉，頁915。

〔註124〕見《三國志》，卷1〈魏書・武帝紀〉，頁30。

〔註125〕按當時隴右未定，漢中又在張魯之手，曹操無道可越攻益州。

〔註126〕見《三國志》，卷14〈魏書・郭嘉〉注引《傅子》，頁30載曹操與荀彧書曰：「追惜奉孝，不能去心。其人見時事兵事，過絕於人。又人多畏病，南方有疫，常言『吾往南方，則不生還』。然與共論計，云當先定荊。此為不但見計之忠厚，必欲立功分，棄命定。事人心乃爾，何得使人忘之！」

〔註127〕見《三國志》，卷35〈蜀書・諸葛亮傳〉，頁912。

〔註128〕見〔清〕顧祖禹，《讀史方輿紀要》（賀次君、施和金點校，北京：中華書局，2005年），卷78〈湖廣四・荊州府〉，頁3653。

有利北方東取揚州、西圖巴蜀，故曹操納荀彧「可顯出宛、葉而間行輕進，以掩其不意」之策，輕兵快速掩襲，欲令荊州促不及防，以達先聲奪人的效果。〔註129〕

　　劉備當時客居荊州，亦有據荊州發展之盤算。先是，袁紹官渡敗後，劉備自汝南投奔劉表，而原駐南陽張繡降曹，劉表知劉備與曹操勢如寇讎，便扶植他「使屯新野」，充作阻擋曹操的北門前衛，劉備得成寄寓客軍。但劉備頗得人望，史稱「荊州豪傑歸先主者日益多，表疑其心，陰禦之」，此與袁術待孫堅、孫策般，依附者若能力出色，自難不受猜忌，故劉備駐新野數年，雖能抵禦曹將夏侯惇、于禁等人，但在「襲擊許昌」這種大行動上，〔註130〕無法勸動劉表。故曹營謀士郭嘉看穿劉表這種「座談客」個性，敢勸曹操遠征三郡烏丸，而不必擔憂後方。〔註131〕

　　張靖龍指出，劉備為大志之人，必不甘長寓劉表之下，不過蔡瑁、蒯越等荊州人士當初支持「單馬入宜城」的劉表，亦不願日後劉備控制荊州，瓜分其政治利益。因此，劉備若欲反客為主，就必須吸引非當權派的荊州人士為助，亦即推動集團的「荊州化」，其中具才氣名望及地方關係的諸葛亮入仕，就成了重要關鍵。〔註132〕諸葛亮初會劉備，即說出了傳唱千古的「隆中對」，欲從戰略角度替劉備解決發展困境，其曰：

> 自董卓已來，豪傑並起，……今操已擁百萬之眾，挾天子而令諸侯，此誠不可與爭鋒。孫權據有江東，已歷三世，國險而民附，賢能為之用，此可以為援而不可圖也。荊州北據漢、沔，利盡南海，東連吳會，西通巴、蜀，此用武之國，……益州險塞，沃野千里，天府之土，高祖因之以成帝業。劉璋闇弱，張魯在北，……若跨有荊、益，保其巖阻，西和諸戎，南撫夷越，外結好孫權，內脩政理；天下有變，則命一上將將荊州之軍以向宛、洛，將軍身率益州之眾出

〔註129〕事參《三國志》，卷10〈魏書・荀彧傳〉，頁317。

〔註130〕《三國志》，卷32〈蜀書・先主傳〉，頁876。

〔註131〕據《三國志》，卷14〈魏書・郭嘉傳〉，頁434：「諸下多懼劉表使劉備襲許以討太祖，嘉曰：『公雖威震天下，胡恃其遠，必不設備。因其無備，卒然擊之，可破滅也。……。（劉）表，坐談客耳，自知才不足以御備，重任之則恐不能制，輕任之則備不為用，雖虛國遠征，公無憂矣。』太祖遂行。」可知郭嘉頗有自信，劉表對劉備難以置誠信任，僅是眼下抗曹利益所繫。

〔註132〕前揭《赤壁之戰研究》，第二章〈梟雄抵巇：劉備寄寓與集團的荊州化〉，頁57～80。

於秦川，百姓孰敢不簞食壺漿以迎將軍者乎？誠如是，則霸業可成，
漢室可興矣。〔註133〕

此戰略之重點之處有三：一、外交形勢上不可單獨抗曹，應結援江東孫氏。
二、奪取荊州作為根據地，並向益州發展。三、據荊、益兩州之力兩路北伐
中原。時劉備力量尚弱，沒有實踐這個戰略的能力。且當時荊州為眾家目標
所指，孫權、曹操皆把荊州當成發展戰略的中繼站；劉備則不同，他尚無屬
於自己的地盤，若不能控有荊州，餘皆空談。因此，赤壁一戰，檯面圍繞的
是荊州之爭，本質上，則顯見是三方戰略在地緣關係上的必然衝突。

曹操南下打亂了孫吳欲獨吞荊州的企圖，此時積極提出應對之策的人，
正是魯肅，他向孫權進言曰：

夫荊楚與國隣接，水流順北，外帶江漢，內阻山陵，有金城之固，
沃野萬里，士民殷富，若據而有之，此帝王之資也。今表新亡，二
子素不輯睦，軍中諸將，各有彼此。加劉備天下梟雄，與操有隙，
寄寓於表，表惡其能而不能用也。若備與彼協心，上下齊同，則宜
撫安，與結盟好；如有離違，宜別圖之，以濟大事。肅請得奉命弔
表二子，并慰勞其軍中用事者，及說備使撫表眾，同心一意，共治
曹操，備必喜而從命。如其克諧，天下可定也。今不速往，恐為操
所先。〔註134〕

魯肅乃是「據長江」戰略的提倡者，但他知道目前死守「武力奪荊」之政
策，無益於情勢發展，本質上孫吳與曹操同屬入侵荊州的勢力，孫吳若要阻
止，單憑一己之力與曹操分食荊州，勢難相抗，甚至自己也將成曹操下一個
消滅的對象，故尋求荊州勢力合作，這是孫吳戰略上一個重大的調整。然
劉表新亡，荊州內部可能因為各自擁護繼任者，而產生離心與派系內鬥，故
魯肅選擇拉攏劉備，利用其與曹操敵對的立場，將其拉向孫吳一方。魯肅
這個構想乃是對原有戰略之調整，可以說是在「自保」與「保荊」的雙重訴
求上，將「奪荊路線」改成「聯荊路線」，亦即絕不讓曹操拿下荊州，威脅江
東。孫權感於事態危急，便同意魯肅之建言，立即派其以弔喪之名出使荊
州。〔註135〕

〔註133〕《三國志》，卷35〈蜀書‧諸葛亮傳〉，頁913。
〔註134〕《三國志》，卷54〈吳書‧魯肅傳〉，頁1269。
〔註135〕本章重點在於闡述孫吳戰略上的演變，內容涉及外交政策處，在本文第四章

　　聞曹操來攻，劉備自新野退屯樊城，樊城與襄陽夾漢水南北岸而立，顧祖禹稱襄陽「府跨連荊、豫，控扼南北，三國以來嘗爲天下重地」，〔註136〕又言「襄陽不守則江陵以北危」，〔註137〕這是因襄陽居北方進入江漢平原的要衝，若堅守此處可阻曹操攻勢。故劉表時代原先即有「南據江陵，北守襄陽」的佈局，〔註138〕且江陵四通八達，交通便利，處江漢、洞庭湖平原中間，物資豐饒。若以襄陽抵抗曹軍，江陵支援後勤，是極佳的戰略安排，然劉表死，幼子劉琮繼任，受到內部傾曹派人士蒯越、韓嵩、傅巽等之影響，決議秘密降曹，〔註139〕樊城失襄陽犄角之助，使得太晚知情的劉備軍危如累卵，慌忙南撤，別遣關羽之水軍分道會師江陵，準備退守江陵與曹操抗戰。

　　在劉備退往江陵的途中，吸引大量荊州人民跟隨，史稱「比到當陽，眾十餘萬，輜重數千兩，日行十餘里」，而曹操知「江陵有軍實，恐先主據之，乃釋輜重，輕軍到襄陽」，得知劉備南撤，便先擱置受降工作，親率五千精騎兵追擊，劉備運動緩慢的大隊軍民在長阪坡被追上，一舉潰敗，與諸葛亮、趙雲等，餘「數十騎」逃亡，手上部隊全喪，據守江陵之計畫也失敗，只得「斜趨漢津」，與關羽船隊會合。〔註140〕

　　假弔喪名義赴荊州的魯肅，聞曹軍已南下，急忙自夏口「晨夜兼道」，沒想到「比至南郡，而（劉）表子琮已降曹公」，荊州竟在毫無抵抗的情況下投降，大出魯肅的意料，眼見情勢演變如此迅速，魯肅立即到當陽會見東逃中的劉備，對其「宣騰（孫）權旨，及陳江東彊固，勸備與權併力」，

　　　　另有深入分析，此暫略。

〔註136〕《讀史方輿紀要》，卷79〈湖廣五・襄陽府〉，頁3698。

〔註137〕《讀史方輿紀要》，卷78〈湖廣四・荊州府〉，頁3653。

〔註138〕《三國志》，卷6〈魏書・劉表傳〉注引司馬彪《戰略》，頁211～212。

〔註139〕劉琮本有抵抗之心，但受眾人影響決議降曹，可見荊州當權派對於劉備之敵意，寧降曹也不願日後受劉備所統治，此一矛盾的劇烈化，除是利益問題外，當與曹操數次拉攏當權派，佈局策反不無關係，事參《三國志》，卷6〈魏書・劉表傳〉，頁213～214。另外，王夫之亦評韓嵩爲「智而狡者」，非眞心奉戴漢室，乃是欲歸曹以取功名者，語見〔清〕王夫之，《讀通鑑論》（舒士彥整理，北京，中華書局，2008年重印），卷9，頁247。

〔註140〕見《三國志》，卷32〈蜀書・先主傳〉，頁877～878。另外，羅肇前指出，此十餘萬眾非全屬襄陽周圍之民，而是劉備以堅壁清野之姿，挾帶荊北南陽的民戶，長阪坡敗後，應多數被曹操遣回原居地，參《三國征戰史》（湖南：岳麓書社，2009年），頁192。

〔註 141〕要劉備放棄投奔蒼梧太守吳巨之念，與江東合作。〔註 142〕劉備、關羽與自江夏來援的劉琦俱退防夏口，即派諸葛亮出使孫吳，準備正式建立聯盟。筆者以為，魯肅原本就預計拉攏劉備這支「客軍」，今雖失去位處北側防線的價值，也未能成功控制戰略要地江陵，但劉備在荊州還具一定聲望，江東與其合作，便能假借「助荊抗曹」的名義進軍，如此孫吳之立場與身分非是「敵人」，而為荊州反曹勢力之「盟友」，有利於日後在荊州開闢戰場與曹操交鋒。

曹操佔領江陵後，招撫荊南四郡，便立即整編荊州歸降之水軍部隊，並否決賈詡的緩兵建議，〔註 143〕準備趁勝進攻江東，曹操致書信孫權道：「近者奉辭伐罪，旄麾南指，劉琮束手。今治水軍八十萬眾，方與將軍會獵於吳。」江東群臣聞之「莫不嚮震失色」，〔註 144〕八十萬雖誇飾之數，但曹操當時軍力勝於孫吳卻屬事實，以張昭為首的主降派，勸孫權曰：

> 曹公（操）豺虎也，然託名漢相，挾天子以征四方，動以朝廷為辭，今日拒之，事更不順。且將軍（孫權）大勢，可以拒操者，長江也。
>
> 今操得荊州，奄有其地，劉表治水軍，蒙衝鬥艦，乃以千數，操悉浮以沿江，兼有步兵，水陸俱下，此為長江之險，已與我共之矣。
>
> 而勢力眾寡，又不可論。愚謂大計不如迎之。〔註 145〕

此派意見主要認為，名義上曹操挾有漢天子為重，與之對抗則成「叛逆」；加上其已佔據中游重鎮江陵，兵多將廣，又得劉表所遺水軍，作戰上順流而進，則「長江之險」已失，抵抗也難有勝算，不如投降。時魯肅返回江東，其知

〔註 141〕《三國志》，卷 54〈吳書・魯肅傳〉，頁 1269。

〔註 142〕《三國志》，卷 32〈蜀書・先主傳〉注引《江表傳》，頁 878～879 載：「孫權遣魯肅弔劉表二子，并令與備相結。肅未至而曹公已濟漢津。肅故進前，與備相遇於當陽。因宣權旨，論天下事勢，致殷勤之意。且問備曰：『豫州今欲何至？』備曰：『與蒼梧太守吳巨有舊，欲往投之。』肅曰：『孫討虜聰明仁惠，敬賢禮士，江表英豪，咸歸附之，已據有六郡，兵精糧多，足以立事。今為君計，莫若遣腹心使自結於東，崇連和之好，共濟世業，而云欲投吳巨，巨是凡人，偏在遠郡，行將為人所併，豈足託乎？』備大喜，進住鄂縣，即遣諸葛亮隨肅詣孫權，結同盟誓。」

〔註 143〕據《三國志》，卷 10〈魏書・賈詡傳〉，頁 330 所載，賈詡諫曰：「明公昔破袁氏，今收漢南，咸名遠著，軍勢既大；若乘舊楚之饒，以饗吏士，撫安百姓，使安土樂業，則可不勞眾而江東稽服矣。」賈詡以為冒險進取未必可一戰定江東，但曹操不聽從，仍執意發兵。

〔註 144〕《三國志》，卷 47〈吳書・吳主傳〉注引《江表傳》，頁 1118。

〔註 145〕《三國志》，卷 54〈吳書・周瑜傳〉，頁 1261。

此回若降，則建國大計，不可復求，便對孫權說道：

> 向察眾人之議，專欲誤將軍（孫權），不足與圖大事。今（魯）肅可
> 迎（曹）操耳，如將軍，不可也。何以言之？今肅迎操，操當以肅
> 還付鄉黨，品其名位，猶不失下曹從事，乘犢車，從吏卒，交游士
> 林，累官故不失州郡也。將軍迎操，欲安所歸？願早定大計，莫用
> 眾人之議也。〔註146〕

魯肅乃善謀智士，先言為臣者，降曹尚有州郡仕途可樓，再反問孫權降後
「欲安所歸」？刺激胸懷大志的孫權，使得孫權聞言嘆道：「此諸人持議，甚
失孤望；今卿廓開大計，正與孤同，此天以卿賜我也。」〔註147〕可知，魯肅
不在戰陣利弊、名義忠逆等議題上周旋，而直接針對孫權不甘屈於人下的態
度，故能成功說動。然為增加主戰派的意見力量，魯肅還勸孫權招回駐守鄱
陽的周瑜。

　　周瑜在孫策時代即為大將，且屢建戰功，因此，不論是親信要臣的地位，
或其出色的軍事才能，皆為集團上下所重，其如何表態自為眾人關切。他一
見孫權，便積極反駁主降派之意見，其曰：

> （曹）操雖託名漢相，其實漢賊也。將軍（孫權）以神武雄才，兼
> 仗父兄之烈，割據江東，地方數千里，兵精足用，英雄樂業，尚當
> 橫行天下，為漢家除殘去穢。況操自送死，而可迎之邪？請為將軍
> 籌之：今使北土已安，操無內憂，能曠日持久，來爭疆場，又能與
> 我校勝負於船楫間乎？今北土既未平安，加馬超、韓遂尚在關西，
> 為操後患。且舍鞍馬，仗舟楫與吳越爭衡，本非中國所長。又今盛
> 寒，馬無草，驅中國士眾遠涉江湖之間，不習水土，必生疾病。此
> 數四者，用兵之患也，而操皆冒行之。將軍禽操，宜在今日。（周）
> 瑜請得精兵三萬人，進住夏口，保為將軍破之。〔註148〕

周瑜素有壯志，早有在江東創出一番事業的想法，必不願怯戰而降，加上內
心已備抗曹戰略，故明確表達「主戰」之意，並且進一步分析「可戰且可勝」
之優勢，按其論曹軍不利點有四：

　　1. 政治身分：曹操漢相身分徒虛名，江東擁割據一方之實力，無需懼戰。

〔註146〕《三國志》，卷54〈吳書‧魯肅傳〉，頁1270。
〔註147〕《三國志》，卷54〈吳書‧魯肅傳〉，頁1270。
〔註148〕《三國志》，卷54〈吳書‧周瑜傳〉，頁1261～1262。

2. 作戰型態：北方軍隊不擅舟船，南方在水上作戰佔有優勢。

3. 北方情勢：西北尚有涼州馬、韓勢力未平，曹操後防可憂。

4. 戰場環境：天寒馬匹缺草，且北人來南易有水土不服、疾病之問題。

周瑜避談情勢對江東不利之處，並誇大己方勝算，有似當年郭嘉評曹操十勝於袁紹之事，雖未可盡信，但實有助於提升孫權決戰的信心，讓孫權高興的表示：「君言當擊，甚與孤合，此天以君授孤也。」〔註149〕可知周瑜之立場，是赤壁順利成戰的關鍵。〔註150〕會劉備代表的諸葛亮來使，與孫吳締結聯盟，〔註151〕周瑜的三萬水師，也就以「援軍」之勢火速前往劉備駐紮的夏口，建安十三年冬，周瑜繞過夏口，搶先至赤壁迎擊曹操，赤壁之戰於焉爆發，關於其進軍路線可參下圖：

〔註149〕《三國志》，卷54〈吳書・周瑜傳〉，頁1262。

〔註150〕據《三國志》，卷54〈吳書・周瑜傳〉注引《江表傳》，頁1262：「（孫）權拔刀斫前奏案曰：『諸將吏敢復有言當迎操者，與此案同！』及會罷之夜，（周）瑜請見曰：『諸人徒見操書，言水步八十萬，而各恐懾，不復料其虛實，便開此議，甚無謂也。今以實校之，彼所將中國人，不過十五六萬，且軍已久疲，所得表眾，亦極七八萬耳，尚懷狐疑。夫以疲病之卒，御狐疑之眾，眾數雖多，甚未足畏。得精兵五萬，自足制之，願將軍勿慮。』權撫背曰：『公瑾，卿言至此，甚合孤心。子布、文表諸人，各顧妻子，挾持私慮，深失所望，獨卿與子敬與孤同耳，此天以卿二人贊孤也。五萬兵難卒合，已選三萬人，船糧戰具俱辦，卿與子敬、程公便在前發，孤當續發人眾，多載資糧，為卿後援。卿能辦之者誠決，邂逅不如意，便還就孤，孤當與孟德決之。』」見卷54，頁1262，從對談內容可知，周瑜早掌握曹軍的情報，故無懼恫赫，但不同於本傳的是，此處言求兵數五萬，而孫權實予三萬。此處若為實，則可驗證孫權早有抗曹之意，只是等待有力意見為援。且孫權尚慮及一戰不利，尚有戰略預備隊可再戰，則其持重的性格又為一例。

〔註151〕事參《三國志》，卷35〈蜀書・諸葛亮傳〉，頁915。

圖 2-2-2：赤壁之戰示意圖（上）

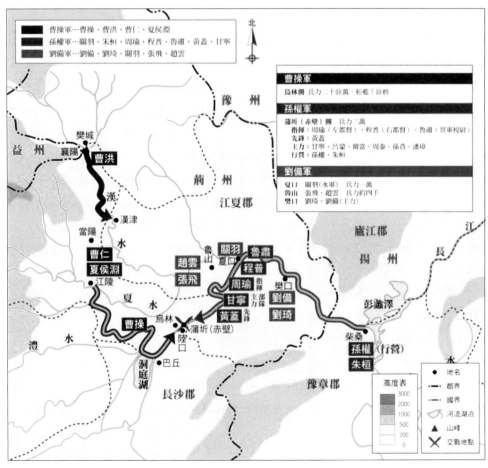

參考資料：1.《三國志・周瑜傳》、《三國志・武帝紀》、《資治通鑑》卷65。
　　　　　2.《三國志戰略年代記》，頁82、《三國風雲地圖說》，頁304。

史稱「時曹公軍眾已有疾病，初一交戰，公軍敗退，引次江北。瑜等在南岸」，
〔註152〕水面接觸戰的首次交鋒，周瑜逼使曹操退駐北岸烏林，吳軍則在南岸
陸口扼守。〔註153〕筆者以為，此戰並非決定性勝利，卻扭轉了雙方攻守之勢，
原因在於曹軍水戰不利，無法前進，只得先在北岸紮營防衛，給予了數量雖

〔註152〕《三國志》，卷54〈吳書・周瑜傳〉，頁1262。
〔註153〕按赤壁位置歷來學者說法不一，筆者以為從註226的資料來看，周瑜與曹操
　　　　　在長江水道進行接觸戰後，曹操退守北岸烏林，吳軍則南岸與其對峙，按劉
　　　　　備屯駐的夏口未見任何戰事，則赤壁位置應在夏口至烏林之間的長江水道，
　　　　　方符合交戰情形。

少，卻熟悉當地氣候、地理的江東水軍施展奇襲之機，後果為黃蓋偽降火攻
之計大敗，狼狽北撤，〔註154〕成就了以少勝多的經典戰役。曹操北退，繼之
周瑜與劉備水陸並進、趁勝追擊，然劉備軍少，故圍攻江陵的工作，由江東
方面負責，劉備則表劉琦任荊州刺史，以「收復」的名義攻取荊南四郡，其
進軍路線，參下圖：

圖 2-2-3：赤壁之戰示意圖（下）

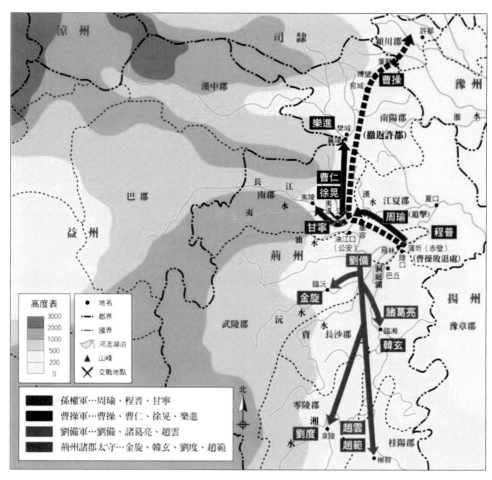

參考資料：1.《三國志‧周瑜傳》、《三國志‧先主傳》、《資治通鑑》卷 65。
　　　　　2.《三國志戰略年代記》，頁 83、《三國風雲地圖說》，頁 306。

〔註154〕烏林一戰吳軍利用了曹軍連船解決北人不適，且俱退駐岸邊之弊，發動火攻，
　　　　可說達成了周瑜預定的退曹策略，事參《三國志》，卷 54〈吳書‧周瑜傳〉，
　　　　頁 1262～1263。

曹操北歸，留曹仁駐江陵、樂進駐襄陽，周瑜先遣甘寧據夷陵，又敗曹仁援軍，使江陵陷入三方合圍的不利情勢，曹仁堅守年餘後，決定棄城北走襄陽，孫吳時據江夏、江陵兩郡，將地盤伸入了荊州腹心地帶。另一方面，劉備也順利收定荊南四郡（長沙、武陵、零陵、桂陽），治長江南岸的公安。〔註155〕而赤壁大敗讓曹操為防北方統治動搖，採行戰略大撤退，最後僅能保住襄陽郡與南陽郡。

　　劉備勢力轉強，令江東方面頗不安，孫吳時僅轄有江陵、江夏兩郡，形勢如由向西伸單臂於荊州之中，北有襄陽曹軍，南倚劉備荊南四郡，表面是將盟友劉備勢力制於荊州之內，實際上卻呈成南北夾危的情況。故孫權聯姻劉備，意在提防關係生變。但曹操退走後，孫、劉競爭荊州的矛盾必然尖銳化。先是，劉備自領荊牧時，又表孫權領徐州牧，意在暗示孫吳往北發展，握有荊南四郡，但不得江陵則無路線可向益州發展，故劉備「詣京見權，求都督荊州」，這考驗著孫權在「聯劉政策」的執行上，能接受到何種限度，時僅魯肅「勸（孫）權借之，共拒曹公」，〔註156〕原因在於魯認為，曹操力量尚強，不維持聯盟，一旦南方內鬥，將自招危機。再從防守角度來看，借出江陵亦可使孫吳收攏防線，不必獨自承擔淮南、荊州兩線抗曹的壓力，同時把劉備軍拉至長江北岸，協防曹軍南下。孫吳陣營中反對者如周瑜、呂範等，〔註157〕所持理由無非是劉備壯大後，將成內憂，但孫權並未採納周、呂之言，選擇「聯劉抗曹」的方針，但江陵城並未立即借予劉備。

　　周瑜自江陵返京口，除了建言劉備之事，又以為劉璋無能久守益州，且

〔註155〕據《三國志》，卷32〈蜀書‧先主傳〉注引《江表傳》，頁879：「周瑜為南郡太守，分南岸地以給備。備別立營於油江口，改名為公安。劉表吏士見從北軍，多叛來投備。」

〔註156〕見《三國志》，卷54〈吳書‧魯肅傳〉，頁1270，按此處劉備所指荊州指南郡郡治之江陵城，而不是指整個荊州，可詳參李步嘉，〈漢末魏晉南朝江陵城又稱「荊州城」、「南郡城」考釋〉，《武漢大學學報（哲學社會科學版）》第3期，1997年。

〔註157〕如《三國志》，卷54〈吳書‧周瑜傳〉，頁1264載周瑜上疏曰：「劉備以梟雄之姿，而有關羽、張飛熊虎之將，必非久屈為人用者。愚謂大計宜徙備置吳，盛為築宮室，多其美女玩好，以娛其耳目，分此二人，各置一方，使如瑜者得挾與攻戰，大事可定也。今猥割土地以資業之，聚此三人，俱在疆場，恐蛟龍得雲雨，終非池中物也。」又同書卷54〈魯肅傳〉，注引《漢晉春秋》，頁1271曰：呂範勸留備，〔魯〕肅曰：「不可。將軍雖神武命世，然曹公威力實重，初臨荊州，恩信未洽，宜以借備，使撫安之。多操之敵，而自為樹黨，計之上也。」

有漢中張魯為患,便向孫權提出攻益之議,其曰:

> 今曹操新折衄,方憂在腹心,未能與將軍連兵相事也。乞與奮威(指孫瑜)俱進取蜀,得蜀而并張魯,因留奮威固守其地,好與馬超結援。瑜還與將軍據襄陽以蹙操,北方可圖也。〔註158〕

周瑜此論,包含國家戰略與區域戰略兩種層次,明確的提出「全據長江」與「兩路北伐」的戰略構想,並指出漢中、襄陽在戰略上之重要價值,可說是孫吳邁向統一,最理想之發展方式。〔註159〕然而,曹操未久即從淮南進攻江東;劉備受劉璋之邀入蜀,深入蜀中尚且困於雒城、成都之堅守,需招荊州部隊支援,則周瑜在情勢判斷上,不免有過於樂觀之虞。縱使周瑜身負卓越之才,孫吳此時軍力守揚、荊兩線已是吃緊,一舉定益更非易事。孫權雖表同意,不過周瑜未久病故於返回江陵的途中,計畫並未執行。

周瑜死後,程普先暫領南郡太守,後還領江夏太守。〔註160〕江陵入劉備轄下,魯肅接任荊州防務,則改屯陸口。建安十六年(211)孫權向劉備提議聯手進攻益州,但劉備考量自己完成「跨有荊、益」的戰略規劃,遂從殷觀之言,托辭拒絕,孫權亦罷,〔註161〕專心固守淮南防線,荊州事務則一委魯

〔註158〕《三國志》,卷54〈吳書・周瑜傳〉,頁1264。

〔註159〕李燾亦評曰:「三國時,天下之大勢在襄陽,吳、蜀之要害,而魏之所以必爭也。……襄陽者,天下之脊也,東援吳,西控蜀,連東西之勢,以全天下形勝。使魏來伐,擊吳則蜀掣於西,擊蜀則吳牽於東,而襄陽通吳、蜀之援,以分北方之勢,擊襄陽,則吳、蜀并起而救之。使魏可攻,則吳軍歷江淮,蜀軍撼秦隴,而襄陽之眾直指中原,則許、洛動搖,而天下可定。是瑜之謀,不特為今日固守之地,而亦異時混一之資也。」語見《六朝通鑑博議》,卷1,頁162。

〔註160〕按周瑜死於建安十五年,而建安十六年劉備入蜀,留關羽等守荊州,則可知程普領南郡太守未久,江陵便借予劉備,又《三國志》,卷54〈吳書・魯肅傳〉,頁1270～1271:「曹公聞(孫)權以土地業(劉)備,方作書,落筆於地。」又同頁:「肅初住江陵,後下屯陸口。」則知周瑜死,江東在魯肅「聯劉政策」的主導下,正式把江陵借予劉備。但筆者以為,夏口所在之江夏郡為劉備、劉琦所有,程普為太守顯見控制權已轉至江東,則「借荊州」或「借江陵」之事,理解為「換江陵」似更為洽當。梁滿倉認為,孫吳集團實有「分出」、「讓出」荊州的一部分給劉備的行為,但這種「分」、「讓」是服從於孫劉兩集團各自的利益的,而不是仁慈的施捨或給予,見〈論赤壁之戰後荊州的歸屬問題〉,收入氏著《漢唐間政治與文化探索》(貴陽:貴州人民出版社,2000年),頁9～14。

〔註161〕據《三國志》,卷32〈蜀書・先主傳〉,頁879～890:「(孫)權遣使云欲共取蜀,或以為宜報聽許,吳終不能越荊有蜀,蜀地可為己有。荊州主簿殷觀進曰:『若為吳先驅,進未能克蜀,退為吳所乘,即事去矣。今但可然贊其伐蜀,

肅。後聞劉備入蜀，孫權雖不滿，但基本保持「聯劉政策」，以利專心抗曹。建安十九年（214）五月，孫權克皖城，鞏固江北防線，同年劉璋出降，劉備定蜀。孫權討荊州諸郡，但劉備藉口敷衍，令孫權不悅，按赤壁之戰孫吳幾乎獨力敗曹，故吳人以荊州為己疆域，方有「借」之概念，隨之雙方爆發「荊南三郡之爭」，荊州歸屬問題便浮上檯面。原是劉備入蜀後，關羽留鎮，與孫吳關係不佳，史稱當時雙方「數生狐疑，疆場紛錯，（魯）肅常以歡好撫之」，〔註162〕可見先前衝突未激化，實賴魯肅調和。

三、孫、曹前期淮南交鋒

（一）合肥——濡須一線的激烈攻防

　　赤壁之敗並未阻斷曹操統一之心，其鑒於孫、劉兩軍合作保荊，勢不易取。戰略上由單純的積極進攻轉為攻守並重，積極經營淮南地區，一方面阻止孫權取淮南而北逼中原，另一方面也是充做日後南進的前沿基地。淮南係指淮水流域以南至長江北岸的地區，主要包含了東漢徐州南部，以及揚州九江、廬江兩郡，時處孫、曹勢力交界，顧祖禹論其戰略形勢以為「自大江北出可得合肥則可以西向申、蔡，北向徐、壽，而爭勝於中原；中原得合肥，則扼江南之吭，而拊其背矣」，又言合肥乃「淮右噤喉，江南唇齒」，故為淮南重鎮，〔註163〕足證淮南無論於曹於孫，皆有很高的戰略價值。因此，始孫、曹到日後吳、魏，南北勢力長期針對此地展開激烈攻防，而其中合肥——濡須又為主要戰場。

　　淮南原屬袁術盤據之處，九江郡壽春則為揚州刺史治所，袁術死後，舊部劉勳據廬江郡的皖城，為孫策所破，但孫策並未控制九江郡。嚴象時任揚州刺史，遭孫策所置廬江太守李術殺害，且地方豪匪勢力橫行，史稱「廬江梅乾、雷緒、陳蘭等聚眾數萬在江、淮間，郡縣殘破」，建安五年曹操忙著應付袁紹南下，無暇分身此地，認為「（劉）馥可任以東南之事，遂表為揚州刺史」。〔註164〕則曹操早在赤壁戰前對淮南已有規劃。劉馥初至淮南，將揚州郡

　　　　而自說新據諸郡，未可興動，吳必不敢越我而獨取蜀。如此進退之計，可以
　　　　收吳、蜀之利。』」
〔註162〕《三國志》，卷54〈吳書·魯肅傳〉，頁1272。關於荊南三郡之爭，本文在第
　　　　三章第一節有詳細探討，此不贅。
〔註163〕《讀史方輿紀要》，卷26〈江南八·廬州府〉，頁1270。
〔註164〕《三國志》，卷15〈魏書·劉馥傳〉，頁463。

治移到合肥，先安撫地方盜匪勢力，使人口逐漸回流，又造水利建設與修繕城池，並且囤積大量戰備物資，歷數年經營，替合肥的防禦功能打下了殷實的基礎。〔註165〕

　　孫權在赤壁戰前與曹操關係不惡，故未對合肥採取任何行動。但建安十三年劉馥去世，同年冬天孫權即挾赤壁之勝，包圍合肥，又派張昭別攻當塗，時合肥僅有張喜準備率少量軍力來援，但蔣濟施計，僞稱將有步騎四萬來援，並故意讓孫權截獲書信，讓孫權在攻城未果的情況下，自行退軍。〔註166〕此役曹魏首次演繹「固合肥以保淮南」的戰略部署，發揮了相當程度的功效。劉馥在任八年的經營重建，改善了袁術以來，「士卒凍餒，江淮間空盡，人民相食」之慘況。〔註167〕

　　爲明赤壁戰後到建安二十二年，孫、曹第二次濡須口之戰結束之前，雙方在淮南的交戰情況，茲製表如下：

表2-3-1：孫、曹前期（208～217）淮南軍事活動表〔註168〕

時　間	主動方	事　略　經　過	說　明	資料出處
建安十三年冬（208）～建安十四年（209）	孫權	（孫）權自率眾圍合肥，使張昭攻九江之當塗。昭兵不利，權攻城踰月不能下。曹公自荊州還，遣張喜將騎赴合肥。未至，權退。	赤壁勝利，孫權趁勢北攻合肥，城未破，聞曹操派軍來援，即退兵。〔註169〕	卷47〈吳書·吳主傳〉，頁1118
建安十四年春三月	曹操	（曹操）軍至譙，作輕舟，治水軍。秋七月，自渦入淮，出肥水，軍合肥。……置揚州郡縣長吏，開芍陂屯田。十二月，軍還譙。	曹操到達合肥前，孫權已退，故僅作備戰規劃，未交戰。	卷1〈魏書·武帝紀〉，頁32

〔註165〕事詳參《三國志》，卷15〈魏書·劉馥傳〉，頁463。另外，曹魏經營合肥防務方面，可參本文第四章第一節之討論，此不贅。

〔註166〕事參《三國志》，卷14〈魏書·蔣濟傳〉，頁450。

〔註167〕《三國志》，卷6〈魏書·袁術傳〉，頁209。

〔註168〕本表係據《三國志》整理而成，資料出處僅書卷數、傳名與頁數。本表所謂「前期」之定義，乃指赤壁戰後至孫權建安二十二年雙方濡須口交戰結束，並以同年孫權向曹操請降一事爲限。

〔註169〕據《三國志》，卷1〈魏書·武帝紀〉注引孫盛《異同評》，頁31：「按吳志，劉備先破公軍，然後權攻合肥，而此記云權攻合肥，後有赤壁之事。二者不同，吳志爲是。」筆者贊同孫盛之看法，認爲攻合肥應在赤壁之戰後，孫權趁周瑜包圍江陵，趁勢擴大勝果之舉。

建安十七年前（212）	孫權	魏使廬江謝奇爲蘄春典農，屯皖田鄉，數爲邊寇。（呂）蒙使人誘之，不從，則伺隙襲擊，奇遂縮退，其部伍孫子才、宋豪等，皆攜負老弱，詣蒙降。	孫權派兵襲擊曹操在江北蘄春之屯田基地，順利打敗魏將。〔註170〕	卷54〈吳書・呂蒙傳〉，頁1275
建安十六年（211）～建安十七年	孫權	（孫）權徙治秣陵。明年，城石頭，改秣陵爲建業。聞曹公將來侵，作濡須塢。	孫權自京移都建業，並建濡須塢爲防。〔註171〕	卷47〈吳書・吳主傳〉，頁1118
建安十八年春正月（213）	曹操	（曹操）進軍濡須口，攻破權江西營，獲權都督公孫陽，乃引軍還。	曹操率軍擊破孫權江北據點，又揮軍入江與孫權爭中洲，但未能突破孫吳在濡須口之防線。	卷1〈魏書・武帝紀〉，頁37
		曹公出濡須，作油船，夜渡洲上。（孫）權以水軍圍取，得三千餘人，其沒溺者亦數千人。權數挑戰，公堅守不出。權乃自來，乘輕船，從濡須口入公軍。……（曹操）乃徹軍還。		卷47〈吳書・吳主傳〉注引《吳曆》，頁1119
建安十九年前（214）	曹操	曹公恐江濱郡縣爲（孫）權所略，徵令內移。民轉相驚，自廬江、九江、蘄春、廣陵戶十餘萬皆東渡江，江西遂虛，合肥以南惟有皖城。〔註172〕	曹操令江西沿岸居民內移，欲防範孫權的來攻，卻造成人民騷動，大量南遷。	卷47〈吳書・吳主傳〉，頁1118～1119
建安十九年五月	孫權	（孫）權征皖城。閏月，克之，獲廬江太守朱光及參軍董和，男女數萬口。	孫權遣呂蒙攻破皖城，解除曹操在此屯田積糧的威脅，並重立江西據點。	卷47〈吳書・吳主傳〉，頁1119
建安十九年秋七月	曹操	（曹操）公征孫權。……公自合肥還。	曹操不聽參軍傅幹之言，進軍無功。〔註173〕	卷1〈魏書・武帝紀〉，頁43～44

〔註170〕此事不見於〈武帝紀〉與〈吳主傳〉，故推測應是小規模的邊境交戰。

〔註171〕關於濡須立塢之時間，羅肇前認爲〈吳主傳〉建安十七年之記載有誤，應從〈武帝紀〉建安二十一年，理由約有四：一、陳壽誤認濡須塢之位置。二、呂蒙當時尚未有皖城戰功，人微言輕。三、從設江西營遭破來看，若已築塢，何需再設難守之江西營。四、曹操建安二十二年在居巢築城，具有東西對峙意義，前揭《三國征戰史》，頁286～287。筆者以爲，建安十七年「所立的濱水之塢」，應是聯繫前線江西營與江東駐軍的水軍基地，故曹操破江西營，後即攻濡須，與孫權「相拒月餘」；而建安二十一年的「築城」，則是進一步強化防禦功能之工事，無法有效切斷這個前進基地，則重鎮合肥可能時時遭攻，故令曹操在居巢重兵留守，十分忌憚。

〔註172〕曹操此次徙民，具軍事戰略規劃之性質，故仍列入本表。

〔註173〕諫言可參《三國志》，卷1〈魏書・武帝紀〉注引《九州春秋》，頁43～44。

建安二十年八月（215）	孫權	（孫）權反自陸口，遂征合肥。合肥未下，撤軍還。兵皆就路，權與淩統、甘寧等在津北為魏將張遼所襲，統等以死扞權，權乘駿馬越津橋得去。	孫、劉結束「荊南三郡之爭」，孫權圍合肥失利，退兵時遭魏將張遼追擊。	卷47〈吳書·吳主傳〉，頁1120
建安二十一年冬十月（216）～建安二十二年三月（217）	曹操	冬十月，（曹操）治兵，遂征孫權，十一月至譙。二十二年春正月，王軍居巢，二月，進軍屯江西郝谿。權在濡須口築城拒守，遂逼攻之，權退走。三月，王引軍還，留夏侯惇、曹仁、張遼等屯居巢。	曹操再度大舉進攻濡須口，但仍未能突破孫吳之防禦。	卷1〈魏書·武帝紀〉，頁49

從上表可知，孫權赤壁戰後的包圍合肥，僅為開端，表中交戰內容大致可分為孫權主攻四次，包含建安十四年與建安二十年兩圍合肥，以及兩次攻皖；曹操主攻三次，包含建安十八年以及建安二十二年，兩次大規模的濡須口會戰。

在防禦部署上，孫權立都建業與築濡須塢；曹操則採大規模徙民，並在長江北岸的前線，廣立屯田基地。不過值得注意的是，孫權四次攻擊皆不是主力決戰，無論攻皖還是攻合肥，皆是利用曹操大軍無法支援時，進行偷襲作戰，曹操主攻則不同，採大軍主力進攻濡須，欲打通入江水道，故實際上孫權多處守勢，以鞏固江防為主，故此時期孫權進攻之目的，基本乃是「以攻為守」，希望在江北闢出廢隙地帶，以利守江。

建安二十年曹操大軍西征張魯，孫權結束與劉備荊「南三郡之爭」，便趁虛率大軍包圍合肥，當時合肥駐軍僅有七千，曹操遠在西北難以支援，是奪取的大好時機，關於其進軍可參下圖：

圖 2-2-4：建安二十年合肥逍遙津之戰示意圖

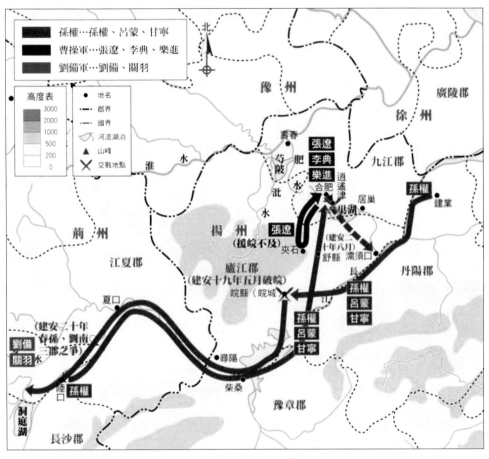

參考資料：1.《三國志‧呂蒙傳》、《三國志‧張遼傳》、《資治通鑑》卷 67。
　　　　　2.《三國志戰略年代記》，頁 95、《三國風雲地圖說》，頁 322。

此次孫吳有兵力優勢，但無法攻陷合肥，退軍時又在逍遙津遭曹將張遼突擊，使得孫權本人險些遇難。〔註 174〕未能拿下合肥，使得孫吳奪淮南前沿要地的目標失敗。不過，在建構長江防線上，仍頗有成績，先是孫權採納張紘之建議，設都建業，李燾以為「以江南論之，武昌為兵之沖，建業為地之要」，又曰「秣陵之地，因山為壘，緣江為境」，戰略形勢上能「內以固江，外以援淮」，〔註 175〕此後除為孫吳首都，亦兼長江下游的防禦重鎮。另外，孫權二度

────────────────

〔註 174〕事可分見參《三國志》，卷 17〈魏書‧張遼傳〉，頁 519，以及同書卷 47〈吳書‧吳主傳〉，頁 1120。
〔註 175〕分見《六朝通鑑博議》，卷 2，頁 162～163。

襲擊曹軍北岸屯田基地，又奪回皖城，積極建立江北據點，則孫權雖不能得合肥，致使「攻淮不足」，但卻也能基本做到「守江有餘」。

曹操方面在建安十八與二十一年，曾發動兩度發動大規模進攻，其進軍路線，可參下圖：

圖 2-2-5：曹操兩次濡須口之戰示意圖

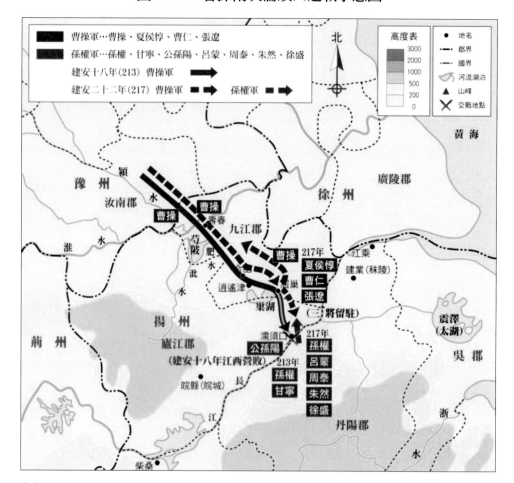

參考資料：
1.《三國志・武帝紀》、《三國志・呂蒙傳》、《三國志・甘寧傳》、《資治通鑑》卷 66、68。
2.《三國志戰略年代記》，頁 102、《三國風雲地圖說》，頁 317、322。

如圖所示，十八年曹操先破孫吳江西營，阻止其在江北建立據點，因此，吳軍只能退守濡須，不讓曹軍輕易進入長江，曹操攻之不下，遂退。二十一年冬天，曹操再度調集名將勇士，以號稱步騎四十萬的規模，大舉進攻，不過，

仍無法突破孫吳的濡須防線。隔年春天第二次濡須口之戰結束，曹操退軍，留曹仁、夏侯惇等將領重兵駐守，〔註176〕不久，孫權意識到維持膠著戰事不利，即主動派「都尉徐詳詣曹公請降，公報使脩好，誓重結婚」。〔註177〕值得注意的是，此種外交上的「低姿態」，並非代表孫權真降服之意，而是在全局考量上，暫時不願意繼續花費力量在淮南戰局上，故「奉漢」名義上選擇讓步，曹操方面也清楚暫時沒有打破僵局之法，於是在雙方都能接受的情況下停戰，基本可言是互利。

曹操方面的進攻所以失利，主要是因為孫吳濡須防務的成功，初呂蒙指出「上岸擊賊，洗足入船」的攻擊方式有其缺點。〔註178〕因此，建議夾濡須水口立塢，當時巢湖在長江北岸，湖水南出濡須水注入長江，其水口名濡須口，而重鎮合肥在巢湖之側，故濡須水成為南北往來位置上的戰略通道，吳軍兩度阻止曹操大軍於濡須，使曹軍不能入長江，有力的保護南岸要地。總結來看，曹操雖保住合肥不失，卻也無法擊潰孫吳的長江防線，呈現著「守淮有餘」卻「攻江不足」的情況。大抵此時期戰事，皆防方有效防禦，攻方無能突破之情況。因此，孫、曹淮南戰事長久呈現出僵持停滯的態勢。

王延武指出，孫權在赤壁戰後北擊合肥，擔任抗曹的主力，提供了劉備伺機發展之機，並且孫、劉在東西兩線的軍事行動，成功的牽制住曹操，發揮了導向三分的影響力。另外，其認為孫權積極攻合肥、奪淮南並非是僅「利在鼎足」，而是有問鼎中原的雄心，無奈實力不足，所以須回頭與劉備爭荊州，確保立國形勢的安穩。〔註179〕筆者基本贊同王氏之看法，但以為淮南戰事的短暫中止，尚與孫權準備佈局奪荊有關，按劉備定蜀後實力大幅提升，加上時駐守荊州的關羽對吳素不友善，則外有聯盟之名，內卻讓孫權頗感威脅，但孫吳並沒有兩線作戰的能力，若要出手爭荊，就必須改善孫、曹的敵對局勢，一旦曹操袖手旁觀，孫權方能較無顧忌的行動。建安二十年「荊南三郡之爭」，孫權尚未欲與劉備徹底決裂，但至建安二十四年的襄樊之戰，時機已成熟，則作法截然不同。戰場敵友無恆，淮南又一時難再有進展，則孫權選擇不盲目依賴薄弱的聯盟關係，而著眼於鞏固自身利益，此番判斷當

〔註176〕事參《三國志》，卷1〈魏書，武帝紀〉，頁49。
〔註177〕《三國志》，卷47〈吳書·吳主傳〉，頁1120。
〔註178〕《三國志》，卷54〈吳書·呂蒙傳〉注引《吳錄》，頁1275。
〔註179〕見王延武，〈孫權北擊合肥的歷史作用──吳、魏前期戰事評議〉（湖北：《中南民族學院學報》（人文社會科學版）第6期，2001年），頁148～153。

有其理。

四、全據長江的實踐

（一）襄樊之戰與孫吳棄盟

建安二十二年（217）孫權向曹操請降（名義上是向漢室），孫、曹自赤壁戰後的淮南交鋒暫告息鼓，實是眼下皆無力突破僵持局面，而孫權身段柔軟，給了曹操台階下，使得自己可騰出更多力量，來處理荊州歸屬問題。兩年前的「荊南三郡之爭」中，孫權很快答應劉備和談的原因有二：一是淮南曹軍威脅仍在，若兩線開戰不易應付。二是不欲曹操趁機由漢中入取益州，勢力更加擴張。〔註180〕然則，顧祖禹指出「終六朝之世，荊州輕重係舉國之安危」，〔註181〕又駐防荊州的關羽「驍雄，有并兼心，且居國上流，其勢難久」，〔註182〕說明了孫吳「聯荊」只可爲一時權宜之計，一旦有餘力，就必須奪有荊州，否則不能安穩立國。

戰略目標轉回「奪荊」的關鍵人物乃呂蒙，其在江夏、江陵與皖城等戰事中，累積了彪炳的資歷與戰功，既可於陣前衝鋒，又兼富謀略，頗有周瑜之風，是孫權極力栽培的大將之才。在魯肅未亡前，便已向孫權密陳計策道：

> 征虜（孫皎）守南郡，潘璋住白帝，蔣欽將游兵萬人，循江上下，
> 應敵所在，（呂）蒙爲國家前據襄陽，如此，何憂於（曹）操，何賴
> 於（關）羽？且羽君臣，矜其詐力，所在反覆，不可以腹心待也。
> 今羽所以未便東向者，以至尊聖明，蒙等尚存也。今不於彊壯時圖
> 之，一旦僵仆，欲復陳力，其可得邪？〔註183〕

呂蒙主張以荊州在國防上的重要性，孫吳應求自強自守，而不依賴同盟，更何況目前同盟之劉備並不可靠，勢力坐大後，將成己方後患。孫權雖表認同，但對於破壞聯盟仍存顧忌，提出「取徐州」之論，呂蒙回答道：

> 今（曹）操遠在河北，新破諸袁，撫集幽、冀，未暇東顧。徐土守

〔註180〕時曹操打敗漢中的張魯，便曾議否進攻巴蜀，不過，司馬懿繼續進攻的意見未獲曹操同意，事參〔唐〕房玄齡等撰，《晉書》（北京：中華書局，2010年重印），卷1〈宣帝紀〉，頁2。

〔註181〕《讀史方輿紀要》，卷78〈湖廣四‧荊州府〉，頁3653。

〔註182〕《三國志》，卷54〈吳書‧呂蒙傳〉，頁1277。

〔註183〕《三國志》，卷54〈吳書‧呂蒙傳〉，頁1278。

兵，聞不足言，往自可克。然地勢陸通，驍騎所騁，至尊今日得徐州，操後旬必來爭，雖以七八萬人守之，猶當懷憂。不如取（關）羽，全據長江，形勢益張。〔註184〕

筆者推測，兩段對話之時間介於劉備入蜀、魯肅未死之間，可見孫、劉聯盟關係的鬆動，是在日積月累之中，逐漸惡化的。論中呂蒙認為取徐州不難，問題在其地利騎兵戰，孫吳長期固守不易，且戰略價值上，徐不如荊，故仍應先攻取荊州，完成「全據長江」為最佳選擇，要之，奪得荊州一直是孫吳謀臣智士不變之共識。魯肅死，孫權以呂蒙接任陸口防務，無疑是為後續展開的「奪荊」政策預作安排。

　　建安二十四年（219），劉備擊退曹操奪得漢中，關羽便率軍從江陵進攻襄陽，此次奪取襄、樊，可以理解是替「隆中對」兩路北伐作前置準備，佈局北攻宛、洛前進據點。關羽圍曹仁於樊城，曹操遣于禁來援，沒想時逢「大霖雨，漢水汎溢，禁所督七軍皆沒」，加上地方盜匪勢力受其煽動，多為支黨，關羽打出了「威震華夏」的氣勢，逼得曹操欲遷許避危。但曹營的司馬懿、蔣濟認為「關羽得志，孫權必不願也。可遣人勸權躡其後，許割江南以封權，則樊圍自解」，〔註185〕曹操表示認同。關於關羽北伐的進軍路線，可參下圖：

〔註184〕《三國志》，卷54〈吳書・呂蒙傳〉，頁1278。另外，胡三省注此亦曰：「呂蒙自量吳國之兵力不足北向以爭中原者，知車騎之地，非南兵之所便也。」見《資治通鑑》，卷78〈漢紀・獻帝建安二十四年十月〉條胡注，頁2164。

〔註185〕《三國志》，卷36〈蜀書・關羽傳〉，頁941。

圖 2-2-6：襄樊之戰示意圖（上）

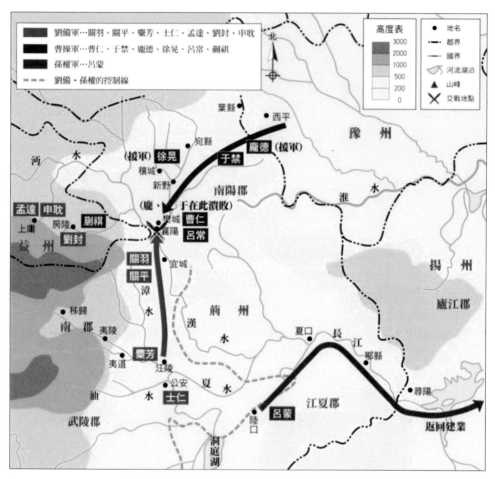

參考資料：
1.《三國志‧關羽傳》、《三國志‧滿寵傳》、《晉書‧宣帝紀》,《資治通鑑》卷 68。
2.《三國志戰略年代記》,頁 111、《三國風雲地圖說》,頁 328。

呂蒙明白到襄樊之戰爆發,江陵駐防力量必定減弱,向孫權上疏曰:

（關）羽討樊而多留備兵,必恐（呂）蒙圖其後故也。蒙常有病,
乞分士眾還建業,以治疾為名。羽聞之,必撤備兵,盡赴襄陽。大
軍浮江,晝夜馳上,襲其空虛,則南郡可下,而羽可禽也。〔註186〕

―――――――――

〔註186〕《三國志》,卷 54〈吳書‧呂蒙傳〉,頁 1278。另外,朱子彥指出關羽孤軍北
伐,本身就是一種戰略失誤,屬於未成熟之時,即發動的戰事,對於〈隆中
對〉產生莫大傷害,詳參朱子彥,〈論三國時期的荊襄之戰〉(《上海大學學報》
(社會科學版) 第 1 期,1993 年),頁 57~63。

呂蒙去職養病，加上接任的陸遜素無聲名、致信討好，〔註187〕果使關羽鬆懈戒心，將抽調更多兵力至前線圍樊。於是，孫權見機不可失，先對曹操「遣使上書，以討關羽自校」，〔註188〕又藉口關羽軍擅取湘關米一事，向荊州展開偷襲，關於吳軍方面進攻的情況，可參下圖：

圖 2-2-7：襄樊之戰示意圖（下）

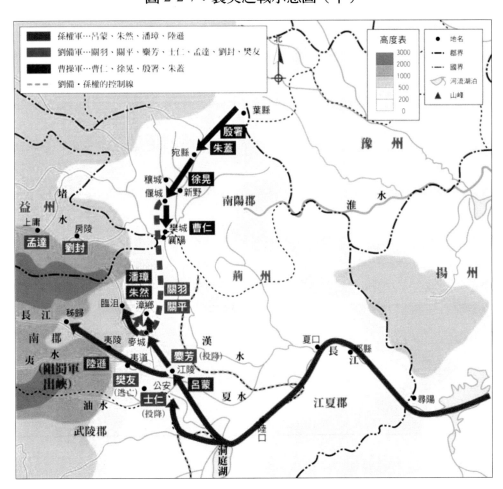

參考資料：

1.《三國志‧呂蒙傳》、《三國志‧關羽傳》、《資治通鑑》卷68。

2.《三國志戰略年代記》，頁111、《三國風雲地圖說》，頁330、331。

〔註187〕書信內容可參《三國志》，卷58〈吳書‧陸遜傳〉，頁1344～1345，文長不錄。

〔註188〕《三國志》，卷1〈魏書‧武帝紀〉，頁52。

史稱「（呂）蒙至尋陽，盡伏其精兵䑡䑰中，使白衣搖櫓，作商賈人服，晝夜兼行，至（關）羽所置江邊屯候，盡收縛之，是故羽不聞知」，〔註189〕吳軍在神不知鬼不覺的情況下，兵臨城下，並招降了素畏關羽降罪的守將糜芳、士仁，〔註190〕兵不血刃的奪取了江陵、公安兩處要地。

關羽在前線聞江陵失陷，懼是曹軍偽傳消息，又不甘坐失戰果，時逢「曹公遣徐晃救曹仁，羽不能克，引軍退還。權已據江陵，盡虜羽士眾妻子，羽軍遂散。權遣將逆擊羽，斬羽及子平于臨沮」。〔註191〕孫吳西向而「據長江」的戰略構想，始張紘、魯肅所提，至今歷二十餘年，終告完成。但關羽之死與荊州歸吳，孫權知劉備必有後續報復行動，故「全據長江」的態勢已成，還不能算是完全實踐，必須積極部署荊州防務，接著又持續向曹丕示好，外交上採取低姿態的「聯魏政策」，〔註192〕以免將來孫、劉再次交戰之時，曹魏趁勢進攻。

張大可指出，爭荊州此役為戰略失策，因吳雖得實利，卻在制魏的共同利益上，打擊了劉備的實力，時關羽逞志襄、樊，假若劉備能自漢中出秦川，孫權全力指向合肥、徐州，東西戰線彼此呼應，將使中原震盪，則強魏可撼，三國情勢必產生劇變。〔註193〕陳文德評論，呂蒙屬務實型的鷹派將領，重視短期獲益，三國真正能從全盤性戰略之觀點，來考量鼎立情勢者，僅魯肅、諸葛亮與趙雲，他們都堅持只要曹魏存在，孫、劉即無條件衝突，建安二十四年聯盟破裂，未料曹操隔年就去世，可以說關羽、劉備缺乏耐性，孫權與

〔註189〕《三國志》，卷54〈吳書・呂蒙傳〉，頁1278。

〔註190〕據《三國志》，卷36〈蜀書・關羽傳〉，頁941載：「南郡太守糜芳在江陵，將軍士仁屯公安，素皆嫌羽輕己。羽之出軍，芳、仁供給軍資，不悉相救。羽言『還當治之』，芳、仁咸懷懼不安。於是權陰誘芳、仁，芳、仁使人迎權。」同卷〈張飛傳〉，頁944，亦稱關羽：「善待士卒而驕於士大夫。」可知部將背叛之危，與關羽平時性格有關。今可參俞玲，〈論孫吳襲取江陵的軍事謀略〉（《湖北大學學報》（哲學社會科學版）第2期，1993年），頁110～112。

〔註191〕《三國志》，卷36〈蜀書・關羽傳〉，頁941。

〔註192〕按建安二十五年（220）曹操去世，曹丕繼任魏王，並在同年篡漢，改元黃初，因此，在名義上則孫權所奉者，便已不是漢室，而是曹魏了，使得吳臣多有難忍憤恨者，如徐盛，事參《三國志》其本傳。

〔註193〕參〈論孫權〉，前揭《三國史研究》，頁191。另外，饒勝文指出，赤壁戰後的荊州也呈現小鼎足的情勢，其中最不能接受維持現況者，乃是孫吳，實因江東在地理上，最依賴荊州周全其形勢故在孫權襲荊州一事上，則與張大可觀點不同，認為此舉符合孫吳實際情況，前揭《佈局天下——中國古代軍事地理大勢》，頁209～211。

呂蒙也急著掌握國家政權利益，終錯失可爲之局。〔註194〕

筆者管見，孫吳重荊，根本著眼處仍在保障江東基業，乃政權安危上的必然考量。的確，孫、劉密切合作展開三線合攻，或許有扭轉南北形勢的可能，但荊州一朝不在手裡，則腹心可憂，如何安行北伐大業？蓋因即便曹操身死，政權出現危機，但只要上游重地在劉備之手，他日換成孫劉交戰，孫吳反處於不利之地。況且自孫劉聯盟以來，劉備實力急遽攀升，卻只顧自身發展，無視聯盟關係惡化，並不是一個「值得信任的盟友」，未來蜀之坐大，將「何憂於魏」？又「何賴於吳」？這也是孫權最終選擇背棄盟友，一項極大的考量因素。

（二）夷陵之戰與鼎立情勢的底定

關羽「大意失荊州」後，劉備並未立即發兵伐吳，除畏懼鎮守荊州的呂蒙外，要籌備大規模的西征行動，也需要時間。期間曹丕篡漢，劉備亦自漢中王稱帝。呂蒙去世後，劉備在章武元年（221）開始採取行動，史稱：

> 秋七月，（劉備）遂帥諸軍伐吳。孫權遣書請和，先主盛怒不許，吳
> 將陸議（遜）、李異、劉阿等屯巫、秭歸；將軍吳班、馮習自巫攻破
> 異等，軍次秭歸，武陵五谿蠻夷遣使請兵。〔註195〕

面對預期中的攻勢，孫權早於同年四月遷都鄂縣（後改名武昌），目的如同當初自吳遷柴桑備戰抗曹一樣，在戰略考量上，以行營模式坐鎮前線後方，〔註196〕先受魏冊封吳王，並在外交徵質問題上反復拖延，欲延後曹魏可能趁機來攻的時間點。並命陸遜任大都督，督朱然、潘璋、韓當、徐盛、孫桓諸將，在第一線即動員達五萬兵眾，孫權堅決保荊的態度可見一斑。

劉備伐吳欲奪回荊州，實與〈隆中對〉中「跨有荊、益」的戰略構想，有著密切關聯，原因是荊州人口眾多、資源豐富，襄陽又是兩路北伐必須據

〔註194〕麥氏著，《策略規劃家‧諸葛亮大傳》（臺北：遠流出版社，2004 年），頁 365 ～368。

〔註195〕《三國志》，卷 32〈蜀書‧先主傳〉，頁 890。

〔註196〕顧祖禹論曰：「夫武昌者，東南得之而存，失之而亡者也。漢置江夏郡治沙羡，劉表鎮荊州，以江漢之衝恐爲吳人侵軼，於是增兵置戍，使黃祖守之，孫策破黃祖於沙羡，而霸業始立。孫權知東南形勝必在上流也，於是城夏口，督武昌。」可知，此舉是考慮到若荊州戰事失利，必須能在夏口一帶扼住從荊州攻向揚州的路線，又武昌位於江陵──建業之中間，一旦曹丕在淮南有所動作，亦可趕赴支援，用意可謂深也，語見《讀史方輿紀要》，卷 75〈湖廣序〉，頁 3484。

有的要地，否則孤據益州，單路出漢中，以當曹魏之強，觀日後諸葛亮之挫敗可見其難。〔註197〕然對比於吳，蜀無荊雖不足以光復中原亦足自守，吳無荊則時刻危於長江之險未全，是故，蜀未必須全力爭荊，但吳不能不全力保荊，此爲形勢之所致也。

劉備伐吳之重點，在奪取荊州江陵（而非一口氣滅吳），否則無以爭襄陽，更遑言北伐。自益攻荊，首當其衝者爲長江三峽之險，初呂蒙襲擊關羽時，陸遜就曾負責「別取宜都，獲秭歸、枝江、夷道，還屯夷陵，守峽口以備蜀」，〔註198〕原因在於封鎖了三峽，令益州不能出長江來援，則荊州利守，故劉備進軍必先爭秭歸，後取夷陵，打通此段戰略通道，方可順流直撲荊州。顧祖禹論此亦曰：

> 今自巴東歷三峽下夷陵，連山疊嶂，江行其中，迴旋湍激，至西陵峽口，始漫爲平流，而夷陵州正當其衝，故國于東南者，必以西陵爲重鎮矣。〔註199〕

故可知夷陵戰略地位之鑰，何以爲雙方所關注。蜀軍在第一階段取得勝利奪下秭歸，一路進逼至猇亭，建立行營，而陸遜觀察蜀軍的進攻方式，決定採取堅守愼戰之策，將兵力集中固守於夷道——夷陵一線，從他呈報給孫權的分析中說道：

> 夷陵要害，國之關限，雖爲易得，亦復易失。失之非徒損一郡之地，荊州可憂。今日爭之，當令必諧。……尋備前後行軍，多敗少成，推此論之，不足爲戚。臣初嫌之，水陸俱進，今反舍船就步，處處結營，察其布置，必無他變。〔註200〕

雷家驥師指出，此法主要是因爲蜀軍出峽的行軍方式，乃是在長江沿岸蜿蜒前進，必礙於腹地狹窄，不能開展陣勢，而長江至夷陵已出山陵地帶，故若夷陵失守，蜀軍步騎得以推至較寬廣的陸路平原來迎擊吳軍，對吳將十分不利。故陸遜以重軍堅守，並嚴防諸將妄戰，欲將蜀軍長期壓制於山林間，消

〔註197〕朱大渭指出，夷陵之戰乃吳、蜀戰略上不可避免的衝突，並認爲「隆中對」以魏、蜀對抗來看十分高明，卻不適宜魏、蜀、吳三方並存的全局，原因在於既要結好孫權，又要掌握江東必取之荊州，本身充滿著矛盾性，關羽敗亡後，不能即時修正跨有荊、益的路線，爲重大缺失，可參〈《隆中對》與夷陵之戰〉，前揭《六朝史論》，頁507～529。

〔註198〕《三國志》，卷47〈吳書・吳主傳〉，頁1121。

〔註199〕《讀史方輿紀要》，卷75〈湖廣一〉，頁3513。

〔註200〕《三國志》，卷58〈吳書・陸遜傳〉，頁1346。

耗其銳氣。〔註201〕關於此戰進軍路線，可參下圖：

圖 2-2-8：夷陵之戰示意圖（上）

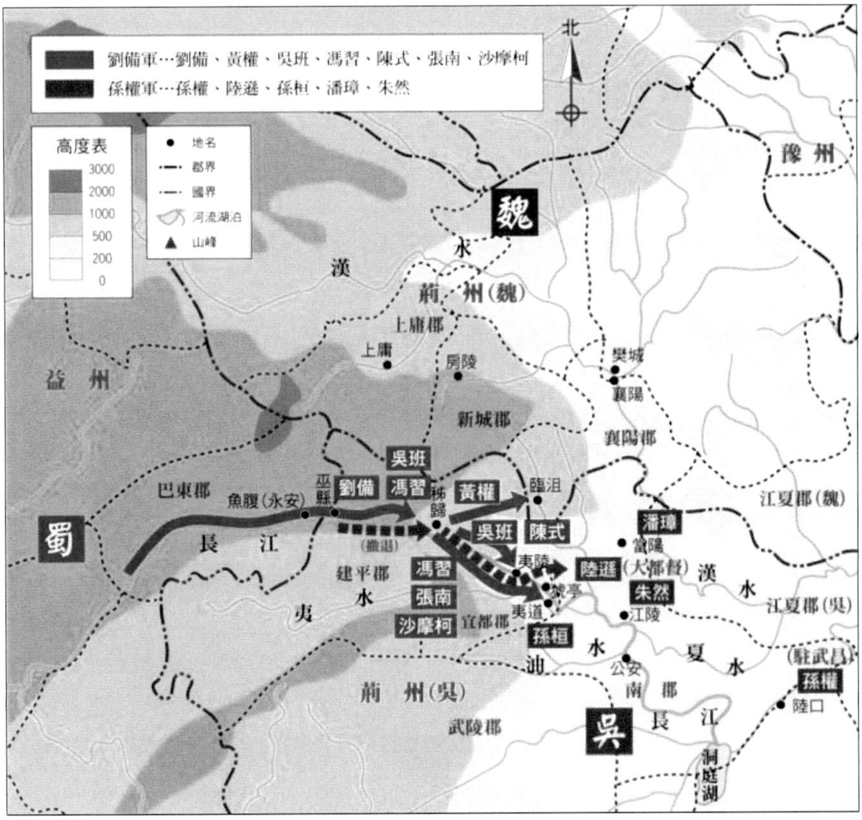

參考資料：1.《三國志‧先主傳》、《三國志‧陸遜傳》，《資治通鑑》卷 69。
　　　　　2.《三國志戰略年代記》，頁 118、《三國風雲地圖說》，頁 333。

因陸遜之部署成功，使戰況僵持數月，劉備先返秭歸過冬，章武二年二月
（222），決定留水軍於夷陵，協同江北黃權部隊牽制陸遜，自率主力繞過夷
陵挺進，史稱：

　　（劉備）自秭歸率諸將進軍，緣山截嶺，於夷道猇亭駐營，自佷山

〔註201〕參雷家驥師，〈猇亭之戰──形成中國首次分裂的三大會戰之三〉，頁 30～
　　　　 35。按《三國志》，卷 58〈吳書‧陸遜傳〉注引《吳書》，頁 1347：「今緣山
　　　　 行軍，勢不得展，自當罷於木石之間，徐制其弊耳。」則知此處自然環境不
　　　　 利大軍運動，另外，《孫子》，卷 11〈九地篇〉，頁 220：「圮地則行」，乃指不
　　　　 可留駐於不利地形，則陸遜目的明矣。另可參黃仲文，第十一章〈猇亭之役〉，
　　　　 前揭《三國戰爭史略》，頁 76～82，對於陸遜戰術之分析。

通武陵，遣侍中馬良安慰五谿蠻夷，咸相率響應。鎮北將軍黃權督江北諸軍，與吳軍相拒於夷陵道。〔註202〕

曹丕時亦關注吳、蜀戰局，聞知劉備「樹柵連營七百餘里」，便謂群臣曰：「備不曉兵，豈有七百里營可以拒敵者乎！『苞原隰險阻而爲軍者爲敵所禽』，此兵忌也。」〔註203〕並推測此戰吳軍必勝。初始劉備「舉軍東下，銳氣始盛，且乘高守險，難可足攻」，〔註204〕故陸遜以堅守要地的方式，等待蜀軍「兵疲意沮，計不復生」之際來臨，並選擇以火攻奇襲，作爲突破僵局的方式，此戰後續發展可參下圖：

圖 2-2-9：夷陵之戰示意圖（下）

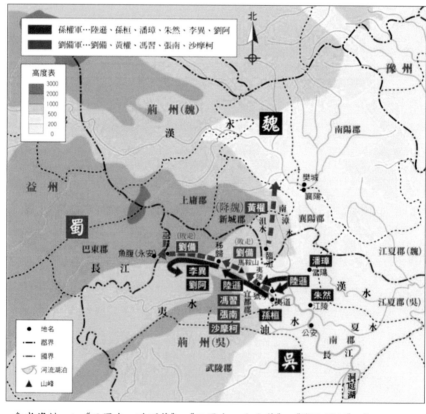

參考資料：1.《三國志‧陸遜傳》、《三國志‧先主傳》、《資治通鑑》卷69。
2.《三國志戰略年代記》，頁118、《三國風雲地圖說》，頁335。

〔註202〕《三國志》，卷32〈蜀書‧先主傳〉，頁890。
〔註203〕《三國志》，卷2〈魏書‧文帝紀〉，頁80。
〔註204〕《三國志》，卷58〈吳書‧陸遜傳〉注引《吳書》，頁1347。

如圖所示，陸遜率領吳軍大舉反攻，並且沿途追擊，不給劉備喘息機會，在蜀軍節節潰敗下，陸續收復先前失陷的沿江據點，劉備只能逃回白帝，〔註205〕吳國進取派的將領如「徐盛、潘璋、宋謙等各競表言（劉）備必可禽，乞復攻之」，〔註206〕欲趁蜀國重創，一舉攻入蜀中，孫權本人也「欲進圖蜀，拜（周）泰漢中太守」，〔註207〕則周瑜死前據有巴蜀，以「襄陽、漢中兩路北伐」戰略構想，似見復活之機。

但陸遜與朱然、駱統等人研判「曹丕大合士眾，外託助國討（劉）備，內實有姦心，謹決計輒還」，〔註208〕孫權決採陸遜回防建議，不久，曹魏果藉吳國拖延征質一事，發兵三路來攻，孫吳得專意臨江拒守，令魏無功而返。夷陵之敗使蜀斷了跨有荊、益之念，戰後吳孤蜀弱，故雙方在合抗強魏的共識上，很快恢復往來，可言夷陵一戰，不僅是決定了荊州主權，更間接讓孫吳之後「聯蜀抗魏」的戰略，確立下來，直至蜀漢滅亡。

赤壁戰後劉備勢力逐漸發展爲跨有荊、益，反觀孫吳陷入淮南苦戰，以及未得上游門戶荊州的支拙之境，使得過去「據長江」的國家戰略陷入停滯。孫權採用呂蒙之議，恢復武力奪荊的行動，關鍵就是在於「聯劉政策」未能解決目前的發展困境，此種短暫權宜之計，不能取代原有之戰略路線。〔註209〕因此「荊南三郡之爭」僅是荊州歸屬問題的先聲，吳、蜀國家戰略的矛盾衝突，最終仍需透過軍事手段解決，這便是襄樊、夷陵兩戰爆發之因。〔註210〕

王延武指出，孫吳背盟奪荊不能以簡單的「合則兩利，分則兩傷」的觀點來做批評，應當充分理解江陵是孫吳政權賴以立國的重地。〔註211〕筆者以

〔註205〕事參《三國志》，卷58〈吳書・陸遜傳〉，頁1346、1347。

〔註206〕《三國志》，卷58〈吳書・陸遜傳〉，頁1348。

〔註207〕《三國志》，卷55〈吳書・周泰傳〉，頁1288。

〔註208〕《三國志》，卷58〈吳書・陸遜傳〉，頁1348。

〔註209〕孫權嘗對陸遜言魯肅有二長一短，一短即爲借劉備地，語見《三國志》，卷54〈吳書・呂蒙傳〉，頁1280、1281，此處文長不錄。筆者以爲，這是孫權以爲魯肅在聯劉政策之後，缺乏繼續發展的規劃，因此逐漸才會傾向呂蒙武力奪荊的建議。

〔註210〕田余慶指出「隆中對」的跨有荊、益，具有不被當時歷史條件所允許的侷限性，其中與孫吳之戰略相矛盾，便是關鍵因素，可參《〈隆中對〉的再認識》、〈東三郡與蜀魏歷史〉，前揭《秦漢魏晉史探微》，分見頁151～175、227～243。

〔註211〕詳參王延武，〈淺析孫吳立國與奪取江陵之關係〉，頁80～85。

爲，孫吳能在驟變的局勢，掌握主動性，適度調整戰略方針，以營造有利情勢，採取軍事、政治、外交等多方面的「協同作戰」，如赤壁戰時藉聯劉之盟成援軍之姿；襄樊戰時假助曹之名行暗襲之實；又如夷陵戰時以附魏之屈避夾擊之危，此皆其善於「備戰」之實證。突顯了能審愼局勢，不僅硬維持原有戰略之靈活性；一旦形勢轉變，又可運用強力手段來堅決達成，此誠孫吳能夠成功建國之理。

本文前曾論及，揚、荊兩州在地緣戰略上關係密切，但張紘、魯肅等所謂「據長江」者，僅能全長江南北之險，若益州落入敵手，東西之防則不全，因此甘寧、周瑜明確提出攻打益州的構想，希望透過「全據長江」之勢，進一步鞏護政權。然則，礙於淮南曹軍威脅、大將周瑜之早逝、劉備搶先入蜀等因素，攻益計劃始終未能實踐。奪益戰略既是力有未逮，那麼針對形勢上無法「全據長江」之缺陷，勢必須有補償的方法。

以外交角度觀之，孫權未在夷陵大捷後進攻益州，而改與蜀漢恢復盟交，用意可分爲三：一是擔心曹魏若來攻，則有東西兩線開戰的冒險性。二是無把握一舉拿下益州，不如留之牽制曹魏。三是看準蜀漢國力大衰，外懼曹魏，又短期間無力東出。因此在外交佈局上，將益州交給「暫時無力背盟的盟友防守」，來製造形勢上的有利情況。但這不足使孫吳安枕，還需要輔以軍事防禦上的佈局。

按赤壁戰時，周瑜搶據夏口，得阻遏長江自東向西的進軍，此爲「防荊攻揚」的情況，相同原理下，「防益攻荊」的關鍵之地則在夷陵。歷觀幾次荊州戰事，如周瑜包圍江陵別遣甘寧取夷陵，欲令江陵孤城難守；呂蒙襲關羽則派陸遜屯夷陵，防範劉備自蜀來援的可能；劉備攻荊州，終挫敗於吳軍的堅守夷陵等，可見夷陵的戰略地位一直受到高度關注的。〔註212〕特別是襄樊、夷陵兩戰，更突顯夷陵在「防益攻荊」的戰略佈局上，扮演關鍵角色。〔註213〕夷陵戰後陸遜、陸抗父子先後長任荊州鎮將，莫不申重夷陵之守，可

〔註212〕可參孫家州、邱瑜，〈西陵之爭與三國孫吳政權之存亡〉（《河北學刊》第 26 卷第 2 期，2006 年），頁 92～97。以及王前程、楊愛麗，〈三國爭霸，爭在夷陵——簡論三國時期宜昌地區的軍事價值〉，《三峽大學學報（人文社會科學版）》（第 30 卷第 5 期，2008 年），頁 5～9。

〔註213〕孫權在夷陵戰後放棄攻蜀，並改夷陵爲「西陵」，筆者推測其想法可能有二：一是以「國之西勢」的概念強調其爲國防重鎮；二是以此地視爲西戰線之界線，不復有更往西進奪益的想法。

知孫吳以夷陵防益，乃是透過軍事上的區域重鎮，提防吳、蜀聯盟關係有變，或益州遭曹魏所吞；另一方面亦得拱衛江陵重鎮之守，宏觀來看，則是無法全據長江的補救策略。是故，陳金鳳提出「孫吳益州戰略」之概念，〔註214〕筆者以為，這闡明了孫吳新的「全據長江」戰略，乃是經過調整之後，針對形勢需求的「裁縮」，簡言之，便是外交結合國防之佈局，達成另一種形式的全據長江，以確保國家安全。

第三節　南定交州與屏護荊州戰略

　　東漢時期的交州刺史部，轄蒼梧、南海、鬱林、合浦、交阯、日南、九真七郡，位處國家版圖南陲。其範圍則約略涵蓋今日之廣東、廣西兩省，以及越南中北部。按其地理位置偏遠，不屬通衢要地，亦非三國前期南北對抗的主戰區域，故戰略地位初始並不突出。但交州北接荊、益、揚，地緣關係可為三州戰略後方，充任提升戰略縱深的腹地。是故，孫權在推動「全據長江」戰略時，也把經略交州納入計畫其中。

　　交州戰略地位之突出，晚在三國末季，當時蜀漢已亡，晉佔據益州，著手利用南中之通，〔註215〕對交州展開軍事行動，欲以迂迴之勢威脅孫吳後方，並強化三面戰略包圍的形式，這使得交州在孫吳「屏護荊州」的戰略考量上，須力保不失。因此，本節以孫吳經略交州之始末為基礎，探討其與國家戰略之連繫，以及「屏護荊州」功能之實際發揮效益如何？

一、孫權時期的經略交州及其戰略意義

（一）漢末混亂的交州情勢

　　漢末交州在孫吳介入前，已有數方勢力參與爭奪。最初，中平六年（189）

〔註214〕陳金鳳曾提出「孫吳益州戰略」之概念，談論者便是孫吳如何看待益州所帶來的國防外交形式問題，可參其〈孫吳益州戰略論析〉（《軍事歷史研究》第4期，2005年）以及〈益州戰略與吳蜀關係〉兩文。另外，陳健梅也從政區建置的角度指出，吳、蜀兩國在接壤的軍事敏感地帶之佈局各有用心，參〈從政區建置看三國時期川江沿線的攻防策略〉，頁75～85。

〔註215〕東晉史家常璩曾言：「交阯雖異州部，事連南中，故併志焉。」語參氏著《華陽國志》（任乃強校補圖注，上海：上海古籍出版社，2007年），卷4〈南中志〉，頁311。則可知益州南中地區與交州在地理關係上亦頗為密切。筆者按交阯與交阯通同，本文內引則係依照出處所書。

董卓入京專政，引來袁紹為首的山東州郡起兵討伐，之後董卓為王允、呂布殺害，直到建安元年（196）曹操挾獻帝前，北方正歷數度混戰。據吳人薛綜追述當時交州情勢所云：

> 故刺史會稽朱符，多以鄉人虞褒、劉彥之徒分作長吏，侵虐百姓，彊賦於民，黃魚一枚收稻一斛，百姓怨叛，山賊並出，攻州突郡。
>
> 符走入海，流離喪亡。〔註216〕

刺史朱符惡政害民，導致百姓、山賊齊叛，朱符則在逃亡過程中遇害，使得交州統治一片混亂。此事時間史未明載，筆者今按清人萬斯同〈三國漢季方鎮年表〉所載，興平六年（195）交州刺史仍書朱符，但建安元年至建安四年（199）交州刺史則缺；〔註217〕嚴耕望則認為朱符死於漢獻建安初年，〔註218〕且《三國志‧士燮傳》載士燮之弟士壹，因董卓之亂而亡歸鄉里，同傳續寫交州刺史朱符為夷賊所殺，則萬、嚴兩人之判斷，可足採信。

朱符死，交阯太守士燮便趁機將自己兄弟分至三郡任官，史稱：

> 交州刺史朱符為夷賊所殺，州郡擾亂。（士）燮乃表（士）壹領合浦太守，次弟徐聞令**黴**領九真太守，**黴**弟武領南海太守。〔註219〕

士燮，蒼梧廣信人，家族先世避王莽之禍而居交州，其父士賜曾任日南太守，故士氏可視為交州的土著勢力。士燮此舉，使其兄弟四人共領四郡太守，雖未獲州刺史權位，但已具有左右交州的實力了。因此，故本傳稱士氏兄弟「並為列郡，雄長一州，偏在萬里，威尊無上」，〔註220〕顯見當時其家族政治影響力之大。

接任朱符刺史職位者乃張津，清人萬斯同以為其赴任在建安五年（200），嚴耕望則言張津「獻帝建安六年在任」，〔註221〕筆者參照兩說，則推測認張津赴任至少不晚於建安五年。〔註222〕另外，時流亡交州的許靖與曹操有書信往來，信中提及：

> 世路戎夷……又張子雲昔在京師，志匡王室，今雖臨荒域，不得參

〔註216〕《三國志》，卷53〈吳書‧薛綜傳〉，頁1252。
〔註217〕參《後漢書三國志補表三十種》（北京：中華書局，1984年），頁898～903。
〔註218〕參嚴耕望，《兩漢太守刺史表》（上海：上海古籍出版社，2007年），頁323。
〔註219〕《三國志》，卷49〈吳書‧士燮傳〉，頁1191。
〔註220〕《三國志》，卷49〈吳書‧士燮傳〉，頁1192。
〔註221〕分參《後漢書三國志補表三十種》，頁905，與《兩漢太守刺史表》，頁323。
〔註222〕按《三國志》，卷46〈吳書‧孫策傳〉注引《江表傳》，頁1110，有孫策批評張津之事，但內容時序錯謬甚大，故筆者暫不以此記載為論證資料。

與本朝，亦國家之藩鎮，足下之外援也。〔註223〕

按張子雲即張津，曹操時至利統一北方、未暇南顧，派遣信賴的部屬前來接管交州，這是一種透過官員任免，行政治干預之手段。如此，則交州統治權爲中央代表張津（掌握獻帝的曹操實已代表中央），以及地方代表士燮所分持。

張津赴任後，和劉表勢力爆發軍事衝突，史稱：

次得南陽張津，與荊州牧劉表爲隙，兵弱敵彊，歲歲興軍，諸將厭患，去留自在。（張）津小檢攝，威武不足，爲所陵侮，遂至殺沒。〔註224〕

按劉表與曹操立場敵對，張津既屬曹操人馬，其必抵抗劉表勢力侵入交州。當劉表雄據荊州，若再能控制南方交州，不單是地盤更加壯大，又能增益整體的戰略縱深，十分有利。據《三國志·士燮傳》所載：

漢遣張津爲交州刺史，（張）津後又爲其將區景所殺，而荊州牧劉表遣零陵賴恭代（張）津。是時蒼梧太守史璜死，（劉）表又遣吳巨代之。與（賴）恭俱至。漢聞張津死，賜（士）燮璽書曰：「交州絕域，南帶江海，上恩不宣，下義壅隔，知逆賊劉表又遣賴恭闚看南土，今以（士）燮爲綏南中郎將，董督七郡，領交阯太守如故。」〔註225〕

萬斯同認爲張津約約死於建安十年（205），〔註226〕同年劉表先派賴恭接任交州刺史，蒼梧太守史璜卒於官，劉表再派吳巨接任蒼梧太守。曹操聞訊，遂決意拉攏士燮以抗劉表。曹操借朝廷名義下詔，詔中所稱「董督七郡」，等同給了士燮交州刺史之權限，除了是看重士氏實力與民心基礎外，也與士燮的親曹立場有關。原先，張津與士燮曾在建安八年（203）共同上表，求升交阯刺史部爲正州，〔註227〕則可推測雙方關係必然不惡。後來史稱「是時天下喪

〔註223〕《三國志》，卷38〈蜀書·許靖傳〉，頁964～966。

〔註224〕《三國志》，卷53〈吳書·薛綜傳〉，頁1252。

〔註225〕《三國志》，卷49〈吳書·士燮傳〉，頁1192。

〔註226〕參《後漢書三國志補表三十種》，頁910。

〔註227〕參《晉書》，卷15〈地理志〉，頁464～465。按東漢時交州刺史治所原在交阯郡的龍編，則張津赴任時改往蒼梧郡的廣信，據梁雁庵之說法，其目的在於對抗自荊州南下的劉表勢力，參〈漢代交州州治沿革〉（《廣東史志》第2期，1996年），頁57。不過張津死後，蒼梧郡廣信受劉表所派的吳巨掌握，直到建安十五年步騭殺吳巨，又將治所遷往南海郡的番禺，筆者推測，南海郡地

亂，道路斷絕，而（士）燮不廢貢職」，〔註228〕可見曹操攏絡策略成功，透過士氏，勉強保住了中央對交州基本程度的影響力。

吳巨、賴恭兩人同出劉表集團，但兩人不合，史稱「（吳）巨武夫輕悍，不為（賴）恭所服，輒相怨恨，逐出恭」〔註229〕（按當時交州刺史治所在蒼梧郡廣信，故得逐）。於此，胡曉明指出，赤壁戰前交州控制在士燮代表的交州本土勢力，以及吳巨代表的荊州勢力兩派人馬之下，形成抗衡之態，孫吳所以選擇赤壁戰後爭奪交州，推測原因有二：一是戰後北方威脅暫時減輕，孫吳得有餘力向南開拓領土；二是原先覬覦交州兩個對手，劉表已亡，曹操退回北方也無法南顧交州，故在建安十五年（210）遣步騭入交州，正式展開行動，筆者基本同意其說。〔註230〕

（二）步騭定交州與建立初步統治

孫權遣步騭定交州一事，見於《三國志・步騭傳》曰：

> 建安十五年，（步騭）出領鄱陽太守。歲中，徙交州刺史、立武中郎將，領武射吏千人，便道南行。明年追拜使持節、征南中郎將。劉表所置蒼梧太守吳巨陰懷異心，外附內違。（步）騭降意懷誘，請與相見，因斬徇之，威聲大震。士燮兄弟，相率供命，南土之賓，自此始也。〔註231〕

陳壽對此事記載十分簡短，史料顯示，步騭率領千餘人馬入交州，襲殺吳巨之後，士氏勢力也隨之臣服。胡曉明針對此段史料提出兩個疑點：一者，步騭所領部隊人數甚少，僅千人要奪取一州之地未免有所違理，反而像是「新官赴任」；二者，步騭先至鄱陽郡任官，再以「便道南行」的方式入交州，按荊南四郡為劉備勢力範圍，孫、劉雖是聯盟關係，不過步騭輕易通過、奪取交州，讓人不免持疑。〔註232〕

梁雁庵曾推測，孫吳所遣的官員能輕易跨過劉備領土去奪取交州，也許

接揚州之南，番禺又為海港，有利孫吳以水軍赴援，且原先南海太守士武已
亡故，故有此選擇。

〔註228〕《三國志》，卷49〈吳書・士燮傳〉，頁1192。

〔註229〕《三國志》，卷53〈吳書・薛綜傳〉，頁1252。

〔註230〕參胡曉明，〈三定交州與孫吳國運〉（收入李洪天主編，《回望如夢的六朝——六朝史論集》，南京：鳳凰出版社，2009年），頁165。

〔註231〕《三國志》，卷52〈吳書・步騭傳〉，頁1237。

〔註232〕胡曉明，〈三定交州與孫吳國運〉，前揭《回望如夢的六朝——六朝史論集》，頁166。

是劉備與孫權在赤壁戰後，曾進行了一場「秘密外交」。此外交的具體內容可是孫權讓出荊州的南郡（江陵）給劉備，而劉備不插手孫吳奪取交州。〔註233〕按此規劃，則劉備能替孫吳分擔部分的防守壓力，孫劉聯盟關係也不會因交州問題額外生隙。

筆者以為，周瑜當時曾向孫權建言，率軍跨過劉備攻取益州，但是縱然周瑜軍事才能卓越，以孫吳當時力量來看，難度甚高，恐非良策。〔註234〕因此，孫權選擇「借南郡」給劉備，暫時放棄奪益州，轉圖交州的戰略考量，蓋為合理取捨，雖然得交州之利，不若上游形勝的益州，但就當時情勢來說，相對容易達成。

再從劉備一方的接受來看，最初，諸葛亮的〈隆中對〉對荊州形勢分析，即有「利盡南海」之規劃，也就是佔有荊州後，南鄰之交州可資利用，而劉備在當陽軍隊潰敗之際，也曾對孫吳使者魯肅談到投奔吳巨的打算，〔註235〕顯見劉備對交州一直保有關注。然劉備不得南郡，便無道可攻益，不單形勢處處受制於孫吳（荊南四郡的地盤實受孫吳包圍），「跨有荊、益」的北伐構想也成了空談。因此，梁氏文中所謂「秘密外交」之論點，有成立空間，推測發生的時間點，則應是在建安十四年（209）孫權嫁妹後，劉備親身「至京見（孫）權，綢繆恩紀」時。〔註236〕隔年周瑜去世，南郡即入劉備之手，步騭似也在劉備的「默許支持」下，得展開佔取交州的行動，從而有「便道南行」一事。〔註237〕

〔註233〕梁雁庵，〈漢代交州州治沿革〉，頁59～61。

〔註234〕據《三國志》，卷54〈吳書·周瑜傳〉，頁1264：「（周）瑜乃詣京見（孫）權曰：『今曹操新折衄，方憂在腹心，未能與將軍連兵相事也。乞與奮威俱進取蜀，因留奮威固守其地，好與馬超結援。瑜還與將軍據襄陽以蹙操，北方可圖也。』」筆者以為，觀日後劉備深入蜀地，反攻劉璋亦未能輕鬆取勝來看，周瑜此際真若發兵攻蜀，尚需顧慮曹操、劉備的動態，其事甚難順利功成。

〔註235〕據《三國志》，卷32〈蜀書·先主傳〉注引《江表傳》，頁878：「（魯肅）且問（劉）備曰：『豫州今欲何至？』備曰：『與蒼梧太守吳巨有舊，欲往投之。』」筆者認為吳巨為劉表所遣，劉備亦曾寄寓劉表之下，則雙方若舊有交情不足為奇。

〔註236〕《三國志》，卷32〈蜀書·先主傳〉，頁879。

〔註237〕胡曉明據王範《交廣春秋》中，吳巨迎步騭於零陵南界的記載推測，所謂「便道」應是從鄱陽湖出發，溯江西上，進入洞庭湖，再循湘江進入廣西，最後由廣西至交州番禺，參〈三定交州與孫吳國運，前揭《回望如夢的六朝──六朝史論集》，頁166。

　　為明交州政區分布，與步騭入交州之路線，筆者茲據《三國志》、《晉書》、《水經注》等史料，及譚其驤《中國歷史地圖集》繪製簡圖如下：

圖 2-3-1：交州地理形勢及三次戰事路線示意圖〔註 238〕

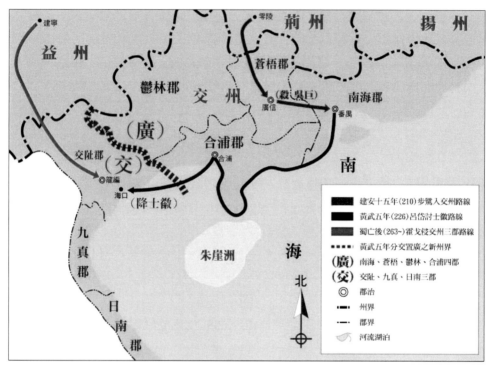

參考資料：《三國志‧步騭傳》、《三國志‧呂岱傳》、《晉書‧陶璜傳》、《水經‧浪水注》。

　　圖中可見交州七郡之分布概況，以及與揚、荊、益三州相鄰的政區形勢。其中紅色路線為步騭進入交州之推測路線，即由荊南零陵郡陸路，跨過嶺南丘陵，進入當時吳巨所轄之蒼梧郡，襲殺吳巨，又把交州刺史治自蒼梧郡的廣信，遷移到南海郡的番禺。

　　朱子彥指出，劉備赤壁戰後佔有荊南四郡，必然不會忽略南方的交州，但礙於根基未穩，又憂一旦貿然採取軍事佔領行動，若孫吳趁機舉兵在後，則可能腹背受敵。〔註 239〕筆者認為，吳巨舊屬劉表集團，劉備又曾有投奔之

〔註 238〕筆者按，本圖內容包含步騭入交、呂岱平士徽叛亂、霍弋侵交三路線，以及黃武五年（226）首次「分交置廣」之新州界，後文提及相關內容則直接再次同參本圖，不重複再引。

〔註 239〕朱子彥、王光乾，〈論三國時期交州的戰略地位與攻守形勢〉（《上海大學學

意，則可見兩人應舊有交誼，此際荊南四郡在握，較孫吳更具有交通聯繫上的優勢，雙方關係又不惡，並無立即軍事佔領的必要。反之，觀望情勢之下，交州變成與孫吳外交的談判籌碼，連帶促成借取南郡一事，對於己方未來拓展勢力幫助更大。〔註240〕

由於步騭所率的部隊不多，吳巨並沒有誠心降服，此事未知是否在劉備的預料與觀望之中。步騭當下決意利用會面之際，以奇襲方式殺吳巨。〔註241〕士燮聞知，不得不考慮吳軍此刻壓境，具有地緣之便，而曹操遙隔萬里、難以相援，若不採取武力抵抗，只能選擇降吳。其後，「士燮兄弟，相率供命，南土之賓，自此始也」。至此，原先盤據交州的兩勢力一者誅滅，一者臣服，孫吳成功控制交州，步騭居功甚偉。同時，孫吳也是朱符死後，交州爭奪戰的最後贏家。

步騭任交州刺史計達十年餘，治所皆設於南海郡治番禺，筆者推測原因有二：一是原南海太守士武已早亡，可藉此自士氏手上直接接掌南海郡；二是南海郡北接揚州，且番禺為海港，交通上利於孫吳水軍自吳、會沿海道前

報》（社會科學版）第 1 期，2008 年），頁 147。

〔註240〕據《三國志》，卷 43〈蜀書・李恢傳〉，頁 1045：「章武元年（221），庲降都督鄧方卒，……（劉備）遂以（李）恢為庲降都督，使持節領交州刺史，住平夷縣。」則知劉備稱帝，對交州仍未完全放棄，並由南中地區的都督兼領交州刺史。直至黃龍元年（229）孫權稱帝，李恢才以吳蜀盟約中，交州地屬孫吳，去職。

〔註241〕關於步騭奇襲吳巨的過程，可參〔清〕楊守敬、熊會貞撰，《楊熊合撰水經注疏》（臺北：台灣中華書局，1971 年），卷 37〈泿水注〉，頁 4526 引王範《交廣春秋》曰：「建安十六年，吳遣臨淮步騭為交州刺史，將武吏四百人之交州，道路不通。蒼梧太守長沙吳巨擁眾五千，騭有疑於巨，先使諭巨，巨迎之於零陵，遂得進州。巨既納騭而後有悔，騭以兵少，恐不存立。巨有都督區景，通略與巨同，士為用。騭惡之，陰使人請巨，巨往告景，勿詣騭。騭請不已。景又往，乃於廳事前中庭俱斬，以首徇眾。同卷頁 4528 又曰：「步騭殺吳巨、區景，使嚴舟船，合兵二萬，下取南海。蒼梧人衡毅、錢博，宿巨部伍，興軍逆騭於蒼梧高要峽口，兩軍相逢，於是遂交戰，毅與眾投水死者，千有餘人。」若此記載為實，則步騭實是花費一番心力才徹底消滅了吳巨的勢力，非如《三國志・步騭傳》中所載般輕鬆。另據《後漢書》，卷 33〈鄭弘傳〉，頁 1156：「建初八年（84），代鄭眾為大司農。舊交阯七郡貢獻轉運，皆從東冶〔一〕東冶，縣，屬會稽郡。太康地理志云漢武帝名為東冶，後改為東候官，今泉州閩縣是。汎海而至，風波艱阻，沈溺相係。弘奏開零陵、桂陽嶠道，於是夷通，〔二〕嶠，嶺也。夷，平也。至今遂為常路。」筆者推測，此時修建的荊南陸道，可能是步騭自零陵郡通往交州蒼梧郡之路線。

往，故作此規劃。步騭任職期間，孫吳與士氏一直保持良好關係，史稱：

> 建安末年，(士)燮遣子廞入質，(孫)權以爲武昌太守，燮、壹諸
> 子在南者，皆拜中郎將。燮又誘導益州豪姓雍闓等，率郡人民使遙
> 東附，權益嘉之，遷衛將軍，封龍編侯，弟壹偏將軍，都鄉侯。燮
> 每遣使詣權，致雜香細葛，輒以千數，明珠、大貝、流離、翡翠、
> 瑇瑁、犀、象之珍，奇物異果，蕉、邪、龍眼之屬，無歲不至。壹
> 時貢馬凡數百匹。權輒爲書，厚加寵賜，以答慰之。〔註242〕

據前所載，士燮曾遣子入質以示忠誠；劉備去世，士燮又誘使益州叛亂的豪
姓投向孫吳，以滿足孫權牽制蜀國的計畫。〔註243〕遣使北見孫權時，輒年年
大量進獻交州所產的奇珍異品、馬匹等，甚得孫權歡心。〔註244〕故在黃武五
年（226）士燮去世前，士氏忠誠效吳，使交州情況相對安定。

　　孫吳既對交州完成初步統治，則本文章名所謂的「屏護荊州」戰略，繼
續深入論述。孫策時期已得泰半揚州，荊州則是孫權透過襄樊、夷陵兩戰自
盟友劉備手上奪得，按時間順序來看，孫吳取得交州之初，尚未得到整個荊
州，故屏護功能尚不足論。不過，建安二十四年的襄樊之戰，呂蒙自關羽手
上奪取荊州南郡等地，則交州屏護價值則隨之產生。

　　茲舉史實來看，延康元年（建安二十五年，220）孫權以呂岱接任交州刺
史，再讓步騭率「交州義士萬人出長沙」，其考量是長江防線之吳軍主力需備
戰劉備東出，而荊州地區逢「武陵蠻夷蠢動」（部分受劉備誘亂），孫權先命
步騭進駐益陽，爲戰略協防。待劉備夷陵之戰敗退後，零陵、桂陽等郡的動
亂，便由步騭此軍「周旋征討，皆平之」。〔註245〕如此，則長江主力部隊可以

〔註242〕《三國志》，卷49〈吳書・士燮傳〉，頁1192～1193。
〔註243〕按《三國志》，卷31〈蜀書・劉二牧傳〉，頁870：「孫權殺關羽，取荊州，以
　　　　（劉）璋爲益州牧，駐秭歸，璋卒，南中豪帥雍闓據益郡反，附於吳，權復
　　　　以璋子闡爲益州刺史，處交、益界首。」孫權此舉未必有奪取益州的想法，
　　　　但至少是對劉備一方的政治牽制。
〔註244〕據《三國志》，卷47〈吳書・吳主傳〉注引《江表傳》，頁1124云：「是歲魏
　　　　文帝遣使求雀頭香、大貝、明珠、象牙、犀角、瑇瑁、孔雀、翡翠、鬭鴨、
　　　　長鳴雞。羣臣奏曰：『荊、揚二州，共有常典，魏所求珍玩之物非禮也，宜勿
　　　　與。』（孫）權曰：『昔惠施尊齊爲王……彼所求者，於我瓦石耳，孤何惜焉？
　　　　彼在諒闇之中，而所求若此，寧可與言禮哉！』皆具以與之。」則知，士燮
　　　　所獻之貢物，成了孫權向魏文帝示好的贈禮，對於當時的短暫臣魏的外交政
　　　　策，亦有助益。
〔註245〕前引俱見《三國志》，卷52〈吳書・步騭傳〉，頁1237。

一直保持全力防範蜀、魏，不需分散平叛，可說是交州對於長江防線所提供的助力，特別是荊州北面、西面皆受敵，在孫吳兵力有限的情況下，更不容分散防守力量。

　　孫吳以「全據長江」之勢抗魏拒蜀，故早期交州大抵作為戰略後方，防禦上的屏護功能尚不突出。不過誠如本文前節所論，孫吳之「全據長江」並未得益，因此，後來蜀國滅亡，益州為晉朝掌控，不單荊州西側的江防壓力倍增，還需憂心長江防線所不能掩護之邊境，可能成為敵人突破的目標。則交州得失在保護荊州（防）的考量上，戰略地位不可同日而語。則孫吳奪取交州，不僅是純粹擴張領土，實際上也是種彌補國防形勢的規劃。故經略交州，可言是「全據長江」戰略下的一項區域發展目標。

（三）呂岱剷除士氏勢力

　　步騭出身文吏，久任交州刺史，與孫權的安撫政策有關，但境內士氏勢力強盛。故孫吳對交州統治，存有羈縻的意味，不能算完全直轄。延康元年以武將呂岱接任步騭的交州刺史，甫至，呂即著手開始掃蕩交州內部殘餘的不服勢力，據《三國志·呂岱傳》所載：

> （呂岱）到州，高涼賊帥錢博乞降，岱因承制，以博為高涼西部都尉。又鬱林夷賊攻圍郡縣，岱討破之。是時桂陽湞陽賊王金合眾於南海界上，首亂為害，權又詔岱討之，生縛金，傳送詣都，斬首獲生凡萬餘人。〔註246〕

透過呂岱軍事掃蕩，孫吳強化對交州內部地區的控制，此人事變動也顯見已有佈局之考量，然而，士氏對吳上盡忠誠，對內則下存威望，對於想改換統治現況的孫權來說，一時也無機可趁。

　　黃武五年，士燮作為勢力之核心人物，以高齡九十去世，此正是孫權等待的契機，史稱：

> 交阯太守士燮卒，（孫）權以燮子徽為安遠將軍，領九眞太守，以校尉陳時代燮。（呂）岱表分海南三郡為交州，以將軍戴良為刺史，海東四郡為廣州，岱自為刺史。遣良與時南入，而徽不承命，舉兵戍海口以拒良等。〔註247〕

據胡三省之釋，所謂海南三郡乃交阯、九眞、日南，海東四郡則為蒼梧、鬱

〔註246〕《三國志》，卷60〈吳書·呂岱傳〉，頁1384。

〔註247〕《三國志》，卷60〈吳書·呂岱傳〉，頁1384。

林、合浦、南海，〔註248〕這也是孫吳第一次在行政區劃上的「分交置廣」。由於士徽認爲孫權此舉，明顯的損及了士氏在交州的統治權益，因此不服，並舉兵駐於海口（今越南海防市附近），阻礙戴良赴任。

　　而孫權無法長期容許領土內，存有可以挑戰自己統治權力的人，亦希望令荊州後方更加穩固。過去礙於士燮之威望與忠誠，赤壁戰後孫吳又疲於在淮南、荊州等地，與曹操、劉備競逐地盤，實難騰出手來處理此問題，眼下全據長江之勢已固，士燮之死便是更動交州統治政策的大好時機。士徽的叛變，雖不是孫權刻意逼反之策，但卻給了其採取軍事行動的好藉口。

　　呂岱上疏請求發兵討伐士徽，史稱其「督兵三千人晨夜浮海」，由海路趕赴前線，時有人向他建言曰：「（士）徽藉累世之恩，爲一州所附，未易輕也」，認爲此次作戰不一定能輕易取得勝利，呂岱則認爲：「今徽雖懷逆計，未虞吾之卒至，若我潛軍輕舉，掩其無備，破之必也。稽留不速，使得生心，嬰城固守，七郡百蠻，雲合響應，雖有智者，誰能圖之？」遂堅決執行快速攻擊，〔註249〕並在合浦與戴良會合。

　　關於首次分交置廣之政區情況與呂岱討士徽路線，請回參本節圖 2-3-1，圖中紅色虛線爲交、廣兩州之州界（廣州爲線右四郡，交州爲線左三郡），藍色路線及爲呂岱所行海道之推測路線，自廣州刺史治所番禺出發，浮海至合浦與戴良會合，再至海口征討士徽。士徽聽聞呂岱率軍前來，十分畏懼，呂岱又利用士匡居中斡旋，士徽便率兄弟六人投降，沒想到呂岱竟將其皆捕捉斬首。士徽麾下的甘醴、桓治等人，又率吏民抵抗，仍遭呂岱奮勇擊敗，孫權同年廢除廣州，還復交州如故。而後，呂岱持續進討九眞，斬殺不服勢力達萬餘眾。至此，孫吳已是完全掌控交州。〔註250〕

　　宋燕鵬與馮磊認爲，此次「分交置廣」所以在軍事鎮壓後立即復舊，原因有二：一是掃除士氏的目的已達，不宜再激起交州人民的反抗；二是孫權注意力轉向北方的曹魏，想趁石亭之勝與曹魏皇位輪替之際，有所作爲，因而暫時對交州之事暫行擱置。〔註251〕筆者則以爲，呂岱此次「分交置廣」的

〔註248〕《資治通鑑》，卷70〈魏紀·文帝黃初七年〉條，頁 2231 胡注。
〔註249〕上引俱見《三國志》，卷60〈吳書·呂岱傳〉，頁 1384～1385。
〔註250〕士徽六兄弟皆死，同族的士壹、士䵋、士匡等雖未參加叛亂，但也被遷出交州，之後留在孫權身旁的質子士廞被免爲庶人，士壹、士䵋也因犯法被誅。
〔註251〕宋燕鵬、馮磊，〈孫吳分交州置廣州緣由之我見〉（《保定師範專科學校學報》第 1 期，2002 年），頁 76。

提案，意在將交州切爲東南兩部份，海南的交趾、九眞、日南三郡地較偏遠，又向爲士氏勢力最強大之區，故孫吳先畫出海東四郡爲廣州，在交州行政區劃上，採取逐步蠶食之策。呂岱既順利消滅士氏，則目的已成，自然復舊。

綜觀孫權時代的經營成績，先透過步騭瓦解劉表所遺留的荊州勢力，再招撫士燮代表的本土勢力，在花費極少人力、物力的情況，將交州納入版圖，完成初步統治。自盟友劉備處奪得荊州後，交州與孫吳疆域連接更爲緊密，因此，呂岱敢於運用強硬的軍事鎮壓，剷除士氏勢力，進一步強化對交州的治權。孫吳得有效掌握揚、荊、交三州之地，這是其國力在黃武年間逐漸攀上巔峰的關鍵因素。

孫權國家戰略上之「全據長江」，簡言之即是長江防線作爲國防屏障，與北方的曹魏、西側的劉備一爭天下。爲了能集中戰力於長江防禦魏、蜀，荊、揚兩州的後防則必須適度依賴交州，特別是北、西兩面迎敵的荊州。則交州在地緣連繫上，對荊州的屏護作用，實可視爲補強「全據長江」之功能。因此，當建安二十年孫、劉雙方爆發「南三郡之爭」時，孫權積極討取長沙、桂陽、零陵三郡，以荊州部分觀之，是要把防線由陸口西推；以交州部份觀之，則是確保荊州南部通往交州的陸路交通。

二、蜀亡危局與吳、晉爭奪交州

（一）交趾三郡叛變與蜀漢滅亡

從士氏勢力消滅後的幾十年間，交州雖有南海賊羅厲、廖式、高涼渠帥黃吳等作亂，但在駐將呂岱、鍾離牧、陸胤等人征討下，對孫吳統治不構成重大威脅，如孫權曾詔稱「國家永無南顧之虞」，以彰呂岱之功。又如赤烏十一年（248）交趾九眞夷賊叛亂，導致「交部騷動」，但陸胤任交州刺史，招賊出降，又使得「交域清泰」。〔註252〕孫權死後，吳主歷孫亮至孫休，在爆發呂興之亂前，交州皆無重大變動。

呂興者，原孫吳交趾郡吏，永安五年（262）中央遣「察戰到交趾調孔雀、大豬」，〔註253〕隔年五月，即爆發呂興殺太守孫諝造反一事，關於其因，

〔註252〕以上諸事可分參《三國志》，卷60〈吳書‧呂岱傳〉，頁1385～1386；卷60〈吳書‧鍾離牧傳〉注引《會稽典錄》，頁1393；卷61〈吳書‧陸胤傳〉，頁1409，此處文長不錄。

〔註253〕按裴松之所釋，察戰爲吳官名號，參《三國志》，卷48〈吳書‧三嗣主‧孫

史稱：

> （孫）諝先是科郡上手工千餘人送建業，而察戰至，恐復見取，故
> （呂）興等因此扇動兵民，招誘諸夷也。〔註254〕

又《晉書‧陶璜傳》亦稱：

> 孫皓時，交阯太守孫諝貪暴，為百姓所患。會察戰鄧荀至，擅調孔
> 雀三千頭，遣送秣陵，既苦遠役，咸思為亂。郡吏呂興殺諝及荀，
> 以郡內附。〔註255〕

按：呂興於永安六年（263）叛亂，時孫休尚在位，故《晉書》此處言孫皓時，有誤。孫吳駐任太守與中央遣使的徵調過重，導致呂興號召兵民叛變，但孫吳卻未立即針對交州採取軍事行動，原因是魏國當時大舉發兵侵蜀，同年十月蜀漢使者告急，唇亡齒寒的盟邦面臨存亡關頭，孫吳必須優先關注魏、蜀戰況，史稱：

> （孫休）使大將軍丁奉督諸軍向魏壽春，將軍留平別詣施績於南
> 郡，議兵所向，將軍丁封、孫異如沔中，皆救蜀。〔註256〕

吳以「圍魏救趙」之策，希望逼使魏軍回防，停止攻蜀，但魏將鄧艾早已勢如破竹，直向成都。未久，蜀漢後主劉禪投降，孫休只能詔罷諸軍。叛亂的呂興見蜀為魏所滅，遣使者向魏輸誠，求魏軍來援，助其對抗孫吳可能將至的攻勢。

　　立下平蜀大功的鄧艾在成都籌備受降善後，沒想到「鍾會、胡烈、師纂等皆白（鄧）艾所作悖逆，變釁以結。詔書檻車徵艾」，〔註257〕鄧艾反成謀逆之人，後掌握大軍的鍾會與蜀將姜維密謀，欲趁機叛魏自立，然部眾未肯，卒起相攻，鄧艾、姜維與鍾會俱亡，蜀中諸郡一時大亂，猶如無政府狀態，給了吳軍機會。〔註258〕

　　蜀亡既成事實，永安七年（264）二月，孫休遣「鎮軍將軍陸抗、撫軍將軍步協、征西將軍留平、建平太守盛曼，率眾圍蜀巴東守將羅憲」，目的在於

　　　皓傳〉，頁1161之裴注。
〔註254〕《三國志》，卷48〈吳書‧三嗣主‧孫休傳〉，頁1161。
〔註255〕《晉書》，卷57〈陶璜傳〉，頁1558。
〔註256〕《三國志》，卷48〈吳書‧三嗣主‧孫休傳〉，頁1161。
〔註257〕《三國志》，卷28〈魏書‧鄧艾傳〉，頁780。
〔註258〕《三國志》，卷41〈蜀書‧霍弋傳〉注引《襄陽記》，頁1008：「吳聞鍾、鄧
　　　敗，百城無主，有兼蜀之志。」可知蜀漢滅亡後，鄧艾、鍾會先後被害，曾
　　　導致益州諸郡陷入統治空窗期。

將長江西側防線伸入益州巴東地區，以拱護重鎮西陵。此間不見孫吳對交州有任何軍事行動，可知，孫吳是把戰略目標優先放在「溯江爭地」上，故暫時擱置呂興之事。但吳軍受到蜀將羅憲的頑強抵抗，又逢「魏使將軍胡烈率步騎二萬侵西陵，以救羅憲，陸抗等引軍退」，〔註259〕終無功而返。

同年，孫休病亡，但在去世前夕，施行了第二次的「分交置廣」，顯示孫吳將對動亂中的交州採取行動。宋燕鵬與馮磊指出此次用意在於交阯、九眞、日南三郡已因呂興叛亂，投向曹魏（後屬晉），因此，爲了穩固交州剩餘四郡，以及佈局奪回交阯三郡，有必要重新規劃政區疆界，在新的邊界上組織進攻，以收復失地。〔註260〕筆者贊同其說，並認爲其與第一次「分交置廣」有著相似的戰略意涵，亦即將交州再切割爲交、廣兩部分。不同的是，第一次的敵人是地方士氏勢力，屬於內亂；第二次叛亂勢力則受曹魏扶植，牽涉層面更大。兩次政區略有出入，今不細考，但皆是體現對交州「分東以制南」的佈局原則。

關於呂興與曹魏的聯繫情況，可由魏主曹奐的詔書可窺見一二，史載：

> 吳賊政刑暴虐，賦斂無極。孫休遣使鄧句，勅交阯太守鎖送其民，發以爲兵。吳將呂興因民心憤怒，又承王師平定巴蜀，即糾合豪傑，誅除句等，驅逐太守長吏，撫和吏民，以待國命。九眞、日南郡聞興去逆即順，亦齊心響應，與興協同。興移書日南州郡，開示大計，兵臨合浦，告以禍福；遣都尉唐譜等詣進乘縣，因南中都督護軍霍弋上表自陳。又交阯將吏各上表，言『興創造事業，大小承命。郡有山寇，入連諸郡，懼其計異，各有攜貳。……。其以興爲使持節、都督交州諸軍事、南中大將軍，封定安縣侯，得以便宜從事，先行後上。〔註261〕

據上可知，呂興叛亂，又煽動九眞、日南兩郡，是三郡投魏的主因。但此詔書尚未抵達，呂興已被部下殺害。〔註262〕主事人物既亡，則魏軍對交州三郡的接管行動，若不加緊運作，則可能失去此一大好良機。

魏軍負責救援交州者，乃是蜀漢降將霍弋，其受司馬昭器重，續拜南

〔註259〕上引俱見《三國志》，卷48〈吳書・三嗣主・孫休傳〉，頁1161～1162。
〔註260〕宋燕鵬、馮磊，〈孫吳分交州置廣州緣由之我見〉，頁77。
〔註261〕《三國志》，卷4〈魏書・三少帝・陳留王曹奐紀〉，頁151～152。筆者按，此處鄧句與前引《晉書》所載鄧荀殆爲同一人。
〔註262〕據《晉書・陶璜傳》所載，殺呂興者乃是其功曹李統。

中都督之護軍，史稱霍弋「遣將兵救援呂興，平交阯、日南、九眞三郡」，
〔註263〕如前所言，益州南中地接交阯郡，歸降蜀將又多憤恨亡國之際，盟友
吳軍竟假救援之名，實奪取領土之實（如前述之蜀將羅憲在永安被圍），因
此，霍弋無疑是相當適合的執行人選。按《晉書・陶璜傳》所載，「（晉武）
帝更以建寧爨谷爲交阯太守。谷又死，更遣巴西馬融代之。融病卒，南中監
軍霍弋又遣犍爲楊稷代融」，〔註264〕再據前引曹奐詔書則可知，霍弋經略交阯
三郡的時間範疇，橫跨晉朝簒魏的前後，其路線可回參本節前圖 2-3-1，圖中
綠色路線，即爲霍弋自南中遣軍入交的推測路線，因未能確定霍弋行動始於
何年，故以蜀亡後爲最早起始。

　　曹魏原先國力已勝於孫吳，經平蜀一役，新得益州，國勢更強；反觀孫
吳失去盟友，荊州防線增加來自西側的攻勢威脅（出益州可順流而下進逼西
陵），一來一往之間，形勢更趨不利。倘若三郡再持續失陷於曹魏，將會構成
北（荊、揚）、西（益）、南（交州三郡）三面的戰略包圍，孫吳更加傾危。
其勢約略可由下圖呈現：

圖 2-3-2：吳、晉對峙形勢示意圖

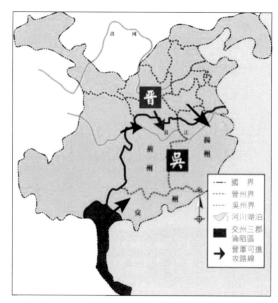

參考資料：《三國志・三嗣主傳》、《三國志・華覈傳》、《晉書・武帝紀》。

〔註263〕《三國志》，卷41〈蜀書・霍弋傳〉注引《漢晉春秋》，頁 1008。
〔註264〕《晉書》，卷 57〈陶璜傳〉，頁 1558。

由於平蜀之後，未久西晉即篡魏，繼承三面包圍的戰略態勢，又持續在降將霍弋的指揮下動作頻頻。是故，吳臣華覈上孫皓之疏中曾提及：「交州諸郡，國之南土，交阯、九眞二郡已沒，日南孤危，存亡難保，合浦以北，民皆動搖」，〔註265〕說明交州之失，確實造成孫吳民心、士氣相當大的衝擊。我們可以視此時孫吳在荊、交兩州所受的軍事威脅，是「蜀亡危局」的具體呈現。

（二）孫皓兩次收復交州作戰

上游形勝的益州落入敵人之手，對孫吳而言，交州便不能再有失。先是，蜀亡之際，吳軍溯江爭地不成，孫休便回頭處理呂興之亂。不過，剛進行「分交置廣」的政區變動，孫休即病歿，這使得孫吳對交州三郡的收復行動暫告停擺，史稱「（孫）休薨，是時蜀初亡，而交阯攜叛，國內震懼，貪得長君」，〔註266〕可知，孫皓是在內外情勢十分惡劣之情況下登位。元興二年（魏咸熙二年，265）司馬昭去世，同年，魏主曹奐禪位於司馬炎，司馬炎改國號晉，曹魏滅亡。晉土承魏基，則後續的交州爭奪戰，轉變成了吳、晉交鋒。

爲了不讓「蜀亡危局」持續惡化，孫皓對交州展開首次收復作戰，事在寶鼎三年（晉泰始四年，268），前離呂興之叛已達六年之久，但此回作戰出師不利，據史稱：

> 南中監軍霍弋又遣犍爲楊稷代（馬）融，與將軍毛炅，九眞太守董元，牙門孟幹、孟通、李松、王業、爨能等，自蜀出交阯，破吳軍於古城，斬大都督脩則、交州刺史劉俊。〔註267〕

按：呂興遣使降魏，未受魏主曹奐詔書已死，則《晉書》此處言武帝拜呂興官，誤。另外，交阯三郡之晉軍，皆由南中而來，並聯合當地呂興所留之降部擊退吳軍。另據《三國志·孫皓傳》所載：「（孫皓）遣交州刺史劉俊、前部督脩則等入擊交阯，爲晉將毛等所破，皆死，兵散還合浦」，〔註268〕按合浦爲當時廣州合浦郡之郡治，敗潰之吳軍會退回合浦，則表示合浦應是吳軍原先集結之地（呂岱平士徽亦先在此處會軍）。以此觀之，此回吳軍攻勢雖受挫，但仍是依循孫休「分交置廣」的戰略佈局而行，亦即自交州東部向南部

〔註265〕《三國志》，卷65〈吳書·華覈傳〉，頁1465。

〔註266〕《三國志》，卷48〈吳書·三嗣主·孫皓傳〉，頁1162。

〔註267〕《晉書》，卷57〈陶璜傳〉，頁1558。

〔註268〕《三國志》，卷48〈吳書·三嗣主·孫皓傳〉，頁1167。

組織攻勢。

孫皓在建衡元年（269，晉泰始五年）冬天，執行第二次收復交州的作戰，史稱「（孫皓）遣監軍虞汜、威南將軍薛珝、蒼梧太守陶璜由荊州，監軍李勖、督軍徐存從建安海道，皆就合浦擊交阯」，有了前次失敗的經驗，吳軍這次採陸、海兩線聯合進攻，分別由荊州陸路與建安海道（即揚州東南沿海）進軍，仍就預計會師於合浦，對交阯展開攻勢。但李勖部隊卻因「建安道不通利，殺導將馮斐，引軍還」，亦即揚州吳軍根本沒有參與接下來的戰事，領軍的李勖、徐存也因此遭孫皓誅殺。〔註269〕

據《晉書・吾彥傳》所載「時將軍薛珝杖節南征，軍容甚盛，（吾）彥觀之，慨然而嘆」，〔註270〕則可推測此次陸路的部隊規模應十分可觀，特別是在海路意外未能參戰的情況下，此次收復作戰的成敗，全繫於此路。但是作戰初期，戰況並不順利，史稱：

> 吳遣虞汜為監軍，薛珝為威南將軍、大都督，（陶）璜為蒼梧太守，距（楊）稷，戰于分水。璜敗，退保合浦，亡其二將。珝怒，謂璜曰：「若自表討賊，而喪二帥，其責安在？」璜曰：「下官不得行意，諸軍不相順，故致敗耳。」珝怒，欲引軍還。〔註271〕

吳軍在首次交鋒吞了敗仗，主帥薛珝甚至有退兵的念頭。幸而陶璜「夜以數百兵襲董元，獲其寶物，船載而歸」，此回偷襲成功，使得薛珝信任陶璜的能力，得繼續進行收復作戰，陶璜也成了這場戰爭獲勝的關鍵人物。

陶璜在主帥充分授權的情況下，開始發揮其作戰規畫，史稱：

> （陶）璜從海道出於不意，徑至交阯，（董）元距之。諸將將戰，璜疑斷牆內有伏兵，列長戟於其後。兵纔接，元偽退，璜追之，伏兵果出，長戟逆之，大破元等。以前所得寶船上錦物數千匹遺扶嚴賊帥梁奇，奇將萬餘人助璜。元有勇將解系同在城內，璜誘其弟象，使為書與系，又使象乘璜輜車，鼓吹導從而行。元等曰：「象尚若此，系必有去志。」乃就殺之。（薛）珝、璜遂陷交阯。吳因用璜為交州刺史。〔註272〕

〔註269〕上引俱見《三國志》，卷48〈吳書・三嗣主・孫皓傳〉，頁1167～1168。
〔註270〕《晉書》，卷57〈吾彥傳〉，頁1562。
〔註271〕《晉書》，卷57〈陶璜傳〉，頁1558。
〔註272〕《晉書》，卷57〈陶璜傳〉，頁1558。另外，同傳頁1159又載陶璜圍城之時，給晉軍糧食，使守期逾百日降，將兵家屬可免責一事，按胡三省之推斷孫皓

由於霍弋在此次交戰前已去世，也不見史料有晉軍自南中方面的其他援軍，故僅三郡守軍進行抵抗，戰事過程中薛翊、虞氾自鬱林反攻，進圍交阯，陶璜則自海道擊九眞，終順利收復三郡，參《三國志·孫皓傳》所載，吳軍建衡元年冬十一月南征，至建衡三年（271）戰事結束，前後歷時至少年餘。

為防新收復的領土有失，孫皓續將陶璜留任交州，以穩定局勢，史稱：

> （孫）皓以璜為使持節、都督交州諸軍事、前將軍、交州牧。武平、九德、新昌土地阻險，夷獠勁悍，歷世不賓，璜征討，開置三郡，及九眞屬國三十餘縣。徵璜為武昌都督，以合浦太守脩允代之。交土人請留璜以千數，於是遣還。〔註273〕

陶璜在擊退晉軍後，又持續征討交州不服從的地方勢力，期間本欲將其北調為武昌都督，讓合浦太守脩允接任，但交州人民不樂陶璜離開，因此，向中央訴請陶璜留任，陶璜在當地之威望可見一般，而陶璜至天紀四年（晉咸寧六年，280）吳滅亡前，則一直都常駐交州（治所設於交阯郡龍編），而廣州刺史另委滕脩。

（三）郭馬之亂與孫吳亡國

孫吳之亡於晉，主因乃是長江防線的全面崩潰，但亡國前夕交州爆發郭馬叛亂，卻可作為孫吳政權危機的一個徵兆，據《三國志·孫皓傳》所載：

> （天紀）三年（279）夏，郭馬反。馬本合浦太守脩允部曲督。允轉桂林太守，疾病，住廣州，先遣馬將五百兵至郡安撫諸夷。允死，兵當分給，馬等累世舊軍，不樂離別。（孫）皓時又科實廣州戶口，馬與部曲將何典、王族、吳述、殷興等因此恐動兵民，合聚人眾，攻殺廣州督虞授。馬自號都督交廣二州諸軍事、安南將軍，興廣州刺史，述南海太守。典攻蒼梧，族攻始興。〔註274〕

按：第二次「分交至廣」雖是孫休死前之權宜規劃，不過孫皓收復交州後，並未有「省廣歸交」之行，孫吳政區保持交、廣兩州皆存。另按：郭馬原為

為猜忌之主，若此事屬實則陶璜事後恐遭孫皓所害，筆者此處認同胡三省之說法，不採信此段記載，參《資治通鑑》，卷79〈晉紀·武帝太始七年五月〉條胡注。

〔註273〕《晉書》，卷57〈陶璜傳〉，頁1560。另外，《三國志》，卷48〈吳書·三嗣主·孫皓傳〉，頁1168亦云：「是歲（建衡三年），（虞）氾、（陶）璜破交阯，禽殺晉所置守將，九眞、日南皆還屬。」

〔註274〕《三國志》，卷48〈吳書·三嗣主·孫皓傳〉，頁1172。

脩允之部將，依孫吳世襲領兵制，將領死亡，麾下私屬之兵政府可以轉授他人與重新調配歸屬，〔註275〕但郭馬等人不樂如此，又逢孫皓科查戶口，欲抽調廣州人戶。因此，郭馬與諸將煽動人民，又殺害廣州官員，發動叛亂。

郭馬之亂波及桂林、南海、蒼梧等諸郡，甚至是荊州原屬桂陽郡南部的始興郡，故孫皓十分擔憂，史稱「及聞（郭）馬反，（孫皓）大懼曰：『此天亡也。』」〔註276〕筆者以為，郭馬所以派王族進攻始興郡，乃是欲切斷荊州通往廣州的陸路交通，讓吳軍不易從陸路來攻。滕脩時以「鎮南將軍，假節領廣州牧，率萬人從東道討（郭）馬，與（王）族遇于始興，未得前」，〔註277〕則郭馬此舉確實發揮了阻滯吳軍南進的效果。〔註278〕

期間郭馬又殺南海太守劉略，並驅逐廣州刺史徐旗，亂事持續擴大。為了對付郭馬，孫皓只得「又遣徐陵督陶濬將七千人從西道，命交州牧陶璜部伍所領及合浦、鬱林諸郡兵，當與東西軍共擊馬」。〔註279〕按《三國志‧孫皓傳》有「陶濬至武昌，聞北（晉）軍大出，停駐不前」之記載，〔註280〕故前述所謂「東、西道」應是指荊州通往交州的兩條陸路，歸結來看，孫皓為了平定郭馬之亂，合計動用了三路軍（即陶濬、滕脩與在交州的陶璜）。而且是首次由交州西部（交州刺史陶璜一路）向交州東部發起攻勢。筆者以為，原海東四郡所構成的廣州，向為孫吳控制力較強的地方，此番尚爆發如此大的動亂而難以控制，亡國徵兆可謂明矣。

然亂事未平，西晉已在天紀三年（279）十一月大舉伐吳，陶濬聞知緊急停駐武昌觀望情勢，晉將王濬、唐彬率水軍自巴蜀東出，史稱「濬、彬所至，則土崩瓦解，靡有禦者」，〔註281〕江陵督伍延、丞相張悌、丹陽太守沈瑩等率軍抵抗先後遇難，各處江防皆處崩潰之況。陶濬自武昌還建業，求水軍應戰，是夜兵眾逃散，大勢已頹。

〔註275〕此制基本是指孫吳將領部下兵眾在該將領死後，基本由將領之子或弟姪繼承，其制施行之情況可參高敏，《魏晉南北朝兵制研究》，頁68～95。以及陶元珍，〈三國吳兵考〉，頁68～76。

〔註276〕《三國志》，卷48〈吳書‧三嗣主‧孫皓傳〉注引《漢晉春秋》，頁1173。

〔註277〕《三國志》，卷48〈吳書‧三嗣主‧孫皓傳〉，頁1172。

〔註278〕按晉平吳，荊州的始安、始興、臨賀三郡改屬廣州，可見荊州南部與廣州北部兩地的交通聯繫性十分密切。

〔註279〕《三國志》，卷48〈吳書‧三嗣主‧孫皓傳〉，頁1173。

〔註280〕《三國志》，卷48〈吳書‧三嗣主‧孫皓傳〉，頁1173。

〔註281〕《三國志》，卷48〈吳書‧三嗣主‧孫皓傳〉，頁1174。

　　王濬軍率先至建業城下，迫使孫皓出降，史稱滕脩「（郭馬）未克而王師（晉軍）伐吳，脩率眾赴難。至巴丘而皓已降」，〔註282〕人在交州的陶璜接到孫皓敕命歸降的書信，亦流涕數日。筆者以為，縱無南方郭馬之亂，吳軍此回亦無能阻擋晉軍，但卻可由看出孫吳晚年的統治危機。故陸機總結亡國教訓，嘗言：「夫太康之役，眾未盛乎曩日之師，廣州之亂，禍有愈乎向時之難，而邦家顛覆，宗廟爲墟」，〔註283〕正是說明吳國之亡，蓋因內憂外患之俱發。

　　胡曉明研究指出，孫吳三度用兵交州，雖結果皆勝，然考察其中情勢差異之處，卻可看出孫吳國運之興衰。〔註284〕另外，陳健梅認為孫皓時期，因應司馬氏的介入交州，迫使孫吳投入大量人力、軍力經營，按其所考，該時期交州新置郡三（新置縣有九），廣州新置郡有二（新置縣有二十一），數量遠大於孫權、孫亮、孫休等時期之總和，可謂著力甚深，這又是從政區地理角度上的一項旁證。〔註285〕

　　筆者以為，交州之戰略地位在蜀滅亡後，面臨極大轉變，從戰略後方轉而變成吳、晉作戰前線，反映了三國晚年版圖變動所導致的新情勢。故孫皓收復交州，目的不僅是重新奪回完整的交州，更是要減輕晉軍戰略包圍的強大威脅。反之，曹魏利用呂興之叛（真正得益者實是晉），其戰略考量則是：一是透過迂迴路線破壞孫吳荊州後防之手段（即攻擊在孫吳長江防線所不能防禦之處）；二是透過疆域包圍之勢，造成更大的戰略威嚇作用。但值得注意的是，晉並不以此爲滅吳的主要手段，故陶璜收復後，至吳亡，晉軍並未再利用南中進攻。

　　回顧孫吳數十年間對交州之經略，孫權前期交州由步騭主導，以安撫士氏勢力，有十年相安無事。呂岱接替步騭則訴諸武力、剿滅士氏，使孫吳對交州的控制力大幅提升，雖是屏護荊州後方的作用，並未完全發揮，但就戰略意涵上來看，仍對「全據長江」之國家戰略，起了積極協助的作用。而首次「分交制廣」的政區變動，雖未久復舊，卻體現了孫吳對交州偏遠，控管不易的問題上，有著「分東已制南」的規劃構想。蜀亡後，交州三郡因呂興

〔註282〕《晉書》，卷57〈滕脩傳〉，頁1553，按《三國志》作滕循，係指同一人。
〔註283〕《三國志》，卷48〈吳書‧三嗣主‧孫皓傳〉注引《辨亡論》，頁1182。
〔註284〕胡曉明，〈三定交州與孫吳國運〉，前揭《回望如夢的六朝——六朝史論集》，頁164。
〔註285〕前揭《孫吳政區地理》，頁6～7，以及頁324、329之附表。

之亂陷於曹魏，為了減輕晉軍戰略包圍壓力，分東制南的經驗再次派上用場，透過孫皓二次作戰奪回。此際交州戰略價值的轉變與突出，著實反映了分裂時期一地戰略情勢之瞬息巨變。雖是在吳國存滅的課題上，交州之重要性不如荊、揚，卻可由研究此區域經略之過程，發現孫吳全據長江戰略的推動，實不單侷限於北面長江防線體系的建立，也同時包含南面的交州經略，以全面性的建構起穩固的國防態勢。

第三章　從進圖淮南到限江自保
──孫吳後期戰略的轉變與萎縮

　　本研究將「全據長江」設定爲孫吳前期國家戰略，目標達成後，孫權雖
未立即稱帝，但自立年號，宣示脫離曹魏藩屬，爲因應新情勢的到來，也必
須推行新的國家戰略。是故，本研究「前、後期」之設定，實際上是想反映
這樣的重大轉折。本章上承第二章，將孫權改元黃武（222）至天紀四年晉平
吳（280）設定爲「後期」。探討孫吳建國後，如何開展「進圖淮南」戰略？
同時，筆者管見，以「進圖淮南」之失敗，正是孫吳國力轉衰，逐漸退向「限
江自保」的關鍵，希望藉由分析箇中利弊得失，以期能對孫吳亡國之因，和
學界所謂「孫吳偏安論」，提出一些回應與補充。

第一節　進圖淮南戰略的推動與放棄

　　建安中期已降，孫權與曹操於淮南幾番激戰，在「吳保江防」而「魏不
失淮」的情況下，雙方協議停戰。孫權也因江防北側壓力減輕，專心謀奪荊
州，實踐「全據長江」。孫權不滿於偏安，然一統宏圖，需有循序漸進的發展
方向，據有淮南，論守，可鞏固長江下游江防；論攻，則成北進中原的戰略
通道，孫吳新階段的國家戰略遂定調爲「進圖淮南」。本節將上起曹丕三次南
征，下迄孫權去世，探討進圖淮南戰略的推動情況。

一、孫吳轉守爲攻的淮南戰局

（一）魏文帝三次伐吳

劉備在章武元年（221）稱帝後，爲報孫吳奪取荊州、殺害關羽之恨，便率軍自益州東出，拉開吳、蜀夷陵戰役之序幕。當時孫權爲避開兩線作戰，外交上對魏採取「遣使稱藩」的低姿態，以便能專心應付劉備。史云曹魏方面聞孫吳稱臣，舉朝大臣皆賀，獨劉曄看法不同，其曰：

> 吳絕在江、漢之表，無內臣之心久矣。陛下雖齊德有虞，然醜虜之性，未有所感。因難求臣，必難信也。彼必外迫內困，然後發此使耳，可因其窮，襲而取之。夫一日縱敵，數世之患，不可不察也。
> 〔註1〕

劉曄雖洞悉孫權的企圖，但曹丕未納其見，坐觀吳、蜀相爭。黃初三年（222，吳黃武元年）八月劉備大敗歸蜀，九月曹丕以孫權拖延送質，「欲興眾伐之」，劉曄反勸道：「彼新得志，上下齊心，而阻滯江湖，必難倉卒。」〔註2〕但曹丕爲挫孫吳銳氣，執意南征，史稱：

> 曹休、張遼、臧霸出洞口，曹仁出濡須，曹眞、夏侯尚、張郃、徐晃圍南郡。（孫）權遣呂範等督五軍，以舟軍拒休等，諸葛瑾、潘璋、楊粲救南郡，朱桓以濡須督拒仁。〔註3〕

曹魏大軍兩路攻揚（濡須、洞口）、一路向荊（南郡江陵），這是雙方自建安二十二年停戰以來再度交鋒，也是文帝曹丕首次伐吳。關於進軍概況可參下圖：

〔註1〕 《三國志》，卷14〈魏書・劉曄傳〉，頁446。
〔註2〕 《三國志》，卷14〈魏書・劉曄傳〉，頁446。
〔註3〕 《三國志》，卷47〈吳書・吳主傳〉，頁1125。

圖 3-1-1：魏文帝首次伐吳之戰示意圖

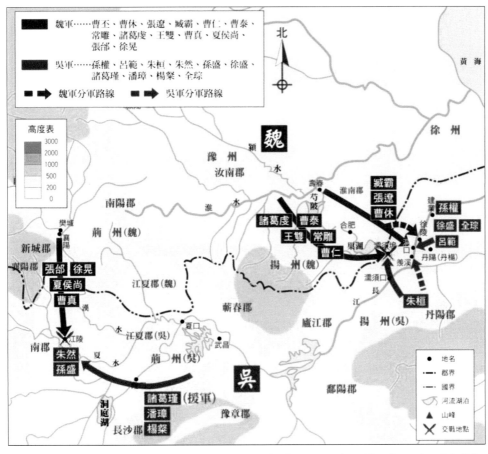

參考資料：1.《三國志·文帝紀》、《三國志·吳主傳》、《三國志·曹休傳》、《三國志·朱桓傳》、
　　　　　　《資治通鑑》卷 69。
　　　　　2.《三國志戰略年代記》，頁 122、《三國風雲地圖說》，頁 344、346、348。

　　從圖示可見，曹丕對荊、揚採兩區域共計三條路線進攻，與過往曹操依賴一
支主力中軍單線進攻的方式不同，顯示曹操晚年到曹丕繼位以來，曹魏軍力
增長的優勢。同年十一月魏軍抵達前線，雙方進入激烈攻防。

　　濡須一線魏將曹仁「偽先揚聲，欲東攻羨溪」，讓吳將朱桓分眾救援，誤
中誘兵之計，實「遣子曹泰攻濡須城，分遣將軍常雕督諸葛虔、王雙等，乘
油船別襲中洲」，但朱桓固守濡須，以又分兵擊潰常雕部隊，魏軍難越雷池。
〔註4〕洞口一線曹丕恐曹休輕率渡江，詔令停駐江北，逢吳將呂範水軍遇江上

〔註4〕事參《三國志》，卷 56〈吳書·朱桓傳〉，頁 1312～1313。

大風，溺死數千，曹休趁機派「臧霸以輕船五百、敢死萬人襲攻徐陵，燒攻城車，殺略數千人」，〔註5〕吳將全琮、徐盛還擊，追斬魏將尹盧與魏兵數百。孫權以長江南岸防線不穩，調賀齊水師支援，史稱其船艦「雕刻丹鏤，青蓋絳襜，干櫓戈矛，葩瓜文畫，弓弩矢箭，咸取上材，蒙衝鬥艦之屬，望之若山」，曹休忌憚，遂止攻勢。〔註6〕

黃初四年（223，吳黃武二年）三月，濡須、洞口的魏軍皆退，但江陵方面張郃大破孫盛，據江上百里洲圍攻江陵，幸賴朱然堅守，〔註7〕直到六月魏軍才撤退。〔註8〕此回雙方互有勝敗損失，孫吳雖守禦成功，然所受威脅仍巨，倘若曹丕在夷陵之戰時，跟進劉備攻勢，形成北、西兩面合擊，則孫吳情勢恐十分嚴峻。

首役未果，曹丕未久即捲土重來，黃初五年（224，吳黃武三年）八月，曹丕留司馬懿鎮許昌，二次伐吳，史稱其「為水軍，親御龍舟，循蔡、潁，浮淮，幸壽春」，〔註9〕並從廣陵欲出。此回曹丕避開上次強攻失利的濡須防線，計畫由淮南東側的徐州南部渡江，以直逼建業——京口，但吳將徐盛「建計從建業築圍，作薄落，圍上設假樓，江中浮船」，此疑城計使曹丕望之愕然，嘆曰：「魏雖有武騎千群，無所用也」，〔註10〕未經交戰，便罷兵回師。

黃初六年（225，吳黃武四年）八月，曹丕第三次伐吳，史稱「舟師自譙循渦入淮，從陸道幸徐」，〔註11〕十月「至廣陵，臨江觀兵，兵有十餘萬，旌旗彌數百里，有渡江之志」，然吳軍嚴陣以待，且「時大寒冰，舟不得入江。（文）帝見波濤洶涌，歎曰：『嗟乎！固天所以隔南北也！』」故本次也僅有對峙，並未交戰，曹丕悻然返師，〔註12〕隔年七月曹丕便傳位明帝曹叡，崩

〔註5〕《三國志》，卷47〈吳書‧吳主傳〉，頁1126，事另可參《三國志》呂範本傳。
〔註6〕事參《三國志》，卷60〈吳書‧賀齊傳〉，頁1380。
〔註7〕事參《三國志》，卷56〈吳書‧朱然傳〉，頁1306。
〔註8〕當時魏軍以浮橋在江面往來，對江陵進行圍攻，董昭向曹丕進言此法待夏季水盛之時，恐招致吳軍水軍反擊，截斷退路，故曹丕急忙下令夏侯尚等撤退。事參《三國志》，卷14〈魏書‧董昭傳〉，頁441～442。
〔註9〕《三國志》，卷2〈魏書，文帝紀〉，頁84。
〔註10〕《三國志》，卷55〈吳書‧徐盛傳〉，頁1299。另參《三國志》，卷47〈吳書‧吳主傳〉注引干寶《晉紀》，頁1131載：「魏文帝之在廣陵，吳人大駭，乃臨江為疑城，自石頭至于江乘，車以木楨，衣以葦席，加采飾焉，一夕而成。魏人自江西望，甚憚之，遂退軍。」
〔註11〕《三國志》，卷2〈魏書‧文帝紀〉，頁85。
〔註12〕曹丕退兵，孫韶曾遣敢死士五百追擊，事參《三國志》，卷47〈吳書‧吳主

於洛陽。

回顧三次南征，可發現曹丕欲恢復曹操時期對淮南採取的攻勢戰略，但仍無法突破孫吳江防，分析失利之因，除了是統一條件尚未成熟外，未能利用夷陵之戰趁勢而爲，當屬關鍵。〔註13〕曹丕在統一的步驟上，基本採取「先吳後蜀」之思維，這應是他判斷蜀在荊州先後慘敗兩次，國力大損、暫不成威脅，故先專心壓制吳之壯大，遂在四年內密集南征。雖在首回造成威脅，但由於在合肥——濡須一線之挫敗，曹丕只得轉換策略，不再兩線分攻荊北、淮南，反而改由徐州南部進軍，但兩回未經會戰即退，耀兵性質頗濃，已無乏一鼓作氣滅吳之企圖。〔註14〕從三方戰略視角觀之，蜀既無力插手戰局，吳便可專心抗魏。縱使曹魏軍力強大，但孫吳江防尚固，魏軍在平原上所擅之步騎協同作戰，於浩瀚江上無從施展，即便一路軍能渡江深入，仍需擔心後勤補給遭吳水軍切斷，這使得曹操時代的「四越巢湖不成」的情況，〔註15〕至曹丕也未能改變。

（二）石亭之役與戰略的轉守爲攻

黃武年間（222～228）是孫吳國家戰略由「全據長江」走向「進圖淮南」的關鍵時期，逢曹丕去世、曹魏政局未穩，孫權以爲魏明帝曹叡年少即位，能力不及其父、祖，又言魏顧命大臣陳群、曹眞等「或文人諸生，或宗室戚臣，寧能御雄才虎將以制天下乎？」〔註16〕，頗有輕視之意。不過，事實上孫權並非等至曹丕去世，才萌生進取中原念頭，初於黃武五年（225）十月，

傳〉注引《吳錄》，頁1132。

〔註13〕除了劉曄外，也其他大臣勸曹丕不宜伐吳，如賈詡，首次南征前，曹丕曾詢問其看法，他答曰：「攻取者先兵權……吳、蜀雖蕞爾小國，依阻山水，劉備有雄才，諸葛亮善治國，孫權識虛實，陸議見兵勢，據險守要，汎舟江湖，皆難卒也。……臣以爲當今宜先文後武。」說明賈詡認爲吳、蜀國力雖不如魏，但仍有明君賢才與地利，眼下並沒有一口氣能將之擊潰的契機。參《三國志》，卷10〈魏書・賈詡傳〉，頁331。

〔註14〕田余慶指出，徐州南部的中瀆水道淤塞，近海江面又浪潮洶湧，其狀況並不適合大軍渡江，故曹丕兩啓廣陵之役，動機可能不在單純攻吳，而是一種威懾青徐軍團、防止其叛亂的政治手段，參氏著，《秦漢魏晉史探微》，頁102～115，筆者基本贊同其說。

〔註15〕係指建安十四到二十二年間曹操在淮南的進攻失利，語見《三國志》，卷35〈蜀書・諸葛亮傳〉注引《漢晉春秋》，頁923。

〔註16〕曹叡初即位，陸遜上表，認爲曹魏政局穩固仍是威脅，孫權咨詢諸葛瑾，表示他不同意陸遜之看法，遂有此語，其文長不錄，詳參《三國志》，卷52〈吳書・諸葛瑾傳〉，頁1234。

吳將陸遜進言，以為施政方針應朝「施德緩刑，寬賦息調」的方向調整，但
接下來孫權之回應，卻相當值得深入探討，其答曰：

> 夫法令之設，……至於發調者，徒以天下未定，事以眾濟。若徒守
> 江東，脩崇寬政，兵自足用，復用多為？顧坐自守可陋耳。若不豫
> 調，恐臨時未可使用也。……此實甘心所望於君也。〔註17〕

話中既明言「天下未定」，又說「坐守為陋」，可知孫權所以徵調大量人力，
蓋不以現有江東基業為滿，仍抱有競逐中原之心，即使期間曹丕屢屢大軍南
征，孫權亦明確透露其雄心，更不待言曹叡登基後，其領導能力不為孫權所
懼，準備一展拳腳。〔註18〕但筆者卻發現，此段史料記載甚少被重視，相當
可惜！因為，這段無疑是說明孫權本人確有混一中夏之志，並非僅求偏安，
這也是本文後續要繼續論證的一項重要基礎。〔註19〕

　　張大可指出，劉備去世，蜀漢的僵化外交結束，諸葛亮主政採靈活外交，
吳蜀關係大幅改善，並達成聯手抗魏的共識。曹丕一死，孫權即試探性攻江
夏石陽，因魏將文聘力守未果。〔註20〕不單孫吳在東線有所動作，蜀漢亦在
西線對曹魏大啟北伐。〔註21〕建興六年（228，吳黃武七年）春，蜀軍出祁山，
關中大震，可見魏明帝即位之初，吳、蜀兩線開戰作戰的模式，對曹魏防守
造成一定程度的壓力。

　　黃武七年夏，孫權開始籌備大規模的軍事行動，此即「石亭之戰」。其佈
局是命鄱陽太守周魴詐降，引誘魏淮南駐將曹休率大軍南下接應，吳軍便可
中途伏擊。筆者以為，孫權此回化被動為主動，一改曹操、曹丕時期的守勢
戰略，可謂是日後「進圖淮南」之先聲，其重點在於打擊曹魏淮南戰力，為
日後進攻創造更有利的局勢。

〔註17〕《三國志》，卷47〈吳書‧吳主傳〉，頁1133。

〔註18〕方北辰論此以為，孫權不願坐守江東，故為進取北方而預作準備，陸遜之異議
在於其為江東大族首腦，其雖是扶植孫氏立國江東，以保障自身政治、經濟利
益，但卻不願意耗費人力、物力投入擴張行動，這亦是後來孫吳統治集團內部
鬥爭加劇的衝突主因，參氏著，《魏晉南朝江東世家大族述論》，頁34～35。

〔註19〕張大可曾指出評價孫權歷史地位，主要討論兩個問題，即如何看待他立足江
東，以及他為何不能混一中夏，特別是在推進三國鼎立的過程中，孫權操執
牛耳又在位最久，這是否與其「本謀有限」有關？於此，張氏採反對意見，
筆者亦贊同其說，容後詳析，張氏之說參〈論孫權〉收入氏著，《三國史研究》，
頁187～194。

〔註20〕事參《三國志》，卷51〈吳書‧宗室‧孫奐傳〉，頁1208。

〔註21〕參〈三國形成時期的外交〉，前揭《三國史研究》，頁135。

　　孫吳境內，久有大量山越勢力盤據深山、不肯降服，造成治理問題，周魴便以此點致信曹休，宣稱自己將率眾投降，並號召山越宗帥作亂。〔註22〕曹休見機不可失，便上表明帝，魏廷下詔同意伐吳，史稱「太和二年（228，吳黃武七年），帝使（賈）逵督前將軍滿寵、東莞太守胡質等四軍，從西陽直向東關，曹休從皖，司馬宣王從江陵」，〔註23〕魏軍三路進攻，為明此戰雙方進軍情況，茲製圖如下：

圖 3-1-2：石亭之戰示意圖〔註24〕

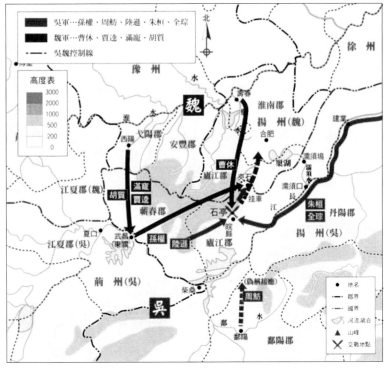

參考資料：1.《三國志・陸遜傳》、《三國志・周魴傳》、《三國志・賈逵傳》，《資治通鑑》卷71。
　　　　　2.《三國戰略年代記》，頁135，《三國風雲地圖說》，頁360、361。
補充說明：因圖幅有限，且司馬懿向江陵一路未有交戰，故略。

〔註22〕周魴之信文長不錄，詳參《三國志》，卷60〈吳書・周魴傳〉，頁1387～1390。
〔註23〕《三國志》，卷15〈魏書・賈逵傳〉，頁483。
〔註24〕宋杰指出過去史家不察，受《資治通鑑》胡注影響，誤以為東關即濡須塢，但從史書載賈逵自西陽直向東關的記載來看，此時東關應指武昌，否則地圖上將呈現行軍路線交叉，西軍取東南、東軍取西南之不合理情況，關於其考證，詳參〈孫吳武昌又稱「東關」考〉，收入《中國古代戰爭的地理樞紐》，頁252～263，筆者此處贊同其說，故本圖依其說法繪製。

如圖示，曹休所率淮南軍爲主力，賈逵豫州軍之目的，則在牽制武昌援軍。孫權爲求一戰功成，抽調大量荊、揚兩州的主力（筆者按，陸遜原駐西陵、朱桓駐濡須，皆江防重鎮），合大將陸遜、全琮、朱桓三人所督計達九萬。不過，值得注意的是，交戰前夕朱桓曾向孫權獻策，其曰：

> （曹）休本以親戚見任，非智勇名將也。今戰必敗，敗必走，走當由夾石、挂車，此兩道皆險阨，若以萬兵柴路，則彼眾可盡，而休可生虜，臣請將所部以斷之。若蒙天威，得以休自效，便可乘勝長驅，進取壽春，割有淮南，以規許、洛，此萬世一時，不可失也。[註25]

朱桓此計乃是陸遜從皖城正面逼退曹休，自己繞道佔領後方陣地，先封鎖外圍夾石，阻擋其他魏軍來援，接著在內圍掛車等候曹休敗軍，以縱深包夾之勢，徹底摧毀其部隊，[註26]爲日後奪取壽春、淮南，甚至是北進中原帶來更有利的情勢。筆者以爲，朱桓的戰略構想，無疑是「進圖淮南」戰略最佳詮釋，簡言之，就是把奪取淮南，當成是日後北伐中原的戰略準備，顯示其強烈的企圖心。

但此計遭陸遜反對，陸遜認爲此回已調動大量荊州駐軍（包含陸遜手中部份的西陵駐軍），他擔心朱桓若分兵繞道，一來可能導致正面軍力不足，無法快速逼退曹休；二來江陵、西陵方面若遭遇攻擊（司馬懿與蜀軍），無法迅速回防，故採重兵迎擊，輔以輕軍切斷退路，顯見戰略考量上，陸遜比朱桓保守，認爲淮南可以不奪，但荊州不容有失。最後，孫權權衡兩相意見，選擇聽從陸遜。

石亭一戰的經過，據史稱：

> （曹）休既覺知，恥見欺誘，自恃兵馬精多，遂交戰。遜自爲中部，令朱桓、全琮爲左右翼，三道俱進，果衝休伏兵，因驅走之，追亡逐北，徑至夾石，斬獲萬餘，牛馬騾驢車乘萬兩，軍資器械略盡。[註27]

由於曹休急於接應詐降的周魴，未待另外兩路策應，即孤軍深入，在石亭受

〔註25〕《三國志》，卷56〈吳書・朱桓傳〉，頁1313。

〔註26〕羅肇前指出，夾石、掛車乃是在同一條軸線上的兩個隘口，一但合圍成功，曹休可能連棄馬翻山而逃的機會都沒有，將有一舉殲滅的效果，參氏著《三國征戰史》，頁355。

〔註27〕《三國志》，卷58〈吳書・陸遜傳〉，頁1348～1349。

伏大敗，另一路主帥賈逵發現武昌無駐重兵，推測曹休可能有危，遂趕赴夾石馳援，勉強保住曹休撤退路線，但魏軍損失仍重。〔註28〕此役結果雖然不是朱桓預想的「全殲之勝」，但削弱目的已達。

這裡必須談的是，如果石亭之戰是孫權「進圖淮南」戰略的前置行動，爲何他此時不選擇朱桓之意見？筆者管見，這應從兩個角度來解釋：一者，孫權本身不善戰陣，且個性持重，站在一國之君的角度，對於戰情評估必然略傾保守，優先選擇較低風險之佈局，故朱桓構想雖與進圖淮南戰略符合，但孫權仍會從確保勝果與國防安全的大局考量上，放棄冒險。二者，陸遜前於夷陵之戰即獲孫權拔擢，以大都督身分統轄荊州諸軍，擊退劉備之功使他更受孫權倚重，〔註29〕其聲望地位皆高於朱桓，言論份量自然也較重，且陸遜又任此戰主帥，故孫權選擇依從陸遜的構想，不足爲怪，也不能說是他無雄圖的表現。

二、北伐失利之因的探究

（一）失敗因素的交叉分析

孫權的「進圖淮南」戰略，其最終目的不僅是在奪取淮南，而是把淮南當成是北伐中原的途徑，與追求統一的首要環節。吳、魏疆界接壤千里，但受到山川自然條件所限，軍事衝突主要圍繞在幾條水陸交通要道進行。宋杰指出，吳國北伐多倚賴水軍的優勢，當時主要有三條南北走向的水道可走：其一，淮南東部的中瀆水道，從江都入水道，過精湖、射陽湖至廣陵入淮。其二，自濡須口逆流而上，過東關、入巢湖，沿施水過合肥，再沿肥水過芍坡、壽春入淮。其三，自沔口溯漢水西進，過荊城、宜城抵達襄陽。〔註30〕因此，孫吳尋求北進，淮南並不是唯一選擇。更精確的說，即使是「進圖淮南」，也可分淮東、淮西兩條不同的路線。

但孫權爲何選擇「進圖淮南」，而不選擇自襄樊一路發起北伐？又進圖淮南爲何選擇淮西的濡須水道？筆者以爲其考量因素有三：

〔註28〕事參《三國志》，卷15〈魏書·賈逵傳〉，頁483。
〔註29〕按《三國志》，卷58〈吳書·陸遜傳〉，頁1348：「時事所宜，（孫）權則令（陸）語（諸葛）亮，并刻權印，以置遜所。權每與（劉）禪、亮書，嘗過示遜，輕重可否，有所不安，便令改定，以印封行之。」國交文書授予陸遜閱視修改的權限，足證孫權對他倚重信任的程度。
〔註30〕參〈合肥與曹魏的禦吳戰爭〉，前揭《中國古代戰爭的地理樞紐》，頁194。

1. 交通考量

淮東的中瀆水道流量不穩，常受河道漫溢的影響而乾枯淤塞，無法保證長年通航順利，不利運動大量部隊，如曹丕第二、三次伐吳即遇此問題。而漢水一路當船艦抵達襄陽後，水道折而向西，要持續北進須棄船陸行，故水路能提供助益有限。獨淮西的濡須水道可連通長江──淮河，吳國水軍入淮後，沿淮上下尚有渦、泗、潁、汝等多條水道，可通往北方，就水路通達性而言，是最佳選擇。另外，利用江、淮間的水道網絡來運動船艦部隊，以及輸送糧草，可有效降低人力、物力的耗損，還能夠發揮比陸運更高的效率。〔註31〕

2. 國防考量

吳國陸軍數量有限，無法在沿江千里處處設防，〔註32〕最安全的作法是控制江北腹地，再控制主要入江的水道，如呂蒙議設濡須塢，〔註33〕阻止曹（魏）軍入江，如此則孫吳江防的正面部署可大大收攏，利於兵力集中，並建構出縱深防線，故奪取淮南可有效把防線前推，以守淮代替守江，則可保護長江下游的沿岸要地不暴露在敵軍面前，特別是首都建業。但若攻取襄樊，須在荊州設置三個重兵集團（襄陽──江陵──西陵），才能同時兼顧西、北兩側國防，不利兵力集中，除孫吳得益州之外，此問題無解。

3. 進攻考量

曹魏的統治重心主要在河南的洛陽、許昌與河北的鄴，因此，孫吳若能奪取淮南，並將淮南充作北伐的出發基地與跳板，自受到充分屏護的首都建業發兵，藉淮西水道北上，直逼河南東南隅，不但具有充足的震懾力，也能在交通運輸與作戰型態上，把水軍優勢發揮到極致。另外，關羽自正面伐襄陽、圍樊城的模式，雖曾一度帶給曹操不小的威脅，但襄樊背後是南陽盆地

〔註31〕如〔漢〕司馬遷撰，《史記》（北京：中華書局，1959年），卷118〈淮南衡山列傳〉，頁3087：「一船之載當中國數十兩車」，這是西漢時期的水陸運差距，大抵三國時期至少不會低於此情況，可見水運的模式，明顯比起一般透過人力、畜力負載的陸運更輕鬆且具效率。

〔註32〕如顧祖禹引趙範之語：「有淮則有江，無淮則長江以北汊港蘆葦之處，敵人皆可潛師以濟，江面數千里，何從而防哉？」參《讀史方輿紀要》，卷19〈江南序〉，頁887。

〔註33〕事參《三國志》，卷54〈吳書·呂蒙傳〉，頁1275，關於設塢的突出功能，可參宋杰，〈孫吳的抗魏重鎮濡須與東關〉，前揭《中國古代戰爭的地理樞紐》，頁227～229。

的隘口與豫西丘陵，不論向西或向東進軍，將置吳軍於不利的地形上與魏軍接戰，取勝的難度、風險皆高，相信亦是孫權不選之理。再者，盟友蜀漢軍出祁山，若孫吳自遙隔千里的淮南呼應作戰，又可令魏援軍東西奔救，耗損戰力，亦是一項利多。〔註34〕

　　結合上述幾點可知，孫權何以選擇淮南作為新目標。同時，石亭一役所代表者，不僅僅是一次軍事作戰的勝利，更是孫吳踏出北伐計畫，十分重要的第一步。孫權在石亭戰後隔年才正式稱帝，而此前「延遲稱帝」一直是孫權預留外交空間的手段，眼下國防威脅已去，他自然毫無顧忌的登上皇位，準備同曹魏一決勝負了。

　　茲據《三國志》整理其軍事活動情況如下表：

表 3-1-1：孫權後期（229～252）北伐淮南事略表〔註35〕

次數	時　間	事　略　經　過	說　明	資料出處
一	黃龍二年（230，魏太和四年）	（太和）四年，拜（滿）寵征東將軍。其冬，孫權揚聲欲至合肥，寵表召兗、豫諸軍，皆集。賊尋退還，被詔罷兵。寵以為今賊大舉而還，非本意也，此必欲偽退以罷吾兵，而倒還乘虛，掩不備也，表不罷兵。後十餘日，權果更來，到合肥城，不克而還。	孫權親征合肥，見守禦森嚴，欲以偽退之計，鬆懈魏軍戒心，但遭滿寵識破，不勝退兵。	卷26〈魏書·滿寵傳〉，頁723
二	嘉禾二年（233，魏青龍元年）	是歲，（孫）權向合肥新城，遣將軍全琮征六安，皆不克還。	魏軍移守合肥新城，孫權率軍親征，分兵襲合肥西側要地六安，但皆不勝。	卷47〈吳書·吳主傳〉，頁1138
三	嘉禾三年（234，魏青龍二年）	夏五月，（孫）權遣陸遜、諸葛瑾等屯江夏、沔口，孫韶、張承等向廣陵、淮陽，權率大眾圍合肥新城。是時蜀相諸葛亮	吳、蜀聯合發動攻勢，孫權親征合肥新城不勝，	卷47〈吳書·吳主傳〉，頁1140

〔註34〕但如張大可即批評，吳蜀此種攻勢看似東西呼應，但實際作戰時，蜀漢不直入關中，孫吳不北出襄陽，兩國這種名為聯盟，卻貌合神離、自私打算的戰略，誠是失策，終為明帝破解，在國力反覆消耗的情況下，吳、蜀反而落入劣勢，尤以蜀漢較弱，疲困最甚，參氏著，《三分的輓歌──話說三國十二帝》（北京，華文出版社，2006年），頁133。

〔註35〕孫權稱帝前即有三度進攻淮南，分別在建安十四年與建安二十年，建安二十四年襲關羽，為掩飾西征意圖，也曾佯攻合肥，事參《三國志》，卷15〈魏書·溫恢傳〉，頁479。因此，本表所謂「後期」範圍特指孫權稱帝到去世前，期間雖有非孫權親自領軍，但皆由其主持，故仍視為孫權的北伐。

		出武功，權謂魏明帝不能遠出，而帝遣兵助司馬宣王拒亮，自率水軍東征。未至壽春，權退還，孫韶亦罷。	聞魏明帝赴援，退兵。	
四	嘉禾六年（237，魏景初元年）	冬十月，遣衛將軍全琮襲六安，不克。	欲取六安，在戰略形勢上以孤立合肥，不勝。	卷47〈吳書・吳主傳〉，頁1142
五	赤烏四年（241，魏正始二年）	夏四月，遣衛將軍全琮略淮南，決芍陂，燒安城邸閣，收其人民。威北將軍諸葛恪攻六安。琮與魏將王淩戰于芍陂，中郎將秦晃等十餘人戰死。車騎將軍朱然圍樊，大將軍諸葛瑾取柤中。……魏太傅司馬宣王救樊。六月，軍還。	魏明帝去世，隔年孫權大舉兩線進攻，淮南敗於王淩，襄樊則因司馬懿來援，退兵。	卷47〈吳書・吳主傳〉，頁1144
六	赤烏六年（243，魏正始四年）	六年春正月，……諸葛恪征六安，破魏將謝順營，收其民人。	六安為合肥西側要地，欲得之以孤立合肥。	卷47〈吳書・吳主傳〉，頁1145

觀察上表可知，吳軍對淮南之攻略重點，主要是「合肥」，前面對於江淮水道網路情況已有所論，此處則簡略再談合肥此地，其在今安徽省，位處江、淮之間，東漢時屬九江郡，三國時期則屬曹魏，改隸淮南郡，且身臨吳、魏交鋒的最前線。合肥之得名，與肥水關係密切，按今安徽省境共有四條肥水，在淮北與淮南各有兩條，其中，淮南的東肥河（即古肥水）與南肥河（古施水），在兩漢魏晉時期，只要逢夏季雨豐水漲，兩河便交會於合肥城右側，合肥始得此名。〔註36〕

關於合肥的戰略地位，我們還可從下述幾項史料中一窺，《通典》云：「魏東至廣陵、壽春、合肥、沔口、西陽、襄陽重兵以備吳」，〔註37〕《輿地紀勝》云：「古巢湖水，北合於肥，故魏窺江南則循渦入淮，自淮入肥，由肥而趨巢湖。吳人撓魏亦必由此」，〔註38〕《讀史方輿紀要》也曰：「自大江北出可得合肥則可以西向申、蔡，北向徐、壽，而爭勝於中原；中原得合肥，則扼江

〔註36〕關於此處的詳細的地理情況，可參史州，《安徽史志綜述》（安肥：安徽教育出版社，2002年），頁7～8。另外，史州又指出，按史料所載，隋唐後此地水文情況有所變遷，施、肥水不再相合，則合肥無法再恢復南北朝時期，交通戰略上的特殊價值，同參頁8。

〔註37〕〔唐〕杜佑撰，《通典》（北京：中華書局，1988年），卷171〈州郡一〉，頁4457～4458。

〔註38〕〔宋〕王象之撰、李勇先校點，《輿地紀勝》（成都：四川大學出版社，2005年），卷45〈廬州〉，頁1902。

南之吭，而拊其背矣」，〔註39〕可見，合肥所以具有如此重要性，乃因其梗立於江淮水道網絡要衝位置，當南北隔江分裂之際，哪方政權控制它，就在戰爭形勢上掌握一定優勢。曹魏透過合肥屏障壽春，壽春安則淮南固，淮南固淮北必無虞，淮北無虞則中原不受東南威逼，此戰略縱深的建立，即是合肥為何「魏要保而吳欲爭」的根本之因了。〔註40〕

除合肥外，吳也爭六安，曹魏在失去皖城後，便把廬江郡的郡治移往六安，按六安位合肥西南側，若取此地，吳軍可直撲後方壽春，對於孤立合肥極有幫助。因此，表中計有四次行動（2、4、5、6條）皆涉及對六安作戰，甚至，還見有單獨攻擊六安者。但值得注意的是，此階段北伐，基本未獲任何實際成果！故直至孫權去世，吳軍皆不曾攻破過重鎮合肥，屢攻不下使淮南戰線長期陷入僵局。那麼，筆者接續要探討的，即是孫權北伐何以失利？

從戰事分析來看，孫吳的失敗，可分由本身進攻表現不佳，以及曹魏防守策略成功兩個面向來對比：

1. 曹魏對淮南戰線的成功經營

曹休在石亭戰後未久病故，由滿寵代督揚州軍事，他曾在識破孫權偽退計策，建下戰功，但他仍評估淮南戰力不足、防守困難，便在青龍元年（233）上表曹叡言：

> 合肥城南臨江湖，北遠壽春，賊攻圍之，得據水為勢；官兵救之，當先破賊大輩，然後圍乃得解。賊往甚易，而兵往救之甚難，宜移城內之兵，其西三十里，有奇險可依，更立城以固守，此為引賊平地而掎其歸路，於計為便。〔註41〕

他計畫毀棄臨水舊城，利用合肥後方諸山環伺的自然地勢，另建新城，〔註42〕

〔註39〕《讀史方輿紀要》，卷26〈江南八・廬州府〉，頁1270。

〔註40〕宋杰也指出，合肥在軍事上受重視的原因有四：一、合肥所處淮西攸關孫吳國防安全；二、合肥是南北水陸交通之要道；三、合肥是淮南交通樞紐；四、合肥攸關吳、魏邊境屯墾基地的防禦，因此，合肥對吳、魏兩國皆屬必爭，詳參〈合肥與曹魏的禦吳戰爭〉，前揭《中國古代戰爭的地理樞紐》，頁193～198。

〔註41〕語見《三國志》，卷26〈魏書・滿寵傳〉，卷26，頁724。

〔註42〕按《讀史方輿紀要》，卷26〈南直八・廬州府〉，頁1271載：「今雞鳴山下有新城故址」。另據《合肥縣志》（臺北：合肥縣志籌印小組據國立故宮博物院藏嘉慶八年刻本影印，1981年），卷14，頁1下載：「雞鳴山在城西北三十五里，三國魏新城故址在山東北。」可知，滿寵的合肥新城，應是利用了雞鳴

移守部隊，降低吳軍沿水道進攻帶來之威脅。雷家驥師指出，移守新城的突出作用，在於誘使吳軍大舉登陸、深入腹地，一旦水軍離岸，善陸戰之魏軍就有反擊之機，且魏軍守城能彌補兩軍數量差距，對於兵力較少的劣勢有所幫助，一旦等到後方壽春駐軍或朝廷中軍馳援，亦可在離岸較遠之地與吳軍陸戰，對曹魏極有利。〔註43〕

　　不過，當時曹魏朝中有反對者，如蔣濟者，其以爲這是「示弱之舉」，若吳軍趁勢進逼，將使魏軍最終退守淮北。然滿寵再度上表，終獲曹叡採納。〔註44〕同年，合肥新城即遇考驗，時孫權親率大軍，欲圍合肥新城，以其遠水，吳軍等二十日不敢下船，蓋新城遠岸，吳軍難以發揮「上岸擊賊，洗足入船」之優勢，〔註45〕使孫權猶豫觀望，不敢輕易進攻。撤退前打算登岸耀兵，以示嚇阻，又遭滿寵伏兵襲擊，觀此，曹魏新城之計收到成效。

　　吳嘉禾三年（234）二月，諸葛亮「悉大眾由斜谷出，以流馬運，據武功五丈原，與司馬宣王對於渭南」，〔註46〕吳軍也在五月三路北伐，東西相應齊攻，孫吳方面進軍情況如下圖：

山作爲地障。

〔註43〕參氏著，《孔雀東南飛箋證》（臺北：蘭臺出版社，2008年），頁61～63。
〔註44〕事參《三國志》，卷26〈魏書‧滿寵傳〉，頁724。
〔註45〕語出《三國志》，卷54〈吳書‧呂蒙傳〉注引《吳錄》，頁1275。
〔註46〕參《三國志》，卷35〈蜀書‧諸葛亮傳〉，頁924。

圖 3-1-1：孫權嘉禾二年、三年兩次北伐示意圖

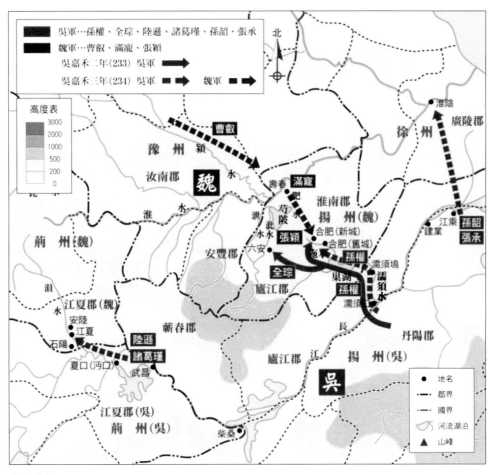

參考資料：
1.《三國志·明帝紀》、《三國志·吳主傳》、《三國志·滿寵傳》、《資治通鑑》卷72。
2.《三國志戰略年代記》，頁150、《三國風雲地圖說》，頁367。

如圖示，嘉禾二年的北伐一路單攻合肥、六安，三年則分三路，淮南一線由
孫權親率主力直撲合肥，東側則以孫韶、張承攻南徐淮陰為掩，荊州由陸遜、
諸葛瑾攻江夏，意在於牽制荊州援軍。滿寵聞知消息，判斷孫權或有決戰企
圖，憂新城無法久持吳軍攻勢，欲將戰線向後收攏，退守壽春，但曹叡認為
「先帝東置合肥，南守襄陽，西固祁山，賊來輒破於三城之下者，地有所必
爭也」，〔註47〕諭令堅守，堅持不棄合肥。

〔註47〕語見《三國志》，卷3〈魏書·明帝紀〉，頁103。

面對吳、蜀夾攻，史稱「（孫）權謂魏明帝不能遠出，而帝遣兵助司馬宣王拒（諸葛）亮，自率水軍東征。未至壽春，權退還，孫韶亦罷」，〔註48〕孫權原預期魏軍主力會將先保關中，未料曹叡竟以司馬懿留守，自己親援淮南，孫權本不欲為與魏軍主力決戰，攻城器具又遭滿寵縱火燒毀，未堅持強攻即退。西線蜀軍失去掎角之勢，也無力打破僵局，八月諸葛亮病死，只得退兵，可說此仗打來雷聲大雨點小，吳、蜀竟未能斬獲任何實質利益。

張大可指出，魏明帝曹叡睿智，戰略採「西守東攻」，即西線以次要力量堅守禦蜀，不行主力決戰，東線則以優勢兵力逼退吳軍攻勢，順利遏阻吳、蜀在國力強盛時期的夾擊，乃十分傑出的決策。〔註49〕筆者認為，蜀雖兵力最少，但有諸葛亮調度，且素質精銳，直接交鋒魏軍雖有數量優勢，但未必穩佔上風，反不如堅守坐待蜀糧草不濟，即自行退離；〔註50〕吳國則異，其軍力大於蜀，但孫權冀望蜀軍牽制曹魏主力，自己則以蠶食方式奪取淮南，故數攻合肥，作戰型態十分保守，故一知曹叡援淮，即不戀戰，保留實力的意圖明顯，故無法對於曹魏明確果斷的防禦戰略造成真正威脅。

2. 孫權進攻淮南方式的失策

如前所論，吳軍在淮南的第一目標，乃是合肥。初，曹操之時雖以劉馥經營此地防務，但南征仍多由居巢率主力進攻，直逼濡須口（故孫吳立濡須塢，阻擋魏軍順水道直入長江），合肥平時並非重兵常駐地，〔註51〕但孫權攻合肥時，基本避免與魏軍在陸地正面會戰，而是採用優勢軍力圍城。筆者以為，吳軍優勢在水面作戰，但淮南地區地處平原，對於馬匹作戰的需求相對突出，此誠吳軍弱點，昔日逍遙津之戰，張遼能以八百騎兵建奇襲大功，即屬一例，從可知孫權何以遼東積極買馬。〔註52〕另外，冷兵器時代，若城防

〔註48〕《三國志》，卷35〈蜀書·諸葛亮傳〉，頁924。

〔註49〕礙於蜀、魏軍力差距，諸葛亮的戰略實際上也以奪取雍、涼為先，不欲與魏軍關中主力立即決戰，則吳、蜀在作戰上，都想依賴對方承擔更多壓力，是無法有效發揮威脅的原因之一。

〔註50〕關於曹叡與司馬懿的禦蜀方針，可參《晉書》，卷1〈宣帝紀〉，頁6～7之記載。

〔註51〕如建安二十年張遼等僅以七千兵駐合肥，後略有增，但仍遠不如建安二十一年曹、孫戰罷後，夏侯惇督二十六軍住居巢的規模。

〔註52〕事參《三國志》，卷17〈魏書·張遼傳〉，頁518～519。另外，孫吳向遼東出使購馬之相關研究，可參黎虎，〈孫權對遼東的經略〉，收入氏著，《魏晉南北朝史論》（北京：學苑出版社，1999年），頁484～500。

堅固而將卒士氣不散，即使守方兵力較少，也不易立即攻破，常常需要攻城方長期包圍、斷其糧援、方能陷城，〔註53〕但孫權並不願意付出強力攻城的損傷，也不願輕易同壽春援軍正面決戰，是以史書常見「不克而還」的記載，但從時間點上來看，似乎並非長期圍困失敗才退，而是攻城不利，便迅速撤軍了。

　　面對要地合肥，孫權為何不堅持強力奪城呢？筆者推測，或與與孫權率領的部隊組成性質有關，由於孫吳總兵力不足，進攻時多數必須抽調江防部隊（如石亭之戰即是），而攻淮南的主力，多出自駐防建業的中軍，若逢大敗，則下游江防將會馬上出現危機，首都安全堪慮，這讓孫權在運用上多了一層顧慮，故史稱孫權「乘閒伺隙，兵不妄動，故戰少敗而江南安」，〔註54〕這說明了他的優點在於用兵謹慎，不盲目浪費兵力，但這也相對表示其缺乏決戰勇氣，雖保國無虞，卻也沒有突破僵局的才華。

　　按石亭戰後，曹魏淮南軍力明顯不如孫吳，甚至合肥主動移守新城，以避吳軍鋒芒，等同防線後縮，採守勢戰略。可孫權不改保守態度，仍秉持魏軍強大時的作戰方式，常大舉兵眾（史書多次號稱十萬，雖不見得必如其額，但數量應至少在數萬以上），卻不對合肥行堅決圍攻，總是只肯進行小限度作戰，輕舉輕退。黃龍三年（231）又想如法炮製石亭的誘敵計謀，引魏將王凌於阜陵伏擊，惟遭滿寵識破。〔註55〕如此看來，似乎看不出積極進攻的意圖，然而，這是否可說孫權偏安心態的表現呢？筆者以為不盡然，反而突顯的是，孫權對於戰場評估的判斷明顯出了差池，不過，此點歷來評論者卻甚少觸及，如宋人李燾嘗評：

　　　孫權志望滿於鼎足，據形勝之地，不為進取之計，徒限江自守而
　　　已。雖時出師，北不踰合肥，西不過襄陽，以示武警敵，無復中原
　　　之意。〔註56〕

又如元人胡三省曰：

〔註53〕如魏甘露二年（257）淮南陣將諸葛誕叛亂，司馬昭所動員中軍即達二十六萬，這還不包含陸續參戰的鄰州支援部隊，可是壽春城在吳軍救援不力的情況，面對魏軍強力攻城，卻足足守了大半年才失陷，可為一例。

〔註54〕《三國志》，卷47〈吳書·吳主傳〉注引《傅子》，頁1149。

〔註55〕事參《三國志》，卷26〈魏書·滿寵傳〉，頁723。

〔註56〕《六朝通鑑博議》，卷2，頁173。另外同書卷1，頁157亦曰：「惜乎！合肥為敵有而不敢取，西蜀藉外交而不能固，是以止於自守，而不圖進取之功。孫權坐此，有志而無成。」

孫權自量其國力，不足以斃魏，不過時於疆場之間，設詐用奇，以

誘敵人之來而陷之耳，非如孔明真有用蜀以爭天下之心也。〔註57〕

李、胡兩人之看法，大抵視孫權為自守之主，所謂「北伐」，目的僅在戰略嚇阻，也就是「以攻代守」，讓曹魏未暇輕啟南侵，藉以保障國家政權。

不過，實際情況是合肥兵寡城孤，魏明帝又暫不見大舉南侵的打算，對於孫吳江防一時並無重大威脅，若是孫權僅求偏安，何須勞師動眾，屢屢大遣數萬部隊，去威嚇合肥僅數千的守城魏軍？此誠於理不通。那麼「以攻助守」之論點又是否說得通呢？筆者以為，進攻淮南確實能有效改善國防情勢，但僅是戰略威嚇而不實際奪取，效果仍然十分有限。再者，奪下淮南即便不求繼續北進，也能避免下游江防直接受到曹魏威脅，既是如此，孫權則似應更勇於奪下合肥，即便損失一定程度內的兵力去換取國防要地，就戰略評估而言，相信是能夠接受的投資。但孫權的想法卻是，盡量保留完整軍力，除了迴避任何主力決戰外，連強力攻城可能面臨的部隊耗損，也盡量避免，不想承擔風險，但卻又不願放棄進攻，才會明明有兵力優勢，卻打的看起來意在擾敵、難有建樹，大軍往返之際還消耗了無謂的人力物力，誠是他在戰場戰略上極大的失策！

其兄孫策死前嘗謂孫權：「舉江東之眾，決機於兩陳之間，與天下爭衡，卿不如我；舉賢任能，各盡其心，以保江東，我不如卿。」〔註58〕此語確實指出了孫權短於戰陣的問題。不過，據此論孫權開始即偏安之主，則證據力不足。張大可曾指出，孫權不能成就統一之業，不在於本謀偏安，而是客觀環境因素之侷限，除了前述提到的曹魏防禦戰略成功，以及孫權短於戰陣之外，尚有四項可言：一、南北國力差距與內部山越問題。二、重要名將如周瑜、魯肅、呂蒙等早亡。三、與劉備爭荊州時，重創了盟友實力，使其抗魏能力不足。四、孫權稱帝後，政治決策錯誤不少，加之晚年昏瞶，如通使遼東、校事監察、二宮之爭等事。〔註59〕筆者以為，名將早亡又與孫權不善戎機的缺點互為對照，某種程度可以解釋，孫權北伐失利之因，要之，孫權所

〔註57〕《資治通鑑》，卷72〈魏紀四〉明帝太和五年十月條胡注，頁2274。

〔註58〕《三國志》，卷46〈吳書‧吳主傳〉，頁1109。

〔註59〕參〈論孫權〉，前揭《三國史研究》，頁189～194。校事監察與二宮之爭導致孫吳當朝中大臣陷入派系鬥爭，嚴重損及孫吳政權穩定，相關分析可參王永平，〈孫吳之呂壹事件及其性質考論〉、〈孫權立嗣問題考論〉兩文，前揭《孫吳政治與文化史論》，頁95～119、120～142。

乏者，恐非爭衡天下的雄心，而是突破僵局的軍事才能。

（二）「限江自保」戰略的初現

　　歷史經驗中不乏以弱勝強之案例，如此時期即有曹操勝袁紹的官渡之戰，以及孫、劉聯手敗曹的赤壁之戰兩例。然而，這往往必須藉由弱方在關鍵戰役上，取得突破性勝利，以及強方內部戰略或政治等方面產生嚴重問題，才足以拉近，甚至是扭轉雙方力量對比。〔註60〕魏戰略上採取保守防禦姿態，與孫吳、蜀漢進行國力競賽，本質上誠屬明智，故諸葛亮在隆中對才會說「若天下有事」，方採取兩路北伐，那麼蜀漢北伐失敗，除了魏、蜀國力懸殊外，也是因為曹魏內部安定，沒有給予諸葛亮足夠的機會，這說明了強國戰略不犯錯，弱國則不易改變情勢。觀日後曹魏在淮南爆發兩次重大的軍事叛變，但吳國方面孫權與名將已死，且國力衰疲，則也未能有效把握「天下有事」之機，最終在淮南地區勞無所獲。

　　值得注意的是，合肥雖屬戰略要塞，控扼住淮西濡須水道與淮水的聯接，能直逼江南腹心，但孤城遠懸於淮南前線，後勤補給難以支應大軍駐守，除了強力陷城外，若吳軍採取圍而不攻的戰術，一旦城內糧盡，城池如何堅固亦不攻自破。此戰術在諸葛恪北伐時曾採用，不過魏軍未如預期奔赴救援，反而是吳軍耐不住性子攻城，引發了疾疫問題，導致大喪士眾，內容後有詳論，此先不贅。然而，佔領合肥並不等於著奪下整個淮南，因為，曹魏戰略上不會坐視前沿重鎮輕易丟失（從前文明帝諭令滿寵堅守可知），故如何對付自壽春趕來的魏軍主力，才是吳軍真正要克服的部份。且曹魏後期採取「捐棄合肥，或少量兵力留駐」的措施，從正始二年起，吳軍數次穿越合肥，在芍坡、安豐甚至是壽春的作戰紀錄，這表明曹魏曾數度放棄合肥防務，或僅留少量部隊作為犧牲品，用以牽制、消耗吳軍。而主力集結壽春，等待吳軍開拔到江淮丘陵以北，才行反擊，如全琮攻芍坡（正始二年）、諸葛恪攻新城（嘉平五年，253）、毌丘儉、諸葛誕叛亂時，皆曾採用此法。亦即不再死守合肥，而是讓吳軍深入淮南再行反擊，效果甚佳，這使得合肥得失不再攸關淮南得失，吳、魏開始進入了以壽春為攻防重心的階段。

　　壽春一直是曹魏在淮南佈防的核心，不單是揚州州治，自文帝以降更是

〔註60〕陶元珍指出，魏之將士極盛時當不下六、七十萬人，吳則接近三十萬人，至少約在一倍左右；參氏著，《三國食貨志》（臺北：台灣商務印書館，1989 年重印），頁 12～13。

淮南大軍主要駐防地，更是中軍援淮的必經路線。〔註61〕如顧祖禹稱：

> （壽）州控扼淮潁，襟帶江沱，為西北之要樞，東南之屏蔽。……
> 自魏、晉用兵，與江東爭雄長，未嘗不先事壽春。〔註62〕

宋杰亦指出，壽春背倚淮水，為淮南水道網絡之要衝，南向能由淝水越巢湖，再入濡須水直逼長江，東西能西迫義陽三關、東逼鍾離、淮陽，又可阻遏南軍北上，是北方政權有效控制淮南的重鎮，〔註63〕則可見淮南得失，壽春至為關鍵，則合肥的功能實際上是掩護壽春，不讓吳軍輕易直插淮南心臟，只不過孫權時期，連合肥、六安尚且拿不下，遑論奪取壽春，才使其戰略地位，至曹魏淮南內部叛亂時方突顯出來。〔註64〕

此處需要思考的是，為何戰事不利，孫權仍堅持「進圖淮南」戰略，而不考慮攻擊重心嘗試轉往襄陽路線呢？先是，關羽建安二十四年的北伐，曾造成襄陽、樊城殘破，呂蒙襲江陵，雖然暫時解除荊州危機，但仍不利守備。曹仁建議防線後撤至宛，雖司馬懿反對，文帝仍從曹仁之見。〔註65〕曹魏甫棄守，呂蒙便建議「前據襄陽」，以為北攻基地，當然此法必須在西陵、江陵、襄陽三地，都設有重兵集團，才能夠同時兼顧西、北兩線的防守，軍力調配上即是一大負擔。加上未久呂蒙即去世，少了可鎮一方的名將，便無以震懾魏、蜀，故孫吳眼下長據襄陽的條件便顯薄弱，後又尋為曹魏奪回，〔註66〕此後襄陽重回曹魏控制，並且嚴加防禦，終孫權之世雖有朱然、陸遜等人數度進攻，但由於皆不是主要攻略的目標，且守將司馬懿、王基、羊祜等人等防禦得當，吳軍未曾再得襄陽。

考量整體情勢，孫吳由襄陽一線北進，勢必調動荊州駐軍，則夷陵（西陵）——江陵一線的防禦，便會減弱，此點向為長期駐守荊州的陸遜申重，

〔註61〕 如曹丕首次伐吳，曹仁即由壽春出發，二次曹丕親征也由壽春南進，其後督揚州軍事的曹休平時常駐壽春，包含青龍二年曹叡赴淮南支援，也通過壽春。

〔註62〕 《讀史方輿紀要》，卷21〈南直三・壽州府〉，頁1014。

〔註63〕 宋杰雖以東晉之後的情勢為切入點，但由於吳、魏亦是南北分裂下的對峙情勢，故此分析實有可資之處，參〈東晉南朝戰爭中的壽春〉，前揭《中國古代戰爭的地理樞紐》，頁323。

〔註64〕 淮南三叛指曹魏晚年司馬氏專政，淮南鎮將王淩、文欽與毌丘儉、諸葛誕先後叛亂，平亂過程魏雖未因此喪失淮南地區，但自石亭大敗以來，鄧艾銳意積蓄的戰力軍資又損耗不少，本文後有詳論，此不贅。

〔註65〕 事參《晉書》，卷1〈宣帝紀〉，頁3。

〔註66〕 事參《三國志》，卷9〈魏書・曹仁傳〉，頁276。

因此對於襄陽一線的進攻，僅是呼應淮南，極少做為主要目標。且奪取襄陽防守上只能屏護江陵，不如得淮南之利。而吳軍若以淮南為攻勢重點，一方面無須擔心荊防，同時北伐所需的大軍，以中軍型態由君主孫權直接控制，亦不虞政權為擁兵大將所威脅，例如孫皓晚年便十分猜忌陸抗，分兵授諸王，使荊州兵力長期處在不足的情況，不久即在晉軍攻吳的戰事中，嘗到防線土崩瓦解的苦果。故孫吳未能奪取淮南與戰場戰略失敗有著密切關係，並不是國家戰略上的制定錯誤。

吳臣殷禮對於孫權北伐的策略，曾建言曰：

> 今天棄曹氏，喪誅累見，虎爭之際而幼童蒞事。陛下身自御戎，取亂侮亡，宜滌荊、揚之地，舉彊羸之數，使彊者執戟，羸者轉運，西命益州軍于隴右，授諸葛瑾、朱然大眾，指事襄陽、陸遜、朱桓別征壽春，大駕入淮陽，歷青、徐。襄陽、壽春困於受敵，長安以西務對蜀軍，許、洛之眾勢必分離；掎角瓦解，民必內應，將帥對向，或失便宜；一軍敗績，則三軍離心，便當秣馬脂車，陵蹈城邑，乘勝逐北，以定華夏。若不悉軍動眾，循前輕舉，則不足大用，易於屢退。民疲威消，時往力竭，非出兵之策也。〔註67〕

歸納殷禮此言，重點有四：一者，孫權不宜親征前線，避免君主個人安危影響軍隊部署，主力由朱然、諸葛瑾等率領進攻襄陽，陸遜、朱桓牽制壽春，孫權自己由徐州南部率偏師北上，以助聲勢。二者，大規模抽調荊、揚兩州之人力，勇健者赴前線、體弱者負責後勤，一次動員投入現有國力資源，進行決戰。三者，連絡盟友蜀漢兵出隴右，進行多路分擊，分散曹魏河南主力。四者，不宜時常輕啓攻勢，又屢屢撤退，徒耗士氣、民力。

筆者以為，大舉動員、分道進擊的戰況，不見得如殷禮預料的如此有利。不過，可知殷禮是襄陽路線的支持者，其話中更點出了孫權進攻淮南兩個重大問題——即君主親征造成大軍掣肘，以及屢屢興兵對國力造成的無謂消耗，〔註68〕蓋不如一次施展傾國之力進行決戰來得有意義。

但孫權並未接受殷禮意見，仍維持以往的戰略與作戰型態。因在其構想中，奪取淮南進可望中原、退可保江東，是「合攻守為一體」的戰略。即便

〔註67〕《三國志》，卷47〈吳書·吳主傳〉注引《漢晉春秋》，頁1144。

〔註68〕李燾嘗論：「而循前輕舉，屢出履返，吳兵雖勞，而魏不加損。……殷禮所謂民疲威消，時往力竭，足針其膏盲矣。」參《六朝通鑑博議》，卷2，頁175。

奪淮南後，無力再進中原，也足以帶給大幅改善國防形勢。因此，堅持進圖淮南戰略，雖無重大錯誤，只是孫權的軍事才能，實不如政治方面出色，方使此時期的吳軍僅攻合肥，已挫敗連連，更無復談及真正的淮南心臟——壽春了。

赤烏八年到赤烏十二年之間（245～249），大將陸遜、全琮、步騭、朱然等先後去世，加上孫權年老，不再大舉北伐。赤烏十三年（250）二宮之爭告終，太子廢、魯王死，但已對內部政局造成負面影響。同年十一月孫權「遣軍十萬，做堂邑涂塘以淹北道」，〔註69〕此舉目的在於建設水利工程，引水淹沒附近陸地，阻斷魏軍南下可利用的交通通道，防敵來攻以鞏固首都安全，胡三省注此曰：「淹北道以絕魏兵之窺建業，吳主老矣，良將多死，為自保之規摹而已」，〔註70〕蓋有其理矣。

筆者以為，孫權「淹北道」之舉，可算是對「進圖淮南」戰略的放棄。回顧孫吳自劉備奪得荊州以來，國勢曾因「全據長江」之勢，達至顛峰，但二十餘年來規取淮南不成，伴隨本身君老將亡、實力日衰，不得不面對守國存亡的現實。故「進圖淮南」戰略失敗，對接下來孫吳進入「限江自保」戰略，可謂是前因。歸結來看，「進圖淮南」戰略，正好反映了孫權建國稱帝後，主導國家戰略之際，是在心態與行動上由積極進取，逐漸轉至消極偏安的過程。

第二節　三嗣主時期限江自保戰略的體現與崩潰

孫權去世後，孫吳共歷三任君主，依繼承順序為孫亮、孫休、孫皓，前述三人在位時間計約二十八年，因陳壽在《三國志・吳書》中將三人合傳，故筆者依其傳名合稱為「三嗣主」。誠如前論，孫權在死前考慮到國力問題，已放棄「進圖淮南」戰略。故三嗣主時代，可以說是孫吳進入「限江自保」戰略之開端。所謂「限江自保」，簡言之乃是不對曹魏積極進攻，全力鞏固長江防線，首要目標在維繫現有孫吳政權，是故，可言是孫吳國家戰略上的最低底限，本文接下來便由此戰略的推行與崩潰論述重心，探討孫吳偏安問題，

〔註69〕《三國志》，卷47〈吳書・吳主傳〉，頁1148。筆者按，涂水經堂邑入長江，其入江點在建業東側後方，此路線可避開孫吳在濡須塢的守軍，故孫權曾設局在此誘王淩來攻。

〔註70〕《資治通鑑》，卷75〈魏紀七〉邵陵厲公嘉平二年十一月條胡注，頁2387。

以及其亡國之因。

一、三權相主政與淮南兩叛

（一）諸葛恪主政與戰略定位不明

　　孫亮在位時期，因孫吳國家大政先後爲諸葛恪、孫峻以及孫綝等三位權相把持，故此時期國家戰略定位不明，尚未明確執行「限江自保」戰略，雖因曹魏淮南內亂，屢次投入淮南地區的戰事，但因三權相無能把握，反而加劇國力耗損、惡化情勢，本文在此略以「三權相過渡期」稱呼。〔註71〕

　　先是，赤烏十三年（250）十月，魏將文欽施計詐降未果，〔註72〕十二月又有王昶、州泰等諸道攻荊州，曹魏一反先前守禦態勢，軍事動作頻頻，顯見其有意改變戰略方針。〔註73〕神鳳元年（252）孫權崩，太子亮繼位，諸葛恪以太傅身分主政，成爲此時期第一個權相。爲鞏固長江防務，諸葛恪在建興元年（252）十月「會眾於東興，更作大隄，左右結山俠築兩城，各留千人，使全端、留略守之，引軍而還」。〔註74〕以此來看，諸葛恪似有意遵照孫權死前的偏安路線。不過，同年十二月，魏三道伐吳，史稱「魏使將軍諸葛誕、胡遵等步騎七萬圍東興，將軍王昶攻南郡，毌丘儉向武昌」，〔註75〕諸葛恪以四萬兵力救援東興，前鋒丁奉乘船趕至，見魏將胡遵防備不足，遂以刀盾銳卒三千人奇襲，魏軍大潰，諸葛恪立下軍功，政治聲望大盛。〔註76〕關於此戰進軍路線，可參下圖：

〔註71〕 可參本文附表一〈孫吳國家戰略分期結構示意表〉，頁18。

〔註72〕 事參《三國志》，卷56〈吳書・朱桓附子異傳〉，頁1315。

〔註73〕 事參《三國志》，卷27〈魏書・王昶傳〉，頁749～750。

〔註74〕 《三國志》，卷64〈吳書・諸葛恪傳〉，頁1435。筆者按，此舉在於強化濡須一線的防禦功能，即除了濡須塢外，再提升對濡須水入長江水道的控制。

〔註75〕 《三國志》，卷48〈吳書・三嗣主・孫亮傳〉，頁1151。

〔註76〕 戰後恪封侯、加荊揚州牧，又得都督中外諸軍事，總攬軍政大權，實凌駕在吳主孫亮之上，事參《三國志》，卷64〈吳書・諸葛恪傳〉，頁1435。

圖 3-2-1：諸葛恪建興元年、二年兩度用兵示意圖

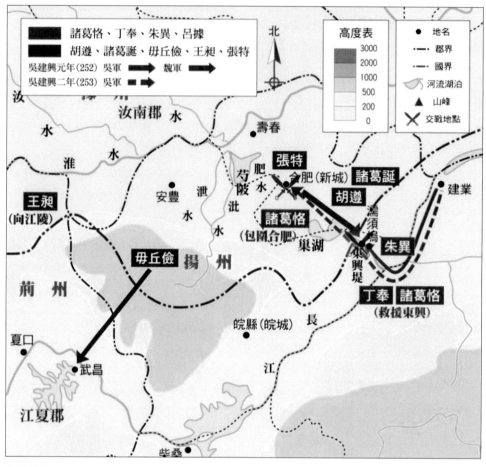

參考資料：
1.《三國志‧諸葛恪傳》、《三國志‧丁奉傳》、《三國志‧諸葛誕傳》、《資治通鑑》卷 75。
2.《三國風雲地圖說》，頁 374。

由於東興一役大捷，使得諸葛恪喜不自勝，野心急劇膨脹，不但將「限江自保」的念頭拋諸腦後，更欲趁機恢復「進圖淮南」的攻擊計畫、重啓北伐，時孫吳舉朝「大臣以為數出罷勞，同辭諫恪」，諸葛恪便作論答辯，其曰：

> 夫天無二日，土無二王，王者不務兼并天下而欲垂祚後世，古今未之有也。……以（曹）操時兵眾，於今適盡，而後生者未悉長大，正是賊衰少未盛之時。……。若順眾人之情，懷偷安之計，以為長江之險可以傳世，……若復十數年後，其眾必倍於今，而國家勁兵

之地，皆已空盡，……若賊眾一倍，而我兵損半，雖復使伊、管圖
之，未可如何。……。〔註77〕

論中魏兵年歲之事雖屬詭辯，但顯見諸葛恪眼下有意進取，不希望吳國依賴
長江之險，坐守偷安。當然，就政治層面而言，諸葛恪要持續鞏固自己在朝
中的權位，建立軍功無疑是最快、最有效的方式，東興一役小有成果，便想
再如法炮製。因此，最後他不顧眾人勸諫，堅決出兵，並聯絡蜀漢大將姜維
共同伐魏，由東西兩線對曹魏同時進攻。

　　吳軍進攻合肥時，諸將建言：「今引軍深入，疆場之民，必相率遠遁，恐
兵勞而功少，不如止圍（合肥）新城。新城困，救必至，至而圖之，乃可
大獲」，〔註78〕此法目的集中兵力，包圍合肥為質，吸引壽春的敵人援軍來
救，吳軍則以逸待勞，待其跋涉而來，再行決戰，沒想到合肥守將張特率
軍堅守，令吳軍屢攻不拔，接著吳軍將士遭逢嚴重疾病、戰力大損，待至
諸葛恪發現張特詐降拖延時間，強行攻城受挫，只得狼狽退兵。〔註79〕諸葛
恪慘敗歸來，國內怨聲載道，不久在宴席中遭孫峻刺殺，峻則同以權相之姿
秉政。

　　王永平指出，諸葛恪發動北伐，本有藉軍功提升威勢，以壓制內部反對
聲浪，但戰略上犯下極大錯誤，除了妄動大軍，使國力耗損甚鉅外，出征時
既無明確的目標，也對曹魏防守戰略毫無所悉，實非一成熟、優秀之指揮者，
當然苦吞敗果。〔註80〕宋杰亦指出，曹魏此時淮南防守戰略基本已進入後期，
也就揚州主力及援軍全集結壽春，合肥僅留數千兵力堅守，用以拖滯吳軍，
待吳軍勢疲，再行反擊，此戰術收到極佳效果。〔註81〕而諸葛恪「大發州郡」
動員孫吳史上僅見的二十萬兵力，卻僅欲「曜威淮南，驅略民人」，是他在戰
略目標設定上的嚴重問題。要之，淮南久為吳、魏兵爭之地，進攻不以突破

〔註77〕《三國志》，卷64〈吳書・諸葛恪傳〉，頁1435～1437。

〔註78〕《三國志》，卷64〈吳書・諸葛恪傳〉，頁1438。

〔註79〕《三國志》，卷64〈吳書・諸葛恪傳〉，頁1438，以及《三國志》，卷4〈魏書・
　　　　三少帝紀〉注引《魏略》，頁126。

〔註80〕〈論諸葛瑾、諸葛恪父子的活動及其對孫吳政局的影響〉，收入《孫吳政治
　　　　文化史論》（上海：上海古籍出版社，2005年），頁270。另外，日人村田
　　　　哲也對諸葛恪時期的北伐有所探討，可參〈孫權政後期政治史の一考察：孫
　　　　權死後の北伐論の展開から〉，《東洋史苑》第52、53號，1999年，頁48～
　　　　81。

〔註81〕詳參〈合肥與曹魏的禦吳戰爭〉，前揭《中國古代戰爭的地理樞紐》，頁190。

合肥——壽春核心防線爲旨，竟把大軍示威、掠奪人口作爲戰爭目的，不僅背離孫權時代「進圖淮南」的戰略意涵，也不符合當時孫吳內部傾向「限江自保」的國情，終至死於政變。

（二）淮南兩叛與孫峻、孫綝的北進無功

孫峻刺殺諸葛恪後，成爲孫亮時期第二個權相，但史稱他「素無重名，驕矜險害，多所刑殺，百姓囂然。」〔註82〕可見他掌政時期，孫吳的內政情況並不佳，也談不上要有任何發展。曹魏方面自司馬懿發動高平陵事件以來，〔註83〕朝政已逐漸由司馬氏把持，之後司馬師廢曹芳、改立曹髦，朝中政治氛圍隨之生變，引來部份魏將自危，〔註84〕五鳳二年（255，魏正元二年）春正月，魏揚州鎮將毌丘儉、文欽叛魏，史稱：

> （毌丘、文二人）遂矯太后詔，罪狀大將軍司馬景王，移諸郡國，
> 舉兵反。迫脅淮南將守諸別屯者，及吏民大小，皆入壽春城，爲壇
> 於城西，歃血稱兵爲盟，分老弱守城，儉、欽自將五六萬眾渡淮，
> 西至項。儉堅守，欽在外爲游兵。〔註85〕

這是自嘉平三年（251）王淩密謀叛變失敗以來，〔註86〕淮南地區的第二次叛亂，關於此戰進軍情況，參下圖：

〔註82〕《三國志》，卷64〈吳書・孫峻傳〉，頁1444。

〔註83〕即嘉平元年（249）司馬懿發動政變，剷除曹爽勢力，開司馬氏獨占大權之始，事參《晉書》，卷1〈宣帝紀〉，頁17～18。

〔註84〕陶賢都指出，司馬氏霸府統治是透過中央政變形式來實現，並非如曹操一般先建立穩定政權，再施行霸府統治，故對地方控制力較弱，淮南三叛可說是來自地方親曹勢力的挑戰，參氏著，《魏晉南北朝霸府與霸府政治研究》（湖南：湖南人民出版社，2007年），頁104～108。

〔註85〕《三國志》，卷28〈魏書・毌丘儉傳〉，頁763。

〔註86〕事參《三國志》，卷28〈魏書，王淩傳〉，頁758，不過此次叛變並未演變成大規模的內亂，即爲司馬懿給鎮壓下來，故對淮南防線並未構成實質傷害，但仍與之後毌丘儉、文欽以及諸葛誕的叛亂，合稱淮南三叛。

圖 3-2-2：毌丘儉、文欽叛亂示意圖

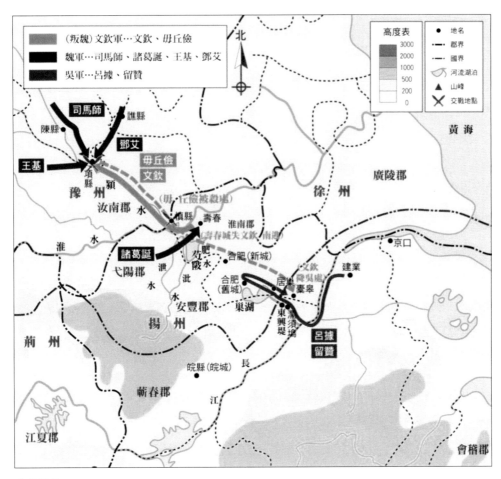

參考資料：
1.《三國志·毌丘儉傳》、《晉書·宣帝紀》、《資治通鑑》卷 76。
2.《三國風雲圖說》，頁 378。

如圖示，毌丘儉與文欽先據守壽春，又引兵六萬，渡淮水前攻項縣，呈直逼
許昌之勢。當時針對淮南叛亂，司馬師召開會議，討論應對之法，史載：

> 帝（司馬師）會公卿謀征討計，朝議多謂可遣諸將擊之，王肅及尚
> 書傅嘏、中書侍郎鍾會勸帝自行。戊午，帝統中軍步騎十餘萬以征
> 之。〔四〕戊午帝統中軍步騎十餘萬以征之按：「戊午」為二月初六，
> 時欽、儉已敗。沈家本三國志瑣言謂「戊午」為「戊寅」之誤。欽、
> 儉以正月十二日起兵，司馬師以正月二十五日戊寅出征，其說當是。
> 此繫於「二月」下非，日干亦誤。倍道兼行，召三方兵，大會于陳

> 許之郊。……（毋丘）儉、（文）欽移入項城，帝遣荊州刺史王基進
> 據南頓以逼儉。帝深壁高壘，以待東軍之集。……乃遣諸葛誕督豫
> 州諸軍自安風向壽春，征東將軍胡遵督青、徐諸軍出譙宋之間，絕
> 其歸路。〔註87〕

司馬師不顧眼患，親率中軍主力前往淮南，又別遣鄴州鎮將鄧艾、王基會師
夾擊，很快淮南叛軍便遭挫敗、陷入危境。吳國聞訊，由孫峻率呂據、留贊
馳赴淮南，但進軍速度緩慢，史稱「軍及東興，聞（文）欽等敗。壬寅，兵
進于橐皋，欽詣（孫）峻降，淮南餘眾數萬口來奔。魏諸葛誕入壽春，峻引
軍還」，〔註88〕可見在吳軍參戰前，毋丘儉、文欽早已潰敗，孫峻的統帥能力
欠佳，導致錯失可以利用的機會。逃亡過程中，毋丘儉被殺，文欽欲返回壽
春，但壽春城已為諸葛誕攻陷，文欽進退失據，只得繼續南逃，投奔孫吳。

　　筆者以為，單憑毋丘儉、文欽掌握的揚州軍力，要對抗曹魏舉國而來的
中軍主力，並無勝算。若兩人先聯繫吳國，將精銳留駐壽春，待吳軍快速深
入淮南腹地，前往支援，情況將更為有利。相較於孫權、諸葛恪爭合肥尚且
失敗，此時壽春若失，將對曹魏構成更大的威脅，可惜孫吳未能把握敵人內
亂之機。不過，淮南爆發動亂仍使得司馬懿、鄧艾在兩淮地區大營屯田，籌
措攻吳的計畫戰備，耗損不小，也對魏國一直以來秉持「先吳後蜀」的戰略
考量，造成微妙影響。〔註89〕

　　太平二年（257，魏甘露二年）淮南再次爆發鎮將叛亂，給予孫吳更佳的
機會。先是，諸葛誕見夏侯玄、王淩、毋丘儉等先後夷滅，擔心自己是司馬
氏下一個對付的目標，故假借吳軍可能來攻之消息，表請朝廷調度十萬兵力
予他駐守壽春，又求在臨淮築城。該年五月司馬昭察覺諸葛誕不軌意圖，遂
以朝廷詔徵其入朝，諸葛誕知事謀洩露，先殺揚州刺史樂綝，又「斂淮南及

〔註87〕《晉書》，卷2〈景帝紀〉，頁30。

〔註88〕《三國志》，卷48〈吳書・三嗣主・孫亮傳〉，頁1152。

〔註89〕《晉書》，卷2〈文帝紀〉，頁38載：「（景元四年）夏，帝將伐蜀，乃謀眾曰：
『自定壽春已來，息役六年，治兵繕甲，以擬二虜。略計取吳，作戰船，通
水道，當用千餘萬功，此十萬人百數十日事也。又南土下溼，必生疾疫。今
宜先取蜀，三年之後，因巴蜀順流之勢，水陸並進，此滅虞定虢，吞韓并魏
之勢也。……。』征西將軍鄧艾以為未有釁，屢陳異議。帝患之，使主簿師
纂為艾司馬以喻之，艾乃奉命。』」從史料可發現，司馬昭觀察到蜀國衰弱，
決議改換戰略方針，轉為「先蜀後吳」，大臣如鄧艾者尚且抱持反對意見，但
司馬昭力主發兵，終成就滅蜀之戰。

淮北郡縣屯田口十餘萬官兵，揚州新附勝兵者四五萬人，聚穀足一年食，閉城自守」，〔註90〕前有毌丘儉、文欽失敗經驗，諸葛誕知道孤軍前攻難有作為，便遣使通報孫吳，決意死守壽春，力阻魏軍於淮北，史稱：

> 吳人大喜，遣將全懌、全端、唐咨、王祚等，率三萬眾，密與文欽俱來應誕。……是時鎮南將軍王基始至，督諸軍圍壽春，未合。咨、欽等從城東北，因山乘險，得將其眾突入城。〔註91〕

關於此戰進軍情況，參下圖：

圖 3-2-3：諸葛誕叛亂示意圖

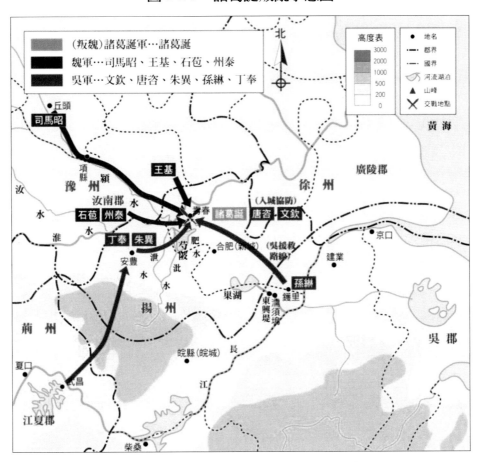

參考資料：1.《三國志‧諸葛誕傳》、《晉書‧文帝紀》、《資治通鑑》卷 77。
　　　　　2.《三國風雲圖說》，頁 381。

〔註90〕《三國志》，卷 28〈魏書‧諸葛誕傳〉，頁 770。
〔註91〕《三國志》，卷 28〈魏書‧諸葛誕傳〉，頁 770。

如圖示，由於合肥守軍早爲諸葛誕所撤，因此，吳方援軍基本是越過合肥，直接奔赴壽春戰場。初，魏將王基抵達，由於兵力不足合圍，未能阻止文欽、唐咨等人入城，但待至司馬昭率曹魏中外諸軍，計約二十六萬的兵力趕到，即對壽春城展開重重包圍，接著又擊退吳將朱異所率領的第二波援軍，但孫吳主帥孫綝無計可施，〔註92〕坐看壽春日漸危殆，並藉故殺大將朱異洩憤。〔註93〕

堅守城中的壽春諸軍長期受圍，使得糧食匱乏、人心動搖，原屬諸葛誕麾下的蔣班、焦彝及吳將全懌先後出降。太平三年（258）正月，城內製作攻城武器，欲突圍而出，行動失敗後，諸葛誕與文欽爆發衝突，文欽被殺，子文鴦、文虎出降，城內情勢更形惡劣。同年二月魏軍四面登城強攻，壽春宣告陷落，諸葛誕被殺，城中守將唐咨等與剩餘殘軍出降，〔註94〕孫綝只能率軍撤退，淮南第三次叛亂結束，但孫吳仍然未能趁此良機，奪得淮南寸土。

與文、毌丘兩人的叛亂相比，諸葛誕的叛亂情勢對孫吳更爲有利，等於是與曹魏直接進行壽春攻防戰（此戰叛軍降吳，故吳屬守方，比起魏守而吳進攻更有利），由於諸葛誕與吳軍的構想是死守壽春，逼使曹魏退至淮北。按壽春失守，曹魏難以保住淮南區域，故此戰勝敗，實際上也等同決定淮南歸屬之爭，司馬昭知淮南戰略地位重要，且壽春尤不可失，果斷應變，以傾國之師的戰力投入，先困住城內守軍，並阻斷孫吳後續軍隊之支援，讓壽春陷入守不久又退不走的困境，策略奏效。使諸葛誕此次叛亂，雖損耗不少曹魏淮南的兵力，但仍確保戰略要地未失陷於敵。

除司馬昭快速投入主力外，宋杰指出，曹魏對於淮南防線的調整，也是順利平叛的原因。其指出曹魏石亭戰前數度強化合肥防務，但自明帝時期防守戰略改變，包含移守合肥新城、調動中軍支援戰事、增加兩淮駐軍與屯田，

〔註92〕原本主政的孫峻在五鳳三年（256）去世，史載其族弟孫綝以侍中武衛將軍，領中外諸軍事，代知朝政。參《三國志》，卷64〈吳書・孫綝傳〉，頁1446。

〔註93〕事參《三國志》，卷56〈吳書・朱異傳〉，頁1315。另外，同書卷64〈吳書・孫綝傳〉，頁1474亦稱：「（孫）綝既不能拔出（諸葛）誕，而喪敗士眾，自戮名將，莫不怨之。」

〔註94〕事參《三國志》，卷28〈魏書・諸葛誕傳〉，頁770。胡三省評此曰：「壽春之圍已固，雖使周瑜、呂蒙、陸遜復生，不能解也。若孫綝能舉荊、揚之眾出襄陽以向宛、洛，壽春城下之兵必分歸以自救，諸葛誕、文欽等於此時決圍力戰，猶庶幾焉」，則知其認爲魏軍傾全力圍困壽春十分正確，參《資治通鑑》，卷77〈魏紀九〉高貴鄉公甘露二年七月條胡注，頁2439。

以及多次捐棄合肥等，顯見合肥這個前沿陣地逐漸失去關鍵地位，進入壽春防線為主軸的戰略規劃。〔註95〕反觀同時期吳軍的戰略構想，則是先圍困合肥，迫使壽春守軍穿越江淮丘陵來援，收以逸待勞的效果。如魏將田豫就曾勸滿寵不要上當，靜待合肥守城戰鬥消磨吳軍士氣，再行反攻。〔註96〕不過此回決戰地點已在壽春，合肥得失早已不是重點。因此，諸葛誕的叛亂實突顯了吳、魏爭淮南，只有吳軍得壽春才能真正佔取整個淮南，只是早期孫權、諸葛恪止步合肥，未嘗有此機會。

顧祖禹認為「蓋終吳之世不能得淮南尺寸之地，以合肥為魏守也」，〔註97〕筆者以為不盡然，原因是吳、魏歷經多次攻防，魏最終能保淮南，關鍵還是在於吳軍無法拿下壽春，特別是曹魏淮南兩叛，最後決勝之處皆在壽春，以壽春不失，吳軍不能拒敵於淮北，縱然過程拿下曹魏捐棄的合肥，也無法長期據守（合肥不適合常駐大軍）。這讓吳軍形同每次攻勢都是退回原點，重新自長江北岸循濡須水道北上。當然，需注意的是，吳軍能前進到壽春，與有能力奪取整個淮南不可劃上等號。陳金鳳曾指出，江淮之爭實際上就是合肥之爭，〔註98〕此說法在孫權時期是正確的，但後期開始由於曹魏佈局不再死守合肥，甚至把合肥守軍視為戰場戰術的犧牲品，用以消耗吳軍銳氣，集結在壽春的大軍待吳軍疲困再行反撲，而淮南兩叛時，最後魏軍勝利之因都是在於保住壽春城。故後期的江淮之爭，某種程度也可以說壽春之爭。

如前所言，孫權晚年已顯露「限江自保」的戰略規劃，但孫亮時期諸葛恪與孫峻、孫綝三權相，卻似乎仍積極投入淮南戰事？蓋因此時期的吳、魏交戰，諸葛恪是因東興防禦勝利後，盲目以僥倖心態發動北伐，以獲取更高的政治威望，卻因毫無戰略規劃與完善準備，導致大敗，故並不能視之「進圖淮南」戰略的恢復，僅能算是諸葛恪的「冒用」。至於淮南兩場叛亂，係起源於曹魏內部政治問題，吳軍則本處被動狀態，叛亂爆發，才促使孫峻、孫綝有所北進，然而實際上，三權相雖掌國家大權，但三人都沒有良好的戰略眼光與籌謀，在國家戰略的定位上曖昧不明，僅在趁勢或被動的情況下訴諸

〔註95〕詳參〈合肥與曹魏的禦吳戰爭〉，前揭《中國古代戰爭的地理樞紐》，頁 208～220。

〔註96〕可參《三國志》，卷 26〈魏書・田豫傳〉，頁 728。

〔註97〕《讀史方輿紀要》，卷 26〈江南八・廬州府〉，頁 1270。

〔註98〕參氏著，《魏晉南北朝中間地帶研究》（天津：天津古籍出版社，2005 年），頁 51。

行動，才屢屢錯失機會。因此，我們仍應把「進圖淮南」戰略的句號，前推至孫權晚年。恪等三權相所主導之淮南戰事，乃見勢而爲，不是完善戰略指導下的行動，至多只能視爲國家戰略由「進圖淮南」萎縮至「限江自保」的過渡時期，甚至可言，三權相在淮南的軍事挫敗，對孫吳國勢帶來雪上加霜的負面影響，反而，更強力的把「限江自保」的必要性突顯出來。

二、孫休、孫皓時期限江自保戰略的實踐與崩潰

（一）夷陵地位申重與「國之關限論」

胡阿祥論孫吳守江，曾提出「限江自保」之七項內涵，其一：依托長江，沿江部署，實行要點防禦；其二守在江北，於江淮、江漢間建立前沿防線，避免敵人直抵長江；其三：沿江置烽火臺，緊密聯繫江防各地；其四：採取世兵制，沿江駐軍皆舉家久戍，以安軍心；其五：時行北伐，但北不逾合肥、襄陽，以攻爲守；其六：對蜀漢行關限防禦，固守西陵大門；其七：結合上述措施，鞏固根本以觀成敗，〔註99〕就筆者目前所見，胡氏之言可謂是對「限江自保」最爲完整深入的詮釋。

而追溯此語出處，可發現史籍上最早見於習鑿齒的《漢晉春秋》，裴松之注《三國志‧諸葛亮傳》時，嘗引用此段，故它並不直接出自孫吳君臣之言論傳記。按當時史載孫權遣使告蜀其欲稱帝，而蜀漢大臣多以爲不可承認，獨諸葛亮力排眾議，認爲合作利益大於對立，故有過討論。值得注意的是，諸葛亮論中指出「其智力不侔，故限江自保；（孫）權之不能越江，猶魏賊之不能渡漢，非力有餘而利不取也」，〔註100〕但這段話雖認爲孫權是採取限江自保的戰略，但這是因國力不足，並非孫權本人心望偏安。據前可知，限江自保一詞實有其出處爭議，但此概念確實能夠借來詮釋孫吳晚期之國家戰略，特別是孫休、孫皓時期，故筆者下文便接續探討此概念之緣起。

〔註99〕前揭《兵家必爭之地：中國歷史軍事地理要覽》（海口：海南出版社，2007年），頁157～158。

〔註100〕據《三國志》，卷35〈蜀書‧諸葛亮傳〉注引《漢晉春秋》，頁924：「（孫）權有僭逆之心久矣，國家所以略其釁情者，求掎角之援也。……今議者咸以權利在鼎足，不能併力，且志望以滿，無上岸之情，推此，皆似是而非也。何者？其智力不侔，故限江自保；權之不能越江，猶魏賊之不能渡漢，非力有餘而利不取也。若大軍致討，彼高當分裂其地以爲後規，下當略民廣境，示武於內，非端坐者也。若就其不動而睦於我，我之北伐，無東顧之憂，河南之眾不得盡西，此之爲利，亦已深矣。權僭之罪，未宜明也。」

　　初，呂蒙佈局偷襲荊州、稱疾返建業時，曾向孫權推薦「陸遜意思深長，才堪負重，觀其規慮，終可大任」，〔註101〕孫權即以陸遜暫代呂蒙職。不過，呂蒙奪取江陵後，即病重，孫權問：「卿如不起，誰可代者？」〔註102〕呂蒙則改薦朱然。朱然於建安年間駐守濡須有功，呂蒙死後其即代鎮江陵。因此，陸遜在孫吳軍事地位的快速躍升，是在之後抵禦劉備的夷陵之戰。〔註103〕作為政權倚重的軍事大將，呂蒙在國家戰略上訴求「前據襄陽」以北取天下，與周瑜相近。〔註104〕陸遜則不然，他在夷陵之戰即言「夷陵要害，國之關限」，〔註105〕對其心心念念，夷陵之戰如此，至石亭之戰亦復如此。推其想法，乃是孫吳據荊、揚基本已全長江南北之險，只要西側夷陵採關限防守，力保不失，亦無懼上游蜀漢威脅，則長江東西之險雖非完美，仍可安枕，構成另一種形式的「全據長江」。

　　陸遜基本是當時吳國最申重「夷陵地位」的大臣，故筆者姑且以「國之關限論」概念來定位陸遜的戰略思想。要之，陸遜本人站在江東大族的利益思考，與其盲目耗損江東人力、物力北進或追求統一，不如有效維持孫吳目前的三州基業，所以才力主夷陵的戰略地位，並將夷陵的關限防守視為國防第一要務，如此看來，限江自保的概念與陸遜的戰略構想十分接近，〔註106〕蓋因夷陵本質是防守重鎮，用以鞏護長江防線，但無益於孫吳版圖向北擴張。

　　裴傳永指出，傳統史家如范文瀾、王仲犖、萬繩楠等，皆以為孫權無心北進，亦即心態上存著「限江自保」此種偏安的想法，但裴氏並不贊同。〔註107〕另外，就筆者所見，同持偏安觀點的學者，尚有鄭欽仁、李則芬、張鶴泉、胡阿祥、陳健梅等人。〔註108〕張大可以為，歷代學者對於孫權偏安之

〔註101〕《三國志》，卷58〈吳書·陸遜傳〉，頁1344。

〔註102〕《三國志》，卷56〈吳書·呂蒙傳〉，頁1306。

〔註103〕時陸遜獲孫權拔擢以大都督職，督朱然、潘璋、宋謙、韓當、孫桓、徐盛等五萬人拒劉備等，事參《三國志》，卷58〈吳書·陸遜傳〉，頁1346。

〔註104〕關於呂蒙與周瑜北取襄陽的戰略構想，可分參《三國志》，卷54〈吳書·呂蒙傳〉，頁1278，以及同卷〈周瑜傳〉，頁1264。

〔註105〕《三國志》，卷58〈吳書·陸遜傳〉，頁1346。

〔註106〕鄭欽仁等，明確提出孫吳「限江自保」的原則，確立於陸遜，但又指出孫吳始終沒有像蜀漢一樣北伐，則未知，其是否並不把孫權稱帝後攻擊淮南之行動，視之為真正的「北伐」，參《魏晉南北朝史》（臺北：里仁書局，2007年），頁100。

〔註107〕裴傳永，〈孫權偏安江東說質疑〉，頁61～63。

〔註108〕鄭氏之看法可參氏著《魏晉南北朝史》（臺北：里仁書局，2007年），頁107

觀點，乃肇於司馬光，而成於胡三省與王夫之，〔註109〕則上述學者也許是繼承了前述三人觀點，進而認同此看法。但誠如本文前論，孫權稱帝後曾積極展現追求統一之企圖，並具體實踐在「進圖淮南」戰略上，只是戰略失敗後，必須思考政權存亡之現實，故晚年才逐漸走向「限江自保」。但孫權死後，三權相並未將此戰略確立下來，導致推遲了施行時間，那麼「限江自保」究竟是何時，正式成為孫吳國家戰略的指導思想呢？

作為「限江自保」戰略的發軔及首創者，陸遜在夷陵之戰結束後，即反對繼續進攻益州，其因是認為曹丕在後虎視眈眈；其後孫權趁曹丕新死，有意伐魏也遭陸遜反對；接著是石亭之戰，陸遜未肯冒險追求全殲曹休部隊，使得孫吳對曹魏淮南戰力的打擊不夠徹底。即使如此，陸遜仍在屢次戰事中立有功勳，故孫權稱帝後，留陸遜鎮守武昌，使其職權達「董督軍國」之重，政軍地位實居吳主之下的第一人，並兼管整體荊州東側防線（即武昌東西兩側之沿江軍鎮），兼防魏、蜀。〔註110〕而孫權自己以君主親力親為之姿，主持北伐。按當時諸葛亮積極北伐，吳、蜀又訂下盟約，按理荊州防守壓力已大幅降低。筆者推測，孫權把麾下首席大將陸遜長時間放在荊州中游的武昌，使其不在「進圖淮南」戰事中擔當大任，這是有其深意的。其因在於陸遜雖富才幹又屢建功勳，但戰略思想保守，反對國家大力推動北伐，則陸遜既不支持，即難以全心投入北伐戰事，不如讓其坐鎮荊州防線，一方面可減緩政治意見的衝突，另一方面陸遜以名將身分坐鎮武昌，上援西陵、下援建業，足令曹魏君臣忌憚。

〜108。李氏之看法可參《三國歷史論文集》（臺北：黎明文化事業股份有限公司，1982年），頁5〜7。張氏之看法可參〈孫吳軍鎮都督略論〉，《史學集刊》第2期，1996年，頁21〜24。胡氏之看法前揭《六朝疆域與政區研究》，頁68〜78。陳氏之說法前揭《孫吳政區地理》，頁27〜30。

〔註109〕 筆者按，宋人李燾的《六朝通鑑博議》亦是，但其著作影響力不如前述三人。

〔註110〕 按《三國志》，卷58〈吳書·陸遜傳〉，頁1349載：「（孫）權東巡建業，留太子、皇子及尚書九官，微遜輔太子，並掌荊州及豫章三郡事，董督軍國。」胡三省以三郡即豫章、鄱陽、廬陵，三地雖屬揚州，但因地接荊州，又常有山越動亂，故使陸遜接掌之，參《資治通鑑》，卷71〈魏紀·明帝太和三年〉九月條胡注。筆者以為，陸遜鎮武昌，不但需支援江防上下，又兼掌荊州、山越之事，等於孫權把北伐以外的事情多數託付給陸遜了。另外，則知孫權在稱帝前，即十分倚重陸遜，與蜀的國交書信，授予陸遜閱視修改之權，可見孫權對陸遜信賴之重。

　　萬繩楠曾言，孫吳的治國方針對外即「限江自保」，﹝註111﹞筆者以為，比之孫權並不全然匹配，但放在陸遜身上，便相當符合。蓋因陸遜出身江東士族，且論其政治地位，實可居士族集團首腦，若三國維持鼎立，孫吳統治者勢必更加倚重江東力量支持，江東士族便能持續保有政治經濟上的優勢地位。田余慶亦指出江北人才凋零，逐漸退出文、武職核心，導致孫吳在建國道路上，不得不走向政權江東化。﹝註112﹞但這並不代表孫權會完全放棄統一之志，所以才讓陸遜去守荊州，而自己來擔綱淮南戰線，避開君臣意見衝突劇烈化（陸遜至死前都長駐武昌）。故筆者認為「限江自保」的戰略構想早已存在，且究其本，源於陸遜申重夷陵地位，以「國之關限論」為其梗概，但在孫權晚年之前，即使陸遜軍事地位權高至此，但從孫權積極北伐的作為來看，陸遜的戰略構想並非國家依循重點。

　　當孫吳國力鼎盛之際，自然不會輕易放棄統一天下的雄圖，不獨君主孫權個人，如呂蒙、徐盛、朱桓、朱然等將領皆曾有之，但隨著淮南戰事的長期挫敗，加上內部政治問題，使國力呈現急劇下滑的狀態，終須面對無力北進的現實。故「限江自保」戰略就不是偷安陋事，而是政權存亡的關鍵要旨了。

（二）蜀亡危局與西陵之戰

　　孫亮在位七年（252～258），大政先後操持於諸葛恪與孫峻、孫綝之手，故其無能干預國家發展方向，甚至在太平三年（258）遭孫綝所廢，但孫綝迎立孫休未久，也因跋扈亂政，死於刺殺。但孫休在位期間，有鑒國家長期投入戰爭、十分貧弱，故施政著重保境養民。故「限江自保」戰略，可以說是在孫休時期，獲得最為明確執行。不過，孫休僅僅在位六年（258～264），繼任者則是殘暴昏庸的孫皓，但限江自保的戰略仍有重臣陸遜之子陸抗勉力維持。

　　孫吳之「全據長江」未含蜀地，故長江防線上，除首都建業外，便屬夷陵（後改稱西陵）戰略地位最要。特別是永安六年（263）蜀漢滅亡後，夷陵──江陵防線的西側不再是盟友，而是強敵，且交州三郡叛亂應魏，更讓吳

<hr>

﹝註111﹞　詳參第四章〈孫吳治國之道〉，前揭《魏晉南北朝史論稿》，頁75～77。

﹝註112﹞　詳參〈孫吳建國的道路〉，前揭《秦漢魏晉史探微》，頁270～275。當然，並非所有江東士族皆求偏安，如朱桓即有北進之志，但陸遜軍政地位居孫吳第二人，其影響力自重要。

在接下來與晉對抗，陷入了「蜀亡危局」的不利情勢。按曹魏原先戰略，蜀的「崇山之阻」大於吳的「長江之險」，〔註113〕且蜀弱吳強，故採「先吳後蜀」之策，但因淮南三叛造成此地區積蓄之戰力受損耗，一時難以完備滅吳之力，司馬氏反把矛頭指向衰弱更爲明顯的蜀國。〔註114〕

蜀漢面對魏軍大舉進攻，數月即亡。但前線建功的鄧艾與鍾會內鬨，相繼遇害，故成都雖破，但蜀中動亂、百城無主。史稱「吳聞蜀敗，遣將軍盛憲西上，外託救援，內欲襲（羅）憲」。〔註115〕羅憲者，蜀將，時駐永安城。時吳軍目的有二：一、將防線從由三峽深入巴東之內，強化吳國對於西側上游的抵禦能力，並阻遏魏軍出益伐荊之路。二、趁機奪取巴東地區，與曹魏中分益州。未料此舉引起羅憲憤恨，決定堅守，步協、陸抗陸續派軍包圍，皆不能拔，其後由於魏「使將軍胡烈步騎二萬侵西陵，以救羅憲」，〔註116〕陸抗等人擔心西陵有失，只得退軍回防，益州也整個落入曹魏之手。

實際上，自孫權晚年以降的吳、魏對峙，魏除了淮南三叛造成的動亂外，至蜀漢滅亡，孫吳的國防情勢基本已陷入極大劣勢，早已無力大規模北伐，對曹魏所造成之威脅亦弱，故孫休無復奢望統一天下，僅求守國。因此，限江自保乃是從孫權晚年放棄進圖淮南以來，逐漸成爲孫吳國家戰略的宗旨。而接續陸遜之後，提倡並實踐此戰略者，乃其子陸抗，其爲孫吳晚期地位最重要的邊防大將。永安二年（259），孫休在位時期，抗即都督西陵。孫休在位七年而崩，元興元年（264）孫皓即位，更加重用陸抗，建衡二年（270），大司馬施（朱）績去世，「拜（陸）抗都督信陵、西陵、夷道、樂鄉，公安諸軍事，治樂鄉」，〔註117〕從職權來看，等於是把荊州的西陵——江陵這段防線，完全交付給他，當時吳、晉國力處在失衡的狀態，陸抗無異以一人之力，肩負起「限江自保」戰略中，最爲關鍵的荊州上游防線。

鳳皇元年（272，晉泰始八年）秋九月，西陵督步闡擔心爲暴虐好殺的孫皓所害，叛吳降晉，據西陵城待援。晉武帝「遣車騎將軍羊祜帥眾出江陵，

〔註113〕語出傅幹勸諫曹操之言，參《三國志》，卷1〈魏書·武帝紀〉注引《九州春秋》，頁43～44。

〔註114〕如曹奐下伐蜀詔，詔中稱「蜀，蕞爾小國，土狹民寡……蜀所恃賴，唯（姜）維而已」，可推測曹魏看到蜀國國力貧弱日衰，僅依靠姜維維持軍事對抗，比起孫吳容易對付得多，故有此轉變。

〔註115〕《晉書》，卷27〈羅憲傳〉，頁1551。

〔註116〕《三國志》，卷48〈吳書·三嗣主·孫休傳〉，頁1162。

〔註117〕《三國志》，卷58〈吳書·陸抗傳〉，頁1354。

荊州刺史楊肇迎（步）闡於西陵，巴東監軍徐胤擊建平以救闡」。〔註118〕同先前曹魏淮南三叛一樣，孫吳的戰略重鎮也發生軍事叛變，且西陵一失，孫吳恐有長江防線瓦解的危機。為奪回西陵，陸抗決定親自率軍前往，並採嚴密包圍，最初諸將諫言應趁士氣之銳，強勢攻城，但陸抗指出西陵「處勢既固，糧穀又足，且所繕修備禦，皆抗所宿規」，〔註119〕並非一時半刻能破，若不準備應付晉國援軍之法，必遭內外夾擊。關於此戰雙方進軍情況，參下圖：

圖 3-2-4：吳、晉西陵之戰示意圖

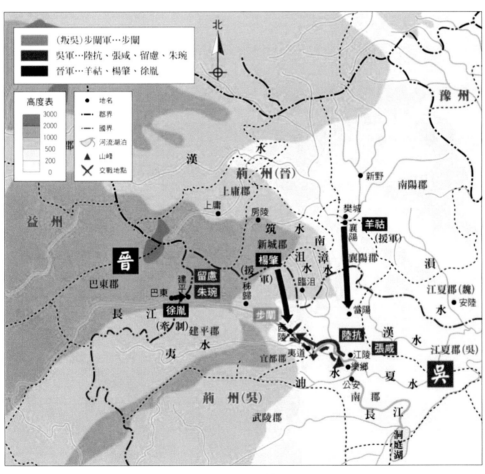

參考資料：1.《三國志‧陸抗傳》、《三國志‧步闡傳》。
　　　　　2.《三國風雲圖說》，頁389。

〔註118〕《晉書》，卷3〈武帝紀〉，頁62。
〔註119〕《三國志》，卷58〈吳書‧陸抗傳〉，頁1356。

如圖示，晉軍三路支援，楊肇爲救援主力奔赴西陵，徐胤與羊祜則於東西兩側出兵，意在牽制吳軍支援。期間陸抗以張咸留守江陵戰線，利用大堰先建後毀之策，順利阻擋羊祜軍隊於當陽。〔註120〕而初聞西陵叛變，諸將曾反對陸抗親往西陵，應留守江陵抵抗羊祜，當時陸抗曰：

> 江陵城固兵足，無所憂患。假令敵沒江陵，必不能守，所損者小。
> 如使西陵槃結，則南山羣夷皆當擾動，則所憂慮，難可竟言也。吾
> 寧棄江陵而赴西陵，況江陵牢固乎？〔註121〕

他指出，江陵防守穩固，縱然羊祜能破，只要西陵掌握在吳軍手裡，江陵形同孤城，受孫吳東西沿江重鎮包圍，難以久守，此處可見當年周瑜圍江陵時，別遣甘寧西取夷陵，曹仁只能棄守北走之經驗。後陸抗果先擊退楊肇援軍，再陷西陵，順利保住戰略重鎮，率軍回防樂鄉。不過，步闡之亂，仍對孫吳荊州軍力造成相當程度的損害。

陸抗在西陵一戰貫徹「限江自保」之戰略，即全力保護長江防線最關鍵的戰略要地——西陵，此戰未讓晉軍得逞，使國防情勢不致再惡化，爲孫吳國祚的延續，貢獻甚大。鳳皇三年（274）陸抗病篤，上疏孫皓曰：

> 西陵、建平，國之蕃表，既處下流，受敵二境。若敵汎舟順流，舳
> 艫千里，星奔電邁，俄然行至，非可恃援他部以救倒縣也。此乃社
> 稷安危之機，非徒封疆侵陵小害也。臣父遜昔在西垂陳言，以爲西
> 陵國之西門，雖云易守，亦復易失。若有不守，非但失一郡，則荊
> 州非吳有也。如其有虞，當傾國爭之。臣往在西陵，得涉遜，前乞
> 精兵三萬，而主者循常，未肯差赴。自步闡以後，益更損耗。臣愚
> 以爲諸王幼沖，未統國事，可且立傅相，輔導賢姿，無用兵馬，……
> 以補疆場受敵常處，使臣所部足滿八萬……，願陛下思覽臣言，則
> 臣死且不朽。〔註122〕

疏中陸抗再次申重西陵的戰略，始孫權時代陸遜所謂「關限」、〔註123〕「西門」，再到陸抗的「蕃表」，可看見的是，則伴隨著國防形勢的演變與不利，

〔註120〕事參《三國志》，卷58〈吳書・陸抗傳〉，頁1356。

〔註121〕《三國志》，卷58〈吳書・陸抗傳〉，頁1356。

〔註122〕《三國志》，卷58〈吳書・陸抗傳〉，頁1354。

〔註123〕陸遜在夷陵之戰時即言，「夷陵要害，國之關限，遂爲易得，亦復亦失，失之非徒損一郡之地，荊州可憂。」語參《三國志》，卷58〈吳書・陸遜傳〉，頁1346。

西陵對孫吳不但始終重要，而且是越來越重要，關係著整條長江防線的維繫。

特別是孫吳現下國勢已衰，晉又新據蜀地，吳、晉國力遂呈現一種極不平衡的差距，不得不採取「限江自保」的國家戰略，那麼「保國必保江」，且「保江必保西陵」可以說是此戰略的最核心宗旨了。其次推敲疏中所言，陸抗死時荊州總體軍力僅有五萬，需要再得三萬方能滿足防守所需，以名將陸抗在任，荊州防線即使缺兵一時未有大害，但孫皓反將兵力分配給宗室諸王，〔註124〕不重視荊州防務，便直接導致了「限江自保」戰略的維繫問題。

（三）西晉平吳與限江自保的崩潰

晉用名將羊祜鎮荊州襄陽，與陸抗長期對峙，祜以為「今江淮之難，不過劍閣；山川之險，不過岷漢；孫皓之暴，侈於劉禪；吳人之困，甚於巴蜀」，故向晉武帝進伐吳之策，其曰：

> 今若引梁益之兵水陸俱下，荊楚之眾進臨江陵，平南、豫州，直指夏口，徐、揚、青、兗並向秣陵，鼓旆以疑之，多方以誤之，以一隅之吳，當天下之眾，勢分形散，所備皆急。巴漢奇兵出其空虛，一處傾壞，則上下震蕩。〔註125〕

羊祜指出晉軍可運用兵力優勢，多道進擊，可以令吳軍分散，不及防備支援，〔註126〕特別是出自益州的水師部隊，是破壞孫吳整體長江防線的關鍵，但羊祜生前晉武帝沒有執行此策。因此，真正完成這個計畫的人，則是接手荊州防務的杜預，以及在益州訓練水軍的王濬。

天紀三年（279，晉咸寧五年）冬十一月，晉武帝欲大舉伐吳，雖有賈充力主反對，武帝仍堅持發兵，史稱：

> 遣鎮軍將軍‧琅邪王伷出涂中，安東將軍王渾出江西，建威將軍王

〔註124〕據《三國志》，卷48〈吳書‧三嗣主‧孫皓傳〉，頁1170、1172所載，孫皓於鳳皇二年、天紀二年兩度各封十一王，且王給三千兵，可見陸抗之提案不被孫皓採納。陶元珍解釋其因，其以為步闡之亂後，孫皓不願地方兵重，故才以分封方式，將兵力盡量集中中央，甚至陸抗死後，竟同時以五子分其兵眾，可見十分顧忌軍鎮將領擁重兵，參〈三國吳兵考〉，《燕京學報》，1933年第13期，頁64。

〔註125〕《晉書》，卷34〈羊祜傳〉，頁1018。

〔註126〕如顧祖禹嘗曰：「蓋吳與陳皆濱江設險，利在多其途以分其勢。」參《讀史方輿紀要》，卷19〈江南序〉，頁868。

戎出武昌，平南將軍胡奮出夏口，鎮南大將軍杜預出江陵，龍驤將
軍王濬、廣武將軍唐彬率巴蜀之卒浮江而下，東西凡二十餘萬。
〔註127〕

其進軍情況參下圖：

圖 3-2-5：晉滅吳之戰示意圖

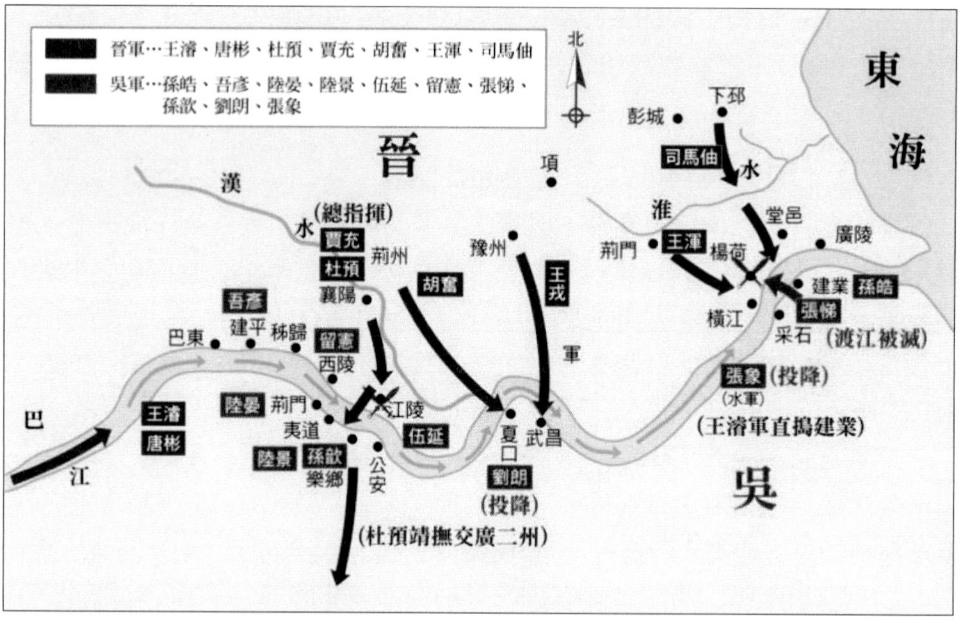

參考資料：
1.《三國志・孫皓傳》、《晉書・武帝紀》、《資治通鑑》卷 80、81。
2.《中國古代戰爭地理樞紐》附錄圖 30。

另外，茲依據《三國志》、《晉書》、《資治通鑑》等史料，彙整各路戰況如下表：

表 3-2-1：晉軍平吳之戰各路戰況表

原駐軍地	（軍銜）主帥姓名	預定目標	各路戰況發展	行動說明
洛陽	（大都督）賈充（行冠軍將軍）※楊濟		1.自首都洛陽移駐襄陽。	賈充領中軍初鎮襄陽，後移項城，負責協調節度諸軍。
			2.杜預攻克江陵後，移屯項城。	

〔註127〕《晉書》，卷 3〈武帝紀〉，頁 70。

成都	（龍驤將軍） 王濬 （廣武將軍） 唐彬	建平 西陵	1.破峽口防禦工事（即建平封鎖線）。	王濬至建業附近，不理王渾停軍命令，直驅石頭城受降。
			2.克丹楊城。	
			3.克西陵。	
			4.克夷道、荊門	
			5.克樂鄉（協同杜預軍）。	
			6.克巴丘。	唐彬停駐離建業兩百里處，由王濬獨自前攻石頭城。
			7.克夏口、武昌（協同胡奮、王渾軍）。	
			8.在三山（建業西南）降張象水師萬人。	
			9.入石頭城（建業西北）受孫皓降。	
襄陽	（鎮南大將軍） 杜預	江陵	1.擄樂鄉督孫歆（協同王濬、唐彬軍）。	招降荊南諸郡，分萬人給王濬、分七千給唐彬。
			2.克江陵。	
			3.分兵衡陽，招撫荊南諸郡與交、廣兩州。	
新野	（平南將軍） 胡奮	夏口	1.克江安。	夏口平，大軍停駐，分七千給王濬。
			2.克夏口（協同王濬、唐彬軍）。	
汝南	（建威將軍） 王戎	武昌	1.克武昌（協同王濬、唐彬軍）。	武昌平，大軍停駐，分六千給唐彬。
壽春	（安東將軍） 王渾	橫江	1.克尋陽、賴鄉諸城。	破吳軍渡江部隊後停駐江北，命令王濬停軍未果。
			2.在橫江破張悌、沈瑩三萬渡江部隊。	
下邳	（鎮軍將軍） 司馬伷	涂中	1.克涂中。	停駐江北。

綜圖表所示，晉六道進擊，合計動員二十多萬的軍力，就數量而言，並不算晉傾國之力，按《晉陽秋》載吳亡王濬收其圖籍，吳國兵有二十三萬，[註128]即便考慮吳未能全部投入此戰，但雙方軍力差距仍不致懸殊，關鍵在這多路進擊之勢，讓孫吳沿江重鎮（西陵、江陵、夏口、武昌、建業等）全部遭遇攻擊，難以互相支援，使得吳軍在兵力無法集中的情況上暴露出更大劣勢。

　　沿途各路晉軍摧枯拉朽，幾乎全線大捷，不過真正破壞吳軍長江防線的關鍵，是出自益州的王濬水師。初，史稱：

〔註128〕《三國志》，卷48〈吳書・三嗣主・孫皓傳〉注引《晉陽秋》，頁1177。關於兵數問題，另可參趙小勇、汪守林，〈東吳末年江防兵力考釋〉，《連雲港師範高等專科學校學報》，頁20～21。

> 王濬將伐吳，造船於蜀，（吾）彥覺之，請增兵為備，砓（孫皓）不
> 從，彥乃輒為鐵鎖，橫斷江路。及師臨境，緣江諸城皆望風降附，
> 或見攻而拔，唯彥堅守，大眾攻之不能克，乃退舍禮之。〔註129〕

不過，吾彥此舉無法阻攔王濬水軍，當時王濬面對吳軍在建平附近水道，建
設的江面封鎖工事，史載其作法曰：

> 王濬作大筏數十，亦方百餘步，縛草為人，披甲持杖，令善水者先
> 行，筏遇鐵錐，錐輒著筏去。又作火炬，長十餘丈，大數十圍，灌
> 以麻油，在船前，遇鎖，然炬燒之，須臾，融液斷絕，於是船無所
> 礙。〔註130〕

之後王濬一路所至「則土崩瓦解，靡有禦者」，〔註131〕順江東下一路連破西
陵、夷道重鎮，杜預也攻克江陵，吳荊州西部的上游防線，已為晉在東——
西、南——北兩方向，全面突破。見戰事發展順利，晉武帝復下詔曰：

> （王）濬、（唐）彬東下，掃除巴丘，與胡奮、王戎共平夏口、武昌，
> 順流長騖，直造秣陵，與奮、戎審量其宜。杜預當鎮靜零、桂，懷
> 輯衡陽。大兵既過，荊州南境固當傳檄而定，預當分萬人給濬，七
> 千給彬。夏口既平，奮宜以七千人給濬。武昌既了，戎當以六千人
> 增彬。太尉充移屯項，總督諸方。〔註132〕

武帝指示各路攻克設定目標後，便將部份兵力增援王濬、唐彬水師，則顯示
南渡的晉軍，主要作戰目標，即是突破孫吳長江沿岸的軍鎮要地，既已突破，
則無須急於馬上再南取荊揚諸郡，只需集中全力拿下首都建業，吳國即亡（長
江防線一潰，南方各郡已無能再守，故由杜預負責鎮撫招降即可），而王濬也
不負所託，過程中連破夏口、武昌等地，直入下游揚州。從上表內容來看，
王濬水軍不但連取要地，也協助杜預、胡奮等路攻破孫吳南岸前沿重鎮，可
謂是六路中最重要的靈魂角色，始王濬一破陸氏父子心心念念的西陵，孫吳
亡國之勢即積重難返。

揚州下游方面，孫吳丞相張悌集結首都建業三萬精銳，渡江與北岸晉軍
決戰，遭王渾殲滅，晉軍聲勢大振。當時吳將陶濬自武昌回返建業時，孫
皓問其上游戰況，嘗言「屬船皆小，今得兩萬兵，乘大船戰，自足擊之。」

〔註129〕《晉書》，卷 57〈吾彥傳〉，頁 1562。
〔註130〕《晉書》，卷 42〈王濬傳〉，頁 1209。
〔註131〕《三國志》，卷 48〈吳書・三嗣主・孫皓傳〉，頁 1174～1176。
〔註132〕《晉書》，卷 3〈武帝紀〉，頁 71。

〔註133〕，然事實上陶濬錯判！史載王濬所修船艦「大船連舫，方百二十步，受兩千餘人。以木爲城，起樓櫓，開四出門，其上皆得馳馬來往」，又說「舟楫之盛，自古未有」，〔註134〕可見其規模戰力在長久經營之下，已不遜於孫吳水軍。當王濬泛舟而下直逼建業時，〔註135〕吳將張象原本率軍在江面迎擊，但不戰而降，陶濬所請兵力亦在出發前夜盡數逃亡，可知吳軍士氣已散，無心抵抗。天紀四年（280，晉咸寧六年）交州尚有郭馬叛亂，孫皓在內外交迫的情況下，只得狼狽出降。

　　觀察晉平吳之戰的過程，又參史稱「晉軍伐吳，龍驤將軍王濬順流東下，所至輒克，終如（陸）抗慮」，〔註136〕可知孫皓昏昧，未依陸抗、吾言等人建言強化荊州上游防務乃是主因。而晉國方面則依羊祜死前建策，多道分擊奏效，使吳軍無法有效溯江支援，接著出自益州的王濬水軍，一路摧破孫吳江防要地，帶起骨牌效應，從東西向貫穿長江防線，便突破了過去號稱南北天塹的地理阻隔。再以南北向來看，晉軍各路渡江部隊，雖有效攻擊長江南岸的孫吳重鎮，但王濬水師自蜀中出發，其路程距建業最遠，卻前後不超過四個月即率先抵達建業。按理而言，王濬水軍雖然依靠順流舟楫之利，部隊在運動效率上比陸路越山攀嶺更佳，但王渾、司馬伷兩路作戰思想保守，不敢大舉揮軍渡江，等候水軍會師，才是王濬搶先一步抵達建業的主因，這又再次反映的王濬水軍決定戰局之價值。

　　綜本章前論，孫吳在佔據荊州達成「全據長江」之後，在黃武年間逐漸轉型，進入新階段的「進圖淮南」戰略，孫吳戰略由守轉攻的轉折點，便是孫權佈局石亭之役。所謂「進圖淮南」其核心在於爭奪淮南地區，並倚之作爲北伐中原的戰略通道。然孫權稱帝後屢興北伐，卻受限於合肥——壽春一線無法突破，致使戰略推行失敗，國力衰弱的情況，國家戰略也被迫轉向「限江自保」。不過，孫亮時期因三權相主政，國家戰略定位不明，又興兵參與淮南內亂戰事，不僅最終寸土無獲，還導致孫吳進入「限江自保」的時間點，隨之延宕，也空耗更多無謂的戰力。及至孫休即位，孫吳終於力行「限江自保」戰略，息兵休養，但孫休去世前夕，蜀亡於魏，吳、晉在國力懸殊的差距下，孫吳要維繫「限江自保」之勢，殊爲不易，期間雖有名將陸抗在位，

〔註133〕《三國志》，卷47〈吳書‧三嗣主‧孫皓傳〉，頁1176。
〔註134〕《晉書》，卷42〈王濬傳〉，頁1208。
〔註135〕過程可參《晉書》，卷3〈武帝紀〉，頁70～71。
〔註136〕據《三國志》，卷58〈吳書‧陸抗傳〉，頁1360。

但陸抗死後，孫皓未用心經營之弊即暴露出來，直接導致長江防線被攻破，國家滅亡。

其次，就整體孫吳國家戰略角度來看，在孫權時代確有曾具統一訴求的，其主軸圍繞於「進圖淮南」戰略，但未能成功實踐，終至放棄。而「限江自保」戰略也確實存在，其概念發軔於陸遜，而由其子陸抗徹底奉行，但它是吳國晚期，國勢衰弱下的底限選擇，並非開始即作為主要的國家戰略來執行。也就是說，孫吳的國家戰略，基本上是在轉變的過程中逐漸萎縮，有其演變的過程，若只單取最後的型態來看，便不把握其變化的原因。是以，本文採用從「進圖淮南」到「限江自保」的概念，來詮釋這樣一個現象。

最後，孫吳滅亡之因，當然與孫皓暴政誤國有關，但從戰略角度來看，主要是長江防線的崩潰，使孫吳連「限江自保」的戰略也無法維持，一朝江防命脈斷喪，淪為詩人劉禹錫筆下所謂「王濬樓船下益州，金陵王氣黯然收。千尋鐵鎖沉江底，一片降旛出石頭」之感歎。

第四章　孫吳兩時期外交政策的轉變與施展

黎虎指出，三國時期因政治局勢長期分裂，其外交型態與秦漢一統時代殊異，所處理的主軸，並非是帝國與四方邦夷的關係，而是諸割據政權之間的敵友立場。〔註1〕筆者也認為「鼎立情勢」之建構，不僅是政權間軍事力量上的對抗，外交折衝亦是另一值得關注的焦點。是故，本章以孫吳的外交政策作為切入點，探討其如何配合其國家戰略之推動？又在運作之過程中，曾因那原因導致其政策的轉變？最後，嘗試理解孫吳的外交活動，於歷史演進中，究竟起了何種作用。

第一節　實踐全據長江——發展期外交的近程規劃

興平初孫策據江東，曾藉向朝廷「遣使奉貢」之名，與曹操結有聯姻，雙方關係不惡。〔註2〕至建安七年（202）曹操對孫權提出徵質要求，但孫權以太夫人及周瑜之反對未送。〔註3〕不過，此前對局勢影響不大，筆者以為，欲探討孫吳外交，應始自建安十三年（208）的孫、劉聯盟。〔註4〕當時雙方

〔註1〕黎虎以為古代中國外交存在三種類型和層次的外交格局與體系，其中第三類即是中國境內各獨立政權之間的外交，特別是三國鼎立、東晉十六國、南北朝時期，即為此類典型，可參氏著《漢唐外交制度史》（蘭州：蘭州大學出版社，1998年），頁9。

〔註2〕事參《三國志》，卷46〈吳書・孫策傳〉，頁1104，以及同傳注引《江表傳》，頁1105。

〔註3〕事參《三國志》，卷54〈吳書・周瑜傳〉注引《江表傳》，頁1260～1261。

〔註4〕按孫策時期雖已割據江東，但仍以地方官員身分，向中央遣使。建安十三年

以集團合作形式聯手抗曹，後因荊州問題之矛盾，孫吳外交轉向親曹，於襄樊之役背盟襲荊。待至吳蜀夷陵戰罷，吳又拒向魏送質，恢復通蜀。此間，呈現出孫吳外交立場的反覆變動，故筆者提出孫吳外交可分「發展」與「穩定」兩時期之概念，〔註5〕於本節將先探討發展時期之外交政策，以及與前期國家戰略──「全據長江」之關聯。

一、「孫劉聯盟」的推動與中止

（一）曹操攻荊與孫、劉聯軍

「西向爭荊」是孫策至孫權初期的發展方針，更在孫權手上發展成「全據長江」的國家戰略。而建安十三年曹操南下時，荊州尚在劉表之手，當時，謀臣魯肅向孫權進言：

> 夫荊楚與國鄰接，水流順北，外帶江漢，內阻山陵，有金城之固，沃野萬里，士民殷富，若據而有之，此帝王之資也。今（劉）表新亡，二子素不輯睦，軍中諸將，各有彼此。加劉備天下梟雄，與操有隙，寄寓於表，表惡其能而不能用也。若備與彼協心，上下齊同，則宜撫安，與結盟好；如有離違，宜別圖之，以濟大事。肅請得奉命弔表二子，并慰勞其軍中用事者，及說備使撫表眾，同心一意，共治曹操，備必喜而從命。如其克諧，天下可定也。今不速往，恐為操所先。〔註6〕

其內容可簡略分為四個論述重點來看：

1. 荊州戰略價值優渥，是孫吳建國必佔要地。
2. 劉表新死，集團內部因兩子繼任問題，並不團結。

的孫、劉兩集團聯軍，實際上雖是抵抗曹操，但因曹操具漢丞相之身分，故在名義上，不得不背負與漢朝中央對抗之「罪名」，當時孫吳主降派即言曹操「託名漢相，挾天子以征四方，動以朝廷為辭，今日拒之，事更不順」，語參《三國志》，卷5〈吳書·周瑜傳〉，頁1261，這成為一種政治制肘，當然，孫權的抗曹行為，目的也不在為國家除賊，而是為日後自立打算。

〔註5〕張大可將三國時期的外交分成三個階段：第一階段孫劉結盟抗曹，第二階段吳蜀交惡爭荊，第三階段吳蜀重新抗魏，參〈三國形成時期的外交〉，前揭《三國史研究》，頁129～135。筆者以為這是站在三國整體情勢來論，若單從孫吳國家戰略與外交政策之角度，則可視前期為外交發展期、後期為外交穩定期，發展期時結好對象屢有變換，時而盟劉時而結曹，穩定期時則長時間聯蜀抗魏，立場不變，前後略以夷陵戰後的吳蜀復交作為標誌，得有此區分。

〔註6〕《三國志》，卷54〈吳書·魯肅傳〉，頁1269。

3.應拉攏劉表集團內的客軍劉備，利用他安集劉表餘眾，共抗曹操。

4.局勢緊迫，必須把握時機，立即行動。

　　武力奪荊，素為孫吳既定方針，但在孫吳奪得荊州之前，曹操已加入競爭行列，則成一大變數。孫吳原先面對者乃劉表，然曹操來勢洶洶，而劉表去世後，集團內部尚面臨二子爭位問題，獨憑荊州之力勢必難以抵擋曹軍。過去孫氏與劉表長期交戰、關係惡劣，協助劉表集團對抗曹操，在現實上無法成立。但若不插手戰局、坐觀成敗，則孫吳之後要奪荊州，所面對者將是比劉表更難纏的曹操，江東還會成為曹操下一個攻擊目標。因此，眼下如何「阻止曹操」？又該如何「保住荊州」？成了孫吳一方，十分複雜的難題。〔註7〕

　　按魯肅評估，當時劉備在荊州，雖為寄人籬下，但具有一定實力聲望，而孫氏與劉備往無矛盾，若在劉表死後，由劉備安撫並控制荊州餘眾，則可以成為拉攏結盟的對象。如此在外交立場上，孫吳便不是荊州之敵人，而是「盟友」，順理成章的藉由「援荊抗曹」之理由，介入戰局，這也是最出，魯肅提出「聯劉構想」的依憑。

　　在樂觀前提下，縱能拉攏劉備，甚至是利用他掌握劉表集團與孫吳合作（此時尚無法預料劉琮竟會不抵抗降曹），孫吳對於結盟荊州一事仍存極大顧慮！因為，結盟劉備形同「聯荊」，不止牴觸原本「武力奪荊」的方針，一旦荊州成盟友領土，他日欲奪，還需要找尋理由時機，否則師出無名。但此刻若不能先阻止曹操得荊，日後情勢只會更加不利。因此，不盲目死守原有計畫，選擇聽從魯肅之計，是孫權外交眼光的卓越見識。

　　魯肅趕赴荊州的途中，聽聞劉琮降曹，劉備則因曹操率精銳輕騎追擊，軍隊潰散，狼狽敗逃。事態變化之快，恐遠超孫權、魯肅當初之估計，特別是劉琮竟完全未抵抗的投降。但魯肅仍前往當陽見劉備，同時「及陳江東彊固，勸備與權併力」，並在言談間搬出「吾子瑜友也」的話術，〔註8〕拉近雙方關係。受魯肅游說，劉備也贊同結盟，殘軍退往劉琦駐守的夏口，並遣諸

〔註7〕　此刻所謂的「抵抗曹操」與「保住荊州」，乃指在荊州還不是孫吳勢力範圍的情況下，先阻止曹操奪取荊州，而荊州原屬敵人劉表之地，又是自己本來要奪取的目標，在協助與競爭的兩難立場下，孫吳勢必要做出一番取捨，故筆者以複雜形容此時情況。

〔註8〕　事參《三國志》，卷54〈吳書‧魯肅傳〉，頁1269，另按，子瑜指諸葛瑾，為諸葛亮的兄長，時在孫權帳下，則知魯肅此語在拉攏雙方關係。

葛亮出使江東。

　　劉備、魯肅會面之際，曹操已據江陵，大軍對於長江下游的江東造成直接威脅，而自挾持獻帝以來，動輒以替朝廷討伐叛逆為名，聲勢方面也佔了上風。他致信孫權稱「今治水軍八十萬眾，方與將軍會獵於吳」，〔註9〕激起了江東方面一陣投降迎操的聲音，但如本文第二章所言，孫權本人並不想屈服於曹操這種威逼要脅的強權外交，故從周瑜、魯肅意見，決心武力抵抗，其決策過程前已論及，此不再贅。是故，本文接下來的關注焦點，則置於諸葛亮與孫權外交談判的過程。

　　諸葛亮出使江東，主要代表劉備集團商談結盟事宜。但實際上，則是出示彼此手上握有的談判籌碼、協商戰事責任以及利益分配等，未釐清這個部份，則雙方聯盟便無名亦無實。時劉表餘眾多隨次子劉琮降曹，但長子劉琦與劉備站在同一陣線，故劉備不僅是荊州反曹勢力的代表，也可以說是荊州另一繼承人選——劉琦的支持者。因此，就表面名義而言，這應看作孫權與「雙劉」的結盟，且集團主導權基本操之劉備。而諸葛亮前來交涉，無非希望孫權不要「外託服從之名，而內懷猶豫之計」，願真舉麾下揚州「吳、越之眾」與劉備共抗曹操。〔註10〕

　　結盟無法單出於一方意願，最初在諸葛亮「隆中對」也有「孫吳可援而不可圖」的構想，甚至諸葛亮出使江東，也是他自己向劉備主動請示的，故孫、劉合作抗曹，並非只有魯肅如是想，而可算是雙方利益上的共識。但合作不能空談構想，仍要透過正式協議才能付諸行動，故孫權也重視劉備一方所能展現的誠意，他初見諸葛亮，便質疑曰：「劉豫州（指備官位）何不遂事之（指曹操）乎？」此語目的僅在試探，事實上劉備與曹操水火之勢，是眾所皆知的。諸葛亮答道劉備乃「王室之胄」，與挾持天子的曹操矛盾絕難轉圜，不僅向曹操妥協的空間，還會選擇立抗到底。這時，孫權以承諾回應：

　　　　吾不能舉全吳之地，十萬之眾，受制於人。吾計決矣！非劉豫州莫
　　　　可以當曹操者，然豫州新敗之後，安能抗此難乎？〔註11〕

所謂「全吳之地」與「十萬之眾」，基本是孫權手上握有的總資本（但不等於馬上可全部投入戰場），但孫權還了解的是，劉備方還有多少戰力？畢竟，現

〔註9〕語出《三國志》，卷47〈吳書·吳主傳〉注引《江表傳》，頁1118。
〔註10〕《三國志》，卷35〈蜀書·諸葛亮傳〉，頁915。
〔註11〕《三國志》，卷35〈蜀書·諸葛亮傳〉，頁915。

在的劉備與魯肅當初計畫的情況相去甚遠，否則僅空具聯盟之名，上了戰場仍是江東孤軍抗曹，聯盟豈有意義？面對孫權懷疑，諸葛亮回應：

> （劉）豫州軍雖敗於長阪，今戰士還者及關羽水軍精甲萬人，劉琦合江夏戰士亦不下萬人。……。今將軍誠能命猛將統兵數萬，與豫州協規同力，破操軍必矣。操軍破，必北還，如此則荊、吳之勢彊，鼎足之形成矣。成敗之機，在於今日。〔註12〕

諸葛亮指出，合關羽、劉琦的兩萬部隊，是劉備集團的現有軍力。而目前劉備駐軍位置在荊州江夏郡，此地夾處在孫、曹兩勢力之間，觀赤壁之戰時，周瑜能搶先迎擊曹軍，拒敵於戰略要地夏口之前，戰後孫吳又以程普領江夏郡，當是盟友劉備讓出交通路線與地盤之故。

但值得注意的是，諸葛亮言中「荊、吳之勢彊，鼎足之形成」，乃是指藉由孫、劉合作抗曹，讓曹、孫、劉三集團形成均勢局面，亦即其洞悉孫權有自立之意，故聯盟可成。但這必須是孫、劉雙方在一平等地位下的合作，至少尋求名義上是雙方結盟，而不是劉備單方面投靠，且擊退曹操後，荊州主權歸雙劉一方。當時劉備集團危在旦夕，然諸葛亮任使者，盡量為弱勢的己方爭取到最大政治利益，乃是其傑出之處，而非是《三國演義》以舌戰群儒之姿、誘動孫權結盟的虛構情節。諸葛亮要爭取的，無非是希望擊退曹操後，劉備能不致於受江東所圍，失去立錐之地，甚至是就此淪為江東附庸。

與諸葛亮相較，孫權在會談中，基本上把對抗曹操放在第一訴求，也就是「自保」且「保荊」兩大目標，故不計較江東軍要承擔戰事主力，而答應劉備方的聯盟條件，是他情勢判斷與外交手腕上的氣度與卓見，否則時已緊迫，若再針對此處反覆商議談判，只怕貽誤軍機。再者，孫權當時並無把握獨力抗曹後，能一口氣囊括整個荊州，強爭尚未成形的利益，也屬不智。是故，這次會談無意外的順利落幕，吳軍也開赴前線準備迎擊曹軍。

（二）孫、劉聯盟關係的惡化與破裂

孫、劉聯軍之組成，維繫於抵抗曹操的共同利益，故赤壁之勝並不是結束，反而是雙方長期合作的開始。但觀察史實的演進，實際上會發現，聯盟關係不但日益穩固，反而走上漸趨惡化的趨勢，終至孫、劉雙方兵戎相見，且孫權一度外交改採親魏立場，為明演變過程及其原因，茲針對此期間孫吳外交活動之情況，彙整《三國志》史料如下表：

〔註12〕《三國志》，卷35〈蜀書·諸葛亮傳〉，頁915。

表 4-1-1：孫吳「發展期」（208～222）外交活動事略表 〔註 13〕

時期	時　間	事　略　經　過	說　明	資料出處
孫劉聯軍抗曹時期	建安十三年十月（208）〔註 14〕	劉表死。……（孫）權即遣肅行。到夏口，聞曹公已向荊州，晨夜兼道。比至南郡，而表子琮已降曹公，（劉）備惶遽奔走，欲南渡江。肅徑迎之，到當陽長阪，與備會，宣騰權旨，及陳江東彊固，勸備與權併力。……，即共定交。備遂到夏口，遣亮使權，肅亦反命。	七月曹操南征，八月劉表病卒，魯肅出使弔喪，中途會唔逃亡的劉備，提結盟建言	卷 54〈吳書·魯肅傳〉，頁 1269
		曹公與（孫）權書曰：「近者奉辭伐罪，旄麾南指，劉琮束手。今治水軍八十萬眾，方與將軍會獵於吳。」權得書以示羣臣，莫不嚮震失色。	曹操進駐江陵後，致書江東，欲威嚇其投降	卷 47〈吳書·吳主傳〉注引《江表傳》，頁 1118
		先主（劉備）至於夏口，（諸葛）亮曰：「事急矣，請奉命求救於孫（權）將軍。」時權擁軍在柴桑，觀望成敗，亮說權曰：「……權大悅，即遣周瑜、程普、魯肅等水軍三萬，隨亮詣先主，并力拒曹公。	劉備退至夏口，遣諸葛亮前往柴桑，會見孫權，正式議盟	卷 35〈蜀書·諸葛亮傳〉，頁 915
	建安十四年十二月（210）〔註 15〕	先主表（劉）琦爲荊州刺史，又南征四郡。琦病死，羣下推先主爲荊州牧，治公安。（孫）權稍畏之，進妹固好。	曹操敗退，周瑜取江陵，劉備得荊南四郡，孫、劉政治聯姻	卷 32〈蜀書·先主傳〉，頁 879
	建安十五年十二月（211）〔註 16〕	周瑜爲南郡太守，分南岸地以給（劉）備。備別立營於油江口，改名爲公安。劉表吏士見從北軍，多叛來投備。備以瑜所給地少，不足以安民，復從（孫）權借荊州數郡。〔註 17〕	劉備親往京口，向孫權求借江陵	卷 32〈蜀書·先主傳〉注引《江表傳》，頁 879

〔註 13〕 本文所謂「發展期」，前後斷限係指赤壁戰前至魏文帝首次伐吳之間，筆者以爲此期間孫吳外交政策因應戰略之需求，外交立場因應發展需求數度轉變，故命名爲發展期，與之相對的「穩定期」，則係指夷陵戰後吳、蜀長期建交，由本文下節將承續探討。

〔註 14〕 據《三國志》，卷 1〈魏書·武帝紀〉，頁 30：「九月，（曹）公到新野，（劉）琮遂降，（劉）備走夏口。公進軍江陵」，可知九月到十月之間劉備南走江陵未成，而魯肅在當陽遇上劉備，會商結盟，則至少晚不至於十月，另據《資治通鑑》，卷 65 漢獻帝建安十三年條，頁 2089 所載，司馬光將此事繫於十月，當可信。

〔註 15〕 建安十四年的十二月時當公元 210 年之 1 月。

〔註 16〕 建安十五年的十二月時當公元 211 年之 1 月。

〔註 17〕 所謂「借荊州數郡」乃《江表傳》偏美孫吳方之詞，赤壁戰後，荊南四郡實

建安十六年一月～三月之間（211）〔註18〕	（孫）權遣使云欲共取蜀，或以爲宜報聽許，吳終不能越荊有蜀，蜀地可爲己有。荊州主簿殷觀進曰：「若爲吳先驅，進未能克蜀，退爲吳所乘，即事去矣。今但可然贊其伐蜀，而自說新據諸郡，未可興動，吳必不敢越我而獨取蜀。如此進退之計，可以收吳、蜀之利。」先主從之，權果輟計。〔註19〕	孫權派遣使者，邀劉備共同進攻劉璋所轄之益州，劉備以計阻之	卷32〈蜀書‧先主傳〉，頁879～880
建安十六年三月〔註20〕	（孫）權聞（劉）備西征，大遣舟船迎妹，而夫人內欲將後主還吳，（趙）雲與張飛勒兵截江，乃得後主還。	劉備率軍入蜀，孫權遣使迎回其妹	卷36〈蜀書‧趙雲傳〉注引《雲別傳》，頁949
建安十七年十月（212）〔註21〕	明年，曹公征孫權，權呼先主自救。	曹操攻孫權，權派使者入蜀向劉備請援	卷32〈蜀書‧先主傳〉，頁881
建安十六年～建安十八年（211～213）〔註22〕	先主入蜀，諸葛亮鎮荊土，孫權遣使通好於亮。	劉備入蜀，孫權結好主持荊州防務的諸葛亮	卷40〈蜀書‧廖立傳〉，頁997
建安二十年（215）	是歲劉備定蜀。（孫）權以備已得益州，令諸葛瑾從求荊州諸郡。備不許，曰：「吾方圖涼州，涼州定，乃盡以荊州與吳耳。」權曰：「此假而不反，而欲以虛辭引歲。」……權住陸口，爲諸軍節度。	劉備取得益州後，孫權派使與劉備交涉荊南三郡	卷47〈吳書‧吳主傳〉，頁1119
建安二十年	（孫權與劉備）未戰，會曹公入漢中，（劉）備懼失益州，使使求和。（孫）權令諸葛瑾報，更尋盟好，遂分荊州	曹操得漢中，劉備畏懼，主動求和，「荊南三郡之	卷47〈吳書‧吳主傳〉，頁1119～1120

為劉備自行攻取，孫權掌握了江夏與部分南郡（即江陵），後江陵入劉備轄地，故實際借者，僅爲原周瑜所佔領的江陵。

〔註18〕據《三國志》，卷1〈魏書‧武帝紀〉，頁34所載，建安十六年三月遣鐘繇討張魯。又據《三國志》，卷32〈蜀書‧先主傳〉，頁811所載，劉璋聞此消息後，派張松迎先主入蜀，則孫權遣使之時應在該年一月至三月之間。

〔註19〕據《三國志》，卷32〈蜀書‧先主傳〉注引《獻帝春秋》，頁880：「孫權欲與（劉）備共取蜀，遣使報備……備欲自圖蜀，拒答不聽，……。權不聽，遣孫瑜率水軍住夏口。備不聽軍過，……使關羽屯江陵，張飛屯秭歸，諸葛亮據南郡，備自住孱陵。權知備意，因召瑜還」。

〔註20〕得知劉備入蜀後孫權迎回其妹，故同繫於建安十六年，而定於三月之後。

〔註21〕據《三國志》，卷1〈魏書‧武帝紀〉，頁37所載：「（建安十七年）冬十月，（曹）公征孫權。」則孫權求援時間應當在十月前後。

〔註22〕按劉備建安十六年入蜀，諸葛亮得主持荊州防務，又建安十八年諸葛亮與趙雲、張飛率軍入蜀助劉備，則孫權遣使通諸葛亮當在此期間內。

		長沙、江夏、桂陽以東屬權，南郡、零陵、武陵以西屬備。	爭」以孫、劉雙方分地，暫告停歇	
	建安十九年～建安二十四年前〔註23〕（214～219）	後（劉備）遣（馬良）使吳，良謂（諸葛）亮曰：「今銜國命，協穆二家，幸為良介於孫（權）將軍。」……權敬待之。	馬良受命通好孫吳，受孫權禮遇	卷39〈蜀書·馬良傳〉，頁983
孫吳轉向親曹時期	建安二十二年春（217）	二十二年春，（孫）權令都尉徐詳詣曹公請降，公報使脩好，誓重結婚。	孫、曹結束濡須口之戰，雙方採行聯姻政策	卷47〈吳書·吳主傳〉，頁1120
	建安十八～二十四年十月之間〔註24〕	先是，（孫）權遣使為子索（關）羽女，羽罵辱其使，不許婚，權大怒。	諸葛亮入蜀，關羽掌荊州防務，拒絕孫權聯姻	卷36〈蜀書·關羽傳〉，頁941
	建安二十四年十月（219）	二十四年，關羽圍曹仁於襄陽，曹公遣左將軍于禁救之。……（孫）權內憚羽，外欲以為己功，牋與曹公，乞以討羽自效。	關羽發動襄樊之戰，孫權遣使曹操，表示願背盟助曹	卷47〈吳書·吳主傳〉，頁1120
	建安二十四年十二月	十二月，（潘）璋司馬馬忠獲（關）羽及其子平、都督趙累等於章鄉，遂定荊州。……。曹公表（孫）權為驃騎將軍，假節領荊州牧，封南昌侯。權遣校尉梁寓奉貢于漢，及令王惇市馬，又遣朱光等歸。	關羽遭吳軍殺害後，孫權遣使向漢朝入貢（實是對曹操示好）	卷47〈吳書·吳主傳〉，頁1121
	延康元年七月（建安二十五年，220）〔註25〕	秋七月庚辰……。孫權遣使（向朝廷）奉獻。	曹丕嗣位魏王，漢改元延康，孫權遣使示好	卷2〈魏書·文帝紀〉，頁60
	黃初二年秋七月（221，蜀章武元年）	初，先主忿孫權之襲關羽，將東征，秋七月，遂帥諸軍伐吳。孫權遣書請和，先主盛怒不許。〔註26〕	劉備為關羽之敗發兵進攻荊州，拒絕孫權求和	卷32〈蜀書·先主傳〉，頁890

〔註23〕據《三國志》，卷39〈蜀書·馬良傳〉，頁982載，馬良寫給諸葛亮的信中稱「聞雒城已拔」，則至少馬良使吳不應早於建安十九年，雖建安二十年孫、劉雖爆發荊南三郡之爭，但雙方仍維持聯盟，故將此次出使下限定於建安二十四年關羽敗亡前。

〔註24〕按建安十八年張飛、諸葛亮等入蜀支援，故《三國志·關羽傳》稱關羽時「董督荊州事」，則孫權遣使荊州，理由關羽負責回應，求聘一事應與關羽鎮守荊州帶給孫吳一定程度威脅有所關係，但未明的確切時間，故本表定於關羽接防荊州至襄樊之戰期間。

〔註25〕據《三國志·文帝紀》所載，建安二十五年曹操死，曹丕改元延康元年，十一月篡漢又改延康元年為黃初元年，是以公元220年計有三年號。

〔註26〕孫吳負責談和事宜者為諸葛瑾，時駐公安，致信劉備欲阻止其東下未果，事

黃初二年秋八月（221）	秋八月，孫權遣使奉章，并遣于禁等還。	孫權遣返前受關羽所俘魏將，並向曹魏上章稱臣	卷 2〈魏書·文帝紀〉，頁78
黃初二年十一月	丁巳，(曹丕)使太常邢貞持節拜(孫)權大將軍，封吳王，加九錫。	魏文帝曹丕遣使冊封孫權爲吳王	卷 2〈魏書·文帝紀〉，頁78
黃初二年十一月	（孫權）遣都尉趙咨使魏。	魏使者邢貞返國，孫權派趙咨使魏	卷 47〈吳書·吳主傳〉，頁1123
黃初二年十二月（221）〔註27〕	（魏文）帝欲封（孫）權子登，權以登年幼，上書辭封，重遣西曹掾沈珩陳謝，贈獻方物。立登爲王太子。	曹丕欲以封侯方式，徵孫權子孫登爲質子，孫權婉拒	卷 47〈吳書·吳主傳〉，頁1123
	是歲魏文帝遣使求雀頭香、大貝、明珠、象牙、犀角、瑇瑁、孔雀、翡翠、鬥鴨、長鳴雞。……（孫權）皆具以與之。	曹丕遣使索奇珍爲貢，孫權皆與之	卷 47〈吳書·吳主傳〉注引《江表傳》，頁1124
黃初三年閏六月（222，蜀章武二年）	閏月，孫權破劉備于夷陵。……後七日，破備書到。	孫權在夷陵之戰擊敗劉備，遣使報魏	卷 2〈魏書·文帝紀〉，頁80
黃初三年閏六月～九月之間	初（孫）權外託事魏，而誠心不款。魏乃遣侍中辛毗、尚書桓階往與盟誓，并徵任子，權辭讓不受。	曹丕再次遣使徵孫登爲質子不成	卷 47〈吳書·吳主傳〉，頁1125
黃初三年九月（吳黃武元年）	秋九月（魏攻吳）……時揚、越蠻夷多未平集，內難未弭，故（孫）權卑辭上書，求自改屬，……。（魏執意徵質）權遂改年，臨江拒守。	曹丕徵質不成，大軍征吳，孫權自立年號，不再向魏稱臣	卷 47〈吳書·吳主傳〉，頁1125～1126

觀察上表有幾項值得探討的地方：

第一，前述過程明顯呈現出孫、劉雙方關不斷惡化，結盟始建安十三到二十四年，前後達十一年。最初，尚可見許多孫權致力維持盟好之事例，例如建安十四年劉備得荊南四郡，史稱「廬江雷緒率部曲數萬口稽顙」，〔註28〕時雷緒等遭曹操所剿，以地緣關係論之，若非孫權同意，則其難以越過孫權治下的江夏——江陵一線，投奔劉備。又如劉備至京口見孫權，求轄江陵，

　　參《三國志》，卷 52〈吳書·諸葛瑾傳〉，頁 1232～1233。

〔註27〕黃初二年十二月時當公元 222 年 1 月。

〔註28〕《三國志》，卷 32〈蜀書·先主傳〉，頁 879。關於雷緒爲曹操所剿之事，另可參《三國志》，卷 9〈魏書·夏侯淵傳〉，頁 270。

未久周瑜去世，江陵城即讓出。建安十六年孫權表示伐蜀之意，受劉備阻撓，但孫權也未因此與劉備衝突。顯見，孫權這段時間的外交活動，主要把維持聯盟放在第一順位。

孫權為何如此重視聯盟維持？此與曹操開始在淮南發起攻勢有關，孫吳在「保有江東」的生存考量上，勢必全力鞏固長江防線，不使曹操突破。但長江自上游自下游橫跨益、荊、揚三州，孫吳既對奪取益州分身乏術，自然不可能輕易與位在荊州的劉備失和。特別是赤壁戰後到建安二十二年這八年間，孫權與曹操在淮南地區數度激戰，給了劉備趁機入蜀，逐漸壯大的空間。不過，劉備勢力之壯大，尚在孫權的容忍範圍內，畢竟曹操才是首要敵人，但建安二十年因荊州歸屬問題產生的「荊南三郡之爭」，卻是彼此利益衝突尖銳化的開端。

荊、揚兩州因長江通航東西，地理形勢相依，戰略關係密切，孫吳要達到「保有江東」僅是擋住江北的曹操不夠，位處上流的荊州也是關鍵。再者，孫吳的國家戰略究底仍是追求「全據長江」，荊州不可能永遠置於盟友之手，故孫吳對益州利益可讓，荊州則不同。孫權索取「荊南三郡」（零陵、桂陽、長沙），用意是暫不打算強逼劉備全盤讓出，一方面仍顧及一定程度的聯盟維持，二方面則是至少確保聯繫交州的荊州陸路交通。

但劉備寧可兩軍劍拔弩張，也絲毫不妥協，站在孫吳立場，此無疑是罔顧盟友利益的行為。若非曹操攻入漢中平定張魯，使劉備畏懼益州有失，從而退兵保蜀，以雙方對峙之勢，聯盟提早瓦解並非不可能。即連向來主張聯盟交好的魯肅，也在談判場合上向關羽怒責劉備之非，〔註29〕顯見荊州歸屬問題，成了雙方無法避免的矛盾，但劉備始終把「仲謀（指孫權）所防在北，當賴孤為援」，〔註30〕當成是吃定孫吳的手段，〔註31〕終導致日後襄樊一役的苦果，實是未能把握局勢變化的失誤。

孫權眼見盟友勢力日成威脅，又絲毫不顧聯盟關係，江東方面豈能安坐？因此，筆者以為，背盟之名要全歸罪於孫吳，實頗有爭議。觀劉備入蜀後，

〔註29〕《三國志》，卷54〈吳書·魯肅傳〉注引《吳書》，頁1272。
〔註30〕《三國志》，卷37〈蜀書·龐統傳〉注引《江表傳》，頁954～955。
〔註31〕據《三國志》，卷1〈魏書·武帝紀〉，頁46：「（建安二十年十一月）劉備襲劉璋，取益州，遂據巴中：遣張郃擊之」，在此役之前，劉備實際上與曹操達六年未交戰，反倒是孫權獨自承擔了曹操在淮南的攻勢，顯見這段期間劉備作為盟友的價值，日趨下降。

孫權先後尚與留守荊州的諸葛亮、關羽有所聯繫，可見孫、曹淮南戰事未結束，孫權便不會因意氣之忿，而任意改動外交政策，畢竟曹操造成之威脅還是遠大於劉備。是故，孫、劉聯盟維持關鍵實是曹操的動向，而不是劉備的作為。

　　第二，孫吳外交上聯合劉備，基本目的是阻止曹操奪取荊州，避免其將勢力跨過長江，但這是一種權宜性的對策，荊州仍是孫吳未來必奪之地，否則下游江東基業終不得安，置劉備勢力於荊州，不是久安之計。而曹操檢討自己赤壁之敗的失策，針對南方的孫、劉改變戰略，選擇固守荊北的襄陽一線，將南征主戰場移往淮南地區。其目的就是不希望攻擊荊州，讓孫、劉聯盟因高度危機意識，密切保持聯合狀態，讓自己陷入以一敵二的不利狀態，而且此戰略也會使劉備盟友功能難以彰顯。

　　如本研究前論，孫權在建安二十二年的降曹，並非是無力守住長江防線（真守不住，曹操早已揮軍直下），而是一種停戰默契，一旦淮南停戰，孫權就能騰出手來徹底處理荊州歸屬問題，曹操也樂有隔岸觀火之利。但所謂的「徹底處理」，絕非是依靠外交談判，而是武力奪取！也就是說，為了背叛劉備，外交政策已提早作準備，讓孫吳不至於同時交惡劉、曹雙方，陷入兩線開戰。因此，如表4-1-1所示，建安二十二到二十四年間孫吳表面維持聯盟，但暗地裡早已向曹操暗通款曲，外交立場十分曖昧。雖然孫權與曹、劉皆有往來，但實質上卻是明擺傾向了曹操一方，密謀籌劃著武力奪荊，成為盟劉轉向親曹的過渡期。建安二十四年關羽發動襄樊之戰、揮軍北上，所造成的後方江陵等地守備空虛，孫吳等待的機會正式來臨。

　　第三，孫權在外交活動上，頻頻掌握主動權，同時也善於展示柔軟身段。先是積極拉攏劉備，又讓步建立平等的聯盟關係，也不強硬的展示，劉備幾是依附江東求生存的現實情況。待至到劉備勢力壯大漸成威脅，也不輕毀盟交，其目的就是專心鞏固長江防線，阻斷曹操渡江之念。就連建安二十二年孫、曹淮南戰線的交戰告歇，也是孫權拿出「請降」之姿，給了曹操面子。當然，就名義上而言是對降漢不是降曹，讓雙方「合理的結束」僵持不下的戰局。甫爭取到專心對付劉備的空間，接著便是等候時機，一看關羽採取北伐動作，孫權便明快放棄「孫劉聯盟」的假象，指揮呂蒙襲擊關羽後方，自「前盟友」劉備手上正式奪取荊州。

　　謝偉傑指出，孫吳所施行者，乃是「彈性外交」，即不囿於固定路線，伺

機而動的外交策略。就當時國際秩序的結構因素來看，魏一時不能滅吳、蜀亦不能獨自抗魏，魏、蜀之間又挾帶著「勢不兩立」的敵對關係，故對吳之立場反覆，皆莫可奈何。〔註32〕筆者贊同其觀點，並以為孫權屢屢採取敵乙則聯甲，敵甲則聯乙之手法，論其要旨，乃是永遠保持「只與一方對敵」之原則。是故，「聯劉政策」的開始與終止，關鍵還是圍繞在荊州這個戰略目標之上，力不足，則容許盟友暫時據之，選擇聯合立場；力足時，則奪之，即是盟友，亦可一朝果斷拋棄。充分體現外交協助軍事的功能。因此，雖然看似繞了迂迴的路線，但實際上「全據長江」國家戰略的目標並未更動，而是利用外交創造的時間差，適度的彌補了孫吳軍事力量不足的缺陷。

二、短暫親曹政策之意涵

（一）從親曹到臣魏

荊州是劉備「隆中路線」的戰略要地，但入蜀前，龐統曾向劉備建言：「荊州荒殘，人物殫盡，東有吳孫，北有曹氏，鼎足之計，難以得志」，〔註33〕亦即龐統看出荊州屬四戰危地，有孫、曹兩方的虎視眈眈，難成根本之地，但劉備並不打算放棄「跨有荊、益」的戰略規劃。因此，劉備取得益州後，孫權便以赤壁之功向盟友欲討南三郡，劉備敷衍答稱：「須得涼州，當以荊州相與」，擺明不打算讓出荊州。一知孫吳有所行動，又「引兵五萬下公安，令關羽入益陽」，〔註34〕從動員的規模來看，已是調遣益州主力，頗有與孫吳開戰也在所不懼的架勢。

但是，適逢曹操破張魯、奪漢中，在抗曹利益的驅使下，孫、劉聯盟最後以「荊南二郡歸吳」（長沙、零陵）暫告落幕，可說是曹操此舉竟意外的暫時延緩孫、劉撕破臉的局勢。孫權見曹操大軍在西北作戰之機，快速回師包圍合肥，雖是未能破城，但孫、劉一朝聯盟不變，還是給了曹操「既得隴右，復欲得蜀」的顧忌。〔註35〕可見孫、劉聯盟分在東西兩頭開闢戰場，當時確有牽制曹操的效益。

建安二十四年冬，關羽自江陵北伐，一時打出了「威震華夏」之勢，使

〔註32〕 參〈孫吳彈性外交述論〉，頁42。
〔註33〕 《三國志》，卷37〈蜀書‧龐統傳〉注引《九州春秋》，頁955。
〔註34〕 上引俱見《三國志》，卷32〈蜀書‧先主傳〉，頁883。
〔註35〕 曹操奪得漢中後，司馬懿認為，應趁勝攻入蜀中，但曹操不許，事參《晉書》，卷1〈宣帝紀〉，頁2。

曹操幾有遷都迴避的念頭，後因董昭、司馬懿力諫方止。見此情勢，孫權遣使來，稱曰：

> 遣兵西上，欲掩取（關）羽。江陵、公安累重，羽失二城，必自奔
> 走，樊軍之圍，不救自解。乞密不漏，令羽有備。〔註36〕

孫權托辭欲出兵於關羽後方，以解襄樊之危，但本質上是向曹操表態自己要用武力奪取荊州，曹操可享隔岸觀火之利。曹操當然明白孫權的意圖，因此用董昭之計，故意洩漏消息給關羽知情，意在讓其退兵回保江陵，不單樊城可解圍，又可坐看孫、劉兩虎相爭。

原先周瑜死後，由於南郡江陵入劉備之手，因此接任的魯肅常駐陸口，此地處在荊州東隅，扼長江由荊入揚的路線。魯肅死繼任者為呂蒙，其見關羽有發動北伐的企圖，便裝病返建業，接任者陸遜又是名不見經傳之人，赴任之時便致信對關羽阿諛諂媚一番。〔註37〕鬆懈了其戒心，於是關羽調遣更多軍力投入前線作戰。眼下得到吳軍準備背盟的情報，便讓關羽顯得猶疑不定，深怕中計。未久，吳軍大軍溯江偷襲，江陵、公安為呂蒙所奪，時會關羽軍隊攻勢受阻，一時進退失據，敗亡被殺。襄樊一役的結果，竟是徹底引爆孫、劉雙方的矛盾衝突，也宣告聯盟關係實亡名亦亡了。

隔年正月曹操去世，由曹丕繼位，從表4-1-1可見，孫權在七月遣使奉獻，繼續維持親曹的外交政策（實際等於臣魏），實際上是知道劉備不會善罷甘休，必會再來爭荊州。未久，曹丕篡漢，集大臣群議討論劉備是否會出兵奪荊，眾人皆謂：「蜀，小國耳，名將唯（關）羽。羽死軍破，國內憂懼，無緣復出。」〔註38〕獨劉曄不同意，其分析道：

> 蜀雖狹弱，而（劉）備之謀欲以威武自彊，勢必用眾以示其有餘。
> 且關羽與備，義為君臣，恩猶父子；羽死不能為興軍報敵，於終始
> 之分不足。〔註39〕

對於劉備必然東出的行動，劉曄預測的十分準確。並且指出，孫吳此際遣使稱藩的用意，不過虛偽以應，非有真正臣服之心。故夷陵之戰爆發，劉曄即力勸曹丕趁勢出兵攻吳，但未受採用，果待夷陵之戰一結束，征質問題便立即浮上檯面。

〔註36〕《三國志》，卷14〈魏書・董昭傳〉，頁440。
〔註37〕書信內容可參《三國志》，卷58〈吳書・陸遜傳〉，頁1344～1345。
〔註38〕《三國志》，卷14〈魏書・劉曄傳〉，頁446。
〔註39〕《三國志》，卷14〈魏書・劉曄傳〉，頁446。

先是，曹丕稱帝，孫權即把關羽俘虜的魏將于禁等遣還示好。黃初二年（221）魏使邢貞拜孫權吳王，時孫吳大臣在場者，如張昭、徐盛皆忿恨不已，〔註40〕但孫權憂劉、曹同時來攻，於守不利，便捨去名分計較，答應受曹魏所封。吳人趙咨奉命出使魏國，其曾在應對中向文帝曹丕曰：「（孫權）屈身於陛下，是其略也。」〔註41〕對於孫權這種能忍一時屈辱的外交身段，實可謂一語中的，而且值得注意的是，孫權向曹操的「請降」，基本還是在名義上對漢，但受曹丕所封之吳王爵位，則是明確對曹魏稱臣了。〔註42〕

另外，表4-1-1亦顯示，黃初元年到三年吳、魏開戰前，孫權與曹魏外交往來頻繁，透過還俘、進貢、受封等活動，積極討好文帝曹丕。期間劉備在黃初二年四月建元章武正式稱帝，完成了政治部署後才發兵來攻，顯知劉備復仇之舉，不純是基於衝動。孫權等到了預期中的戰事，於是雙方爆發夷陵之戰，過程至黃初三年（222，吳黃武元年）八月戰事結束，這場戰事前後長達一年餘，但曹丕卻始終保持觀望，未從劉曄建議、趁機伐吳，可說是孫權外交操作的成功，麻痺了曹魏的行動，得以能專心抵抗劉備，終至取得戰爭勝果。

（二）短暫臣魏立場的捨棄

吳、蜀交戰期間，孫權技巧性的拖延征質問題，是一大關鍵。先是，曹丕封孫權吳王時，曾欲征其子孫登為質，彰顯魏大國威勢，並作為威脅孫吳之籌碼。孫權先是藉口婉拒，稱「（孫）登年幼，上書辭封，重遣西曹掾沈珩陳謝，并獻方物。立登為王太子」，〔註43〕開啟了吳、魏後續關於征質問題的外交交涉。

原本襄樊之役于禁投降關羽後，參軍浩周也隨之被俘，孫權奪取荊州

〔註40〕 冊封詔書可見《三國志》，卷47〈吳書‧吳主傳〉，頁1121～1122，文長不錄。另外張昭、徐盛之事可分參《三國志‧吳書》其本傳。

〔註41〕 《三國志》，卷47〈吳書‧吳主傳〉，頁1123。

〔註42〕 曹丕篡漢後，改元黃初，孫權雖沿用漢獻帝的建安年號，但因漢室已亡，要以尊漢名義來包裝自己對曹魏稱臣的行為，已不可行矣。關於孫權沿用建安年號之證據，可參〔唐〕許嵩，《建康實錄》（上海：上海古籍出版社，1987年），卷1〈太祖上〉，頁18～19，仍可見建安年號用到二十八年。另外，出土的走馬樓吳簡也有見到建安二十七年的記載，亦是重要的考古發現，可參王素、宋少華、羅新，〈長沙走馬樓簡牘整理的新收穫〉，《文物》第5期，1999年，頁26～44。

〔註43〕 《三國志》，卷47〈吳書‧吳主傳〉，頁1123。

後，對浩周十分優禮，曹丕即位，孫權遣浩周還魏。其後邢貞受詔前來冊封孫權，浩周也隨在使團內，感於孫權先前禮遇，使得浩周對孫權十分信任，甚至表示願以家保之，讓文帝信任孫權會遣質臣服，孫權聞之「留涕沾襟」。浩周返魏時，孫權又「指天爲誓」，以示至誠。接著又數度寫信給浩周，對其反覆稱孫登「年幼」、「年弱」，不宜馬上送質，藉故持續拖延。甚至搬出了「欲遣孫長緒（邵）、張子布（昭）隨子俱來」，以及「又欲爲子於京師求婦」的謊言，沒想到孫權全然僅是作戲，讓文帝與浩周受騙上當，誤信孫權眞的會送質。〔註44〕另外，夷陵交戰期間，劉備爲防曹魏可能會協助孫吳，甚至還讓黃權督軍於江北駐防，分散了一部分戰力，可見孫吳此刻的親魏政策，著實發揮了極大功用。

黃初三年八月，夷陵之戰結束，曹丕即遣「侍中辛毗、尙書桓階往與盟誓，并徵任子，（孫）權辭讓不受」，〔註45〕九月曹丕明白孫權的意圖，決定動用軍事手段，給予背信的孫權一個教訓，於是爆發第三次濡須口之戰，此爲曹丕首次伐吳。但孫權「臨江拒守」，雙方展開激烈交鋒。十二月吳、魏戰事未止，孫權即派「太中大夫鄭泉聘劉備于白帝」，重新與劉備通好，目的就是提防蜀漢有所動作，足見孫權謹愼持重，在外交上始終重視掌握主動，積極的營造任何對孫吳有利的情勢。

從建安二十二年到黃初三年之間，孫吳的親曹政策由暗轉明，雖然爲期比起孫、劉聯盟較短，但爭取而來的時間與空間，已足夠讓孫吳奪取，甚至是鞏固荊州領土。可以說前期聯劉、後期親曹的外交政策，完全是爲「奪取荊州」這個目標服務，明顯的因應情勢演變而改換外交立場。

因此，當曹丕大軍興師問罪而來時，孫權早已做好迎戰準備，防守過程雖然頗爲艱辛，但曹軍終難討到便宜。短暫的親魏政策，在收到成效之後，孫權又立即放棄，緊接著再把抗曹共利的訊息拋向劉備，積極爲下一個時期的外交政策的推動鋪路。可見，孫權未因取得戰事勝利而鬆懈外交運作，這是其作爲一個君主與政治家的卓識之處。如李燾在《六朝通鑑博議》中曾評曰：

> 吳越之地，長江大淮，險狹四顧，孫權君臣，相與畫江而守之，抗

〔註44〕 事可參《三國志》，卷47〈吳書·吳主傳〉注引《魏略》，頁1127～1129。另按，孫邵黃武初年爲相，張昭則爲江東士人中素具聲望者，因此言其爲隨質之臣，頗能突顯孫吳一方之誠意。

〔註45〕 《三國志》，卷47〈吳書·吳主權傳〉，頁1125。

二大敵未嘗困折，人皆謂地形之便，而不知人謀之巧也。〔註46〕

孫權此時期先後周旋於曹操父子與劉備之間，卒能奪得荊州、實踐全據長江，蓋因外交與軍事層層配合，故李氏指出人謀之巧對於孫吳政權發展之重要性，可謂十分中的。

總之，起赤壁之戰，至第三次濡須口之戰，筆者設定爲「發展期」的孫吳外交政策總凡三易，先是「聯劉抗曹」保住荊州，接著又轉「聯曹抗劉」武力奪荊，最後荊州已固，又放棄「臣魏路線」，回頭拉攏蜀漢對抗曹魏，充分體現其靈活外交之特質。而孫吳在國家戰略——外交策略——軍事行動三者上，緊密配合，是順利達成目標的關鍵，特別遊走魏、蜀矛盾間，有效以外交手段搏取有利情勢，是整體計畫運作上，十分重要的成功因素。

因此，張大可認爲，諸葛亮隆中路線規劃的三分藍圖，只是一個劇目的腳本，真正導演三分戲碼成功演出的不是諸葛亮，而是孫權，筆者十分贊同。〔註47〕另外，裴傳永、金裕鳳也同樣指出孫權的外交手腕，是三國鼎立情勢形成的重要推力，筆者亦認同其說。〔註48〕並以爲此時期外交所以呈現劇烈變動之特色，實是依循情勢的快速變化而來，如曹操之南下，劉備之壯大，攸關荊州歸屬的三次戰役（赤壁、襄樊、夷陵），孫吳皆是在軍事、外交完整配合的情況下，取得最終勝利，使之雖然繞了曲折的路徑，終歸還是完成了期望中的戰略目標。讓孫吳政權能夠繼續往立國稱帝的階段前行。

黎虎曾指出，孫吳的外交決策與魏、蜀一樣，以君主意志爲主，特別是在稱帝之前，孫權頗能力排眾議，作出明智的抉擇，如對劉備採取魯肅之方針，聯合其力抗曹，有效的抵擋了曹操南下。對曹魏則接受孫邵建議，對其卑詞厚幣，換取全力奪荊州的空間。顯見孫權個人的判斷抉擇，在孫吳的外交政策上，居於核心角色。〔註49〕因此，筆者以爲，孫權雖不如其父兄擅於

〔註46〕《六朝通鑑博議》，卷1，頁158。

〔註47〕參張大可，〈三國形成時期的外交〉，前揭《三國史研究》，頁123～126。張儐生亦認爲所謂三國外交，本質上就是孫權親曹親劉態度之向背，可謂一言中的，前揭《魏晉南北朝史》，頁114～115。

〔註48〕可參裴傳永，〈三國時期的外交鬥爭述論〉（《理論學刊》第6期，1995年），頁72～75。及金裕鳳，〈試論孫權的外交策略〉（山東：《柳城師範學院學報》（社會科學版）第2期，2000年），頁61～62。亦有持不同看法者如李程，見〈孫權外交策略的失敗〉（《江漢論壇》第6期，2005年），頁111～113。

〔註49〕參黎虎，第四章〈魏晉南北朝外交決策制度〉，前揭《漢唐外交制度史》，頁133～137。

沙場馳騁，但是，對於天下形勢的掌握、制定戰略的遠見，卻高度實際體現於外交政策運作的過程，比起曹操、曹丕、劉備等人在重大判斷上的幾度失誤，這是孫權作爲優秀政治家的傑出之處。

第二節　配合進圖淮南——穩定期外交的遠程規劃

　　孫吳在赤壁到夷陵之戰期間，因致力完成「全據長江」戰略，積極開拓疆域。故外交立場在曹、劉之間，數度轉變。其目的乃是服務短期戰事需求，避免陷入同時與兩方交戰的不利處境。夷陵一役，不僅結束吳蜀荊州之爭，也讓三國版圖進入長期穩定的階段。筆者以爲，夷陵之戰可謂是孫吳外交政策中，發展與穩定兩時期的分界點，蓋因吳蜀的再度合作，所著眼點不是一州一城的得失，而是兩國在存亡與發展上的共同強敵——曹魏。因此，孫吳穩定期外交最核心的部分，便是重建抗魏聯盟。〔註50〕

　　另外，過往學者論及三國外交範疇多止於黃龍元年（229）的「分地之盟」，筆者以爲誠有所憾，〔註51〕故本節上起夷陵戰後，下至永安六年（263）蜀漢滅亡爲止，探討孫吳穩定期的外交政策，以期能對孫吳整體外交運作有更完整、更全面性的理解。

一、吳、蜀抗魏聯盟的重建

（一）夷陵戰後的吳、蜀復交

　　夷陵之戰所以作爲孫吳兩時期外交政策之分水嶺，主要是因爲孫吳把奪取並鞏固荊州領土，當時是全據長江戰略的核心目標，一旦達成，國家戰略自然也將進入下一個階段（即進圖淮南戰略），而孫吳外交政策向與國家戰略密切配合，故必然隨之調整。在全據長江時代，外交所以立場兩次變動，原

〔註50〕此處曰重，原因在於赤壁戰時孫、劉兩方即有聯手抗曹的經驗，此時魏、蜀雖已正式稱帝（吳名義上爲曹魏封國，但本質仍爲獨立政權），但吳蜀的建交，可謂是再度因應時勢所需，複製先前之合作方式，故曰重。

〔註51〕如張大可認爲，中分之盟確立了三國鼎立，吳、蜀聯合抗魏的情勢，也是三國形成時期外交的結尾，參氏著《三國史研究》，頁123～135。張儐生討論三國外交，也停筆於中分之盟的意涵，參《魏晉南北朝政治史》，頁86～89。另有邱宏亮《孫吳外交思想述論》（重慶師範大學歷史所碩士論文，2007年），第四章〈天下三分之拓展外交〉，頁24～29等。然而，蜀之國祚在中分之盟後，尚計三十餘年，筆者以爲，若忽略此時期吳、蜀聯盟的意義及實際效益，則不能充分解釋蜀、吳何以抗魏失敗之因。

因是欲打擊所有與孫吳爭奪荊州之勢力，曹操來則聯合劉備拒之，劉備佔則暗通曹操襲之。故全據長江完成後，外交政策新的配合方向，也就變成了進圖淮南戰略。所謂「進圖淮南」，即是與曹魏爭奪淮南地區，做為達到進可取天下、退可保國防的國家戰略。因此，外交政策便是拉攏敵對曹魏的勢力，包含蜀漢，以及東北的公孫氏、高句驪，不過爭奪荊州時吳、蜀曾兩度交戰（即襄樊、夷陵兩役），故如何恢復、鞏固與蜀之友好，成為本時期外交的初期重點。

孫權在與劉備開戰前，外交短暫的「親魏」，目的不外是希望曹魏至少能採取袖手旁觀的態度，才不致讓己方有面對兩線開戰的壓力，與赤壁戰時「孫劉聯軍」相同，乃針對當下形勢的權宜之計，不是長期奉行的外交路線。當然，奪取荊州的關鍵一步，孫吳所依賴的還是武力，雖然外交密切配合著國家戰略，但終是作為輔助角色，無法成為達成決定性結果之手段。

始建安二十二年（217）孫權與曹操協議停戰，到黃初三年（222）曹丕首次南征，前後約五年間，屬孫吳外交親魏時期，蓋因當時孫吳之焦點在荊。是故，襄樊戰後，孫吳雖得荊州，但未敢鬆懈吳魏關係，已防備蜀漢可能發動之反擊。史實證明，吳魏征質問題拖延至夷陵之戰結束，曹丕才有動作，是孫權外交操作上的成功，替孫吳爭取到充分的時間與空間來對付劉備。因此，陳壽記曰「初（孫）權外託事魏，誠心不款」，〔註52〕正說明了孫權之親魏，不過旨在拖延。

黃武元年（222）十二月，吳、魏戰況正處膠著，孫權對新遭大敗的劉備尚有提防，史稱「孫權聞先主住白帝，甚懼，遣使求和」，〔註53〕故遣「太中大夫鄭泉聘劉備于白帝」，〔註54〕劉備亦派太中大夫宗瑋返命。當時蜀漢國力未復，不過孫權素來持重，既明吳、蜀敵對意識仍強烈，便不能輕忽蜀漢任何出兵之可能，因此，孫權仍對劉備舉動密切關注，甚至採取外交緩頰。

自劉備在建安二十四年（219）稱漢中王以降，先後遭逢失去荊州、夷陵

〔註52〕《三國志》，卷47〈吳書·吳主傳〉，頁1125。

〔註53〕見《三國志》，卷32〈蜀書·先主傳〉，頁890。另據《三國志》，卷58〈吳書·陸遜傳〉注引《吳錄》，頁1348載曰：「劉備聞魏軍大出，書與（陸）遜云：『賊今已在江陵，吾將復東，將軍謂其能然不？』遜答曰：『但恐軍新破，創痍未復，始求通親，且當自補，未暇窮兵耳。若不惟算，欲復以傾覆之餘，遠送以來者，無所逃命。』」筆者以為劉備眼下應無足夠力量來攻，此語應為恫赫威脅之意，但顯見吳、蜀關係的矛盾尚尖銳。

〔註54〕《三國志》，卷47〈吳書·吳主傳〉，頁1126。

大敗的困境（荊州、益州的主力軍隊皆大量損殆），不久自己也病逝永安，蜀漢益州內部的南中地區，陷入了叛亂動盪的情況。諸葛亮以丞相身分主政，以「新遭大喪」之理，沒有立即派軍鎮壓，反而優先「遣使聘吳，因結和親，遂爲與國」，定下聯吳政策，這是他在外交上，對當時「益州疲弊，此誠危急存亡之秋」所做的危機處理。〔註55〕吳蜀兩國也在諸葛亮主政時期，推展成正式結盟，諸葛亮死後繼任的主政大臣如蔣琬、費禕也都維持聯吳政策，未有改變。吳國方面孫權死後，孫亮時期的三權相，以及孫休也都不易聯蜀方針，這是吳蜀聯盟能延續下去的重要因素。

由於吳蜀曾因荊州歸屬問題屢生嫌隙，最後導致兵戎相見。因此，外交重新友好，實需經過了一段時間的經營。當初劉備據蜀，安排投降的劉璋移居南郡公安，並且「盡歸其財物及故佩振威將軍印綬」，以懷柔與遷離監視之方式處置。荊州在襄樊之戰被奪，劉璋也落入孫吳控制，時孫權以「璋爲益州牧，駐秭歸」，〔註56〕利用其「益州前主」的身分充作政治號召，企圖對劉備有所制肘。劉備去世，「高定恣睢於越嶲，雍闓跋扈於建寧，朱褒反叛於牂牁」，〔註57〕孫吳轄下的交阯太守士燮又「誘導益州豪姓雍闓等，率郡人民使遙東附」，〔註58〕孫權復派劉璋子劉闡「爲益州刺史，處交、益界首」，藉此內外相應欲動搖蜀漢後方。顯見，孫權在吳蜀正式復交前，仍不放棄牽制蜀漢的機會。因此，建興三年（225）諸葛亮發兵平南中前，才會特意讓鄧芝出使，避免孫吳介入阻撓、甚至發兵襲擊。

夷陵戰罷，同年吳魏即開戰，然史稱孫權「猶與魏文帝相往來，至後年乃絕」，〔註59〕這主要是孫權未敢排除，劉備可能再度憤而再攻荊州，故仍保留對魏的轉圜空間。即便劉備去世前已「累遣宋瑋、費禕與相報答」，但難保不會再有變數。同樣的，諸葛亮也十分憂心「（孫）權聞先主殂隕，恐有異計，未之所如」，這時扮演兩國重要橋樑者，便是蜀漢使臣鄧芝，他也確實未負諸葛亮所託，對於接下來的吳蜀復交貢獻甚大。

蜀之國力不如吳、魏，內部南中地區又爆發動亂，故在形勢上，恢復吳蜀關係，比起剛擋住曹丕攻勢的孫吳更有迫切性。因此，使得鄧芝初至孫吳

〔註55〕《三國志》，卷35〈蜀書・諸葛亮傳〉，頁917～918。
〔註56〕《三國志》，卷31〈蜀書・劉二牧傳〉，頁870。
〔註57〕《三國志》，卷43〈蜀書・李恢傳〉，頁1046。
〔註58〕《三國志》，卷49〈吳書・士燮傳〉，頁1192。
〔註59〕《三國志》，卷47〈吳書・吳主傳〉，頁1126。

交涉並不順利，史言孫權「果狐疑，不時見芝」，直到鄧芝強烈表達此行用意乃爲共同利益，孫權才願意會面。孫權一見鄧芝便言：「孤誠願與蜀和親，然恐蜀主幼弱，國小勢偪，爲魏所乘，不自保全，以此猶豫耳。」〔註60〕這說明孫權還在觀察蜀國方面的情勢演變，未把外交聯蜀當作唯一選擇。

初在夷陵之戰剛爆發時，劉曄即向魏文帝分析曰「今天下三分，中國十有其八。吳、蜀各保一州，依山阻水，有急相救，此小國之利也」，〔註61〕按吳、蜀國力弱於魏，而魏、蜀勢如寇讎，故蜀之拉攏對象只能是吳，而孫吳想要北抗曹魏，也必須利用蜀漢作爲牽制，這中間的脣齒關係孫權必然深知。只是對於此刻聯好蜀漢，能獲到多大的效益頗有疑慮（蜀漢國力已屢遭自己打擊）。是故，雖然通使蜀漢，但也不排除與魏周旋，欲再評估蜀國是否能重新站穩根基，所以才不立即召見鄧芝，保留觀望情勢的空間。

面對孫權之質疑，鄧芝對其分析道：

> 吳、蜀二國四州之地，大王命世之英，諸葛亮亦一時之傑也。蜀有重險之固，吳有三江之阻，合此二長，共爲脣齒，進可并兼天下，退可鼎足而立，此理之自然也。大王今若委質於魏，魏必上望大王之入朝，下求太子之內侍，若不從命，則奉辭伐叛，蜀必順流見可而進，如此，江南之地非復大王之有也。〔註62〕

鄧芝此言點出了兩個重點：一者曹魏勢彊，絕不願與吳對等外交，孫吳勢必會因稱臣送質之事而再度受制，加上曹魏可能不時藉口來伐，兩國關係豈有安穩之理？二者吳、魏一旦關係有變，蜀漢仍居長江上游，可順流來攻，兩面受敵仍是孫吳國防危機。筆者以爲，孫權先前雖能利用魏、蜀矛盾，靈活遊走兩方，但現實層面上，孫吳仍不具備獨自抗魏的條件，這是國力不足與存亡考量上的必然侷限。孫權審慎評估後，決定接受鄧芝所論，並派輔義中郎將張溫使蜀，自此堅定行使「絕魏和蜀」的外交政策。

張溫出使蜀漢前，孫權曾對其說：「卿不宜遠出，恐諸葛孔明不知吾所以與曹氏通意，故屈卿行。若山越都除，便欲大搆於（曹）丕。行人之義，受命不受辭也」，〔註63〕特別這樣交代張溫，乃是孫權刻意要強調自己「聯蜀抗魏」之誠，希望蜀漢一方莫持疑心。這實與曹丕當時接連發動征吳戰爭有

〔註60〕《三國志》，卷45〈蜀書‧鄧芝傳〉，頁1071。
〔註61〕《三國志》，卷14〈魏書‧劉曄傳〉注引《傅子》，頁447。
〔註62〕《三國志》，卷45〈蜀書‧鄧芝傳〉，頁1071～1072。
〔註63〕《三國志》，卷57〈吳書‧張溫傳〉，頁1330。

關，因此，孫權才會如此刻意積極表態，山越固是孫吳長期內患，但此處作為安撫蜀方藉口的成分不小。張溫返吳後，諸葛亮即令鄧芝再度出使，由於吳、蜀主政者對於結盟政策的明確共識，使得外交活動呈現積極熱絡的氛圍。

孫權曾在宴飲招待之時，對再度來使的鄧芝說道：「若天下太平，二主分治，不亦樂乎！」〔註64〕沒想到鄧芝當場反駁曰：

> 夫天無二日，土無二王，如并魏之後，大王未深識天命者也，君各
> 茂其德，臣各盡其忠，將提枹鼓，則戰爭方始耳。〔註65〕

按理而言，孫權對兩國合作關係的前景，做出了「二分天下」的言論，這是對於雙方結盟涉及的具體利益，作一種分配與協調，也是外交辭令上，基於迴避利益衝突的話術技巧。不料鄧芝卻嚴詞實答，使場面一度陷入尷尬，但孫權卻不以為意，反而稱許鄧芝誠懇，又在信中對諸葛亮言及「丁厷談張，陰化不盡；和合二國，唯有鄧芝」。〔註66〕可見孫權對於「聯蜀抗魏」的外交政策已十分篤定，著眼於兩國在戰略形勢上的共同利益，即便外交場合說破雙方避談統一之默契，也無傷大局。吳蜀關係也在主政者以及外交使者之努力下，日益恢復，一步步打下正式結盟的互信基礎。

雖然蜀國使臣鄧芝為促進吳、蜀復交的重要人物，但是否友好關鍵的決策權還是握於孫權之手，只要孫吳一日無獨自抗魏的能力，縱無鄧芝周旋其中，聯盟仍是必然之勢。是故，誠如李燾所評：「孫權以一隅之半，則其勢力必不加於魏，而君臣相謀，連荊、益之險，合東、西之勢，以抗北方，最策之得也。」〔註67〕說明了孫權在對抗曹魏的課題上，外交立場一直避免孤立的。

（二）分地之盟的訂立

吳、蜀復交，既是在於唇亡必然齒寒之勢，若不能有效合作，甚至又生戰端，則以蜀之弱、吳之孤，曹魏可收漁翁之利。因此，即便兩國過去爭奪荊州幾番的衝突仇恨，比之國家存亡的大前提，也仍須退居次要。為了回應這個外交前提，則蜀漢方面的戰略目標必專心向魏，象徵著諸葛亮修正過去

〔註64〕《三國志》，卷45〈蜀書・鄧芝傳〉，頁1072。
〔註65〕《三國志》，卷45〈蜀書・鄧芝傳〉，頁1072。
〔註66〕《三國志》，卷45〈蜀書・鄧芝傳〉，頁1072。
〔註67〕《六朝通鑑博議》，卷1，頁156。

的隆中路線，放棄跨有荊、益的北伐規劃、不再爭荊。〔註 68〕孫吳則在淮南積極北伐相為呼應，則吳蜀又回到往日東西線開闢戰場的模式，讓曹魏必須以一敵二的情況。

從黃武五年（226，魏黃初七年）曹丕去世，孫權便趁機發兵襲魏江夏、襄陽郡，在戰略上欲轉為主動攻擊，隔年諸葛亮上〈出師表〉，也自漢中發動首次北伐。觀察這兩次軍事行動，除是趁魏明帝曹叡新立、魏國政局未穩之際展開進攻，當然也是有立場表態的含意，欲進一步消除吳、蜀雙方合作的疑慮。在孫權與諸葛亮的主安排下，鄧芝、費禕、馮熙、張溫等兩國使臣，頻繁出使往來，吳、蜀關係可說是進入了第二次蜜月期。不過，孫權準備稱帝的消息傳來，卻成了雙方關係的考驗點。

先是，黃武七年（228）孫權精心設局，在石亭之戰大敗曹休所指揮的淮南魏軍，不僅大幅減輕濡須——建業一線的江防壓力，也重創了曹魏淮南的防禦戰力，使孫權臥榻得以安枕，還可趁機一展北進雄圖。從形勢消長的角度考量，孫權選擇在國力攀上巔峰之際稱帝，本為合理時機。過往曹丕與劉備各持正統之名，先後稱帝並互以對方為偽，而孫權之吳王為曹所賜封，其受封目的僅是討好曹丕，一旦局勢穩固自無須再刻意掩飾統一之志，稱帝不過早晚之事。〔註 69〕

然而，孫權稱帝之舉措，身為敵對一方的曹魏自可不必承認，但友好方蜀漢的政治立場便顯得十分為難與尷尬。於「理」，既是自認紹漢之後，則不能承認，故蜀國內部「議者咸以為交之無益，而名體弗順，宜顯明正義，絕其盟好」，多數主張拒絕承認。但於「勢」，不予承認則對吳、蜀目前友好關係埋下變數，於蜀守國不利，遑論專心抗魏。諸葛亮考量大局，力主承認，其分析曰：

> （孫）權有僭逆之心久矣，國家所以略其釁情者，求掎角之援也。今若加顯絕，讎我必深，便當移兵東伐，與之角力，須并其土，乃議中原。彼賢才尚多，將相緝穆，未可一朝定也。頓兵相持，坐而須老，使北賊得計，非算之上者。……。我之北伐，無東顧之憂，河南

〔註68〕筆者前曾引用朱大渭的看法，認同《隆中對》在跨有荊、益的佈局下，確實忽略孫吳的意向，不能不說是造成襄樊、夷陵兩敗的潛因。

〔註69〕曹丕首次南征退軍後，四月孫吳大臣即勸孫權稱帝，不過孫權未納，筆者以為孫權當時乃是以為政權尚未到完全穩固的地步，故不稱帝，用意是保留與魏、蜀周旋的外交空間，事參《三國志》，卷47〈吳書·吳主傳〉，頁 1130。

之眾不得盡西，此之爲利，亦已深矣。權僭之罪，未宜明也。〔註70〕

據諸葛亮所言，孫權早有稱帝的野心，但礙於國家聯吳抗魏之需求，因此未加追究，假設此番不予承認，導致吳、蜀關係交惡，那麼一旦與將多士廣的吳國開打，將使自身陷入長期困乏的泥淖，得利者無疑是隔岸觀火的曹魏。站在北伐曹魏的計畫考量，結好孫吳，使得國家不必憂慮東線的防守，能專心針對曹魏，已經是極大的戰略利益，相形之下，則孫權在名分上的僭越問題，便不宜立即追究。

筆者以爲，利用吳、蜀逐漸恢復舊好的時機表達稱帝意願，是孫權看準蜀國在諸葛亮的主政下，會堅持「聯吳路線」的外交政策。原因在於諸葛亮曾使江東，是促成雙方赤壁聯軍的重要推手，本是擅長外交折衝之人，時若劉備尚存，則襄樊、夷陵之恨未必能輕易化消，甚至其立場恐難接受此事，但今主政者換成了通權達變的諸葛亮，必以兩國大局爲量。孫權之預測未失，蜀國果然在諸葛亮的戰略考量下選擇讓步，派遣衛尉陳震使吳，表達祝賀承認之意，此事順利落幕，未衍生成後續的外交衝突。

黃龍元年四月，孫權南郊祭天即皇帝位，六月蜀遣使陳震到來，孫權乃「參分天下，豫、青、徐、幽屬吳，兗、冀、并、涼屬蜀。其司州之土，以函谷關爲界。」此即爲「分地之盟」，孫權本傳錄其盟文曰：

> 天降喪亂，皇綱失敘，逆臣乘釁，劫奪國柄，始於董卓，終於曹操，……。今日滅（曹）叡，禽其徒黨，非漢與吳，將復誰任？……且古建大事，必先盟誓，故周禮有司盟之官，尚書有告誓之文，漢之與吳，雖信由中，然分土裂境，宜有盟約。……自今日漢、吳既盟之後，戮力一心，同討魏賊，救危恤患，分災共慶，好惡齊之，無或攜貳。若有害漢，則吳伐之；若有害吳，則漢伐之。各守分土，無相侵犯，……。于爾大神，其明鑒之！〔註71〕

觀察盟約，可以概分爲三個部份：

1. 外交層面：盟約內容爲孫吳所擬，旨在正式確立吳、蜀兩國平等聯盟關係，並透過此約公開宣告兩國共同敵魏立場。約中稱蜀爲漢，即蜀既承認吳稱帝，吳亦承認劉備承漢獻之後，則推之魏曹丕之得禪爲僭，明帝曹叡亦然，故兩國共敵之。

〔註70〕　《三國志》，卷35〈蜀書・諸葛亮傳〉注引《漢晉春秋》，頁924～925。
〔註71〕　《三國志》，卷47〈吳書・吳主傳〉，頁1134～1135。

2. 政治層面：本段盟文未見，但本傳錄有孫權參分「豫、青、幽、徐」屬吳，「兗、冀、并、涼」屬蜀，這是針對雙方未來可能奪取的曹魏領土，預作勢力劃分，規範彼此擴張的限度，作為避免日後利益衝突，等於是將孫權先前二分天下的構想具體呈現，此也是分地之盟得名之故。

3. 軍事層面：約中所謂「害漢吳伐」、「害吳漢伐」、「各守分土」，此即兩國結為軍事同盟，具有互不侵犯、互相支援的基本義務，並協力討伐曹魏。

關於上文第二點的勢力劃分，茲製簡圖參照如下：

圖 4-2-1：吳蜀分地之盟劃分勢力示意圖

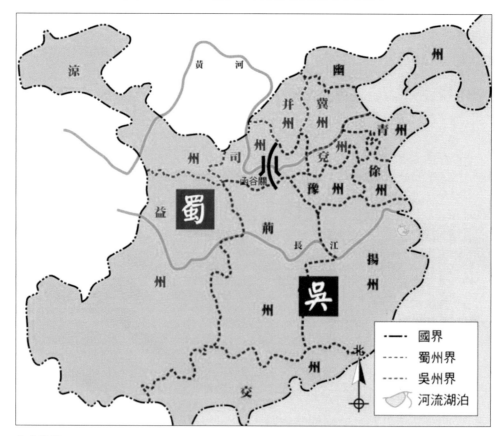

參考資料：
1.《三國志‧吳主傳》、《三國志‧陳震傳》。
2.《三國風雲地圖說》，頁 363。

本段誓文為兩個獨立國家互相承認，乃中國古代少見的平等國交史料，殊為珍貴，甚是研究三國外交不能忽略之處。

吳蜀既正式結盟，孫權也調整首都位置，原先都江夏鄂縣，並改名武昌，用意乃是便於支援荊州守軍的戰略部署，黃龍元年九月，孫權即返都建業，並徵上大將軍陸遜輔佐太子孫登，留掌武昌事，示意國防重心不再針對蜀，而轉移到對曹魏的淮南區域。

另外，陳健梅也指出「遙領」與「虛封」，乃屬三國政治地理上的特殊現象，尤以吳、蜀為盛，蓋反映分裂時期對於敵政權領土在意願上的統治，表達一種政區理想。〔註72〕訂立分地之盟後，孫權解去朱然的兗州牧、步騭冀州牧，不使遙領之事侵名盟約所規範之蜀國領地，〔註73〕以彰遵守盟約之誠。稱帝之後，也派與陳震同屬衛尉官職的嚴畯返使蜀國，〔註74〕此皆是在外交上持續示禮、示好的行動。

筆者以為，孫氏之據江東，早已是脫離漢朝管轄的獨立政權，故稱帝是種宣示性質的統治舉措，目的在於提升政治聲望，其內部早已儼然如國家般運作。而吳蜀劃分勢力範圍，雖有表達各自戰略主攻方向的意涵（蜀主西北、吳主東南），但所分者皆曹魏之領土，未來能否真正奪得尚屬未知數，只能是種虛擬的願景。因此，盟約內容實際最具功能者，還是軍事層面，它明確把吳、蜀定位在「軍事攻守同盟」的關係上，而軍事合作正是兩國抵抗曹魏最直接、最有效的手段。當然，此盟約也是一個分水嶺，它象徵著吳、蜀關係長期定調。此「聯蜀抗魏」的外交方針在孫權死後，直到蜀亡才終止，前後計達三十餘年，是故，筆者才將其設定為「穩定期」。

二、吳、蜀聯盟晚期發展

蜀漢滅亡後，孫吳國祚仍維持了近十七年，此期間由吳、蜀、魏三方鼎立轉變成為吳、晉南北對抗，由於晉朝時已兼併蜀漢領土，南北呈現著極大的國力差距。吳國並未臣服於晉，故本質上只是從抗魏轉換成為抗晉。因此，吳、晉之間除了少部分形式上的往來，並無實質外交關係可言，遑論有改易

〔註72〕參氏著《孫吳政區地理研究》，頁13～17。

〔註73〕蜀亦有相同行動，如《三國志》，卷43〈蜀書・李恢傳〉，頁1046載：「建興七年（229，吳黃龍元年），以交州屬吳，解恢刺史。」

〔註74〕筆者以為，所派使臣在本朝的官職地位，實可反映對於出使之事的看重程度，回以相等官階之人為使，亦是一種示誠之行為。

外交立場之可能性，〔註75〕便如陸抗曾與晉將羊祜之交往雖傳爲佳話，亦嚴守國家立場分紀。〔註76〕另外，孫權稱帝後有經略東北之活動，其政策目的與聯蜀抗魏的外交政策相呼應，本文下節另有專述，此不贅言。故此處筆者關切的部份，仍是吳、蜀分地之盟後，聯盟關係之維持情況。

嘉禾三年（234，蜀建興十二年）蜀相諸葛亮病卒於北伐戰事中，由於他是蜀漢軍國大政上的支柱，又是蜀國外交「聯吳政策」的制定者，他的去世，自然引起孫權的憂心，可言是分地之盟遭遇的第一個考驗。先是，費禕使吳時，孫權曾問其蜀將楊儀、魏延不和之事，並說若「一朝無諸葛亮，必爲禍亂矣」，費禕當下愕然，未知如何應答，賴座中董恢機智解困，〔註77〕顯見孫權十分關注蜀國內部情勢。明顯是擔心蜀國若發生政治危機，將影響吳、蜀聯盟的維繫，以及聯手抗魏的能力。因此，孫權很快採取應對措施，史稱「及亮卒，吳慮魏承衰取蜀，增巴丘守兵萬人，一欲以爲救援，二欲以事分割也」，蜀漢得知後「亦益永安之守，以防非常」，〔註78〕吳、蜀邊境因諸葛亮之死一時瀰漫著緊張的氛圍。

鄧芝爲使，曾成功的協調吳、蜀關係。待至諸葛亮平定南中後，主要接手出使任務之人，則是費禕。史稱「孫權性既滑稽，嘲啁無方，諸葛恪、羊衜等才博果辯，論難鋒至，禕辭順意篤，據理以答，終不能屈」，〔註79〕則見費禕亦十分稱職。北伐期間諸葛亮長期在漢中前線指揮戰事，費禕則「以奉使稱旨，頻繁至吳」，〔註80〕諸葛亮去世後，費禕未久就任尚書令，其才能出眾如孫權所料，「必當股肱蜀朝，恐不能數來也」，〔註81〕之後替代費禕的人選，則變成了宗預。

諸葛亮死，宗預奉命使吳，此行具有弭平兩國不安疑慮的意涵，宗預至

〔註75〕如《三國志》，卷48〈吳書・三嗣主・孫皓傳〉，頁1165：「寶鼎元年（266）正月，遣大鴻臚張儼、五官中郎將丁忠弔祭晉文帝」，即爲一例。

〔註76〕兩人皆爲荊州重要鎮將，時有書信往來，如陸抗逢疾羊祜贈藥抗服之無疑，又孫皓陰疑兩人之往來，事可詳參《晉書》，卷34〈羊祜傳〉，頁1016～1017所載。但羊祜的目的在於令吳國百姓懷德景仰，以作政治號召，非有促使兩國外交和談、結盟之意。

〔註77〕事可參《三國志》，卷39〈蜀書・董允傳〉注引《襄陽記》，頁986～987。

〔註78〕《三國志》，卷45〈蜀書・宗預傳〉，頁1075～1076。

〔註79〕《三國志》，卷44〈蜀書・費禕傳〉，頁1060～1061。

〔註80〕《三國志》，卷44〈蜀書・費禕傳〉，頁1060～1061。

〔註81〕《三國志》，卷44〈蜀書・費禕傳〉，頁1060～1061。

建業，孫權問曰：「東之與西，譬猶一家，而聞悉更增白帝之守，何也？」此語帶有試探性質，意在觀察蜀國如何看待眼下的邊境騷動，宗預則回答曰：「臣以爲東益巴丘之戍，西增白帝之守，皆事勢宜然，俱不足以相問也。」令孫權十分欣賞，孫權對宗預「見敬亞於鄧芝、費禕」，〔註82〕可見其爲使也十分成功。

從分地之盟到蜀漢亡國，吳、蜀聯盟足足維持了三十四年，茲據《三國志》整理孫吳後續遣使記錄如下：

表 4-2-1：吳、蜀中分之盟後（229～263）孫吳對蜀遣使表〔註83〕

使者（官職）	時　間	事略經過	說　明	資料出處
1.嚴畯（衛尉）	黃龍元年四月～嘉禾三年八月之間（229～234）〔註84〕	（孫）權爲吳王，及稱尊號，（嚴）畯嘗爲衛尉，使至蜀，蜀相諸葛亮深善之。	孫權稱帝後，出使聯繫吳、蜀關係	卷53〈吳書·嚴畯傳〉，頁1247
2.不明	嘉禾二年～三年（233～234，魏青龍二～三年）	青龍初，孫權與諸葛亮連和，欲俱出爲寇。邊候得權書，放乃改易其辭，往往換其本文而傅合之……，封以示亮。〔註85〕	孫權與諸葛亮聯繫，欲同時出兵攻打曹魏	卷14〈魏書·劉放傳〉，頁457
3.是儀（不明）	嘉禾三年八月後	蜀相諸葛亮卒，（孫）權垂心西州，遣（是）儀使蜀申固盟好。	諸葛亮去世，孫權憂蜀國情勢，遣使鞏固關係	卷62〈吳書·是儀傳〉，頁1412
4.李衡（司馬）	建興二年春（253）	（諸葛）恪使司馬李衡往蜀說姜維，令同舉，維從之。	諸葛恪聯繫蜀漢大將姜維，聯合攻魏	卷64〈吳書·諸葛恪傳〉注引《漢晉春秋》，頁1435
5.刁玄（五官中郎將）	太平元年十二月（256）	十二月，使五官中郎將刁玄告亂于蜀。	孫綝專政並劑除異己王惇、孫憲等，遣使告蜀政亂已平	卷48〈吳書·三嗣主·孫亮傳〉，頁1153

〔註82〕《三國志》，卷45〈蜀書·宗預傳〉，頁1076。

〔註83〕本表依據《三國志》整理而成，上限起於蜀遣陳震與吳訂盟至蜀亡爲止。

〔註84〕按黃龍元年四月孫權稱帝，而嚴畯受諸葛亮賞識，則必在諸葛亮去世前使蜀，又諸葛亮去世於嘉禾三年八月，故本表時間界定於此範圍內。

〔註85〕同事另參《三國志》，卷56〈吳書·朱然傳〉，頁1307載「嘉禾三年，（孫）權與蜀克期大舉」，則知此回吳、蜀同時伐魏是經過外交連繫後的行動。

6.不明	太平二年 （257）	孫綝秉政，大臣疑貳，（朱）績恐吳必致亂，而中國乘釁，乃密書結蜀，使爲并兼之慮。〔註86〕	吳臣朱績憂政爭危國，密通蜀國爲備	卷56〈吳書・朱然附子績傳〉，頁 1038～1039
7.濮陽興 （五官中郎將）	神鳳元年閏四月～太平三年之間 （252～258）〔註87〕	（濮陽興）以五官中郎將使蜀。	未知事由	卷64〈吳書・濮陽興傳〉，頁1451
8.王蕃 （不明）	永安元年十月後～永安六年之間 （258～263）〔註88〕	遣（王蕃）使至蜀，蜀人稱焉。	孫休即位後所遣	卷64〈吳書・王蕃傳〉，頁1453

觀察上表，中分之盟後的吳對蜀遣使記載計得八條：

首先，在軍事行動上，表中第二條，是吳蜀結盟後，首次聯合軍事行動，但此戰未果，之後吳蜀伐魏便各行其事。直到孫權去世，諸葛恪主政，表中第四條所示，其遣使邀蜀大將姜維聯手攻魏，才有第二次，兩次時間前後相隔近二十年，值得注意，但此處原因與影響容後詳論。

其次，第三條則是諸葛亮去世，史言孫權「垂心西州」，當是其憂蜀失軍國支柱，曹魏可能有所動作；以及吳、蜀聯盟有生變可能，故遣是儀申固盟好。這是分地之盟以來，兩國關係一個考驗點，但繼任的蔣琬遵循諸葛亮盟吳方針，透過蜀使宗預出使吳國，化解邊境駐軍增加導致的緊張情勢。同樣的，孫權去世，吳國的兩嗣主孫亮、孫休時代，也未改變孫權定下的聯蜀方針，則兩國皆未因主政者替換，更易外交政策，相對的促進了聯盟關係的穩固。

最後，孫亮時期，權相孫綝鎮壓異己的政治鬥爭，除了有檯面上國家正式遣使告蜀（意義近於孫權關注蜀臣魏延、楊儀不合之事），同時亦有大臣朱績私底下祕密聯繫蜀國的紀錄，可見雙方對於彼此國內政治情勢之變化，是

〔註86〕此次雖屬吳國大臣秘密遣使，並非檯面上的正式外交行動，殊爲僅見特例，故筆者仍將其列入，探討其行動背後所顯示的吳、蜀聯盟關係。

〔註87〕按孫權死後諸葛恪秉政，孫休因李衡之故請徙會稽，因此得遣使蜀返國，時任會稽太守的濮陽興，故本表將時間界定於孫權死至孫休即位前的範圍內。李衡事可參《三國志》，卷48〈吳書・三嗣主・孫休傳〉，頁1155，及卷64〈吳書・濮陽興傳〉，頁1451。

〔註88〕按王蕃在孫休即位後方使蜀，故本表將時間界定於孫休在位，且蜀未亡國之期間。

具有高度敏感性的，相當注意這可能對兩國關係造成的影響。

李燾曾言：「吳、蜀合，則進圖中原而有餘；吳、蜀分，則自守其地而不足。」〔註89〕那麼吳、蜀聯盟明明維持了長時段的穩固，卻為何最後國勢仍走向一亡一孤，遭到併吞呢？筆者以為，兩國雖在外交活動上相當重視聯盟維持，但由於過往曾幾度爆發激烈的利益衝突，仍能觀察到許多吳、蜀信任基礎不穩的情況，這直接導致了聯盟效益的降低。

例如赤烏七年（244，蜀延熙七年）蔣琬主張過去北伐「諸葛亮數闚秦川，道路運艱，竟不能克，不若乘水東下。乃多作舟船，欲由漢、沔襲魏興、上庸」，〔註90〕蜀漢此次改換進攻路線的戰略，立即引起孫吳大臣的疑慮，認為蜀國疑似有攻吳打算，守將朱然、步騭等便上疏，其曰：

> 自蜀還者，咸言欲背盟與魏交通，多作舟船，繕治城郭。又蔣琬守漢中，聞司馬懿南向，不出兵乘虛以掎角之，反委漢中，還近成都。
> 事已彰灼，無所復疑，宜為之備。〔註91〕

孫權研判蜀漢不敢背盟，故不應過度放大蜀治舟船、魏襲舒城之事。但吳國將臣不可能忘記荊州歸屬之爭是如何結束的，終究難以對蜀完全放下戒心。不過孫權從形勢上判斷，蜀國沒有能力放棄吳蜀聯盟抗魏的益處，眼下蜀已少了能臣諸葛亮，更無本錢再尋釁毀盟，在其背書之下，才讓此次風波平和結束。由此可知，吳、蜀聯盟的維持本質上還是著眼於曹魏的威脅，而不是兩國真誠的在外交立場上緊密的合作態度。

吳、蜀雖有聯盟之實，但兩國大臣各有彼此的心態還是顯而易見，僅有孫權、諸葛亮，才能篤實站在兩國長期利益的角度，力行聯盟政策。不過值得注意的是，赤壁戰後，孫、劉曾一度在東西戰線帶給曹操無法兼顧的困擾，此時期吳、蜀聯盟卻呈現各自「守國有餘，共圖魏則不足」的情況，不能不說是聯盟關係存有形勢大於實際效益之現象。

實際效益最直接的評估點，便是軍事層面，亦即進攻與防守兩方面的表現。進攻部分，郭建與王志強指出蜀漢與孫吳的攻勢互相之間的配合很差，往往在時間上不同步，在戰略目標上也是各行其事，兩國之間的同盟與其說是軍事同盟，還不如說是一種鬆散的政治上彼此聲援的準同盟關係，〔註92〕

〔註89〕《六朝通鑑博議》，卷1，頁157。
〔註90〕《三國志》，卷44〈蜀書‧蔣琬傳〉，頁1058～1059。
〔註91〕《三國志》，卷47〈吳書，吳主傳〉，頁1145。
〔註92〕詳參氏著《滄桑分合‧魏晉南北朝興衰啟示錄》（臺北：年輪文化事業有限公

筆者以為，這的確點出了吳蜀表面聯盟關係上，一項頗為關鍵的盲點。

回顧首次聯合出兵，事在吳嘉禾三年（蜀建興十二年）諸葛亮與司馬懿相拒五丈原，另一線孫權則兵圍合肥新城，但諸葛亮病死導致蜀軍撤退，孫權又懼魏明帝率軍往淮南支援，匆忙退離，形成雷聲大雨點小的一次行動。其後，蜀國進入蔣琬、費禕主政期，兩人擔心國力耗損過巨，皆無大規模伐魏戰爭，雖然皆曾前駐漢中，但秉持著「吾等不如丞相亦已遠矣，丞相猶不能定中夏，況吾等乎」的態度，〔註93〕十分節制用兵，如史稱「（姜維）每欲興軍大舉，費禕常制裁不從，與其兵不過萬人」，〔註94〕這種保守的小規模攻勢，遠不如諸葛亮時代的北伐帶給魏國的威脅。故這段期間，真正積極伐魏的僅是吳國（孫權推行進圖淮南戰略，多次遣師北伐）。

相隔許久的第二次計畫性合攻，已晚至吳建興二年（蜀延熙十六年），前後竟相隔達十九年！這時諸葛恪受孫權托孤主政，在東興一役擊退魏軍，受之鼓舞，決定趁勢「曜威淮南」，動員大軍包圍合肥新城。由於費禕在該年年初遇刺，〔註95〕蜀漢軍事大權已統於有心北伐的姜維，吳國遣使來告，姜維便積極配合，史稱其「帥數萬人出石營，經董亭，圍南安」，〔註96〕但吳軍方面因諸葛恪此役戰場戰略嚴重失當，遭逢大敗，姜維方面也因陳泰堅守，無所斬獲，這次聯合作戰結局仍告失敗。

綜觀孫權稱帝以降，孫吳在淮南二十餘年沒有進展，而孫權去世前，孫吳已放棄「進圖淮南」戰略，轉趨於「限江自保」的消極態度。但是蜀漢方面反而由姜維積極發動北伐，顯見吳、蜀結盟到蜀亡前，兩國的國家戰略也存有多數時間不同調的問題，並成為聯盟效益不理想的一項因素。當然，從戰局形勢考量，吳、蜀所開闢的東西兩戰線相隔遙遠，以古代資訊不發達之情況，確實難以在軍機配合上有顯著成效，而北方畢竟物博人眾，雖遭戰亂荒殆，但歷經時日休養，也可慢慢積蓄出能應對兩線同時作戰的國力。則東西縱然同時開闢戰場，也不見得能有如曹操時代，能夠讓其疲於奔救的效

司，1998年），頁115。

〔註93〕語見《三國志》，卷44〈蜀書‧費禕傳〉注引《漢晉春秋》，頁1064。

〔註94〕《三國志》，卷44〈蜀書‧姜維傳〉，頁1064。同頁注引《漢晉春秋》載費禕對姜維言：「吾等不如丞相亦已遠矣……」，其反對積極北伐的保守心態明顯可見。

〔註95〕事參《三國志》，卷44〈蜀書‧費禕傳〉，頁1062。

〔註96〕《三國志》，卷44〈蜀書‧姜維傳〉，頁1064。

果。歸結來說，吳蜀聯盟在合作進攻的效益不佳，誠是無法動搖曹魏之主因。〔註97〕

回到防禦部分，除了曹丕首次南征外，曹魏其實並未帶給孫吳長江防線太大的威脅，甚至在明帝時期開始，曹魏在淮南一線長期都是處於戰略守勢。同樣的，曹魏對於蜀國發動之攻勢也不多，太和四年（230，吳黃龍二年）曹真嘗試失敗後，〔註98〕也不見再有大規模軍事行動。可見吳、蜀雖然進攻方面不同步，但在形勢上，仍使曹魏長時間不敢輕易發動進攻，反而輪流在東西兩側抵禦吳、蜀進攻。

晚至司馬昭掌握大權，認他為時機成熟，在吳永安六年（263，蜀景耀六年）冬，大舉出兵伐蜀，其中鄧艾率軍以奇襲方式翻山越嶺、攻入陰平，最具威脅。眼見魏軍直逼成都，大敵將至，後主劉禪召群臣會商對策，時有臣下建言，以為「蜀之與吳，本為和國，宜可奔吳；或以為南中七郡，阻險斗絕，易以自守，宜可奔南」，但兩項對策都為大臣譙周反對，〔註99〕最終，他勸服劉禪，使之選擇開城降魏。筆者以為，此際後主寧願輕易降魏，而不考慮依靠盟友孫吳協助來抵抗或復國，同樣可反映的是，聯盟關係實際上薄弱的一面，畢竟昔日聯盟關係，終在荊州問題上兵戎相向，後來吳蜀即使復交也還是迫於情勢，且兩國地遠千里，吳軍救援不易，實在是難以在此困境上期待什麼。因此，後主很快就放棄退守抵抗的想法，選擇投降曹魏。

初聞魏軍來攻，蜀其實即遣使向吳告急，吳主孫休即令「大將丁奉督諸軍向魏壽春，將軍留平別詣施績於南郡，議兵所向，將軍丁封、孫異如沔中，皆救蜀」，此種圍魏救趙的支援方式，在蜀漢很快投降的情況下，並未發生任何效用。得知蜀亡已難回天，永安七年春（264），孫休甚至急派「鎮軍將軍陸抗、撫軍將軍步協、征西將軍留平、建平太守盛曼，率眾圍蜀巴東守

〔註97〕如張儐生便指出，吳蜀兩國結盟，頗有近代攻守同盟意味，但兩國地理懸遠，消息難通，常有進退不同調之況，故實際言之盟約真正的效益，只是互不侵犯而已，前揭《魏晉南北朝史》，頁115～116。

〔註98〕事參《三國志》，卷9〈魏書・曹真傳〉，頁281～282。

〔註99〕事參《三國志》，卷42〈蜀書，譙周傳〉，頁1130，此處文長不錄。雷家驥師指出，譙周撰〈仇國論〉，以魏為肇建之國，蜀因餘之國，意指蜀僅能割據一隅而不能如魏統一天下，從而反對北伐，此思想與他建言蜀後主放棄決戰，投降曹魏有密切相關，參氏著《中古史學觀念史》（臺北：臺灣學生書局，1990年），頁294～296。

將羅憲」，〔註 100〕企圖將勢力延伸峽口之內，來強化益州失守後的西側防線。羅憲與部下蜀軍當時尚未完成受降，卻見盟友孫吳竟然忙著瓜分蜀漢領土，兵將皆忿恨不已，奮勇死守，其後魏將胡烈率軍攻擊江陵，吳軍退無所獲。蜀亡，則吳、蜀聯盟自然消滅，也宣示孫吳外交的穩定期結束。當孫休去世，最後一任吳主孫皓繼位時，早已不是三國鼎立，而是吳、魏（晉）南北對抗的局面。

吳蜀聯盟的核心利基在於分擔強魏之威脅，然則，一旦魏之國力日進月累，已能夠支應兩線作戰，則聯盟效應必然大幅下降，反而暴露了兩國救援困難、互信基礎不足的缺陷。聯合進攻的效益不論，光是蜀國存亡一役，吳國戰力幾乎未派上用場，甚至是趁益州情勢混亂的時候，企圖趁火打劫。這非是兩國聯合政策有誤，而是聯盟本質上的弱點已被曹魏所突破，吳軍攻入益州之舉，不過是孫吳鞏固自身利益的現實考量。但從歷史角度來看，吳、蜀復交後，蜀漢歷經四十年才亡，不能不說是聯盟在一定程度上，對於曹魏尋求統一產生了拖滯效果，讓其不敢輕易發動滅國戰爭，從而延緩了吳、蜀滅亡。誠如李燾所評：「臣常思吳之爭天下，上策莫如全天下之勢，中策莫如固天下之交，最下自守而已」，〔註 101〕縱使吳蜀聯盟不足成就吳取天下之業，亦在「固天下之交」的課題上，帶來了一定程度的助益。

總之，孫吳的外交政策在夷陵戰後以後，進入「穩定期」，此時期的核心政策是「聯蜀抗魏」，不再如同變動期一般，配合短期戰事需求而轉換立場，這是兩個時期極大的相異之處最，這也是影響吳、蜀後期國祚延續的關鍵決策。雖然並不能扭轉相繼滅亡的結局，卻也在三國晚期歷史的推進上，帶來重要影響。

第三節　經略東北及其政策意涵

夷陵之戰獲勝，使孫吳順利掌控荊州主權，但交戰的吳、蜀兩方很快在「蜀弱吳孤」的共識下，恢復往來。其後，黃龍元年（229）孫權稱帝，並與蜀漢訂下「分地之盟」，〔註102〕雙方正式建立軍事同盟的關係，此象徵孫吳在

〔註100〕《三國志》，卷48〈吳書，三嗣主·孫休傳〉，頁1161～1162。

〔註101〕《六朝通鑑博議》，卷2，頁177。

〔註102〕《三國志》，卷47〈吳書·吳主傳〉，頁1134載：「（黃龍元年）六月，蜀遣衛尉陳震慶（孫）權踐位。權乃參分天下，豫、青、徐、幽屬吳，兗、冀、

外交上，採取「聯蜀抗魏」的長程規劃。但值得注意的是，孫權外交佈局的行動，不止於蜀漢，也目指位處東北的公孫氏政權，對這特殊的「第四方勢力」，〔註103〕展開一系列積極的遣使互通行動，故本文以「經略遼東」簡稱之。關於「經略遼東」一題，本文所著重處，乃從外交與戰略之觀點來探討，漢、魏之際，遼東公孫氏政權發展概況如何？孫權經略遼東之過程，以及成敗效益如何？其與孫吳「聯蜀抗魏」的戰略具有何種聯繫？又何以此事頗受到後世之嚴厲批評？〔註104〕

一、孫權經略遼東始末

（一）遼東公孫氏政權之發展

　　孫權經略東北地區，主要是與遼東政權之往來。其政權始建於公孫度，歷經二子傳至其孫公孫淵，爲曹魏名臣司馬懿所滅，政權前後維持近五十年。關於公孫度其人，史載：

> 公孫度字升濟，本遼東襄平人也。……同郡徐榮爲董卓中郎將，薦度爲遼東太守。度起玄菟小吏，爲遼東郡所輕。先時，屬國公孫昭

并、涼屬蜀。其司州之土，以函谷關爲界，造爲盟曰：『天將喪亂……其明鑒之！』」，故筆者此處稱其爲分地之盟。

〔註103〕公孫氏曾先後接受漢朝與曹魏的官爵封號，雖然僅在滅亡前短暫自立年號，但實際上長時間自置長吏、控有軍隊，儼然如割據政權，即使力量不足以改變當時三國鼎立的局勢，仍因接壤曹魏東北，受到孫權重視。另外，孫吳經略遼東的活動中，高句驪曾作爲外交對象而捲入，故本文將兩者視爲一體，合併探討。

〔註104〕如裴松之注《三國志》即評「（孫）權愎諫違眾，信（公孫）淵意了，非有攻伐之規，重複之慮。宣達錫命，乃用萬人，是何不愛其民，昏虐之甚乎？此役也，非惟闇塞，實爲無道」，參《三國志》，卷47〈吳書·吳主傳〉，頁1139裴注。又如〔清〕何焯《義門讀書記》（北京：中華書局，1987年），卷28〈吳主傳〉條，頁475：「（孫）權自稱尊號，無一可觀矣。史家鋪陳其事，亦醜之也。」王仲犖評此事也認爲：「孫權剛愎自用」，並指出這是孫吳政權走向衰亡的徵兆，見氏著《魏晉南北朝史》，頁110。另外，張大可則言孫權稱帝後漸有昏聵之象，以遼東一事可見其好大喜功，不聽諫言之失，參氏著《三國史研究》，頁193。但亦有持正面肯定者，如何滿子以爲，史家成敗論英雄，忽略此事事孫權在戰略上極具想像力的一次行動，並非出於個人意志的昏闇，參〈孫權經略遼東平議〉（《學海》第1期，1994年），頁77～78。日人菊地大也指出，經略遼東是孫權對外政策的一個環節，雖然最後成效不佳，但本質上，仍是一種強化己身對東亞形勢掌控力的表現，參〈孫吳政權対外政策について：東アジア地域を中心に〉，《駿臺史學》第116輯，2002年。

守襄平令，召度子康爲伍長。度到官，收昭，笞殺于襄平市。郡中
名豪大姓田韶等宿遇無恩，皆以法誅，所夷滅百餘家，郡中震慄。
東伐高句驪，西擊烏丸，威行海外。〔註105〕

董卓在漢中平六年（189）進京後，控制中央朝廷，因部將徐榮建議，任命公
孫度爲遼東太守，爲公孫氏建立勢力打開了契機。公孫度赴任後，即採高壓
手段，先後誅殺曾輕視自己的官吏與地方名豪，豎立統治權威，又發兵攻打
旁鄰的烏丸、高句驪等勢力，進一步壯大了領地與聲勢。

初平元年（190），當中央陷入了董卓廢帝所引發的內戰時，史稱：

（公孫）度知中國擾攘，語所親吏柳毅、陽儀等曰：「漢祚將絕，當
與諸卿圖王耳。」……分遼東郡爲遼西中遼郡，置太守。越海收東
萊諸縣，置營州刺史。自立爲遼東侯、平州牧，追封父延爲建義侯。
立漢二祖廟，承制設壇墠於襄平城南，郊祀天地，藉田，治兵，乘
鸞路，九旒，旄頭羽騎。〔註106〕

從其逾越官位職分的政治舉措來看，顯見其有趁漢室崩潰之際，長期割據遼
東之野心。因此，當日後曹操封他爲「永寧鄉侯」時，他極爲不滿的表示「我
王遼東，何永寧也」。〔註107〕

建安九年（204）公孫度去世，子康繼任。建安十二年（207）曹操征三
郡烏丸、屠柳城，迫使袁尚及其餘黨奔逃遼東，當時公孫康選擇斬送袁尚等
人首級，向曹操示好，故曹操又進封康爲襄平侯。〔註108〕康死，因「子晃、
淵等皆小，由眾立其弟公孫恭繼任遼東太守」。魏文帝曹丕踐祚，又拜恭爲「車
騎將軍、假節，封平郭侯」，並追贈公孫康大司馬。曹丕冊封之舉，無疑是表
示曹魏政權仍舊承認公孫氏自漢末以來在遼東統治的合法性，僅需遼東在名
義上臣屬曹魏。但是史稱公孫恭「病陰消爲閹人，劣弱不能治國」〔註109〕使
得其姪公孫淵在魏太和二年（228）脅奪其位，成爲遼東第四任領導人。

當時在位的魏明帝曹叡似無意過問公孫淵奪位一事，仍拜公孫淵爲揚烈

〔註105〕《三國志》，卷8〈魏書·公孫度傳〉，頁252。
〔註106〕《三國志》，卷8〈魏書·公孫度傳〉，頁252。
〔註107〕《三國志》，卷8〈魏書·公孫度傳〉，頁253。
〔註108〕楊富以爲，曹操征烏丸，未選擇趁勢攻入遼東，其原因有二：一是擔心荊州
的劉表趁機偷襲；二是當時袁尚餘黨逃入遼東，若強勢進攻，恐逼使公孫度
與袁尚、蹋頓等人合作，反而不利平定，參其〈公孫氏政權下遼東經濟中心
的發展與衰落〉（《西藏大學學報》第23卷第2期，2008年），頁107。
〔註109〕《三國志》，卷8〈魏書·公孫度傳〉，頁253。

將軍、遼東太守，秉持既往一貫的羈縻政策，以遼東不叛魏，便不介入其統治。有一值得留心的是，曹魏給予公孫氏的授官上，即便到了明帝初期，仍僅授公孫淵爲遼東郡太守，並不見「州牧」、「州刺史」的授予。但早於公孫度時期，其已有自行分郡、置太守官、控有私屬軍隊，甚至征伐鄰國的行爲，可知公孫氏在境內的實際統治權力，早已超越州牧、州刺史這類漢末地方最高層級的行政官，具有很高程度的獨立性。

曹魏代漢，公孫氏政權不受影響，仍舊延續。筆者認爲，我們此際雖不能以後見之明，斷定公孫氏日後必定叛魏，然而，正因魏、遼雙方，一直是處在這樣控制力有限的臣屬關係，並不同於一般中央與地方政府的統轄機制，故可言，曹魏對遼東的羈縻政策，是孫吳在外交上得以見縫插針的重要肇因。

（二）孫權遣使遼東始末

孫權於黃龍元年（229）四月稱帝，五月即派遣船隊出使遼東，此時遼東的領導人已是前一年奪位成功的公孫淵。孫吳此舉，使得遼東正式涉入吳、魏對抗的情勢。爲釐清孫權歷次遣使的時間及經過，茲據史料整理如下表：

表 4-3-1：孫權歷次遣使遼東事略表

次數	時　間	孫吳使者	事　略　經　過	資料出處〔註110〕
一	建安九至二十五年間（204～220）〔註111〕	不明	（公孫淵）曰：「臣父康，昔殺（孫）權使，結爲仇隙。」	卷 8〈魏書・公孫度傳〉注引《魏名臣奏》，頁 256
二	吳黃龍元年（229，魏太和三年）	校尉張剛、管篤	夏四月……（孫權）南郊即皇帝位，……五月使校尉張剛、管篤之遼東。	卷 47〈吳書・吳主傳〉，頁 1134

〔註110〕本欄資料皆引自《三國志》，爲求行文簡潔，以下出處僅書卷數、篇名以及頁數。

〔註111〕公孫度卒於建安九年，其子康繼位。但康之卒年似有疑義，考之同書夏侯獻表稱：「文皇帝即位……公孫康遂稱臣妾。」（見《三國志》，卷 8〈魏書・公孫度傳〉注引《魏名臣奏》，頁 257）又公孫康死，魏文帝拜公孫恭爲車騎將軍一事，《資治通鑑》載此事於黃初二年三月（參卷 69〈魏文帝黃初二年條〉，頁 2185），則推測公孫康最晚可能卒於黃初元年，然其殺使之確切時間難考，故將事置於建安九年到建安二十五年之間。

三	吳嘉禾元年（232，魏太和六年）	將軍周賀、〔註112〕校尉裴潛	三月，（孫權）遣將軍周賀、校尉裴潛乘海之遼東。秋九月，魏將田豫要擊，斬賀于成山。冬十月，魏遼東太守公孫淵遣校尉宿舒、郎中令孫綜稱藩於權，并獻貂馬。權大悅，加淵爵位。	卷47〈吳書·吳主傳〉，頁1136
		葛都尉〔註113〕		
四	吳嘉禾二年（233，魏青龍元年）	太常張彌、執金吾許晏、中郎將萬泰、校尉裴潛、將軍賀達、虞咨、中使秦旦、張羣、杜德、黃疆等〔註114〕	三月，（孫權）遣舒、綜還，使太常張彌、執金吾許晏、將軍賀達等將兵萬人，金寶珍貨，九錫備物，乘海授淵。舉朝大臣，自丞相雍已下皆諫，以爲淵未可信，而寵待太厚，但可遣吏兵數百護送舒、綜，權終不聽。	卷47〈吳書·吳主傳〉，頁1138
			別數日，（秦旦等）得達句驪，因宣詔於句驪王宮及其主簿，詔言有賜爲遼東所攻奪。宮等大喜，即受詔，命使人隨旦還迎（張）羣、（杜）德。其年，宮遣皁衣二十五人送旦等還，奉表稱臣。	卷47〈吳書·吳主傳〉注引《吳書》，頁1139～1140
五	赤烏二年（239，魏景初三年）	將軍孫怡、鄭胄、羊衜	二年春三月，（孫權）遣使者羊衜、鄭胄、將軍孫怡之遼東，擊魏守將張持、高慮等，虜得男女。	卷47〈吳書·吳主傳〉，頁1143

觀察上表，可知，孫權在稱帝前早有遣使遼東之舉，據首欄資料顯示，時間點乃公孫康在任時，但當時使者爲康所殺。今考之史籍，難以確定公孫康究竟死於何年。〔註115〕因此，以其繼任於建安九年，而下一任統治者公孫恭受魏文帝封於黃初元年（220）作爲斷限範疇，則此次行動應是介於建安中到建安末之間。

〔註112〕曹魏曾下公文命公孫淵斷絕與孫權往來，文中提到吳使周賀之船隊「浮舟百艘」，雖屬形容之詞，但可知曹魏的情報中，孫吳船隊規模頗爲可觀，參《三國志》，卷8〈魏書·公孫度傳〉注引《魏略》，頁255。

〔註113〕此次通使，公孫淵事後回覆給孫權的表中說道：「前後裴校尉、葛都尉等到，奉被敕誡」，可知此次使團分成兩批，裴、葛兩位都尉先後抵達遼東。參《三國志》卷8〈魏書·公孫度傳〉注引《吳書》，頁254。

〔註114〕此次使團成員載於史籍眾多，主要依據《三國志》，卷8〈魏書·公孫度傳〉注引《魏略》，頁256以及《三國志》，卷47〈吳書·吳主傳〉注引《吳書》，頁1139此兩處補之。

〔註115〕萬斯同認爲其卒於建安十二年，見氏撰〈三國漢季方鎮年表〉，收入《後漢書三國志補表三十種》，頁912。但筆者以爲，建安十三年前，孫權致力於平定境內山越、攻打江夏黃祖，若早在赤壁戰前派使連絡遼東，一者曹、孫雙方尚未啓荊州之爭；二者當時孫吳船隊未知是否已具備此項能力，其雖非不可能之事，但似較不合於當時情勢。

　　另外，公孫淵向曹魏政府的上表中曾言及「（孫）權之求郡，積有年歲」，[註116] 也同樣證明孫權早有拉攏遼東的計劃，只是在時間點上，延至稱帝後才密集施行。從政治立場來看，孫權稱帝，又與蜀訂分地之盟，已彰顯其敵對目標專事向魏，則吳、魏兩國既已公開宣示敵對，孫權自無須顧忌拉攏遼東會開罪曹魏了。

　　第二次遣使，也是孫權稱帝後的首次行動，很快的引來曹魏關注，因此，決定對遼東採取軍事行動，史稱：

> 太和末，公孫淵以遼東叛，帝欲征之而難其人，中領軍楊暨舉（田）豫應選。乃使豫以本官督青州諸軍，假節，往討之。會吳賊遣使與淵相結，帝以賊眾多，又以渡海，詔豫使罷軍。豫度賊船垂還，歲晚風急，必畏漂浪，東隨無岸，當赴成山。成山無藏船之處，輒便循海，案行地勢，及諸山島，徼截險要，列兵屯守。自入成山，登漢武之觀。賊還，果遇惡風，船皆觸山沈沒，波蕩著岸，無所蒙竄，盡虜其眾。[註117]

從史料可知，明帝曹叡本就打算對不臣服的遼東用兵，便命田豫便調動青州駐軍前往討伐，同時又聞知吳、遼正有所往來，惟慮遠征取勝不易，也無一口氣剿滅遼東之打算，很快便下詔罷軍。不過，田豫推測孫吳船隊可能在青州的成山靠岸，暫避風浪（約在今山東半島東側沿海），遂逕趕赴埋伏。嘉禾元年（232，魏太和六年）九月，孫吳第三次使團返航途中，果如所料，因天氣惡劣選擇靠岸，遂使得吳將周賀受魏軍伏擊而亡，而裴潛則逃回吳國。田豫此次行動大抵重在示警，以阻礙吳、遼聯絡爲先，且看得出魏對吳水軍戰力頗有顧忌，故不赴海追擊。[註118]

　　緊隨孫吳第三次使團回國之後，嘉禾元年十月（232），公孫淵派遣「校尉宿舒、郎中令孫綜稱藩於（孫）權，並獻貂、馬。權大悅，加淵爵位」，[註119] 關於詳細授予之爵位，可見於孫權嘉禾二年（233）正月詔書，其封公

〔註116〕《三國志》，卷 8〈魏書‧公孫度傳〉注引《魏略》，頁 257。

〔註117〕《三國志》，卷 26〈魏書‧田豫傳〉，頁 728。

〔註118〕《三國志》，卷 26〈魏書‧田豫傳〉，頁 728：「及賊破，競欲與謀，求入海鈎取浪船，皆不聽」，可見即便在岸上陸戰勝利，魏將也不敢爲了擴大戰果，而輕易入海，則可推測，當時曹魏青、徐兩州的水軍，應無直接在航道上攔截吳、遼往來船隻的能力。

〔註119〕《三國志》，卷 47〈吳書‧吳主傳〉，頁 1136。

孫淵爲「使持節‧督幽州‧領青州牧‧遼東太守‧燕王」，此表示孫權欲透過冊封，正式確立遼東對孫吳的臣屬關係。以曹魏立場來看，遼東與孫吳遣使往來已是大不忠，若遼東又受孫吳冊封則無異叛變！相對的，公孫淵遣使，除是向孫吳示好，也顯示孫吳前兩次的遣使已生效用，讓遼東主事者有「叛魏投吳」之盤算。若比較遼東臣屬吳、魏的政治待遇，則可發現公孫氏臣魏所獲得之官職，尚以地方郡守爲限（如前述，不見州牧職或刺史職），其待遇及重視程度遠不如孫權所給予的豐厚（這包含賞賜、主動拉攏、較高爵位等方面），這都可能是公孫淵開始傾向臣吳的因素之一。

嘉禾二年三月，遼使宿舒、孫綜準備返航，孫權派遣太常張彌、執金吾許晏等人，率領號稱萬人之船隊，以及數量龐大的金銀財寶，要對公孫淵進行正式冊封。此回吳使在史書中得見姓名者，多達十數人，隨行官員則有太常、執金吾等朝中高位階文官，與先前多以武官之「將軍」、「校尉」爲使不同。筆者認爲，這應是用以專事策封之典禮儀式，〔註120〕在在展現出與前兩次截然不同的高規格。此龐大的冊封使團，引來當時「舉朝大臣，自丞相顧雍以下皆諫，以爲（公孫）淵未可信，而寵待太厚」，〔註121〕但孫權不理朝臣反對，堅持派遣，足見其執著之情，亟欲藉此彰顯自身威勢。

孫吳船隊抵達遼東之後，沒想到公孫淵變卦，其「恐（孫）權遠不可恃，且貪貨物，誘致其使，悉斬（張）彌、（許）晏等首」，〔註122〕殺害吳使。遼東立場變化之驟，恐在孫權預料之外，並直接導致吳、遼交惡。公孫淵甫放棄臣吳，則須即刻防備曹魏趁時圖謀，及孫吳日後挾怨報復，故向曹魏示好，其上表曹魏稱：

> 臣前遣校尉宿舒、郎中令孫綜，甘言厚禮，以誘吳賊。幸賴天道福

〔註120〕今考漢制，〔劉宋〕范曄撰，〔晉〕司馬彪補志，〔唐〕李賢等注，《後漢書》（北京：中華書局，2006 年），卷 25〈百官志二〉，頁 3571：「太常，卿一人，中二千石。本注曰：掌禮儀祭祀，每祭祀，先奏其禮儀；及行事，常贊天子」可知其爲負責禮儀之朝官。又將軍、校尉之職，據《續漢書‧百官一》，卷 24，頁 3563：「將軍，不常置。本注曰：掌征伐背叛。……大將軍營五部，部校尉一人，比二千石。」則知將軍、校尉皆武官，校尉又是將軍軍令系統編制下的部屬。由上可見，孫權對於冊封公孫淵一事，非常看重，因此才會讓掌禮事之太常卿，親身至遼東冊封，而不由以往指揮船隊，身分較爲低階的將軍、校尉負責。

〔註121〕參《三國志》，卷 47〈吳書‧吳主傳〉，頁 1138。關於吳國大臣勸諫、反對之理由以及所造成的孫吳君臣衝突，後文另有探討，此處暫不贅述。

〔註122〕《三國志》，卷 8〈魏書‧公孫度傳〉，頁 253。

助大魏，使此賊（孫權）虜暗然迷惑，違戾群下，不從眾諫，承信
臣言，遠遣船使，多將士卒，來致封拜。……賊眾本號萬人，舒、
綜伺察，可七八千人，到沓津。僞使者張彌、許晏與中郎將萬泰、
校尉裴潛將吏兵四百餘人，齎文書命服什物，下到臣郡。泰、潛別
齎致遺貨物，欲因市馬。軍將賀達、虞咨領餘眾在船所。臣本欲須
涼節乃取彌等，而彌等人眾多，見臣不便承受吳命，意有猜疑。懼
其先作，變態妄生，即進兵圍取，斬彌、晏、泰、潛等首級。其吏
從兵眾，皆士伍小人，給使東西，不得自由，面縛乞降，不忍誅殺，
輒聽納受，徙充邊城。別遣將韓起等率將三軍，馳行至沓。使領長
史柳遠設賓主禮誘請達、咨，三軍潛伏以待其下，又驅群馬貨物，
欲與交市。達、咨懷疑不下，使諸市買者五六百人下，欲交市。起
等金鼓始震，鋒矢亂發，斬首三百餘級，被創赴水沒溺者可二百餘
人，其散走山谷，來歸降及藏竄飢餓死者，不在數中。得銀印、銅
印、兵器、資貨，不可勝數。謹遣西曹掾公孫珩奉送賊權所假臣節、
印綬、符策、九錫、什物，及彌等僞節、印綬、首級。〔註123〕

公孫淵謊稱，引誘吳使前來，目的是要藉此表達對曹魏之忠，接著又一一說
明，其如何殺害吳國使團。

　　首先，突然突襲來襄平的孫吳官員、將領，使之不及防範。其次，針對
底下的吏兵則採取殺害、流放等手段，瓦解其眾。魏明帝為嘉其功，拜公孫
淵大司馬，封樂浪公，持節、領郡如故，眼見遼東輸誠，曹魏又轉回原先的
羈縻政策，〔註124〕此次冊封在爵位上提升至公，但領郡不變亦不授牧、刺史，
可見曹魏始終防範幽州牧、刺之職，可能強化公孫淵割據統治的合法性，故
僅以高爵安撫。〔註125〕

〔註123〕《三國志》，卷8〈魏書・公孫度傳〉注引《魏略》，頁256。

〔註124〕當時大臣中亦有主張武力滅遼者，如劉曄，其曰：「公孫氏漢時所用，遂世官
　　　　相承，水則由海，陸則阻山，故胡夷絕遠難制，而世權日久。今若不誅，後
　　　　必生患。若懷貳阻兵，然後致誅，於事為難。不如因其新立，有黨有仇，先
　　　　其不意，以兵臨之，開設賞募，可不勞師而定也。」其認為果決且出其不意
　　　　的征討，比起維持懷柔之法，更加適宜，但未被魏明帝採用，語見《三國志》，
　　　　卷14〈魏書・劉曄傳〉，頁448。

〔註125〕漢靈帝時，劉焉向中央建言「可選清名重臣以為牧伯，鎮安方夏。」（詳參《三
　　　　國志》，卷31〈蜀書・劉二牧傳〉，頁865），此為漢末復設州牧之始，然設者，
　　　　該州軍政大權盡繫州牧之手，對於割據勢力之形成有助長之勢。諸割據軍閥
　　　　中，如劉焉領益州牧、袁紹領冀州牧、曹操領兗州牧等，皆是透過受拜或自

站在孫吳的角度，必然思考，吳、遼明明已多次遣使互通，甚至要正式建立臣屬關係了，何以公孫淵會突然背盟？在魏人夏侯獻上明帝表中曾分析道：

> 公孫淵昔年敢違王命，廢絕計貢者，實挾兩端。既恃阻險，又怙孫權。故敢跋扈，恣睢海外。宿舒親見賊權軍眾府庫，知其弱少不足憑恃，是以決計斬賊之使。又高句麗、濊貊與淵爲仇，並爲寇鈔。今外失吳援，內有胡寇，心知國家能從陸道，勢不得不懷惶懼之心。〔註126〕

這段話點出：首先，遼東在地形交通上擁有防禦優勢，吳國又積極拉攏，因此讓公孫淵萌生了叛魏意圖。然而，遼東依然畏懼能從陸路直接來攻的魏國，此威脅並非孫吳海道援軍能解除，況且周遭外族勢力素與遼東不善，一旦魏、遼開戰，遼東即有腹背受敵危機。此處突顯了吳、遼在交通距離與形勢上，存有根本性的阻隔，也成了公孫淵放棄臣吳路線的一項考量。

筆者以爲，曹魏方面聞知吳、遼往來，不選擇立即發兵壓境，擴大魏、遼矛盾，原因有二：一是魏在西線與蜀漢長期交戰（時蜀相諸葛亮積極北伐，青龍二年他去世，蜀軍才暫歇攻勢），又有孫吳在淮南一線虎視眈眈，不易抽調充足軍力遠赴遼東；二是給予公孫淵棄吳臣魏之轉圜餘地，否則急於撕破臉，開啓戰事，反而加速吳、遼的外交聯繫。〔註127〕而曹魏此緩兵之策的確收到不錯的結果，雖暫時未能徹底處理遼東問題，但已成功阻礙孫吳的外交佈局。

事後孫權聞知「（公孫淵）斬（張）彌等，送其首于魏，沒其兵資」，極爲忿怒，甚至氣得「欲自征（公孫）淵，尚書僕射薛綜等人切諫乃止」，〔註128〕此事可謂是他在外交上的一大重挫，但經略遼東卻未就此告終，尚有後續發展。

領牧職，強化其統治地方之合理身分。另外，劉表也曾領荊州牧，表長子劉琦死後劉備續領其荊州牧，其理亦同。

〔註126〕《三國志》卷8〈魏書‧公孫度傳〉注引《魏名臣奏》，頁257。

〔註127〕曹魏聞公孫淵將受吳所封，亦有征討之議，據《三國志》卷21，〈魏書‧劉邵傳〉，頁618：「昔袁尚兄弟歸（公孫）淵父康，康斬送其首，是淵先世之效忠也。又所聞虛實，未可審知。古者要荒未服，脩德而不征，重勞民也。宜加寬貸，使有以自新。」

〔註128〕以孫權過去行事持重，怒言親航遠征遼東，足證其忿恨之情強烈，事可參《三國志》，卷47〈吳書‧吳主傳〉注引《江表傳》，頁1138、1139

（三）孫吳通使高句驪與遼東覆亡

　　孫吳第四次船隊中，雖許多官員兵士都遭公孫淵殺害，但使團內中使秦旦、張羣、杜德、黃疆等，與隨身吏兵六十人等則倖存未死，被公孫淵流放到當時的玄菟郡（約離遼東東北方兩百里），在張彌等遇害後月餘，秦旦等密謀逃亡，歷經艱苦跋涉，意外抵達高句驪境內，為得其庇護，而對高句驪王及其主簿假詔稱「有賜為遼東所攻奪」，使高句驪王「大喜，即受詔，命使人隨旦還迎羣、德。其年，高句驪王遣皂衣二十五人送旦等還，奉表稱臣，共貂皮千枚，鶡雞皮十具」，〔註129〕高句驪的稱臣，使孫吳使團在遼東慘虧之際，有了意外的收穫。〔註130〕

　　高句驪屬我國東北方古老民族之一，漢、魏之際形成與遼東公孫氏接壤的政權，史稱其「高句麗（同驪）在遼東之東千里，南與朝鮮、濊貊，東與沃沮，北與夫餘接。都於丸都之下，方可二千里，戶三萬」。〔註131〕嘉禾四年（235）孫權再度遣使，不同的是，此回目的地乃高句驪而非遼東，使團欲前往高句驪拜其王為單于，希望鞏固高句驪對吳的臣屬關係。但是曹魏方面已有防範，使幽州刺史傳令給高句驪，命其「以吳使自效」，以表態忠魏。

　　孫吳使團抵達高句驪後，史稱：

> 閏一年，（孫權）遣使者謝宏、中書陳恂拜宮為單于，加賜衣物珍寶。恂等到安平口，先遣校尉陳奉前見宮，而宮受魏幽州刺史諷旨，令以吳使自效。奉聞之，倒還。宮遣主簿笮咨、帶固等出安平，與宏相見。宏即縛得三十餘人質之，宮於是謝罪，上馬數百匹。宏乃遣咨、固奉詔書賜物與宮。是時宏船小，載馬八十匹而還。〔註132〕

曹魏施壓造成高句驪王猶豫不決，對孫吳不若之前主動稱臣的態度，若非使者謝宏等人採取激烈手段相逼，令高句驪王一時膽怯，恐又將失利而還。事後高句驪王雖向孫吳貢馬謝罪，但實際上孫吳拉攏高句麗的情況並不樂觀。

〔註129〕《三國志》，卷47〈吳書・吳主傳〉注引《吳書》，頁1139～1140。

〔註130〕據韓人金富軾撰，《三國史記》（臺北：東方文化書局，民國60年），卷17〈高句麗本紀・東川王〉頁173載：「八年魏遣使和親」，文中八年乃值魏青龍二年（234）。與《三國志》之資料對照，則《三國史記》沒有紀錄孫吳使者逃入的事情，反而記載了隔年曹魏遣使，筆者推測，可能魏國聞知吳使之事，才有遣使拉攏高句驪之舉。

〔註131〕《三國志》，卷30〈魏書・東夷傳〉，頁843。又按《三國志・魏書》中見有「高句驪」與「高句麗」兩種書寫方式，兩名通同。

〔註132〕《三國志》，卷47〈吳書・吳主傳〉注引《吳書》，頁1140。

　　嘉禾五年（236），孫權無視高句驪傾魏之可能，又對其進行了第二次遣使，此事不見於孫權本傳，但據《三國志・明帝紀》所稱「秋七月，高句驪王宮斬送孫權使者胡衛等首，詣幽州」，〔註133〕至此，高句驪政治立場明確倒向曹魏一方，孫權在東北地方的外交佈局再受重挫。

　　原本整體經略「遼東」與「高句驪」之活動，在使團被害後，應已告結束。然而，吳、遼交惡後，史稱公孫淵「（曹魏）使者至，設甲兵爲軍陳，出見使者，又數對國中賓客出惡言」，從其對待魏使不禮貌的舉止來看，當非眞心臣服，本傳又曰：

> 景初元年（237，吳嘉禾六年），（魏明帝）乃遣幽州刺史毌丘儉等齎璽書徵（公孫）淵。淵遂發兵，逆於遼隧，與儉等戰。儉等不利而還。淵遂自立爲燕王，置百官有司。遣使者持節，假鮮卑單于璽，封拜邊民，誘呼鮮卑，侵擾北方。〔註134〕

公孫淵不願受魏所徵，決定正式叛變，雙方初交鋒，遼軍小佔優勢，公孫淵即自立燕王，又進行一連串公然叛魏的政治活動，此舉激怒曹魏。魏明帝遂決定再派司馬懿領軍征討，以武力徹底解決遼東問題。〔註135〕

　　面對即將抵達的魏軍主力，遼東轉向孫吳求援，史稱「（公孫淵）聞魏人將討，復稱臣吳，乞兵北伐以自救」。〔註136〕孫吳方面接到求援訊息，基於前番背盟之恨，本欲殺其使者，但孫權從羊衜建言，〔註137〕仍在赤烏二年（239）三月，派遣援軍。然而，吳軍抵達時僅能「擊魏守將張持、高慮等，虜得男女」。〔註138〕因爲，早於赤烏元年（238，魏景初二年）八月，

〔註133〕《三國志》，卷3〈魏書・明帝紀〉，頁107。但據《三國史記》，卷17〈高句麗本紀・東川王〉，頁174載，「春二月，吳王孫權遣使者胡衛通和，王留其使，至秋七月，斬之，傳首於魏」，從孫吳使者抵達五個月之後才遇害，可知，高句麗方面初始並未立即拒絕孫吳，而是經過數月的評估後，才決定傾向魏國。

〔註134〕《三國志》，卷8〈魏書・公孫度傳〉，頁253～254。

〔註135〕此事另可參〔日〕佐藤佑治，〈公孫氏政権と司馬懿の遠東遠征〉（《関東学院大学文学部紀要》第105輯，2005年）一文。

〔註136〕《三國志》，卷8〈魏書・公孫度傳〉注引《漢晉春秋》，頁260。

〔註137〕據《三國志》，卷8〈魏書・公孫度傳〉注引《漢晉春秋》，頁260載：「羊（衜）曰：『不可，……。若魏伐淵不克，而我軍遠赴，是恩結遐夷，義蓋萬里，若兵連不解，首尾離隔，則我虜其傍郡，驅略而歸……。』（孫）權曰：『善』。乃勒兵大出。」則可知，孫權是接受羊衜的建議，才決定發兵。

〔註138〕《三國志》，卷47〈吳書・吳主傳〉，頁1143。

公孫淵已敗亡，領下遼東、帶方、樂浪、玄菟四郡悉數歸魏，吳軍至時戰事結束已久，此回也是孫吳最後一次的「經略遼東」，之後遼東長期爲魏版圖。

　　整體來看，孫權經略東北，乃是由密集的遣使活動所組成，扣除首次未明確切時間外，其第二次到第四次遣使僅在短短五年之內，積極程度可見一斑。在嘉禾二年（233）公孫淵攻殺使團後，吳遼交惡，孫權把外交目標轉換成同樣位處東北的高句驪，嘉禾五年對高句驪的遣使也同樣被斬送曹魏，後雖有公孫淵叛魏求援之事，但在赤烏二年（239）的出兵，僅屬騷擾劫掠，難以挽救被曹魏所滅的遼東，前後計歷時十年，畫下了此項外交活動的句點，期間孫吳投入龐大的人力、物力，但最後兩個目標—遼東滅亡、高句驪臣魏，外交活動徹底失敗。

二、孫吳經略遼東在戰略上的意義

　　以結果論，孫權經略遼東無疑是失敗的，但其究竟爲何執意推動這項外交活動？其方式、手段是否存有著重大決策錯誤？本文乃嘗試從孫吳戰略角度下的兩個方向來探討。

（一）戰略形勢的建構

　　夷陵之戰使蜀國元氣大傷，而曹丕在夷陵戰後也曾對吳發動三路進攻，雖是勞無所獲，仍曾帶給孫吳壓力。故蜀弱吳孤的情勢，讓兩國很快放下仇恨、恢復往來，孫吳的外交方針也因應戰略形勢而調整，尋求對蜀的長期盟好，立場不再遊走魏、蜀之間。直到吳、蜀分地之盟的訂定，更是明確的建立軍事同盟的關係。孫吳聯蜀雖解除西顧之憂，但仍想透過外交替「吳蜀抗魏同盟」增加籌碼與助力。因此，經略遼東實是著眼於戰略形勢的增益，欲利用遼東對曹魏造成牽制。

　　遼東僻在東北，無論土地、人口皆遜於吳、蜀。若單獨敵魏，遼東萬難取勝。是故，長期以來遼東只能在名義上採取臣服姿態。孫吳使節來訪，可言是爲遼東擺脫曹魏控制，帶來契機。魏人夏侯獻曾言：「公孫淵昔年敢違王命，廢絕計貢者，實挾兩端。既恃險阻，又怙孫權。故敢跋扈，恣睢海外」，〔註139〕正說明吳、遼通使，並非出於孫吳單方面拉攏，而是雙方共同利益的結合，亦即公孫淵自身也是有野心之人，否則孫權不能動搖其心。

〔註139〕《三國志》卷8〈魏書・公孫度傳〉注引《魏名臣奏》，頁257。

從較宏觀的軍事層面來看，李紅權、郭秀琦認為，孫吳欲將遼東化為東北的戰略基地，在形勢搭配蜀自西南為左翼、吳起東南居中路，而遼發於東北為右翼，三方齊攻之勢，將使曹魏防守的兵力分散，不能集中在同一戰線發揮數量優勢，十分不利。〔註140〕因此，對於吳、遼交好一事，曹魏先詔責遼東不忠，又派遣田豫陸續採取軍事行動威嚇。雖當時因「賊眾多，又以渡海，詔豫使罷軍」，未敢強攻遼東，但後來仍在成山伏擊孫吳船隊，企圖阻礙雙方通使，足見，曹魏極不欲吳、遼繼續盟好。

從區域形勢來看，史稱「太和六年（232 吳嘉禾元年），（魏）明帝遣平州刺史田豫乘海渡，幽州刺史王雄陸道，并攻遼東」，〔註141〕則知曹魏此次征討遼東合計動用了平、幽兩州的駐軍，同年陸遜即曾偷襲廬江，雖為魏將滿寵所阻，但是可見孫吳有趁曹魏注意東北之際，在淮南邊境伺機而動的意圖，〔註142〕這是孫吳以外交策略配合「進圖淮南」戰略之一例。尤其孫權在遣使遼東之期間，至少四度對淮南地區用兵，要之進圖淮南是當時吳的主要戰略，〔註143〕但吳軍幾度受阻於魏將滿寵的堅守，未能攻破曹魏在淮南的重鎮合肥。

曹魏地佔中國之半，實力較吳蜀強大，但此時期卻是孫權屢屢發動北伐，原因當須回顧黃武七年（228）的石亭之戰，此役曹休大敗，嚴重的損及曹魏在淮南的戰力。因此，孫權一改之前曹操、文帝時期的守勢戰略，轉為攻勢戰略，在往後十餘年間，多次對淮南合肥採取大規模進攻，然誠如前言，正面進攻淮南，吳軍難有突破，因此，藉由外交手段塑造更有利的進攻情勢，實屬當為。

嘉禾二年（233，魏青龍元年），孫權因遼東使者帶來稱藩消息，決定派遣龐大的萬人船隊，進行第四次遣使，沒想到公孫淵貪愛財貨，又畏懼曹魏，

〔註140〕李紅權、郭秀琦，〈孫權經營東北戰略構想——以嘉禾二年正月詔書為中心的考察〉（《宜賓學院學報》，第 10 卷第 4 期，2010 年 4 月），頁 38～40。

〔註141〕《三國志》，卷 14〈魏書‧蔣濟傳〉注引《戰略》，頁 453。

〔註142〕見《三國志》，卷 26〈魏書‧滿寵傳〉，頁 724：「吳將陸遜向廬江論者以為宜速赴之。寵曰：『廬江雖小，將勁兵銳，守則經時。又賊捨船二百里來，後尾空縣，尚欲誘致，今宜聽其遂進，但恐走不可及耳。』整軍驅楊宜口。賊聞大兵東下，即夜遁。時（孫）權遂有來計。」

〔註143〕此四次用兵介於黃龍二年至嘉禾六年（230～237）之間，不過對遼東遣使失敗後，孫權仍未停止對淮南的進攻，可知「進圖淮南」是孫吳當時主要的戰略方針，經略遼東對其則有間接配合的意義。

孫吳使團尚未冊封即遭覆滅。同年，在曹魏早有準備的情況下，﹝註144﹞史稱「（孫）權向合肥新城，遣將軍全琮征六安，皆不克還」。﹝註145﹞可見，曹魏在可專心防守的情況下，吳軍在淮南難以突破。這也說明，孫權何以十分積極拉攏遼東，目的就是希望東北一線若魏、遼開戰，則曹魏必須顧慮軍力分配，無法全力支援淮南，對吳軍的進攻將是利多。

站在曹魏的立場，同樣也不願意孫吳一方涉入征遼戰事，恐徒增阻礙與變數。因此，景初二年（238，吳嘉禾七年）司馬懿率四萬軍征遼東時，史稱：

> 公孫淵聞魏將來討，復稱臣于孫權，乞兵自救。（魏明）帝問（蔣）濟：「孫權其救遼東乎？」濟曰：「彼知官備以固，利不可得，深入則非力所能，淺入則勞而無獲；權雖子弟在危，猶將不動，況異域之人，兼以往者之辱乎！今所以外揚此聲者，譎其行人疑於我，我之不克，冀折後事已耳。然沓渚之間，去淵尚遠，若大軍相持，事不速決，則權之淺規，或能輕兵掩襲，未可測也。」﹝註146﹞

蔣濟對明帝的建言中，則點出了「速戰速決」的關鍵，用意就是避免孫吳有機可趁。征遼東的主帥司馬懿，果然明快的在該年八月結束戰事，讓隔年三月才到達的孫吳援軍撲空，縱使「勒軍大出」，也僅能「虜得男女」，此戰曹魏不但根除遼東威脅，也讓孫權的「聯遼抗魏」戰略期望徹底落空。

遼東雖滅，但我們仍應檢視，若遼東臣吳，是否有能力替孫吳開闢第二戰場，以符合其戰略期望呢？按《三國志・魏書・公孫淵傳》所載，淵曾遣「步騎數萬屯遼隧」來迎戰司馬懿。﹝註147﹞《晉書・宣帝紀》也載，司馬懿率軍到達戰場時，公孫淵「遣步騎數萬，阻遼隧，堅壁而守，南北六七十里，以距帝」，同書又稱斬殺公孫淵之後，入襄平城「男子年十五已上七千餘人皆殺之」，且「偽公卿已下皆伏誅，戮其將軍畢盛等二千餘人」，最後「收戶四

﹝註144﹞ 據《三國志》，卷 26〈魏書・滿寵傳〉，頁 724 所載，青龍元年（233）滿寵上疏曰：「合肥城南臨江湖，北遠壽春，賊攻圍之，得據水為勢：官兵救之，當先破賊大輩，然後圍乃得解。賊往甚易，而兵往救之甚難，宜移城內之兵，其西三十里，有奇險可依，更立城以固守，此為引賊平地而掎其歸路，於計為便。」明帝納其提案建立合肥新城，成功降低吳軍乘水道攻擊的防守壓力。

﹝註145﹞ 《三國志》，卷 47〈吳書・吳主傳〉，頁 1138。

﹝註146﹞ 《三國志》，卷 14〈魏書・蔣濟傳〉注引《漢晉春秋》，頁 454。

﹝註147﹞ 《三國志》，卷 8〈魏書・公孫淵傳〉，頁 254。

萬，口三十餘萬。」〔註148〕若按前載遼東人口至少在三十萬以上，且常置軍力的步騎數量也達數萬。

不過，筆者對於上述記載的數目，頗有質疑，因據《晉書・地理志》所載「咸寧二年（276）十月，分昌黎、遼東、玄菟、帶方、樂浪等郡國五置平州。統縣二十六，戶一萬八千一百」，〔註149〕兩者數據落差甚大，未知孰是。但回推司馬懿所率「中軍四萬」，〔註150〕又輔以駐守魏、遼邊境前線上，毌丘儉的幽州本軍及烏丸降眾「五千餘人」，再加上前述所提高句麗也派援軍，方成此次之功。可見，遼東雖然不見得有多達三十萬的人口規模，但軍事實力仍具備一定氣候，致使曹魏必須動用禦蜀大將司馬懿，及精銳中軍來平定。倘若蜀相諸葛亮未死，而蜀軍仍維持北伐攻勢、孫吳又在淮南持續進攻，曹魏勢必無法調動如此軍力來平遼東，甚至可能在三線作戰上陷入支絀之境。

遼東背盟後，孫吳曾轉通高句驪，除了做為一種替代對象外（遼東亦產馬），本身也是「聯高制遼」的外交策略。〔註151〕然而高句驪在曹魏施壓下，選擇將吳國使者首級斬送示好，甚至成為曹魏攻遼之戰的幫手。〔註152〕其後，

〔註148〕《晉書》（（唐）房玄齡等撰，北京：中華書局，1981 年），卷 1〈宣帝紀〉，頁 10～12。

〔註149〕《晉書》，卷 14〈地理志上〉，頁 426～427。

〔註150〕參《三國志》，卷 28〈魏書・毌丘儉傳〉，頁 762。另外，《晉書・宣帝紀》，卷 1，頁 9：「（魏明帝）徵帝（司馬懿）詣京師」，筆者以為，司馬懿原為曹魏坐鎮長安，抵抗蜀漢諸葛亮的西線主帥，但青龍二年（234）諸葛亮之去世，使蜀漢一時停止北伐，故在防禦壓力減輕的情況，明帝方能抽調西線主帥搭配京師的中軍，擔任征遼主力。

〔註151〕據《三國志》，卷 3〈魏書・明帝紀〉，頁 109 載：「初，（孫）權遣使浮海與高句驪通，欲襲遼東。」可見，曹魏也知道孫吳想拉攏高句麗打擊遼東的意圖。

〔註152〕據《三國志》，卷 8〈魏書・公孫度傳〉，頁 252：「（公孫度）東伐高句驪，西擊烏丸，威行海外。」又《三國志》，卷 30〈魏書・東夷傳〉，頁 845：「自伯固時，數寇遼東，又受亡胡五百餘家。建安中，公孫康出軍擊之，破其國，焚燒邑落」，可見遼東與高句驪數有交戰、不相友善，同傳頁 845 又載：「景初二年，太尉司馬宣王率眾討公孫淵，（高句驪王）宮遣主簿大加將數千人助之」，另見《三國史記》卷 17〈高句麗本紀・東川王〉，頁 174，載：「十二年（即魏景初二年，238），魏太傅司馬宣王率眾討公孫淵，王遣主簿大加將兵千人助之。」兩條資料幾乎完全相同，則可確信在平定遼東上，高句驪曾出力助魏。另外，關於當時遼東與周圍三韓政權特殊的「國際關係」，可參孫祥偉，〈三國時期東吳、遼東與三韓關係探略〉《隴東學院學報（社會科學版）》第 17 卷第 1 期，2006 年 2 月），頁 88～94。

曹魏正始年間毌丘儉大破高句驪，勢力深入東北，徹底斷絕了孫吳經營東北的空間。可見，孫吳期待的戰略形勢，始終未能成功創造出來。

（二）戰馬需求

遼東雖疆小資薄，但自古以來即「多馬」，〔註153〕且「民習鞍馬」，〔註154〕史稱高句驪之馬體型較小，然「便登山」。〔註155〕而黎虎指出，孫吳立國江東，其地非產馬之地，又考之孫吳諸將本傳，發現早期授兵兩千員者，配馬數多僅爲五十匹，顯見吳國確實少馬、缺馬。然而，傳統冷兵器時代，馬匹不僅爲陸地搬運物資的馱獸，更爲平坦地形上，衝鋒騎兵的武裝基礎，其可發揮的破壞力與機動力，往往扮演戰事的關鍵角色，吳軍若要在平原上與魏軍爭勝，戰馬需求當成重要課題。因此，黎虎以爲，孫權通使遼東與高句驪，很重要的考量在於「馬匹外交」，即是以東北之馬補孫吳物產不足。〔註156〕

黎虎將孫吳馬匹來源劃分爲幾項管道，以從曹魏方面取得的馬來說，大抵有貢賜、互市與戰爭掠取等方式，如孫權在夷陵之戰獲勝後，「（魏）文帝報使」致「騑馬」〔註157〕；其後「魏使以馬求易珠璣、翡翠、瑇瑁，（孫）權曰：『此皆孤所不用，而可得馬，何苦而不聽交易？』」〔註158〕以外交管道所得之馬，在數量上難以充裕，蓋因曹魏對於馬匹這種戰略物資會嚴加控制，不讓孫吳在質與量上能夠與己方抗衡，故有時候僅爲政治宣示上的象徵性賜與，其次數亦少。〔註159〕

〔註153〕《三國志》，卷57〈吳書・陸瑁傳〉，頁1338。
〔註154〕《三國志》，卷53〈吳書・薛綜傳〉，頁1252。
〔註155〕《三國志》，卷30，〈魏書・東夷傳〉，頁844。
〔註156〕如周瑜、程普、韓當、呂範等人，在孫策麾下或孫權掌事初期時，皆有授兵兩千及騎五十匹之事，較之同時期的北方，曹操作戰的袁紹能「簡精卒十萬，騎萬匹」；西晉伐吳時，賈充任統帥得「兵萬人，騎兩千」，比例上則南不如北矣。以上分參《三國志》，卷54〈吳書・周瑜傳〉，卷頁1260、卷55〈吳書・程普傳〉，頁1283、卷55〈吳書・韓當傳〉，頁1285、卷56〈吳書・呂範傳〉，頁1309及卷6〈魏書・袁紹傳〉，頁195與《晉書》，卷40〈賈充傳〉，頁1169。參〈六朝時期江左政權的馬匹來源〉與〈孫權對遼東的經略〉，兩文皆收錄在氏著《魏晉南北朝史論》（北京：學苑出版社，1999年），分見頁485～500、393～421。
〔註157〕《三國志》，卷47〈吳書・吳主傳〉注引《吳歷》，頁1125。
〔註158〕《三國志》，卷47〈吳書・吳主傳〉，頁1140。
〔註159〕如《晉書》，卷2〈文帝紀〉，頁44，蜀亡後，司馬昭派人使吳「喻孫休（皓）以平蜀之事，致馬錦等物，以示威懷。」

貿易途徑上，梁寓代表吳國向魏文帝奉貢之時，孫權也曾令隨行官員的王惇負責「市馬」。〔註160〕但是要獲得較大數量者，往往是透過戰爭手段，如周瑜於夷陵大敗曹仁「獲馬三百匹，方船載還」〔註161〕；又如石亭之戰陸遜破曹休，得「牛馬騾驢車乘萬兩」，〔註162〕或是魏三路攻吳，諸葛恪率兵迎擊，大勝，「獲車乘牛馬驢騾各數千」等例子。〔註163〕蜀漢方面亦有著外交餽贈、互市以及戰爭所得等來源，以及境內少量的征調、獻貢。〔註164〕但究底仍不足孫吳所需。因此，必須透過通使遼東、高句驪，進一步的增加馬匹的來源與數量。

公孫淵十分清楚孫權的求馬意圖，故其使至吳，即向孫權「獻馬」，又言孫吳官吏到了遼東後「致遣貨物，欲因市馬」，在誘殺使團時，也以「驅辇馬貨物，欲與交市」作爲手段，伏擊準備交易的使團成員，從其下船的「諸市買者五六百人」來看，貿易規模相當可觀，〔註165〕由此可知建立穩定大量的貿馬管道，確爲通使遼東的重要目的之一。

吳國諸臣也明白孫權求馬之意，如虞翻即言「以遼東海絕，聽人使來屬，尚不足取，今去人財以求馬，既非國利，又恐無獲」；〔註166〕孫權因使團被害，忿欲親征遼東時，陸瑁上疏亦道「夫所以越海求馬，曲意於（公孫）淵者，爲赴目前之急，除腹心之疾也」；〔註167〕陸遜也曾勸諫孫權「今乃遠惜遼東眾之與馬，奈何獨欲捐江東萬安之本業而不惜乎？」〔註168〕上述皆是例證，但即使眾皆深知孫權積極拉攏遼東之因在馬，卻多持保留態度，憂其風險甚大。

曹魏自是十分防備孫吳貿馬之事，故其責問遼東的公文中稱：

> 比年以來，復遠遣船，越渡大海，多持貨物，誆誘邊民。邊民無知，與之交關。長吏以下，莫肯禁止，至使周賀浮舟百艘，沉滯津岸，貿遷有無。〔註169〕

〔註160〕同註57。
〔註161〕《三國志》，卷54〈吳書・呂蒙傳〉，頁1274。
〔註162〕《三國志》，卷58〈吳書・陸遜傳〉，頁1348。
〔註163〕《三國志》，卷64〈吳書・諸葛恪傳〉，頁1435。
〔註164〕同可參黎虎〈六朝時期江左政權的馬匹來源〉一文，此不贅述。
〔註165〕《三國志》，卷8〈魏書・公孫度傳〉注引《魏略》，頁256。
〔註166〕《三國志》，卷57〈吳書・虞翻傳〉注引《吳書》，頁1324。
〔註167〕《三國志》，卷57〈吳書・陸瑁傳〉，頁1337。
〔註168〕《三國志》，卷58〈吳書・陸遜傳〉，頁1350。
〔註169〕《三國志》，卷8〈魏書・公孫度傳〉，頁255。

又魏臣辛毗也對明帝進言「孫權市馬遼東，量其意指，似欲相左右」，〔註170〕可見曹魏要阻止吳、遼往來，也是不想坐視孫吳取得品質優良的戰馬。戰馬對吳國的價值，要從淮南區域的交戰情勢來看，孫吳多次進攻合肥的失利，除了是城池堅守難下外，也常在離岸平原上遭遇曹魏精銳馬隊攻擊。〔註171〕可見，縱然孫吳水軍強大，要北上與曹魏爭淮仍不能無馬。

嘉禾四年（235）使團到了高句驪，見高句驪王似乎受到曹魏的壓力，態度猶疑未定，於是抓了前來的官員為人質，高句驪王謝罪之時，便「上馬數百匹」，惜船小，僅「載八十匹而還」，則高句驪亦知孫吳重馬，只可惜孫吳之後再次來使，尚未建互市，高句驪已殺使投魏，東北的貿馬管道也隨之完全中斷。

三、孫權經略遼東所呈現的內在思維

（一）個人統一遠景的展現

黃武五年（226）冬十月，吳國大臣陸遜曾勸孫權「施德緩刑，寬賦息調」，面對此番進言，孫權則解釋道：

> 夫法令之設，欲以過惡防邪……至於發調者，徒以天下未定，事以眾濟。若徒守江東，脩崇寬政，兵足自用，復用多為？顧坐自守可陋耳。若不豫調，恐臨時未可使用也。……此時甘心所望於君也。
> 〔註172〕

當時孫權尚未稱帝，論中已明顯吐露一統雄心，其稱帝之後，更屢屢在淮南地區對曹魏發動大規模北伐。可見，孫權並非僅求割據，更不以江東基業的現況為滿。往言之「鼎足江東」、「限江自保」者，實非其終極目標，而是孫吳作為一方政權發展成國家的過程中，具有階段性意義的戰略方針。事實上，孫權仍是依循當初魯肅所謂「漢室不可復興」、「建號帝王以圖天下」的路線在前進。〔註173〕因此，頻繁的通使遼東，與孫權追求統一的意志，有著密切

〔註170〕《三國志》，卷25〈魏書・辛毗傳〉，頁698。

〔註171〕《三國志》，卷47，〈吳書・吳主傳〉，頁1120：「（孫）權反自陸口，遂征合肥。合肥未下，徹軍還。兵皆就路，權與凌統、甘寧等在津北為魏將軍張遼所襲，統等以死扞權，權乘駿馬越津橋得去。」此為建安二十年的逍遙津戰後，孫權因撤軍遭受追擊，險些喪命的一例。

〔註172〕文長不全錄，詳參《三國志》，卷47〈吳書・吳主傳〉，頁1133。

〔註173〕語參《三國志》，卷54〈吳書・魯肅傳〉，頁1268。

的關連性。

王永平曾指出，孫權稱帝前後行事作風改變不少，雖站在國力與形勢的角度上，孫吳皆不足以承擔一統大業，但對於年近半百的孫權來說，即使知道自身侷限，但受漢代儒家大一統思想的政治文化所影響，內心對統一仍有極大嚮往。因此，「經略遼東」對他而言，是一種實踐遠景的手段。除了取得馬匹以利向北征戰外，從大費周章策封公孫淵為燕王一事可以發現，遼東的稱臣滿足了孫權「普天一統，於是定矣」的誇耀心理。〔註174〕

另一方面，遼東靠向吳、蜀，亦是孫權認為能夠帶給曹魏壓力的戰略包圍。是以，公孫淵背叛一事，真正令孫權怒欲親征的原因，不單是損失龐大之人力、物力，而是期待中的統一願景，遭到破壞，方令其如此怒不可遏。〔註175〕

（二）吳國水軍航海能力的運用

船隊要能遠航東北，勢必須以相對的技術能力，以及資源作為後盾。而吳國位處南方，交通仰賴舟楫，軍事上也素以水軍強大聞名，名將周瑜即稱「汎舟舉帆，朝發夕到」，〔註176〕公孫淵也說孫吳使團船隊「水道通利，舉帆便至」。〔註177〕可見，這是吳國的優勢所在。特別是夷陵戰後，三國疆域大致抵定，彼此相鄰的邊境少有較大的版圖變動，加上孫權積極北伐的淮南戰線，近期不見進展。因此，透過航海能力，繼續尋求提振國力、國威的方式，是孫權所採行的方針之一，茲據《三國志》所載相關史料，彙整如下：

表 4-3-2：孫權時期歷次航海活動事略表

時　　間	出航地點 （次數）	事　略　經　過	資料出處 〔註178〕
建安九至 二十五年間 （204～220）	遼東（一）	（公孫淵）曰：「臣父康，昔殺（孫）權使，結為仇隙。」	卷 8〈魏書・公孫度傳〉注引《魏略》，頁 256

〔註174〕《三國志》，卷47〈吳書・吳主傳〉，頁1137，孫權嘉禾二年春正月詔。

〔註175〕參〈孫權「報聘遼東」及其與朝臣之衝突考論〉收入氏著《孫吳政治與文化史論》（上海：上海古籍出版社，2005年），見頁85～102。

〔註176〕《三國志》，卷54〈吳書・周瑜傳〉，頁1261。

〔註177〕《三國志》，卷8〈魏書・公孫度傳〉，頁259。

〔註178〕本欄資料皆引自《三國志》，為求行文簡潔，僅書卷數、篇名與頁數。

黃武五年至黃龍三年間（226～231）〔註179〕	南洋諸國	（呂）岱既定交州，……又遣從事南宣國化，暨徼外扶南、林邑、堂明諸王，各遣使奉貢。〔註180〕	卷60〈吳書·呂岱傳〉，頁1385
黃龍元年（229）	遼東（二）	夏四月，……（孫權）南郊及皇帝位，……五月，使校尉張剛、管篤之遼東。	卷47〈吳書·吳主傳〉，頁1134
黃龍二年（230）	夷洲、亶洲	二年春正月，……遣將軍衛溫、諸葛直將甲士萬人浮海求夷洲及亶洲。……所在絕遠，卒不可得至，但得夷洲數千人還。	卷47〈吳書·吳主傳〉，頁1136
嘉禾元年（232）	遼東（三）	三月，遣將軍周賀、校尉裴潛乘海之遼東。	卷47〈吳書·吳主傳〉，頁1136
嘉禾二年（233）	遼東（四）	三月，遣（宿）舒、（孫）綜還，使太常張彌、執金吾許晏、將軍賀達等將兵萬人，金寶珍貨，九錫備物，乘海授淵。	卷47〈吳書·吳主傳〉，頁1138
嘉禾四年（235）	高句驪	閒一年，遣使者謝宏、中書陳恂拜宮為單于，加賜衣物珍寶。	卷47〈吳書·吳主傳〉，頁1140
嘉禾五年（236）	高句驪	（同魏青龍四年）秋七月，高句驪王宮斬送孫權使胡衛等首，詣幽州。	卷3〈魏書·明帝紀〉，頁107
赤烏二年（239）	遼東（五）	二年春三月，遣使者羊衜、鄭胄、將軍孫怡之遼東，擊魏守將張持、高慮等，虜得男女。	卷47，〈吳書·吳主傳〉，頁1143
赤烏五年（242）	儋耳、珠崖	秋七月，遣將軍聶友、校尉陸凱以兵三萬討珠崖、儋耳。	卷47，〈吳書·吳主傳〉，頁1145

據表中時間點顯示，稱帝後的十餘年是航海活動的密集高峰期，而經略遼東不單是一項外交行為，而應該將其視為置於整體航海事業的一個環節來看。

　　按孫權經略遼東之時，吳、魏、蜀鼎立形勢已成，三國的陸地版圖已呈穩定狀態，因此，除了爭奪接壤的邊境土地外，吳國運用既有之水軍船艦優勢，推動航海事業，可云是孫權在國家發展的瓶頸上（進圖淮南不成，難以邁向一統天下），一種尋求突破的方式。其手段包含掠取人口、威服周鄰小國、拉攏遼東為盟、貿易市馬等，希望藉此多方提昇自身資源。同時，以比例論之，

〔註179〕按《三國志·吳書》所載，士燮卒於黃武五年後，士徽抗命孫吳，呂岱率軍殺士徽，復進討九真，將交州原有士氏勢力剷除，而後才派使「南宣國化」。至黃龍三年方召呂岱還屯長沙，則此次出使應於此時間內。前述參見士燮、呂岱其本傳。

〔註180〕（唐）姚思廉撰，《梁書》（北京：中華書局，1973年），卷54〈諸夷傳〉，頁783：「海南諸國，大抵在交州南及西南大海洲上，……。及吳孫權時，遣宣化從事朱應、中郎康泰通焉。其所經及傳聞，則有百數十國，因立記傳。」

通使遼東之五次遠航，計達半數，實爲最核心、最積極的部份，卻也是成果最失敗者，然何以通使遼東會終告失敗落幕？則是本文接著欲探討的地方。

四、經略遼東失敗原因探究

（一）未能充分擴大魏、遼矛盾

孫權經略遼東，雖就總體而言，包含遼東、高句驪兩勢力，但高句驪地處更爲偏遠，國力亦弱，其影響力不如遼東，故此處仍以分析遼東之部分爲主軸。拉攏遼東成爲吳蜀抗魏聯盟的軍事助力，以及建立貿馬管道，皆對孫吳有益，但筆者認爲，孫權對於公孫淵態度的輕忽大意，未提防其背盟可能，則是相當致命之處！在第四次孫權欲大規模遣使時，史載：

> 舉朝大臣，自丞相（顧）雍以下皆諫，以爲（公孫）淵未可信，而寵待太厚，但可遣吏兵數百護送（宿）舒、（孫）綜，（孫）權終不聽。〔註181〕

可知，孫吳官員並不反對與遼東往來，但重點是往來的方式，不應耗費太多人力、物力，派遣吏兵數百即可。當然，孫權誇耀心理下的萬人船隊與龐大財貨，雖然不是公孫淵背盟的最大主因，但也給予公孫淵貪一時之利，進而襲殺使團的誘因。

張昭曾十分正確地分析，遼東方面不無背盟之可能，史稱：

> （張）昭諫曰：「（公孫）淵背魏懼討，遠來求援，非本志也。若淵改圖，欲自明於魏，兩使不反，不亦取笑於天下乎？」〔註182〕

沒想到的是，張昭此言激怒了孫權，同傳續載：

> （孫）權與相反覆，（張）昭意彌切。權不能堪，案刀而怒曰：「吳國士人入宮則拜孤，出宮則拜君，孤之敬君，亦爲至矣，而數於眾中折孤，孤嘗恐失計。」……因涕泣橫流。權擲刀致地，與昭對泣。然卒遣（張）彌、（許）晏往。〔註183〕

在幾乎丟失性命的情況下，老臣張昭尚不能動搖孫權意志。則其固執之情，不難想見，事後果如張昭所料，公孫淵殺使背盟，讓吳國蒙受重損。

而深究公孫淵敢於背盟之理，筆者以爲，此與當時魏、遼並未完全反目有關，按魏、遼關係雖因吳、遼往來而惡化，但是曹魏大軍一日未臨，遼東

〔註181〕《三國志》，卷47，〈吳書・吳主傳〉，頁1138。
〔註182〕《三國志》，卷52，〈吳書・張昭傳〉，頁1223。
〔註183〕《三國志》，卷52，〈吳書・張昭傳〉，頁1223。

就沒有急切性的存亡壓力，這使得遼東仰賴吳國奧援的程度有限，方敢背盟。對照事後魏、遼開戰，公孫淵不顧曾殺孫吳使者的前仇，立即厚著臉皮選擇向孫吳求援，可見吳、遼關係要能長期鞏固，關鍵不僅是誘發公孫淵的叛魏野心，更是在軍事支援的生存保障上，杜絕遼東首鼠兩端的餘地。簡言之，遼東對於吳的態度，不在吳之示好多寡，而在魏之威脅大小，孫權不能洞悉此點，找尋擴大魏、遼矛盾的方法，一味向遼投之高官厚祿，乃是決策上的重大瑕疵。

（二）遠航風險與駐遼船隊活動方式侷限

　　航海常因天氣因素，導致船難與損失，遠航則風險更高，如《三國志・田豫傳》所載「歲晚風急，必畏漂浪」，又曰「遇惡風，船皆觸山沉沒，波盪著岸，無所蒙竄」。〔註184〕成山一役埋伏的魏軍能輕鬆地截擊周賀船隊，即為一例。又如吳臣薛綜所言「洪流浣瀁，有成山之難，海行無常，風波難免，倏忽之間，人船異勢」，且「鬱霧冥其上，鹹水蒸其下，善生流腫，轉相湴染，凡行海者，稀無斯患」，〔註185〕可見，船隊遠航需承受著不小的折耗損失，包含船難、疾病等因素，投入規模越大，則損失就越難以掌握。這是吳國水軍能力再卓越，亦難完全克服之事。

　　其次，使團到遼東之後，必須分批行動，此活動方式在安全與防禦考量上，具有很大程度的侷限，以投入人數最多的張彌使節團為例，船隊到了遼東的沓津渡口，即分成三組人馬行動，主要官員帶著少數吏兵前往公孫淵的治所襄平城，其他成員留在岸邊，進行馬匹貿易。因此，雖然實際人眾可達七、八千員，且孫吳使者如賀達、虞咨等人保有警覺，但是在防備不足與敵佔地利的情況下，仍很快便遭公孫淵分批擊破。針對此項問題，在陸瑁勸孫權勿親征的疏中嘗論曰：

> 沓渚去（公孫）淵，道里尚遠，今到其岸，兵勢三分，使彊者進取，次當守船，又次運糧，行人雖多，難得悉用；加以單步負糧，經遠深入，賊地多馬，邀截無常。若淵狡詐，與北未絕，動眾之日，脣齒相濟。若實子然無所憑賴，其畏怖遠迸，或難卒滅。使天誅稽於朔野，山虜承間而起，恐非萬安之長慮也。〔註186〕

〔註184〕均見《三國志，卷26〈魏書・田豫傳〉，頁728。
〔註185〕《三國志》，卷53，〈吳書・薛綜傳〉，頁1252。
〔註186〕《三國志》，卷57，〈吳書・陸瑁傳〉，頁1338。

即使派遣較多的軍隊數量前往遼東，抵達後使精銳部隊前攻，還是必須再留下一定數量的士兵守船、運糧，故實際投入戰場之兵有限，一旦公孫淵狡詐，不予正面對抗，而對登岸陸戰的吳軍採取騎兵游擊戰，又得到曹魏方面的襄助，則吳軍勢必危殆，這是考慮到後勤補給與作戰型態上之必然劣勢。除非在遼東當地建立一長期根據地，否則不能解決。〔註187〕

然而，若要長時間維持在該地一定數量吏兵的供養，則吳國方面的軍費支出勢必更龐大，人員、物資的補給，訊息、交通的維繫，仍是十分困難的。如此，未蒙其利，已受其累。況且，即便取勝遼東，不管孫吳是常置駐軍，或是扶植可控制的其他公孫氏之人為政，也會因駐防需要的軍隊數量增加，增加本國負擔，亦是難題。因此，小規模的貿易團隊，一防重大損失，二減所耗人力、物力，仍是比較適宜的選擇。即便市馬的數量受到限制，但絕不會因一次船隊的覆沒，帶來沉重的損失，張彌之事便是活生生的教訓。

經略遼東一事，筆者認為站在外交角度上，並非孫權個人妄為，其是能契合孫吳在戰略上的部份需求。由積極面觀之，遼東靠向吳蜀抗魏聯盟是一項戰略利多，同時能建立理想的貿馬管道。換從消極面來想，至少也是試著替曹魏製造困擾，使其無法全力應付孫吳。因此，孫權之失策並非在推動此事，而是推動的方法有其失策與侷限。包含未能擴大魏、遼矛盾，讓其演變為軍事衝突，加劇遼東對孫吳的依賴，逼使公孫淵將不敢輕易背盟，甚至在生存危機的考量上，誠心臣服、為己所用。既未達成此項目標，又不防範遼東立場轉回親魏之可能性，就冒險派遣大規模使團，導致損失了數量可觀的人員、物資，上述都是孫權幾項致命的失敗主因。

其後，當遼東真正起兵抗魏之時，孫吳又因舊恨在前，不願真心馳援，姍姍來遲，雖是交通阻隔本會耽誤救援效率，但讓魏將司馬懿迅速終結戰事，仍使遼東這個可能的助力，在未發揮價值前已然覆亡。比之稱帝前孫權靈活的周旋於曹、劉之間，取利於兩者矛盾的外交折衝，經略遼東之不成，無疑是外交上極大的挫敗。以大局觀之，孫吳晚期外交主軸乃是籌組抗魏聯盟，聯合蜀軍北伐成效不彰，經略遼東則以失敗作收、徒損國力，這或許可以看成，吳、魏對抗上，孫吳不能再有進展的一項因素。

〔註187〕羅肇前認為，孫吳最佳的活動方式，即是在遼東留駐兩、三千人的軍隊在遼水入海口建立城池，就地屯墾，並保衛商站，以長久維持馬市，參《三國征戰史》，頁422～424，筆者基本贊同其觀點。

第五章　孫吳戰略佈局下國防政策之施行

　　國防者，主疆域領土之保障，攸關國家安全問題，故國防是否穩固，對政權存亡的影響甚鉅，其不論古今皆爲一國之大計。陸機在《辨亡論》中嘗喻，孫吳之疆域「西屠庸蜀之郊，北裂淮漢之涘，東苞百越之地，南括羣蠻之表」，[註1] 要言之，這是反映孫吳實踐「全據長江」戰略，對揚、荊、交三州疆域之經營，爲持續保有成果，則須針對「劃江而治」的立國型態，建立起相應的國防政策，此即孫吳國防上的一大特色。筆者以爲，孫吳國防政策基本分成兩大方向——首要對外，則是固守長江，以抗魏蜀；其次對內，則爲鎮壓山越，以穩統治。因此，本章便由這兩項議題爲主軸，探討其政策如何施行？施行成效爲何？以及其與國家戰略佈局之聯繫爲何。

第一節　長江防線體系的建構與運作

　　論孫吳政權之興，必始孫策渡江，故陳壽在《三國志》中評曰：「割據江東，（孫）策之兆基。」[註2] 也由於孫吳政權乃從長江下游的揚州而起，使得國防與長江關係密不可分。縱觀孫吳政權發展與建國之過程，不論北抗曹氏、西逐劉備，其主要戰略規劃，皆圍繞長江而行。既依托長江立國，則疆域上便具有「長江制其區宇」的特質，[註3] 對西、北兩面的防守，自然以長

〔註 1〕　《三國志》，卷 48〈吳書・三嗣主・孫皓傳〉注引陸機《辨亡論》，頁 1180。
〔註 2〕　《三國志》，卷 46〈吳書，孫策傳〉，頁 1113。
〔註 3〕　《三國志》，卷 46〈吳書・三嗣主・孫皓傳〉注引陸機《辨亡論》，頁 1181。

江形勢爲佈防重心；且吳之覆亡，實肇因於長江防線崩潰。故就孫吳來說，探討其國防便不能脫離江防。

一、全據長江時期的西向延展

（一）西向延展中的夏口、陸口

論孫吳國防，必談長江防線的建立；而長江防線的建立，基本則是對沿江重要據點之控制，此即國家戰略上對「全據長江」意涵的體現。就自然地理上，長江自西向東兩千餘里，流域橫貫中國南方，故在兩漢時期，能以水路交通連繫著荊、揚、益三州，且江面寬闊，可成中國南北之天然阻隔。故在南北分裂時期，沿岸要津常爲兵家必爭之地。

孫策興平年間渡江，史稱其「威行江外，略有六郡」，〔註4〕故孫吳最初掌握者，爲長江在揚州北部的下游段。〔註5〕李燾在《六朝通鑑博議》中針對孫吳割據江東形勢，嘗論曰：

> 不得淮則無以拒北寇之入，不得荊則無以固上流之勢，不得益則無
> 以爲西土之援。天下大勢，分合不一，則其力不全，拒敵且不足，
> 安能以兼人哉？〔註6〕

此言乃從地緣戰略的角度，闡明孫吳欲立基東南，勢必需西取荊、益，北爭淮南，以護西北兩側國防無虞，才有繼續向外發展的本錢。故「全據長江」戰略，便是發軔於孫吳君臣對此之共識。不過，由於曹操在赤壁戰後，才開始由江北的淮南地區南攻。所以就建構長江防線的歷程而言，孫權初期焦點在於西向延展，以控制荊州境內的沿江重地爲要，其首要目標即江夏郡夏口。

就軍事地理之角度，漢時荊州戰略要地有四，分別是北襄陽、西夷陵、東夏口，而江陵居中。張靖龍的研究指出，夏口形勢「扼束江漢，襟帶吳楚，北有大別，南有幕阜，地勢衝要」，戰略價值對長江下游的東南割據政權之國防，尤爲重要。〔註7〕荊州居揚州上游，舟楫水路有順流優勢，當時爲仇敵劉表地盤，故孫策時期有沙羨之戰，孫權繼位則三征黃祖，其目標皆在夏口，

〔註4〕《三國志》，卷46〈吳書‧孫策傳〉注引孫盛《異同評》，頁1111。
〔註5〕筆者按，以沿江要地論，即柴桑至京。另按京或稱京城，其地在丹徒縣北，長江南岸，與江北廣陵相望。
〔註6〕《六朝通鑑博議》，卷1，頁156。
〔註7〕前揭《赤壁之戰研究》，頁296。

遇藉此打開進入荊州的大門。〔註8〕也正由於夏口是荊揚水路通道上的要地，奪之，於守，可控扼敵人由荊入揚的路徑；於攻，則是孫吳謀求全據長江的首要步驟，故魯肅、甘寧等數度獻策，訴求皆在突破夏口。〔註9〕

不料建安十三年曹操南征，繼任的劉琮投降，劉備部隊也在南逃的過程中大潰於當陽。甫聞曹操佔領荊州，孫吳陣營大臣多有畏懼之意，其議曰：

> 曹公豺虎也，然託名漢相，挾天子以征四方，動以朝廷為辭，今日拒之，事更不順。且將軍大勢，可以拒操者，長江也。今操得荊州，奄有其地，劉表治水軍，蒙衝鬥艦，乃以千數，操悉浮以沿江，兼有步兵，水陸俱下，此為長江之險，已與我共之矣。而勢力眾寡，又不可論。愚謂大計不如迎之。〔註10〕

按孫吳原本策略，乃是憑依長江阻隔，從南北向抵禦曹操。但現今曹操據荊州，可由西向東來攻江東，則南北之險不存，即連東西向交戰，也因曹軍接收劉表水軍、船艦，且握順流優勢，使孫吳在軍力、地利等條件上，皆處下風。

冷兵器時代水軍交戰無強力的火砲武器，單純弓矢攻擊也不足以造成決定性傷害。故真正水面作戰的勝負，取決於船艦衝撞與接舷戰。船艦衝撞即是仰賴風力（揚帆）、人力（操槳）以及水流動能（此即順流的優勢），對敵方船隻進行衝撞，使之損害、翻覆。當船與船衝撞相接後，接著便是水軍搭木板為通道，互相至對方船上甲板搏殺，此即接舷戰。古代船身木造，一般船艦甲板上空間狹蹙，不像平地可以容納大量騎兵運動，普通陸地戰的陣形也不易發揮，交戰時往往考驗將士個人武勇，以及對船體搖晃的平衡適應。故周瑜曾向孫權分析道：「舍鞍馬，仗舟楫，與吳越爭衡，本非中國所長。」〔註11〕而對於適應水戰的荊州降軍，諸葛亮亦言：「荊州之民附操者，偪兵勢耳，非心服也。」〔註12〕這便成了孫吳利用水戰扭轉劣勢的關鍵。

〔註8〕 建安十三年春，孫權第三度征黃祖，終於順利攻破夏口，不過並未佔領。張靖龍認為原因在於揚州內部尚有山越勢力有待賀齊鎮壓，若主力留駐夏口，將與劉表持續交戰，反而讓將有動作的曹操坐取漁翁之利，故先退回柴桑，觀望情勢，前揭《赤壁之戰研究》，頁97。

〔註9〕 獻策內容本文前已多次論及，此處不贅引，詳參《三國志》魯肅、甘寧之本傳。

〔註10〕 《三國志》，卷54〈吳書·周瑜傳〉，頁1261。

〔註11〕 《三國志》，卷54〈吳書·周瑜傳〉，頁1261。

〔註12〕 《三國志》，卷35〈蜀書·諸葛亮傳〉，頁915。

　　當時孫權選擇與退駐夏口的劉備合作，使周瑜三萬水師能一路急馳，不失軍機，阻截曹軍於赤壁，乃明智決策。史稱「初一交戰，公軍敗退，引次江北」。〔註13〕此次會戰吳軍搶在曹軍攻佔夏口前，將其逼退至江北烏林紮營，使向東進攻的曹軍，無論從長江或漢水進軍，皆不能直接威脅揚州，這是周瑜示範了居下游者欲守江，必據沿江要地，以攔阻敵軍路線的戰場戰略。

　　赤壁戰後周瑜溯江追擊，自曹仁手中奪下江陵。但他在建安十五年去世，孫權考量到西起江陵、東至京江防線過長，非孫吳兵力可負擔，即從魯肅議，讓江陵與劉備，把防線向東收縮到陸口。按孫吳此時之國家戰略乃「全據長江」，簡言之，便是自揚至益，控制整條長江。可讓出江陵，也等於讓出奪取益州的通道，豈非違背戰略目標？然當時情況是孫吳沒有足夠力量吞下整個荊州，故與劉備結盟（時劉備握荊南四郡，治公安），失去周瑜後，更不易在漫長的邊境上抵禦曹操，這是孫權何以暫時放棄西向擴張的現實因素。

　　陸口位在江陵——夏口之間，居江南岸，與北岸烏林對望，周瑜赤壁戰時便是據此與曹軍對峙。在讓出江陵後，孫權以程普守夏口，魯肅鎮陸口，其想法是，若荊州情勢有變，陸口進可援江陵、退可護夏口，這等於是在荊州通往揚州的長江水道上，設置兩層防線，以保江東無虞。故這可算實踐全據長江的第一階段，其成果便是孫吳西側防線，由柴桑前推進到荊州境內的陸口，此規劃至建安二十四年聯盟破壞前，沒有更動。

（二）北側防線與經營濡須

　　曹操在赤壁敗後，基本放棄從荊州進攻（襄樊一線以固守為主），而改由淮南進攻江東，史稱曹操「（建安）十四年，春三月，軍至譙，作輕舟，治水軍。秋七月，自渦入淮，出肥水，軍合肥」，〔註14〕此次雖已籌建戰備為主，並未形成軍事衝突，但已為接下來的戰事揭開序幕。本文第二章第二節曾論及，建安十四年到二十二年間，孫、曹在淮南數度激戰，曹操此舉拖住孫吳主力，使孫權無暇西進，只能坐看劉備入蜀、攻取益州。故此時孫吳對長江防線的經營，焦點是鞏固北側，抵抗曹操南侵。

　　東漢時淮南巢湖，東側出濡須水匯入長江，有通航之利。因此，曹操進

〔註13〕《三國志》，卷 54〈吳書・周瑜傳〉，頁 1262。
〔註14〕《三國志》，卷 1〈魏書・武帝紀〉，頁 32。

攻江東便擇此路線。宋杰指出，孫吳在濡須水入長江的水道上，先後夾水立塢、設鎮置督乃至修城設堰，防務十分用心，蓋因濡須得失對江防安全，實有突出作用。〔註15〕而曹操大軍在建安中以降，屢征江東，「（建安）十八年春正月，進軍濡須口，攻破（孫）權江西營，獲權都督公孫陽，乃引軍還」，〔註16〕此情況反應孫吳當時無力在江北建立長期的防禦據點，故退而求其次，力阻曹軍進入長江，以保護南岸沿江要地，不直接暴露在曹軍面前。故經營濡須，是此時期鞏固長江北側防線的重點。

在濡須設塢的建議來自呂蒙，見《三國志》其本傳曰：

> （呂蒙）後從（孫）權拒曹公於濡須，數進奇計，又勸權夾水口立塢，所以備御甚精，曹公不能下而退。〔註17〕

又同傳裴松之注引《吳錄》，則記載了當時孫吳君臣，對是否建濡須塢一事之討論，其載：

> 《吳錄》曰：（孫）權欲作塢，諸將皆曰：「上岸擊賊，洗足入船，何用塢爲？」呂蒙曰：「兵有利鈍，戰無百勝，如有邂逅，敵步騎蹙人，不暇及水，其得入船乎？」權曰：「善。」遂作之。〔註18〕

從上可知，吳軍是以水師登陸長江北岸，與曹軍接戰，但呂蒙指出此作戰型態的缺點，在於陸戰失利時，若遭步騎追擊，吳軍不易順利撤至船上，則情況危殆，故建議在濡須建築防禦工事，作爲補救方案。

宋杰研究指出，孫吳的築塢工法，乃緊鄰岸邊，背水而立，面向平地，成一半水半陸之的半月型建築，臨江面可供孫吳船隻駛入；臨陸面則可掩護平原部隊撤入。另外，因水中無法築牆，爲阻撓魏軍船隻通行，便在淺水處立柵，別設人爲啓閉的柵口，藉此控管整條水道。〔註19〕在軍力調度上，由於濡須地近建業，除留守的督將守兵外，常見君主孫權親率中軍馳援，以固防守，終吳之世，此防線未曾被曹魏突破（亦包含晉），足證防守策略十

〔註15〕 參〈孫吳的抗魏重鎮濡須和東關〉，前揭《中國古代戰爭的地理樞紐》，頁221。

〔註16〕 《三國志》，卷1〈魏書·武帝紀〉，頁37。

〔註17〕 《三國志》，卷54〈吳書·呂蒙傳〉，頁1273。

〔註18〕 《三國志》，卷54〈吳書·呂蒙傳〉注引《吳錄》，頁1273。

〔註19〕 參〈孫吳的抗魏重鎮濡須和東關〉，前揭《中國古代戰爭的地理樞紐》，頁221。另外，宋杰又指出在濡須之駐防地尚有濡須城（與塢不同地）、江中沙洲、羨溪、東興（後修大堤）、新附城、臨近江津等，蓋求對此水道全面嚴守，參同文頁227～237。

分成功。〔註20〕

　　田余慶指出，黃初五年、六年魏文帝曾嘗試由廣陵攻吳，亦即不走巢湖——濡須水道入江，改由淮水經中瀆水入長江，但東漢時期中瀆水兩岸未設堤防，常因水流漫溢導致河道淺枯，無法常年通航順利。水道狀況既不佳，則大軍循此由淮入江則十分費力、困礙難行，〔註21〕且廣陵鄰近長江出海口，江面更為寬闊，且海潮洶湧，以此渡江到南岸京口，也屬不易，故曹丕才會嘆曰：「嗟乎！固天所以隔南北也！」〔註22〕之後曹魏便放棄此法。可見，控制濡須對孫吳何以如此重要！〔註23〕另外，因曹操力強，在淮南戰區孫權基本採守勢（除建安二十年圍合肥失敗），但因濡須防線穩固，故直至建安二十二年停戰時，曹操仍「四越巢湖不成」。〔註24〕就孫吳角度，雖無力前推防線，但一定程度上仍鞏固了北側江防。故此時期國防重心在北不在西，直至此區戰事結束，孫吳始得恢復西向延展，但面對的對手是盟友劉備。

（三）從荊南三郡到夷陵——全據長江的實踐

　　如本文第三章第一節所提，荊州歸屬問題，使孫、劉聯盟本質上處在一種既聯合又競爭的關係。建安十九年孫權聞劉備得益，即遣諸葛瑾向其交涉荊南三郡（此處指長沙、零陵、桂陽），但劉備未肯，藉口得涼州再談，孫權是明眼人，知劉備只是託辭，遂強置荊南三郡長吏，但遭駐守江陵的關羽悉數逐回，於是衝突正式爆發，這便是「荊南三郡之爭」，〔註25〕此次孫權親赴陸口前線，派呂蒙攻取三郡，並使孫皎、魯肅等駐守在三郡北側的益陽，

〔註20〕故顧祖禹引宋周氏之評即曰：「孫氏既夾濡須而立塢，又堤東興以遏巢湖，又堰涂塘以塞北道，然總不過合肥、巢湖之左右，過魏人之東而已。魏不能過濡須一步，則建業可以奠枕，故孫氏之為守易。」參《讀史方輿紀要》，卷26〈江南八‧廬江府〉，頁1282。晉將王渾在滅吳戰中，雖殲滅吳三萬渡江部隊，史料未見攻破濡須的記載，且其停駐江北，等候王濬水軍會師，可推測其不敢直接渡江攻擊長江南岸，應是顧忌退路可能為濡須守軍切斷。

〔註21〕如黃初六年史稱「（魏文帝）車駕幸廣陵，（蔣）濟表水道難通，又上《三州論》諷帝。帝不從，於是戰船數千皆滯不得行」，參《三國志》，卷14〈魏書‧蔣濟傳〉，頁451。又據同書卷2〈魏書‧文帝紀〉，頁85：「是歲大寒，水道冰，舟不得入江，乃引還。」可知這條河道亦受到氣候因素的影響，通航情形相當不佳。

〔註22〕《三國志》，卷47〈吳書‧吳主權傳〉注引《吳錄》，頁1132。

〔註23〕前揭《秦漢魏晉史探微》，頁108～115。

〔註24〕《三國志》，卷35〈蜀書‧諸葛亮傳〉注引張儼《默記》，頁923。

〔註25〕事參《三國志》，卷47〈吳書‧吳主傳〉，頁1119。

〔註 26〕劉備得知，不甘示弱，便自益州趕往公安，並遣關羽率軍南下，兩軍在益陽嚴陣待敵、一觸即發。

當時曹操在西北鎮壓馬超，主力遠離淮南，孫權得以喘息，又見劉備漸成威脅，便無法容許荊州一直在其手裡。要之，孫吳欲穩固國防形勢，斷難放棄全據長江，退屯陸口只是權宜，目的在縮短防線、集中兵力，並讓盟軍劉備負擔部分防曹責任，一旦有餘力，奪取荊州甚至益州，仍屬必爲。同樣的，劉備將荊州視之北伐大業根據地，聯盟關係便因雙方現行戰略衝突急遽惡化。但孫、劉尚未開戰，即傳來曹操攻下漢中的消息，劉備懼失益州，便匆忙議和回師，雙方協議「荊州長沙、江夏、桂陽以東屬（孫）權，南郡、零陵、武陵以西屬（劉）備」，〔註27〕此事最終以外交協商落幕，未正式開戰。

初，魯肅鎮陸口，呂蒙往見，羅肇前據《三國志‧呂蒙傳》記載，認爲傳中呂蒙向魯肅提及的「五策」，〔註28〕便是奪荊南三郡計畫的五項具體內容，〔註 29〕羅氏推論，大抵切合後來史實，雖史書無確切說明，但筆者亦贊同此說。可肯定的是，孫權爭荊南三郡，不是單純憤恨，而是確有完備計畫，反而劉備匆忙趕赴公安調度，顯示孫權此舉似在劉備意料之外，未有防範。

〔註26〕呂蒙奪取三郡之過程詳參《三國志》，卷 54〈吳書‧呂蒙傳〉，頁 1276～1277，此處不贅。另外，筆者按，控制益陽等於扼住進入三郡的通道，故孫權與劉備在此處形成對峙，關於益陽相關戰略地位之分析，可參羅威，〈益陽在孫吳統治時期的戰略地位〉《湖南城市學報》第 26 卷第 5 期，2005 年），頁 69～71。

〔註27〕《三國志》，卷 47〈吳書‧吳主傳〉，頁 1119～1120。

〔註28〕按《三國志》，卷 54〈吳書‧呂蒙傳〉，頁 1274 載曰：「魯肅代周瑜，當之陸口，過（呂）蒙屯下……蒙問肅曰：『君受重任，與關羽爲鄰，將何計略，以備不虞？』肅造次應曰：『臨時施宜。』蒙曰：『今東西雖爲一家，而關羽實熊虎也，計安可不豫定？』因爲肅畫五策。肅於是越席就之，拊其背曰：『呂子明，吾不知卿才略所及乃至於此也。』」

〔註29〕茲簡單列舉如下：一、攻克長沙、桂陽、零陵三郡，則據守益陽，以此控扼通往三郡的水上咽喉，做爲防禦。二、先以二萬兵力南征，確保三郡必取，再遣魯肅由陸口前據益陽，孫權親率主力到陸口，以防範江陵的關羽東進或南援。三、劉備新得益州，根基未穩，曹操攻漢中、曹仁在樊城，劉備不敢輕易與我方決裂。四、荊州原爲周瑜撫定，所讓與劉備者僅南郡，則荊南四郡除武陵乃劉備武力攻取，其餘投降三郡之官員任命權理歸孫吳。武陵、桂陽、長沙等三郡最初爲孫堅平區星之亂所得，雖然代守的張羨死後爲劉表奪去，但既已克復，概屬遺產，孫權有權繼承，前揭《三國征戰史》，頁 275～277。

而同前所論，荊州戰略要地有四，夏口在赤壁後屬吳有，而襄陽北傍漢水，距離長江較遠，必先取江陵而後圖之，故孫吳此時爭荊，第一目標應放在江陵，爲何選擇戰略價值相對次要的荊南三郡呢？筆者以爲，江陵攸關荊、益兩州的交通聯繫，劉備萬難讓步，且其勢力方盛，孫權也無十足把握取勝，與其立即強取，不如先以荊南三郡爲目標，並利用曹操在西北之威脅，給「盟友劉備」施壓。事實證明，劉備雖率大軍進駐公安，擺出寸土必爭的強硬姿態，使得雙方幾乎開戰，但聞漢中淪陷，仍不得不做出取捨，許分荊南兩郡歸吳（即長沙、桂陽）。

孫權爭此三郡，其實尚有爲日後佈局之用意。先是，劉備利用周瑜包圍江陵時，經略荊南四郡（武陵、長沙、桂陽、零陵）。前駐公安時，則以諸葛亮任軍師中郎將，「使督零陵、桂陽、長沙三郡，調其賦稅，以充軍實」，〔註30〕待至由孫吳手上取得江陵，四郡便成供應江陵軍資的戰略後方。故從劉備手上奪取荊南諸郡，不僅能確保通往交州陸路交通，還能適度削弱江陵軍事實力，將有利於之後的奪取行動。雖協定中，孫權未能三郡全取，但目的已達，便讓劉備回頭牽制曹操，吳軍也自陸口返回建業時，則大軍北上，欲趁曹、劉交戰之際，奪取合肥（但張遼防守得當，孫吳此役未果）。建安二十二年孫、曹操淮南進入長期停戰，孫權北線壓力減輕，又把戰略方向轉回西線，靜候奪取荊州之時機。

魯肅是孫吳陣營中，力主結劉抗曹之人，但建安二十二年去世，陸口防務由呂蒙接任。〔註31〕呂、魯兩人想法不同，呂蒙以爲關羽「驍雄，有并兼心，且居國上流，其勢難久」，遂向孫權密陳計策曰：

> 今征虜（指孫皎）守南郡，潘璋住白帝，蔣欽將游兵萬人，循江上下，應敵所在，（呂）蒙爲國家前據襄陽，如此，何憂於（曹）操，何賴於（關）羽？且羽君臣，矜其詐力，所在反覆，不可以腹心待也。今羽所以未便東向者，以至尊聖明，蒙等尚存也。今不於疆壯時圖之，一旦僵仆，欲復陳力，其可得邪？〔註32〕

但孫權對結盟破裂有所顧慮，提出了先取徐州的想法，呂蒙則回應曰：

> 今（曹）操遠在河北，新破諸袁，撫集幽、冀，未暇東顧。徐土守

〔註30〕《三國志》，卷35〈蜀書・諸葛亮傳〉，頁915～916。
〔註31〕按最初孫權欲交由嚴畯，不過嚴畯拒辭，事參《三國志》，卷53〈吳書・嚴畯傳〉，頁1247。
〔註32〕《三國志》，卷54〈吳書・呂蒙傳〉，頁1278。

兵，聞不足言，往自可克。然地勢陸通，驍騎所騁，至尊今日得徐
州，操後旬必來爭，雖以七八萬人守之，猶當懷憂。不如取（關）
羽，全據長江，形勢益張。〔註33〕

此意見受孫權肯定，畢竟就國防形勢而言，孫吳得荊利於得徐，在有限戰力
的運用上，選擇投資報酬率高的方向，才是正確決策。故呂蒙進言無非是希
望孫權堅定態度、捨去顧慮，盡快實踐全據長江。

　　呂蒙初到陸口，假意示好，欲鬆懈關羽戒心。關羽北伐襄陽，呂蒙探知
羽留相當兵力防守江陵、公安，便以治病理由返回建業，由陸遜接任。關羽
前線戰況吃緊，則「稍撤兵以赴樊」，又擅取湘關米供軍資，呂蒙遂密往尋陽，
率軍進襲，並利用江陵守將士仁、公安守將糜芳與關羽不睦、無心抵抗，便
兵不血刃納降二城，斷了關羽後援。〔註34〕呂蒙既據江陵，孫權又遣陸遜西
進「別取宜都，獲秭歸、枝江、夷道，還屯夷陵，守峽口以備蜀」，〔註35〕在
奪取江陵至夷陵的沿江要地後，孫吳基本完成「全據長江」。同時，關羽北伐
將士家眷多在江陵，受吳軍控制，導致士氣低迷、節節敗退，關羽自當陽退
至麥城時，部隊已潰，身旁僅餘十餘騎，途中為吳將馬忠所獲，荊州遂盡屬
孫吳。

　　按長江水道貫由益州入荊州時，受大巴山脈與雲貴高原所夾，成一水勢
較湍急，沿岸腹地蹙狹且長約百餘里的區段，今稱三峽（即瞿塘峽、巫峽、
西陵峽），此段「重山積險，陸無長轂之徑；川阨流迅，水有驚波之艱。雖有
銳師百萬，啟行不過千夫；軸艫千里，前驅不過百艦」，〔註36〕不適宜大部隊
運動通行，若能控制區段之出口，塞敵軍於內，則守方利多，顧祖禹論此
亦曰：

今自巴東歷三峽下夷陵，連山疊嶂，江行其中，迴旋湍激，至西陵
峽口，始漫為平流，而夷陵州正當其衝，故國于東南者，必以西陵
為重鎮矣。〔註37〕

故陸遜才在三峽盡頭的峽口佈防，並置主力於峽口後方的夷陵，目的在將蜀
軍封鎖於三峽之內，使之戰力難以發揮。

〔註33〕《三國志》，卷54〈吳書・呂蒙傳〉，頁1278。
〔註34〕上引具參《三國志》，卷54〈吳書・呂蒙傳〉，頁1278～1279。
〔註35〕《三國志》，卷47〈吳書・吳主傳〉，頁1121。
〔註36〕《三國志》，卷48〈吳書・三嗣主・孫皓傳〉注引陸機《辨亡論》，頁1181。
〔註37〕《讀史方輿紀要》，卷75〈湖廣一〉，頁3513。

　　胡阿祥認爲，孫吳對蜀漢採行「關限防守」，即守住長江西大門——夷陵，阻止東出蜀軍進入洞庭湖平原，威脅江陵，〔註38〕即把夷陵視爲長江東西向防禦第一重點，倚作江陵西側屏障。後來夷陵之勝，便是仰仗此成功佈局，〔註39〕而戰後吳改夷陵爲西陵，並將防線前端伸入三峽，在今巫峽所在的四川省巫縣立建平郡，西陵則常設督將、統轄防務，〔註40〕此防線晚至晉滅吳之戰，才遭王濬水師突破。〔註41〕

　　奪取江陵至夷陵，是孫吳全據長江的最後步驟，這說明其國防政策上，對長江防線的西向延展是成功的，其成果有二：一、逐步控制荊州三個戰略要地（夏口、江陵、夷陵），使孫吳建構起西陵（今湖北宜昌市東南）至東至京（今江蘇省鎮江市）東西兩千里的防線，〔註42〕並依托其西禦漢、北抗魏，以保江東；二者經營濡須，擋下曹操南侵，並替新階段國防線的北向延展，奠定基礎。

二、進圖淮南時期的北向延展

（一）北向延展中的合肥

　　孫吳之「全據長江」，基本是佔據交通聯繫較密切的荊、揚兩州，並透過盟交與關限防守，來補償益州問題，故西向延展以三峽爲限。〔註43〕建國後新國家戰略爲「進圖淮南」，國防重心也由西轉北。筆者以爲，進圖淮南戰略就國防層面而言，是想藉疆界北推，取得更好的防禦形勢，這是因曹魏戰略上，藉淮南駐軍威脅揚州下游江防，使孫吳不敢輕將大量兵力投入襄、樊一線，則近曹魏腹心地帶的江漢防線壓力可獲減輕。顧祖禹嘗在《讀史方輿紀要‧江南序》中評曰：

〔註38〕《六朝疆域與政區研究》，頁79。

〔註39〕關於夷陵之戰的詳細分析已在本文第二章第二節有專論，此處不贅。

〔註40〕孫吳在沿江重地設督置守之情況，本節下目續有專論，此處不贅。

〔註41〕關於此地政區變化所呈現的戰略意涵，可參陳健梅，〈從政區建置看三國時期川江沿線的攻防策略〉一文，頁75～85、117。

〔註42〕《三國志》，卷48〈吳書‧三嗣主，孫皓傳〉注引干寶《晉紀》，頁1165：「（吳使紀陟對司馬昭所言）自西陵以至江都，五千七百里。」筆者按，就今日單位概算，約是兩千多公里。

〔註43〕蜀亡時孫休曾派軍溯江進攻，欲把西側防線由三峽延伸入巴東地區，但失敗未果，故孫吳至亡國前夕，最西側的國防線仍維持在建平（今四川省縣巫山縣北）。

> 欲固江南者必爭江、漢，欲爭中原者必得淮、泗；有江、漢而無淮、
>
> 泗國必弱，有淮、泗而無江、漢上游國必危。〔註44〕

由上可知，孫吳北向目標可分爲二：一、東線淮南，以保三吳；二、中線襄
陽，以護江陵，但從北伐次數與動員規模來看，孫吳明確以淮南爲主，襄樊
爲輔，以呼應此時期的國家戰略。

　　李燾評六朝之守，指出在東線大抵有三道防線，即守河、守淮、守江，
其曰：

> 吳之備魏，東晉之備五胡，宋、齊、梁之備元魏，陳之備高齊、
>
> 周、隋，力不足者守江，進圖中原者守淮，得中原而防北寇者守
>
> 河。〔註45〕

孫吳透過全據長江之勢，串聯荊、揚江防，但未據合肥，僅能固守濡須。因
此，此時國防形勢便是「守江」，並呈現著江防線與國防線幾乎重合之況。

　　僅能守江的風險甚高，按曹操、曹丕數度南征，《三國志》錄其事，屢見
有北軍「臨江」的記載，〔註46〕這說明吳初期之守江，戰略縱深甚短，作爲
國防命脈的長江，往往直接受到敵人壓迫，故孫吳才希望能前守淮南，甚至
淮北，改善這個困境。且長江暴露在敵人大軍之下，亦會影響首都安危，李
燾論吳之首都建業，其曰：

> 秣陵之地，因山爲壘，緣江爲境，山川形勝，氣象雄偉。⋯⋯孫權
>
> 從張紘之請，定建康之都，內以固江，外以援淮，而江南之根本不
>
> 可拔矣。⋯⋯是孫權根本之固，不止利一時，而規模之遠，又可爲
>
> 五世法。〔註47〕

建業地理條件優越，山川形勢險要、易守難攻，後方又有太湖精華區，可擔
負政治、經濟中心的供需，確爲立都良地，除孫權曾因防備劉備東下而短暫
移都武昌，長年爲吳首都（孫權稱帝即移回建業）。首都位處國防前線，意味
著君主孫權親自參與前線防禦，實有「天子守邊」之國防意義，然首都不容

〔註44〕《讀史方輿紀要》，卷19〈江南序〉，頁868。

〔註45〕《六朝通鑑博議》，卷1，頁154。

〔註46〕例如《三國志》，卷2〈魏書・文帝紀〉便見「權臨江拒守」、「吾臨江授諸將
　　　　方略」、「臨江觀兵」（頁82、84、85）數條，卷13〈魏書・王朗傳〉也有「車
　　　　駕臨江而還」、「武、文征權，臨江而不濟」等兩條（頁412、414），其餘數例
　　　　不及盡載。

〔註47〕《六朝通鑑博議》，卷1，頁163。

有失，故孫吳力守濡須，並積極北向拓地，蓋因能否一爭天下或未可知，但
減輕首都防守壓力卻是刻不容緩。因此，就積極面來說，孫吳不單要守在江
北，更要能守在淮南、淮北，方有保障。李燾嘗曰：「大抵守河不能則守淮西、
淮北，守淮西、淮北不能則守淮南，畫守長江則不足道。」〔註48〕，又曰：「吳
之與陳，雖皆守江，吳圍合肥，陳攻壽春，所爭常在於淮甸。」〔註49〕兩語
同闡明了守淮的重要性，也是孫吳何以選擇進圖淮南其中一個原因。

　　不過，孫吳屢攻合肥不下，北向延展遭遇了極大挫折。宋杰指出，魏明
帝曾言：「先帝（曹操）東置合肥，南守襄陽，西固祁山，賊來輒破於三城
之下者，地有所必爭也。」這是曹魏在防禦策略上，不將兵力平均配置在國
境邊界，而是集中力量扼守少數戰略樞紐。〔註50〕以淮南地區而言，壽春為
駐防重心，合肥則為前沿要塞。而合肥的經營，最早始於曹操時代的劉馥，
史稱：

> 馥既受命，單馬造合肥空城，建立州治，……廣屯田，興治芍陂及
> 茄陂、茄陂據太平御覽二五六改七門、吳塘諸堨以溉稻田，官民有
> 畜。又高為城壘，多積木石，編作草苫數千萬枚，益貯魚膏數千斛，
> 為戰守備。〔註51〕

劉馥大約在建安五年赴合肥，建安十三年底，曹操赤壁敗退，孫權趁機包圍
合肥，但攻城不下，稍聞援軍將至即退。〔註52〕據史料顯示，劉馥似在孫權

〔註48〕《六朝通鑑博議》，卷1，頁154～155。
〔註49〕《六朝通鑑博議》，卷1，頁155。
〔註50〕宋杰歸納曹魏對合肥之經營，可分三期：一、草創期，始建安五到十四年，
　　　　由劉馥主導，包含興水利、開屯田、固城防、囤物資等，但因僅駐少量地方
　　　　州軍，防禦十分困難，促使曹操開始調整佈局。二、強化期，始建安十四年
　　　　到魏太和六年（232），此時期曹魏常從淮南發動攻勢壓迫孫吳，既增駐軍量，
　　　　又建鄰州救援制度，並大量徙民，讓江北數百里形成無人居的戰略緩衝地帶，
　　　　吳軍無從掠糧。三、弱化期，始魏青龍元年至晉咸寧四年，合肥舊城臨水，
　　　　易受吳攻擊，遂移守新城，並減少駐軍，將主力部隊後撤壽春、兩淮，如遇
　　　　戰況危急，則投入中軍支援，合肥戰略地位下降，詳參〈合肥與曹魏的禦吳
　　　　戰爭〉，前揭《中國古代的戰爭地理樞紐》，頁188、199～220。史料出處為《三
　　　　國志》，卷3〈魏書·明帝紀〉，頁103。
〔註51〕《三國志》，卷15〈魏書·劉馥傳〉，頁463。
〔註52〕參《三國志》，卷47〈吳書·吳主傳〉，頁1118：「（孫）權自率眾圍合肥，使
　　　　張昭攻九江之當塗。昭兵不利，權攻城逾月不能下。曹公自荊州還，遣張喜
　　　　赴合肥。未至，權退。」但根據同書卷14〈魏書·蔣濟傳〉，頁450之記載，
　　　　張喜的援軍只有本部千餘人，然後在赴援路程中，調領汝南軍力為助，而孫

首次進攻前已亡故，但孫權攻城挫敗，則應當歸功於劉馥的建設。

建安十八年，史稱曹操「恐江濱郡縣爲權所略，徵令內移。民轉相驚，自廬江、九江、蘄春、廣陵戶十餘萬皆東渡江，江西遂虛，合肥以南惟有皖城」，〔註53〕曹操錯誤的徙民政策，造成淮南人口大量流失。隔年，皖城又遭孫吳攻取，合肥守將張遼救援不及，〔註54〕曹魏在江北失去了一個重要據點。二十年孫權自陸口結束與劉備的對峙，便趁機包圍合肥，時曹操在西北，合肥城兵力僅七千，幸張遼驍勇，以八百騎兵突襲敵陣，造成吳軍士氣大挫，才保合肥不失，〔註55〕但已明顯看出孫權對淮南地區的野心，以及合肥這個前沿重鎮的價值。

孫權在全據長江時期，兩度挫於合肥，雖無礙當時國家戰略的推動，但此困境卻延續到了進圖淮南時期。據本文表 3-1-1「孫權後期（229～252）北伐淮南事略表」所顯示，孫權稱帝後曾六度北伐淮南。且因石亭之敗，讓曹魏在淮南軍力大損，只能採取守勢戰略，合肥也轉爲防禦性據點，但駐將滿寵防守得宜，阻擋了孫吳北進。如黃龍二年孫權親征，僞退之計失敗，攻之未果。〔註56〕嘉禾二年曹魏採滿寵建議移守新城，使孫權「以其遠水，積二十日不敢下船」，上岸耀兵還遭伏擊。〔註57〕嘉禾三年吳、蜀同期大舉，孫權再度進攻合肥，史稱：

> （孫）權自將號十萬，至合肥新城。（滿）寵馳往赴，募壯士數十人，
>
> 折松爲炬，灌以麻油，從上風放火，燒賊攻具，射殺權弟子孫泰。
>
> 賊於是引退。〔註58〕

從吳軍準備攻城器具來看，估計孫權知道誘敵策略無用，欲強行攻城，不過遭滿寵火攻壞事，未久，聞魏明帝竟親赴淮南，未待其抵達，便退。由於吳軍在合肥屢屢挫敗，使得孫權從嘉禾六年開始的後三次北伐，不直接進攻合肥，而改攻擊合肥西側的六安，希望孤立合肥，迫使曹魏棄守，但依然未能攻克六安，終孫權之世，孫吳皆未得合肥。

　　權中計，誤以爲有步騎四萬之眾。

〔註53〕《三國志》，卷 47〈吳書・吳主傳〉，頁 1118～1119。

〔註54〕事參《三國志》，卷 54〈吳書・呂蒙傳〉，頁 1276。

〔註55〕事參《三國志》，卷 17〈魏書・張遼傳〉，頁 518～519。

〔註56〕事參《三國志》，卷 26〈魏書・滿寵傳〉，頁 723。

〔註57〕事參《三國志》，卷 26〈魏書・滿寵傳〉，頁 724～725。

〔註58〕事參《三國志》，卷 26〈魏書・滿寵傳〉，頁 725。

孫權死後，權相諸葛恪曾大規模北伐，諸將建議圍合肥新城，以逸待勞，逼迫壽春援軍前來決戰，但遭曹魏識破，暫緩救援，吳軍在合肥「攻守連月，城不拔士卒疲勞，因暑飲水，泄下流腫，病者大半，死傷塗地」，〔註59〕苦撐至新城將破，未料竟中魏將張特詐降之計，暫停進攻，魏軍趁機漏夜修補城牆，吳軍再攻而不能下，只得撤軍，〔註60〕則曹魏以寡兵堅守、拖滯吳軍的戰術，十分成功。其後，諸葛誕叛亂時，吳、魏兩軍直接於壽春決戰，合肥重要性已下降，但孫吳奪取壽春失敗，之後亦無法再發動具威脅性的北伐了。總之，孫吳在東線的北向延展失敗，基本仍然維持守江的國防態勢。

（二）中線襄陽的爭奪

東線合肥失敗，中線襄陽情況又如何呢？初，襄樊戰後，曹仁以襄陽殘破，建言移守宛，司馬懿以爲「襄陽水路之衝，禦寇要害」，但曹丕仍下令焚棄襄、樊，〔註61〕後曹丕以「孫權遣將陳邵據襄陽，詔（曹）仁討之。仁與徐晃攻破邵，遂入襄陽」，則知孫吳曾短暫據襄陽，但復爲曹仁奪回。〔註62〕其後吳在黃武五年、嘉禾三年、嘉禾六年、赤烏四年、赤烏九年等，數度進攻，但未能重新佔有。

孫吳何以積極攻襄陽？陳金鳳指出，荊州之要害在江陵，但江陵位處江北的洞庭湖平原，地勢低平、無險可守，須仰周圍重地屏護，〔註63〕故顧祖禹曰：「夫荊州者，全楚之中也。北有襄陽之蔽，西有夷陵之防，東有武昌之援。」〔註64〕又曰「襄陽不守則江陵以北危，夔峽不固則江陵之西病。」〔註65〕這是因爲襄陽到江陵之間僅陸道數百里，孫吳若不得襄陽，則易攻難守的江陵，將直接成爲敵人打擊目標，觀黃初三年的江陵危機，〔註66〕可說明欲抗衡北敵，必同時擁有江陵與襄陽。

諸葛亮《隆中對》之兩路北伐，分別爲益州軍出秦川，以及荊州軍向宛、

〔註59〕《三國志》，卷64〈吳書·諸葛恪傳〉，頁1438。
〔註60〕事參《三國志》，卷4〈魏書·三少帝·齊王芳紀〉注引《魏略》，頁125。
〔註61〕事參《晉書》，卷1〈宣帝紀〉，頁3。
〔註62〕事參《三國志》，卷9〈魏書·曹仁傳〉，頁276。
〔註63〕前揭《魏晉南北朝中間地帶研究》，頁54～55。
〔註64〕《讀史方輿紀要》，卷75〈湖廣序〉，頁3484。
〔註65〕《讀史方輿紀要》，卷78〈湖廣四·荊州府〉，頁3653。
〔註66〕時文帝三道南征，荊州一路，張郃於江陵中洲擊潰孫盛，大軍包圍江陵，幸賴朱然堅守，才使江陵不失。

洛，故關羽奪取襄陽，目的便是要打開入南陽盆地之通道，出南陽盆地東可直逼洛陽，西可窺謀關中，實是日後北伐的重要基礎。因此，襄樊之戰魏軍危殆時，滿寵仍力勸主帥曹仁堅守樊城，萬不可退，其曰：

> 山水速疾，冀其不久。聞（關）羽遣別將已在郟下，自許以南，百姓擾擾，羽所以不敢遂進者，恐吾軍掎其後耳。今若遁去，洪河以南，非復國家有也；君宜待之。〔註67〕

對於襄陽戰略地位的認識，孫吳方面亦同，如赤壁之戰的主帥周瑜，其去世前便曾向孫權進言：

> 今曹操新折衄，方憂在腹心，未能與將軍連兵相事也。乞與奮威（孫瑜）俱進取蜀，得蜀而并張魯，因留奮威固守其地，好與馬超結援。（周）瑜還與將軍據襄陽以蹙（曹）操，北方可圖也。〔註68〕

另外，呂蒙在關羽駐守江陵時，也曾向孫權獻策曰：

> 今令令據文義改征虜（孫皎）守南郡，潘璋住白帝，蔣欽將游兵萬人，循江上下，應敵所在，（呂）蒙為國家前據襄陽，如此，何憂於（曹）操，何賴於（關）羽？〔註69〕

可見，襄陽不止能屏護江陵，還是向北發展十分重要的戰略通道。於攻於守，對孫吳來說都是必爭之地。但曹魏對襄陽防務高度重視，如前述所提，魏明帝便把襄陽、合肥同樣視為必守重鎮，常以名將（如曹仁、司馬懿等）、大軍防備，使得孫吳長期規取襄陽不成。

　　孫吳之不得襄陽，其進攻方式，也有值得探討之處。由於襄陽不是孫吳後期國家戰略之重點目標，故屢有攻勢，但未傾盡全力，相較起孫權舉十萬之眾進攻淮南，襄陽方面的陸遜、諸葛瑾等，多屬偏師，規模不能相比，自然對於重點防禦的襄陽不成威脅。其用兵量最大的一次，當屬吳赤烏四年（魏，正始二年）之役，史稱：

> 夏四月，（孫權）遣衛將軍全琮略淮南，決芍陂，燒安城邸閣，收其人民。威北將軍諸葛恪攻六安。琮與魏將王淩戰于芍陂，中郎將秦晃等十餘人戰死。車騎將軍朱然圍樊，大將軍諸葛瑾取柤中。〔註70〕

〔註67〕《三國志》，卷26〈魏書・滿寵傳〉，頁721。
〔註68〕《三國志》，卷54〈吳書・周瑜傳〉，頁1264。
〔註69〕《三國志》，卷54〈吳書・呂蒙傳〉，頁1278。
〔註70〕《三國志》，卷47〈吳書・吳主傳〉，頁1144。

孫權此回東、中兩線均有勢在必奪之地，東線爲六安，以便直逼壽春，對合肥造成戰略包圍，西線則爲襄陽、樊城，欲完成前據襄陽之勢。據史料所載，襄樊方面吳軍動員約五萬大軍，〔註71〕由主帥朱然渡漢水包圍樊城，〔註72〕步騭、諸葛瑾則負責奪取柤中等地，〔註73〕確保江陵到襄陽之間的陸路控制。值得注意的是，孫吳首席大將陸遜並未參與此役，羅肇前以爲，陸遜理想的國防，乃是以西陵爲國藩表，蓋因在未據蜀地的情況下，襄陽只能防北，不能防西，倘若前據襄陽，則必須在西陵、江陵、襄陽三地同時駐有重兵，將增加防禦負擔，故陸遜不贊同北伐襄陽，可能是未參與之因，筆者基本贊同。〔註74〕

東線吳、魏皆傷亡慘重，全琮、諸葛恪陸續退兵，但中線朱然並未罷手，仍堅決圍攻樊城，同年六月司馬懿來援，兩軍對峙，準備進入主力決戰階段。當時，吳軍以沔水（即漢水）行船運糧至前線，此法比起江陵陸道快速且省力，但魏江夏守將胡質率眾截渡口，欲斷吳軍後勤補給，朱然雖分兵擊退其部將蒲忠，但情勢不利，只得撤軍，〔註75〕並親自斷後、應付追擊。其後在赤烏九年（魏，正始七年）朱然再征柤中，僅有小獲。接著赤烏末，陸遜、全琮、步騭、朱然等大將病故、國力日衰，至孫吳晚年，已無能威脅襄、樊了。

歸結來看，孫吳拿下夷陵代表西向延展成功，全據長江，不過，受挫於合肥、襄陽，使得北向延展失敗，無法進一步改善守江形勢，依舊維持江防即國防的情況。故本文後續所談，便是孫吳具體守江之法。

〔註71〕參《三國志》，卷4〈魏書·三少帝·齊王芳紀〉注引干寶《晉紀》，頁119。

〔註72〕筆者按，襄陽在漢水南岸，若吳軍切斷漢水聯繫，襄陽則成孤城，故對抗南軍北攻，多退保北岸的樊城，如關羽之伐曹仁亦同。

〔註73〕陳金鳳指出，柤中與襄陽地理上切進，在一定程度上影響襄陽得失，故柤中之爭實際上也是襄陽之爭的一部份，吳、魏數次圍繞此地交戰，不只是爲了該地的人口良田，參《魏晉南北朝中間地帶研究》，頁57。

〔註74〕前揭《三國征戰史》，頁398～399。另外，顧祖禹嘗評曰：「吳人懼蜀之逼，遽起而議其後，魏終得以固襄陽，而吳之勢遂屈于魏。自後諸葛瑾、陸遜之師屢向襄陽，而終無尺寸之利，蓋勢有所不得逞也。至于魏人之保襄陽，亦如手腳之救頭目然。……而襄陽遂成滅吳之本。」亦說明了未得蜀地，實是孫吳攻襄陽不利的一個原因，參《讀史方輿紀要》，卷79〈湖廣五·襄陽府〉，頁3698。

〔註75〕事參《三國志》，卷27〈魏書·胡質傳〉，頁742。以及同書卷56〈吳書·朱然傳〉，頁1307。另按〈朱然傳〉言此戰爲赤烏五年，誤。

三、江防體系的運作

（一）江防重鎮分佈與守江戰略

孫吳東不能守淮南，中不能據襄陽，然守江形勢有其缺陷。因此國防的首要之務，便在構築穩固的江防體系。吳之長江防線，西起三峽，東至長江口，東西綿延約二千餘里，水軍戰船數千艘，荊州上游段約八萬兵力，揚州下游段則因首都建業所在，常置十萬以上兵力，故合計用於守江的水陸兵力近二十萬，佔全國總兵力的七、八成以上，可見孫吳視守江為國防第一要務。〔註76〕

所謂守江，首先便是控制沿江要地，而要地究竟包含哪些地點呢？今參清人謝鍾英在《三國疆域表》中所云：

> 其固國江外，則以廣陵、涂中、東興、皖、尋陽、邾、夏口、江陵、西陵、建平為重鎮，江東則以京口、建業、牛渚、柴桑、半洲、武昌、沙羨、陸口、巴丘、樂鄉、公安、夷道、荊門為重鎮，夾江置守。上游要害，尤重建平。〔註77〕

另據宋人王應麟《通鑑地理通釋》，則指出尚有峽口、沔口、濡須、涂塘、下雉、陽新等地，〔註78〕前述地點分布長江南、北岸，處荊、揚兩州的北側，能否有效控制這些戰略要地，遂成孫吳守江成敗的指標。

張大可指出，孫吳江防體系以長江天塹為依託，陸上夾長江兩道防線，

〔註76〕 按趙小勇所考，孫吳末年的江防兵力在荊州部分約在五萬左右，揚州部份則在十三萬上下，故合計總數約在十八到二十一萬，而《晉陽秋》載晉收吳圖籍，全國兵力二十三萬，舟船五千餘艘，可見孫吳近八成以上的兵力都置於守江之上，參〈東吳末年江防兵力考釋〉（江蘇：《連雲港師範高等專科學校學報》第 1 期，2005 年），頁 20～21。筆者按，此為孫吳國力最衰弱之時的數據，其國力強盛時期自當在二十三萬以上，陶元珍則推測全盛時期，孫吳兵力當不下三十萬，參〈三國吳兵考〉，頁 50～58。另外，孫皓時期陸抗曾上疏乞兵力三萬，使荊州部隊額數滿八萬，方可無虞，由此推知，孫吳原先在荊州的常置兵力若要滿足防務所需，應至少不低於八萬；另按孫權北伐常號稱十萬（雖有誇大之嫌），但考慮到諸葛恪北伐動員全揚州的兵力數量可達二十萬，且重鎮濡須、京城亦常駐重兵留守，則保守估計揚州方面至少有十萬以上的實數。

〔註77〕 〔清〕謝鍾英，《三國疆域表》，收入《二十五史補編‧第三冊》（臺北：開明書局，1959 年，頁 2988。

〔註78〕 〔宋〕王應麟，《通鑑地理通釋》（臺北：廣文書局，1980 年），卷 12〈三國形勢考下〉，頁 735～785。

其中江北七鎮，江南十二鎮。江北七鎮自西向東爲建平、夷陵（西陵）、江陵、蘄春、皖口、皖城、濡須口，江南十二鎮則爲夷道、樂鄉、公安、巴丘、陸口、夏口、武昌、柴桑、蕪湖、牛渚、建業、京口（京）。江北防線以江陵、濡須爲兩大前沿重鎮，與曹魏襄陽、合肥對峙，而沿江重鎮三分之二在江南，除首都建業外，江陵、濡須爲魏軍南下的兩個主要目標，故重兵設防，進攻襄陽或合肥時亦由這兩地進發，〔註 79〕爲掌握上述十九重鎮的分布位置，茲製簡圖如下：

圖 5-1-1：孫吳江防部署暨曹魏東線重鎮示意圖

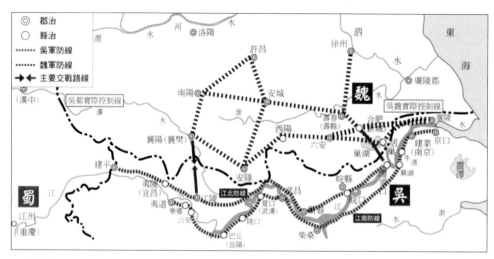

參考資料：
1.《三國疆域表》、《通鑑地理通釋》。
2.《三分的輓歌──話說三國十二帝》，頁 128、130。

同吳江防對峙，曹魏東側國防設兩道防線，三條縱深。第一道防線七鎮，分別爲襄陽、安陸、西陽、六安、合肥、居巢、廣陵。第二道防線三鎮，爲南陽、安城、壽春，爲三條縱深之後衛軍鎮，其中襄陽、合肥爲前沿兩大重鎮，與吳之江陵、濡須對峙。〔註 80〕觀察上圖可發現，就防線佈局上，曹魏的戰略縱深優於吳，且採取少數重點設防，故能有效集中兵力，而孫吳因擔心北軍渡江，故夾江多點置守，密集的分布在長江兩岸，形勢上缺乏足夠的戰略迂迴地，南岸重地一旦失守，則整體江防登時有瓦解危機，故孫吳

〔註79〕 前揭《三分的輓歌──話說三國十二帝》，頁 129～130。
〔註80〕 參《三分的輓歌──話說三國十二帝》，頁 127～129。

積極北伐，希望將防線推至淮、漢，但進攻失利，故只能就鞏固現有江防去努力。

吳之國力不如魏，但戰略上積極防禦、主動出擊，為阻止魏軍輕易的兵臨長江，基本以江北陸戰為第一線，水師登陸與魏接戰，不勝則撤退至江中船艦，此即「上岸擊賊，洗足入船」，〔註81〕魏人袁準言吳軍「以江漢為池，舟楫為用，利則陸鈔，不利則入水」。〔註82〕這是由於吳軍多為步兵，且「步兵利險」，〔註83〕須有城池、山林為掩，且淮南地勢平坦，利於曹魏騎兵作戰，故呂蒙議設濡須塢，以掩護撤退步兵。基本此種戰法有所缺陷，雖能迅速對江北敵軍動態做出反應，但不能持久，故孫權積極奪取江北據點，建立前沿防線，目的便在不與敵人共享長江之險。

陳健梅研究指出，吳、魏在江淮地區軍事衝突十分激烈，戰亂外又有大規模徙民，戶口流失嚴重，使得江北沿岸（包括揚州的盧江郡、九江郡以及徐州廣陵郡的沿江諸縣）逐漸形成空曠的無人區，除了鎮兵屯田外，多為廢地。〔註84〕時史稱「淮南濱江屯候皆徹兵遠徙，徐、泗、江、淮之地，不居者各數百里」，〔註85〕終吳之世，此段廢地大抵充作軍事緩衝地帶，提升守江的戰略縱深，以為江防掩護。唐人杜祐在《通典‧州郡典》則曰：「自三國鼎立，更相侵伐，互有勝負，疆境之守，彼此不常，才得遽失，則不暇存也。」〔註86〕謝鍾英在《補三國疆域志補注》後序亦言：「南北並立，剖分界限，魏吳不常，要厥始末。以城守辨封疆，以軍行為隙地，負起陳氏（壽），不易吾言。」〔註87〕由前可知，此緩衝地帶時有變動，但因孫吳未得合肥，故大抵在江北不能逾合肥一線，大軍北出雖偶有深入（如淮南叛亂曾直抵壽春），然不能久守。

江上水軍為守江第二線，吳之船艦數量、質量皆勝，曹魏水軍不能與之

〔註81〕《三國志》，卷54〈吳書‧呂蒙傳〉注引《吳錄》，頁1275。
〔註82〕《三國志》，卷4〈魏書‧三少帝‧齊王芳紀〉注引《漢晉春秋》，頁122。
〔註83〕《漢書》，卷35〈吳王濞傳〉，頁1914。胡三省亦評：「吳國之兵力不足北向以爭中原者，知車騎之地，非南兵之所便也。」參《資治通鑑》，卷68〈漢紀‧獻帝建安二十四年十月〉條胡注，頁2164。
〔註84〕前揭《孫吳政區地理研究》，頁22～23。另外，陳健梅有考廢地諸縣，亦參同書頁23～26。
〔註85〕《三國志》，卷51〈吳書‧宗室‧孫韶傳〉，頁1216。
〔註86〕《通典》，卷171〈州郡一〉，頁4459。
〔註87〕謝鍾英，《補三國疆域志補注》，收入《二十五補編，第三冊》，頁3156。

正面匹敵，故盡量避開江面作戰，多選擇輕船渡江，進攻南岸據點，〔註88〕此即「舳艫直渡，擊其南渚」之法。〔註89〕吳軍水師雖能「泛舟江湖」，〔註90〕倚之「循江上下，應敵所在」，〔註91〕然防線東西遙長千里，蓋難做到「方舟塞江」，〔註92〕完全封鎖渡江路線，故基本仍需「列船津要，堅城據險」策略，〔註93〕防範敵軍渡江，如徐盛便曾以疑城計嚇阻文帝，史稱：

> 魏文帝大出，有渡江之志，（徐）盛建計從建業築圍，作薄落，圍上
> 設假樓，江中浮船。諸將以爲無益，盛不聽，固立之。文帝到廣陵，
> 望圍愕然，彌漫數百里，而江水盛長，便引軍退。諸將乃伏。〔註94〕

文帝中計以爲南岸備禦牢不可撼，遂不敢渡江，大嘆魏軍武騎千群無所用。

長江江面寬闊，有許多泥沙淤積而成的沙洲，古稱中洲，曹植嘗與司馬懿書信中提及孫吳「以洲渚爲營壘，以江淮爲城塹」，〔註95〕則知中洲設爲孫吳設防之地，例如曹操曾「出濡須，作油船，夜渡洲上。（孫）權以水軍圍取，得三千餘人，其沒溺者亦數千人」，〔註96〕又如曹丕首次南征，濡須一線曹仁「遣其子泰攻濡須城，分遣將軍常雕督諸葛虔、王雙等，乘油船別襲中洲」，史書又稱「中洲者，部曲妻子所在也」，〔註97〕可知此處也是吳軍家眷居處，攻取能打擊其士氣。同戰役的江陵一線張部「別督諸軍渡江，取洲上屯塢」，〔註98〕則知中洲上尚有軍事設施和屯田，具防禦、產糧功能，平時吳軍即多所運用。而水淺之時，還能夠利用中洲搭建浮橋，渡江往來。〔註99〕另按史

〔註88〕 如《三國志》，卷 47〈吳書・吳主傳〉，頁 1128：「曹休使臧霸以輕船五百、敢死萬人襲攻徐陵，燒攻城車，殺略數千人。」

〔註89〕《三國志》，卷 2〈魏書・文帝紀〉注引《魏書》，頁 82～83。

〔註90〕《三國志》，卷 10〈魏書・賈詡傳〉，頁 331。

〔註91〕《三國志》，卷 54〈吳書・呂蒙傳〉，頁 1278。

〔註92〕《三國志》，卷 56〈吳書・朱然傳〉，頁 1307。

〔註93〕《三國志》，卷 21〈魏書・傅蝦傳〉，頁 625。

〔註94〕《三國志》，卷 55〈吳書・徐盛傳〉，頁 1299。

〔註95〕〔唐〕歐陽詢、汪紹楹校，《藝文類聚》（北京：中華書局，1965 年），卷 59曹植《與司馬仲達書》，頁 1075。

〔註96〕《三國志》，卷 47〈吳書・吳主傳〉注引《吳歷》，頁 1118。

〔註97〕按中州與中洲通同，此處史料所指爲濡須中洲，參《三國志》，卷 56〈吳書・朱桓傳〉，頁 1313。又同書卷 48〈吳書・三嗣主・孫皓傳〉注引《搜神記》，頁 1177：「吳以草創之國，信不堅固，邊屯守將，皆質其妻子，名曰保質。」可知，以中洲安置守江將士的妻子，是一種就近監視控制之法。

〔註98〕按此爲江陵中洲，參《三國志》，卷 17〈魏書・張部傳〉，頁 526。

〔註99〕按夏侯尚曾以此法圍攻江陵，事參《三國志》，卷 55〈吳書・潘璋傳〉，頁

載吳將賀齊曾「出鎮江上，督扶州以上至皖」，﹝註100﹞筆者推測，守江水軍需有補給休養的駐防地，此處可能是賀齊由南岸直接進駐江上中洲。大抵來說，因吳水軍強大，中洲之地多爲吳所控制。而魏軍在渡江作戰時，則有時會對鄰近中洲採取攻擊。

　　長江南岸據點爲守江第三線，基本也是最後防線，後方的江南腹地僅負責後勤支援，蓋因南岸一遭突破，便無法戰守。故孫吳北向拓地，便是降低南岸被突破的風險。如江陵、濡須兩個經常爆發戰事的前沿重鎮，皆在北岸，可知吳作戰方針，乃是盡量阻敵江北，非不得已不讓敵人攻至南岸。﹝註101﹞南岸重鎮所謂「濱江兵馬之地」，﹝註102﹞平時則駐守江防部隊，敵人來犯，便殊死保境，此即是吳將所言「江渚有事，則其死效」了。﹝註103﹞

　　孫吳在沿江要地皆有駐軍，以保高度警戒，阻止魏軍渡江。故駐軍地點的軍糧供應，十分重要。高敏指出，孫吳屯田分布地區，大致有三種類型：一、與曹魏接壤的江北據點，二、長江南岸諸郡，三、山越人戶聚集地。﹝註104﹞其中第一、二即是用來供應前線軍糧，查之史籍，見有歷陽、皖城、牛渚、巴丘、沔口、尋陽、京城、陸口、蕪湖等地，皆屬軍事屯田。﹝註105﹞且設屯之地眾多，難以盡載，但可知沿江軍屯亦是孫吳維持江防體系的一項環節。當然，糧食是軍隊不能缺少的基本物資，故屯田區不免成敵人攻擊目標，如史稱：

　　　　（孫）權遣兵數千家佃於江北。至八月，（滿）寵以爲田向收熟，男
　　　　女布野，其屯衛兵去城遠者數百里，可掩擊也。遣長吏督三軍循江
　　　　東下，摧破諸屯，焚燒穀物而還。﹝註106﹞

初，呂蒙即曾建議攻打曹魏皖城屯田，去其威脅；相對的，曹魏亦嚴加防範

　　　　1299。

﹝註100﹞《三國志》，卷60〈吳書・賀齊傳〉，頁1380。

﹝註101﹞如文帝首次南征，呂範水軍遇江上大風，覆船損兵，曹休即遣輕船渡江襲徐
　　　　陵，使得孫權急忙調賀齊水軍協防，以護南岸，事參《三國志》，卷60〈吳
　　　　書・賀齊傳〉，頁1380。

﹝註102﹞《三國志》，卷48〈吳書・三嗣主・孫休傳〉，頁1155。

﹝註103﹞《三國志》，卷61〈吳書・陸凱傳〉，頁1407。

﹝註104﹞前揭《魏晉南北朝社會經濟史探討》，頁80～103。

﹝註105﹞孫吳另有較大規模的民屯——毗陵典農校尉校尉，與沿江軍屯運作模式不
　　　　同，可參陳玉屏，〈論孫吳毗陵屯田的性質〉《西南民族學院學報》（社會哲
　　　　學科學版）第二期，1989年），頁68～70。

﹝註106﹞《三國志》，卷26〈魏書・滿寵傳〉，頁725。

孫吳邊境屯田規模壯大，成爲北伐後盾。故吳、魏邊境作戰，亦常見針對屯田區的軍事打擊。

漫長邊境上，吳沿江設防之地甚多，縱使水軍在江上有「汎舟舉帆，朝發夕至」能耐，〔註107〕但究底兵力不如魏國，爲保障交戰時的馳援效率，必須具有完善快速的訊息傳遞管道。陸凱嘗言「江渚有難，烽燧互起」，〔註108〕則知烽火是聯繫沿江各地的重要方式，其詳細運作方式，見史稱：

> 烽火以炬置孤山頭，皆緣江相望，或百里，或五十、三十里，寇至則舉以相告，一夕可行萬里。孫權時合暮舉火於西陵，鼓三竟，達吳郡南沙。〔註109〕

半天之內，烽火已能自西向東通達整條防線，可見，烽火確實有協助江防的功能，彌補單點迎敵兵力不足的劣勢。

綜前所論，孫吳江防體系環環相扣，前後分江北、江中、江南三線，在江北頑強的關出沿岸廢地，使魏軍不能輕易臨江、渡江，主力水師則乘船於江面巡守，又在南北岸各重要據點駐將士、行屯田、舉烽火，徹底嚴守，此江防體系的運作，有效抵擋曹魏的進攻，成爲孫吳政權屹立江南的重要基礎。

（二）江防體系中的軍鎮都督

長江東西橫流兩千里，江面寬闊，形成南北天然屏障，爲孫吳地障作戰的重要基礎，並在一定程度上，彌補吳之兵力劣勢，使其能同強大的魏國長期對抗。然「長江之限不可久恃，苟我不守，一葦可航也」，〔註110〕且吳之「創基南夏，割據江山，拓土萬里，雖承天贊，實由人力也」，〔註111〕此說明浩蕩江流雖有阻隔之力，但若人爲方面不善營防務，使得「江邊空曠，屯塢虛損」，〔註112〕則長江非是難越天險，未足可恃。特是吳之邊境「土地邊外，間隙萬端，而長江巨海，皆當防守」，〔註113〕故爲有效調度數千里的防線，則必須發展出一套與江防體系結合的軍事指揮體制。按軍事指揮體制可分爲戰時與平時，但由於本節以國防爲論述重心，因此，下文專談孫吳平時軍事體制下，

〔註107〕《三國志》，卷54〈吳書·周瑜傳〉注引《江表傳》，頁1260。
〔註108〕《三國志》，卷65〈吳書·賀劭傳〉，頁1457。
〔註109〕《三國志》，卷65〈吳書·賀劭傳〉，頁1457。
〔註110〕《三國志》，卷65〈吳書·賀邵傳〉，頁1458。
〔註111〕《三國志》，卷65〈吳書·賀邵傳〉，頁1458。
〔註112〕《三國志》，卷60〈吳書·周魴傳〉，頁1389。
〔註113〕《三國志》，卷47〈吳書·吳主傳〉注引干寶《晉紀》，頁1131。

如何調度將士，以貫徹守江的戰略目標。

　　陶元珍論孫吳國防軍制嘗指出，吳之中央兵主首都宿衛，除參與出征外，也會屯戍要地，諸將兵與地方兵平時則屯戍江滸、鎮攝內地，有事亦參與征討。〔註114〕故就江防體系來說，基本上，孫吳駐守沿江重鎮的將領，大抵以「江渚諸督」〔註115〕的身分指揮「江邊戍兵」，〔註116〕駐紮該地、執行防務。這些將領在史籍中常見「（都）督某地」、「某地（都）督」的記載，例如蔣欽「從征合肥，魏將張遼襲（孫）權於津北，欽力戰有功，遷盪寇將軍，領濡須督」，〔註117〕時在建安二十年，這是孫吳最早明確設立某地督職的記載。〔註118〕

　　按濡須為吳抗魏前線重鎮，攸關下游江防安全，孫權在守江經驗中，體認到常設督將，以便於指揮調度的國防需求，於是軍鎮都督制度，便陸續應用在其他江防區域，此與剛打下荊州時周瑜、程普、魯肅等以太守身分指揮前線防務，已有所不同。至孫吳末季，史稱「建衡二年，大司馬施績卒，拜（陸）抗都督信陵、西陵、夷道、樂鄉，公安諸軍事，治樂鄉」，〔註119〕則一人不止任一地督，甚至同時兼督多地（但陸抗的直屬部隊在駐地樂鄉），可見軍鎮督度制因應情勢變化，又有其特殊變化。就職權來看，蔣欽僅能指揮一地，陸抗雖駐樂鄉，但可兼統轄多地，故不止稱督，而稱都督。不過，就孫吳軍制中「督」與「都督」之差別，後有詳論，此處不贅。

　　雷家驥師曾指出，督軍制起源於秦漢的監軍，本為戰時編制，授予將領指揮軍隊之權，漢末戰亂頻繁，但此種指揮權長期授與地方守將的體制，尚未成熟，至晉朝才演變成完備的都督制，然在曹魏時期，即因施行分區防禦的戰略構想，開始採行「州都督制」，大抵以「某將軍‧都督某州（或某某州）諸軍事」的任命方式為基本模式。〔註120〕而孫吳疆域僅三州，其國防部署為配合江防體系為中心，故在都督制上，有別於州都督制，採行了軍鎮都督制。吳之軍鎮都督，其職權基本小於曹魏的州都督，多數只督一地，少數如大將

〔註114〕〈三國吳兵考〉，頁64。

〔註115〕《三國志》，卷60〈吳書‧鍾離牧傳〉注引《會稽典錄》，頁1395。

〔註116〕《三國志》，卷65〈吳書‧賀劭傳〉，頁1457。

〔註117〕《三國志》，卷55〈吳書‧蔣欽傳〉，頁1287。

〔註118〕即與戰時體制的前部督、大都督不同，特別以某地作為平時駐防區，掌理軍務。

〔註119〕《三國志》，卷58〈吳書‧陸抗傳〉，頁1355。

〔註120〕〈從督軍制、都督制的發展論西魏北周的統帥權〉，頁43～53。

陸抗者才兼督多地。因此，如果說州都督制是一種分區防禦的戰略體制，軍鎮都督則可說是一種「分點防禦」的戰略體制，其統轄的範圍、兵力也較小。但較符合孫吳沿江戍守的國防需求。

張鶴泉曾指出，孫吳在早期屯兵的幾個地點如陸口、濡須、巴丘等，皆帶有軍鎮性質，但多以太守兼管軍務。濡須戰事激烈，能否有效控制此軍事要衝，對國防安全十分重要，故始設督將，建安二十年蔣欽任濡須督，正是這種體制普遍實施的開始。建國後，沿江耀地幾乎皆可看到設置督將，例如公安督、柴桑督、西陵督、京下督、夏口督等。其意義可分數項：一、分點設防，授予獨立指揮權以便於軍事調度與作戰，此制為孫吳獨有，不見魏蜀使用。二、督將屬於在地中央官員，基本採軍政合一方式，而統帥部隊有兩大來源，包含私人部曲（即諸將兵）與國家授予的地方兵，後者數量較多，為主要兵源。三、選任督將甚為用心，並以長期久任的方式，確保該地防務穩定。四、軍鎮都督為長江防衛體制的要角，為限江自保的國策服務，筆者基本同意其論。〔註121〕

接著為明孫吳曾在何地設過軍鎮都督？出任人選又有哪些人？茲製下表：

表 5-1-1：孫吳沿江軍鎮設督表〔註122〕

編號	地點	位置	今　　地	曾任督將〔註123〕（特殊說明）	資　料　出　處
1	京（以下屬揚州）	江南	江蘇省鎮江市	顧承（京下督）	〈顧雍附子邵傳〉，頁1231
				孫楷（京下督）	〈三嗣主・孫皓傳〉，頁1171
				孫越（京下督）	〈宗室・孫韶附子越傳〉，頁1216
2	扶州	江中	不明，疑建業	賀齊（都督）〔註124〕	〈賀齊傳〉，頁1380

〔註121〕〈孫吳軍鎮都督制略論〉，頁21～24。
〔註122〕孫吳將領對於沿江軍鎮之駐守方式頗為多元，並不止限於督或都督職，尚有鎮、屯、戍、佃某地，或領某地太守等方式，但本表為求列入標準一致、方便辨讀，故採嚴格認定史書有明確言督或都督者。另外，為求表格篇幅精簡，本表凡引自《三國志・吳書》者，僅書出處之傳名及頁數。
〔註123〕本欄位人名排列先後不代表出任順序。
〔註124〕本傳稱賀齊出鎮江上，督扶州以下至皖，則管轄範圍不止一處，雖不稱都督，但職權實等同。

			北方江中沙洲	呂範（都督）〔註125〕	〈呂範傳〉，頁1310
3	建業	江南	江蘇省南京市	滕胤（都下督）〔註126〕	〈滕胤傳〉，頁1444
4	牛渚	江南	安徽省馬鞍山市采石磯	何植（都督）〔註127〕	〈三嗣主・孫皓傳〉，頁1172
				孫桓	〈宗室・孫桓傳〉，頁1217
				全緒	〈全琮附子緒傳〉，頁1383
5	徐陵	江南	安徽省當塗縣東梁山附近	陶濬	〈三嗣主・孫皓傳〉，頁1173
6	蕪湖	江南	安徽省蕪湖縣	徐祚	〈妃嬪・吳主權徐夫人傳〉，頁1198
7	濡須	江北	安徽省無為縣東南濡須水入江處	呂蒙	〈呂蒙傳〉，頁1277
				蔣欽	〈蔣欽傳〉，頁1287
				周泰	〈周泰傳〉，頁1288
				朱桓	〈朱桓傳〉，頁1125
				駱統	〈駱統傳〉，頁1336
				張承（都督）	〈張昭附子承傳〉，頁1273
				鍾離牧	〈鍾離牧傳〉，頁1394
8	虎林	江南	安徽省貴池縣西六十五里	陸胤	〈陸凱附弟胤傳〉，頁1409
				朱熊	〈孫綝傳〉，頁1448
9	半州	江北	湖北省武穴市東龍坪一帶	張奮（都督）〔註128〕	〈張昭傳〉，頁1224
10	吉陽	江南	安徽省東流縣北吉陽鎮	蕭慎	《晉書》，卷1〈文帝紀〉，頁37
11	柴桑（以下屬荊州）	江南	江西省九江市西南	陸抗	〈陸遜附子抗傳〉，頁1355
				陸式	〈陸凱傳〉，頁1410

〔註125〕本傳稱呂範領丹楊太守，治建業，督扶州以下至海，可與註四參同，亦注為都督。

〔註126〕建業長期為孫吳首都，與一般軍鎮不同，僅諸葛恪北伐時，以「都下督」委滕胤。

〔註127〕本傳載何植為都督，但牛渚並非特殊重鎮，且不見何植有其他督地，故筆者此處持疑，推測何植可能是受孫皓信寵，雖僅督一地，仍拜都督職，以彰權望。

〔註128〕胡阿祥以為尋陽半州因為重地，故如西陵、濡須之比，雖不兼督他地，仍稱都督，參《六朝疆域與政區研究》，頁74。

12	武昌	江南	湖北省鄂州市鄂城區	范慎（督，左部督）	〈三嗣主・孫皓傳〉，頁 1169
					〈三嗣主・孫亮傳〉注引《吳錄》，頁 1363
				孫述	〈宗室・孫賁附子鄰傳〉，頁 1210
				魯淑	〈魯肅附子淑傳〉，頁 1273
				薛瑩（左部督）	〈薛綜附子瑩傳〉，頁 1255
				徐平（左部督）	〈虞翻傳〉注引《會稽典錄》，頁 1324
				呂岱（右部督）	〈呂岱傳〉，頁 1386
				陸凱（右部督）	〈陸凱傳〉，頁 1400
13	夏口	江南	湖北省武漢市武昌蛇山	程普	〈宗室・孫皎傳〉，頁 1206
				孫皎	
				魯淑	〈魯肅附子淑傳〉，頁 1273
				孫壹	〈三嗣主・孫亮傳〉，頁 1154
				孫秀	〈宗室・孫匡傳〉，頁 1213
				孫慎	〈三嗣主・孫皓傳〉，頁 1172
				陸景（中夏督）	〈陸遜附子抗傳〉，頁 1360
14	沔口	江南	湖北省武漢市漢口	張梁（沔中督）	〈宗室・孫奐傳〉注引《江表傳》，頁 1209
				孫鄰（夏口沔中督）（註129）	〈宗室・孫賁附子鄰傳〉，頁 1210
15	蒲圻（陸口）	江南	湖北省嘉魚縣西南	呂岱	〈呂岱傳〉，頁 1386
16	巴丘	江南	湖南省岳陽市	陸凱（督，都督）（註130）	〈陸凱傳〉，頁 1400
17	公安	江南	湖北省公安縣西北	諸葛瑾	〈諸葛瑾傳〉，頁 1233
				諸葛融	〈諸葛恪傳〉，頁 1434
				孫遵	〈陸遜附子抗傳〉，頁 1356
				鍾離牧	〈鍾離牧傳〉，頁 1394

〔註129〕本傳言夏口沔中督，則似兩者合爲一督。

〔註130〕本傳言陸凱五鳳二年拜巴丘督，後孫皓遷鎮西大將軍，都督巴丘，陶元珍釋此以爲，陸凱前在巴丘，位卑權輕，後復至巴丘，則已位尊權重，故前爲巴丘督，而後則爲都督巴丘也，參〈三國吳兵考〉，頁 81。

18	樂鄉	江南	湖北省松茲縣東北	朱績	〈朱然附子績傳〉，頁 1308
				陸抗（都督）〔註131〕	〈三嗣主・孫皓傳〉，頁 1169
				孫歆	〈宗室・孫賁附子鄰傳〉注引《吳歷》，頁 1210
19	江陵	江北	湖北省江陵縣	朱然（都督）〔註132〕	〈朱然傳〉，頁 1308
				伍延	〈三嗣主・孫皓傳〉，頁 1174
				張咸	〈陸遜附子抗傳〉，頁 1356
20	西陵（夷陵）	江北	湖北省宜昌市東南	步騭（都督）	〈步騭傳〉，頁 1237
				步協	〈步騭附子闡傳〉，頁 1240
				步闡	〈三嗣主・孫皓傳〉，頁 1165
				陸抗（都督）	〈陸遜附子抗傳〉，頁 1355
				陸胤	〈陸凱附弟胤傳〉，頁 1409

觀察上表，孫吳幾乎在多數沿江重鎮皆曾設督，可見軍鎮都督制確實是密切配合江防體系而施行（吳內地另設有吳郡督、三郡督、廣州都督、交州都督等，其不屬江防體系）。〔註133〕而又可知，軍鎮都督制基本以「一地督」為主，例如，諸葛瑾任公安督、呂蒙任濡須督、孫桓任牛渚督等，明確僅督一地，專門指揮該地軍務。不過，稱「都督」者則有兼督他地現象，如表中第十九欄的朱然，其鎮江陵，又總為江陵、公安、西陵三鎮大督，陶元珍便指出，孫吳鎮多置督，權重者稱都督，數鎮之上，常置大督，以一鎮將兼之，惟其直接所統，當仍僅本鎮兵也。〔註134〕則吳制的「都督」與「督」之別，似是在指揮權與轄區之上。但亦有身分或權望較高者僅督一地亦稱都督者，如步騭為西陵都督，但子步闡但僅為西陵督，又如陸凱初拜巴丘督，之後地位事業較高時復督巴丘，則改稱巴丘都督；又如何植為牛渚都督後因寵入為司徒，但「一地都督」屬特例，並非常制。

〔註131〕按陸抗本傳，孫皓前拜陸抗「都督信陵、西陵、夷道、樂鄉，公安諸軍事，治樂鄉」則知陸抗兼統數地，又因常駐治所在樂鄉，故〈孫皓傳〉稱抗樂鄉都督。

〔註132〕按朱然本傳載「諸葛瑾子融、步騭子協，雖各襲任，權特復使（朱）然總為大督」，則朱然應有拜督，且為皆統他地的都督，時朱然鎮江陵，雖不直稱江陵督，但明顯兼督西陵、公安兩鎮，故稱總為大督。

〔註133〕可參〈三國吳兵考〉，頁 82～83。

〔註134〕〈三國吳兵考〉，頁 82。

以陸抗爲例，其任爲樂鄉都督，其又兼督信陵、西陵、夷道、樂鄉、公安諸軍事，則可控制的轄區甚大，幾乎涵括荊州西部的沿江軍鎮，此與原本軍鎮都督多督一地大爲不同，但依照陶元珍的看法，陸抗能直接統率兵力，仍只有本地所督之樂鄉駐軍，則督區範圍雖大，但權力似仍小於曹魏的州都督。爲防督將恣肆，孫吳又有置監軍之舉，以監察諸軍鎮，如西陵監鄭廣、武昌監劉憲、夏口監王蕃等，大抵監軍皆設於孫皓時期，又多數在荊州地區，可見孫皓頗爲猜忌上游鎮將。按嚴耕望所釋，吳之都督不僅權重，基本亦是統轄數督的表現，故考之任督者的地位事業，可發現同督一地者，有地位較高者兼督他地而稱都督，也有地位較低僅督本地而稱督者。另外，督將多有世襲現象，如步騭以下步氏皆督西陵，又有朱然父子督樂鄉，又如諸葛氏督公安等。〔註135〕

張儐生則指出孫吳緣江設二十四督將，又分段置六都督以統率，下游區以首都建業爲中樞，分上下兩段置督，下者統京下、吳郡兩督，上者統牛渚、蕪湖、濡須、皖口四督。中游區以行都武昌爲中樞，陸遜時鎮武昌時，總統上下江各督將，陸遜卒，則分武昌爲左右兩部督，左部統柴桑、半州二督，右部統夏口、沔中、蒲圻三督。上游區分七段置督（即巴丘至西陵），則委以都督駐節樂鄉、西陵兩重地，隨時遷轉。〔註136〕而筆者以爲，孫吳軍鎮都督雖以小督區分點防禦爲主，但亦部份結合分區防禦的原則，讓某些重要將領兼轄附近軍鎮防務。由表5-1-1來看，這種情況在荊州較爲常見，如名將陸遜死後，武昌即分左右兩部，分爲東西兩個轄區由諸葛恪與呂岱分領，則陸遜生前鎮守武昌時，雖不言督或都督，但亦兼統轄周圍軍鎮。又如重地樂鄉、西陵常見設有都督，蓋是以幾個最緊要的軍鎮爲軸心，建立統一指揮的體制，以有效整合區域防務，提升防禦能力。

綜前所論，孫吳行軍鎮都督制，與長江防線的運作模式關係密切，乃是江防體系在國防軍事體制上，一項有實質必要性的特色措施，使得擔任軍鎮都督的匠領能在孫吳江防安全上，發揮其才，故能長時間保障沿江重地的安全，對孫吳政權的存續，發揮了極大功用。江防做爲孫吳守江保國的支柱，

〔註135〕前揭《中國地方行政制度史乙部・魏晉南北朝地方行政制度》上冊，頁27～32。

〔註136〕前揭氏著《魏晉南北朝史》，頁164～168。另外張氏〈吳都督表〉中有夷道督、信陵督，考之史籍，亦僅見陸抗本傳「都督信陵、西陵、夷道、樂鄉，公安諸軍事，治樂鄉」之記載，其本督人選無考，故不列入本文表格。

是孫吳國防政策的核心，但回顧晉平吳一戰來看，沿江軍鎮遭受多路攻擊，因兵力不足陸續被破、督將亦接連陣亡，可以說是江防體系徹底瓦解的表現，則當孫吳連限江自保的底線，亦不能維持時，自是難避亡國之路了。

第二節　山越問題與征討政策

陳壽在《三國志》中嘗評曰：「山越好爲叛亂，難安易動，是以孫權不遑外禦，卑詞魏氏。」〔註137〕此基本點出山越問題，乃是孫吳政權一大憂患。觀史書所載，山越在孫吳征討前，多據守山區，不出賦役亦不充軍伍，又常於孫吳疆域之內，群起叛亂、攻城殺吏，甚至同袁術、曹操這類敵吳政權相通，使孫吳必須調派將領兵員，進行鎮壓，無形中牽制了孫吳向外發展的軍事力量，亦對孫吳統治的鞏固造成莫大威脅。另一方面，孫吳掠捕大量山越人戶，作爲軍隊兵源與生產勞力，卻又對政權帶來幫助。因此，筆者以爲，山越問題所涉及之層面，不僅是社會治安或是民族問題，而應由國家（政權）安全的角度出發，故本節將探討孫吳國家戰略指導下，施行何種國防政策？來處裡統治上相對尖銳的山越問題。

一、山越問題的形成與勢力分佈

（一）學界對於山越問題的研究成果

山越一詞，最早見於《後漢書・靈帝紀》，建寧二年（169），史稱「丹陽山越賊圍太守陳夤，夤擊破之」，〔註138〕按丹陽郡漢時屬揚州，在長江之南，當時山越起事，反抗政府統治、攻擊地方官員，但遭鎮壓，則此種江南地方勢力的成型，遠早於孫氏據江東。史料中以《三國志》記載最多，並全部出自《吳書》，可知山越主要活躍在三國時代，又與孫吳政權互動甚多，晚至《陳書》、新舊《唐書》僅餘一兩條記載，則見魏晉南朝以降，山越已逐漸退出歷史舞台。

關於山越勢力的性質、組成以及來源，歷來學界探討不少，說法亦眾。初，元人胡三省注《資治通鑑》時，言：「山越，越民依阻山險而居者。」〔註139〕呂思勉的研究則指出，山越並非單指一民族，而是山深林密之地即有

〔註137〕《三國志》，卷60〈吳書・賀全呂周鍾離傳〉卷末評，頁1395。
〔註138〕《後漢書》，卷8〈靈帝紀〉，頁330。
〔註139〕《資治通鑑》，卷62〈漢紀・獻帝建安三年〉條胡注，頁2009。

原居之民，其後因世局動亂、治安鬆弛，造成了漢人中所謂「逋逃宿惡」之輩，或是入山求生的難民，與山民合流，共同勞動生存，因此其稱「越」而實非「越」。〔註140〕唐長孺指出，江南盛行「宗部」、「宗伍」這類武裝組織，其領導多稱「宗帥」，由於此種地方勢力型態與山越難以辨別，故《吳書》所謂山民、山賊、山寇、山越，往往只是互名，便成一種對於地方反抗勢力的泛稱。孫吳建國曾與宗部、山越進行長期鬥爭，不過這種鬥爭本質上既是孫吳政府對地方武裝勢力的鎮壓，也可說是孫氏為首的宗族集團，向山區宗部爭奪勞動力控制權，故所爭重點，「在人不在地」。〔註141〕

　　萬繩楠以為，山越是江南與嶺南山區各族人民的總稱，所以使用「越」這種民族稱謂，乃是因為漢代對於廣大的江南、嶺南地區，泛用「越地」之稱，且山越是居山區，受到自然地理條件特殊之影響，形成特有風俗習慣，不過要視之為一個民族，則誤。〔註142〕張大可則分析，山越的來源應是西漢時代內遷的越人後裔，其組織帶有濃厚氏族制遺俗，而由宗帥領導宗族，與入山漢民結合，人數日漸龐大，並廣居於揚州各處山區。〔註143〕馬植杰則認為，當時「漢越之間」的民族界線並不明顯，山民與漢民之別，乃是有無給統治者任兵輸稅，孫吳對山越的征討，所反映的不是民族衝突，而多是宗帥與孫吳政權對控制人民，所享有政治、經濟利益的角力。〔註144〕

　　綜前所論，大抵是歷來研究上，對於山越幾項較突出的觀點與認識。不過，本節以從孫吳國防政策出發，探討「山越問題」對於國防安全造成的影響，以及統治政權的處理手段。是故，後續不以山越涉及的民族文化問題，為本文主要切入點，而著重於政治、戰略、政策層面問題的探討與分析。

（二）山越問題的形成

　　興平二年（195），孫策渡江攻劉繇，為孫氏在江東建立政權之肇始，當時他即曾對周瑜說：「吾以此眾取吳會平山越已足。卿還鎮丹楊。」〔註145〕，從時間點看，孫策渡江前已知，所要拿下江東，所應付者不只是劉繇、許貢

〔註140〕參《燕石札記》（上海：上海書店，1991年）〈山越條〉，頁99。
〔註141〕參〈孫吳建國及漢末江南的宗部與山越〉一文，前揭《魏晉南北史論叢》，頁3～18。
〔註142〕參〈山越問題〉，前揭《魏晉南北朝史論稿》，頁82。
〔註143〕參〈論孫吳部曲兵制〉，前揭《三國史研究》，頁278。
〔註144〕〈吳國少數民族〉，前揭《三國史》，頁293。
〔註145〕《三國志》，卷54〈吳書‧周瑜傳〉，頁1259。

這類漢朝州郡官員，尚有地方上的山越勢力。初孫策曾「遂詣丹楊依舅，得數百人，而爲涇縣大帥祖郎所襲，幾至危殆」，〔註146〕可見過往遇襲經驗，讓孫策看見了江南的社會情勢。孫策擊敗劉繇等人後，即著手掃蕩吳、會地區的山越勢力，〔註147〕嚴白虎、祖郎皆山越宗帥，嚴白虎曾收留許貢，祖郎則襲擊過孫策，又與陳瑀暗通爲亂，但皆遭孫策鎮壓。〔註148〕後孫策征黃祖，陳登爲報陳瑀之仇，又密謀挑動山越作亂，〔註149〕孫策返軍欲征陳登，未行，遭刺殺身亡。

由是，孫策死前山越已十分活躍，故孫權繼任，史稱「深險之地猶未盡從」，即指山越，這也是孫策驟亡，留下的統治危機之一。當時孫權「分部諸將，鎮撫山越，討不從命」，基本也採行武力鎮壓。雖然賀齊、朱治等人打擊山越具有一定成果，〔註150〕但山越勢力仍盛，阻礙了孫吳的向外擴張，史稱：

> （建安）八年，（孫）權西伐黃祖，破其舟軍，惟城未克，而山寇復
> 動。還過豫章，使呂範平鄱陽，會稽據資治通鑑六四注刪程普討樂
> 安，太史慈領海昏，韓當、周泰、呂蒙等爲劇縣令長。〔註151〕

孫權攻江夏，原本戰事順利，但山越亂起，爲鞏固後方，只得暫緩腳步，分派將領去征討坐鎮。可見，孫吳初期即因山越問題，不能專心發展。

山越問題的具體呈現，基本可以分成兩個層面，對內部份，漢時江南開發較晚，許多偏遠山區仍爲統治力不及之處，如薛綜即稱「山越恃阻，不賓歷世」，〔註152〕其中較具威脅者，常根源於「彊宗驍帥」之率領〔註153〕，如祖郎、嚴白虎這類人物，「別立宗部，阻兵守界」，〔註154〕形成具有一定組織規模的反抗力量。再者，這些不服統治的「宿惡之民，放逸山險，則爲勁

〔註146〕《三國志》，卷46〈吳書・孫策傳〉注引《江表傳》，頁1101。
〔註147〕《三國志》，卷46〈吳書・孫策傳〉注引《江表傳》，頁1107，當時劉繇部將太史慈入山，爲山越所附，亦遭擊敗，事參同書卷49〈吳書・太史慈傳〉，頁1188。其作戰路線可參本文第二章第一節圖2-1-5。
〔註148〕《三國志》，卷56〈吳書・呂範傳〉，頁1310。
〔註149〕事參《三國志》，卷46〈吳書・孫策傳〉注引《江表傳》，頁1111。
〔註150〕事參《三國志・吳書》其本傳，此暫不贅。
〔註151〕《三國志》，卷47〈吳書・吳主傳〉，頁1116。
〔註152〕《三國志》，卷64〈吳書・諸葛恪傳〉，頁1432。
〔註153〕《三國志》，卷46〈吳書・孫策傳〉裴松之案，頁1112。
〔註154〕《三國志》，卷49〈吳書・太史慈傳〉注引《江表傳》，頁1189。

寇」，〔註 155〕往往「山民作亂」，〔註 156〕如董嗣者「負阻劫鈔」〔註 157〕實際行爲如同寇匪強盜，又有丹楊、鄱陽山越「攻沒城郭，殺略長吏，處處屯聚」，〔註 158〕是對統治政權的嚴重挑戰，故需將領率兵鎮壓。另外，山越亦有與地方大族勾結者，如《三國志・賀齊傳》中所載：

> （賀齊）守剡長。縣吏斯從輕俠爲姦，齊欲治之，主簿諫曰：「從，
> 縣大族，山越所附，今日治之，明日寇至。」齊聞大怒，便立斬從。
> 從族黨遂相糾合，眾千餘人，舉兵攻縣。齊率吏民，開城門突擊，
> 大破之，威震山越。〔註 159〕

斯從不法，卻可賴山越勢力橫行，賀齊誅之，則其黨號招山越攻打縣城。又如孫策時，劉繇部將太史慈逃入山中，「進住涇縣，立屯府，大爲山越所附」，〔註 160〕孫策親自討平。可見，山越勢力基本對地方統治之安定，影響甚大。但筆者以爲，上述山越各項「反叛活動」，基本皆屬於政治利益的範疇，所表現的是不願受孫吳控制的政治立場，並不是單純因民族衝突爲主的反抗。

對外部份，則前例已多提及，山越常受孫吳敵對政權拉攏，起事爲亂，是孫吳十分棘手的問題，除孫策時期的陳瑀、陳登外，孫權時期如北方的曹操，亦曾數次利用這種手段，如《三國志・賀齊傳》所載「（建安）二十一年，鄱陽民尤突受曹公印綬，化民爲賊，陵陽、始安、涇縣皆與突相應」，〔註 161〕又如同書〈陸遜傳〉提到：

> 丹楊賊帥費棧受曹公印綬，扇動山越，爲作內應，（孫）權遣（陸）
> 遜討棧。棧支黨多而往兵少，遜乃益施牙幢，分布鼓角，夜潛山谷
> 間，鼓譟而前，應時破散。遂部伍東三郡，彊者爲兵，羸者補戶，
> 得精卒數萬人，宿惡蕩除，所過肅清，還屯蕪湖。〔註 162〕

由前可知，多數敵人都知可利用山越來牽制孫吳，讓孫吳必須不停派軍鎮壓。另外，在吳、蜀復交時期，孫權也曾對來使的蜀臣鄧芝提道：

〔註 155〕《三國志》，卷 57〈吳書・張溫傳〉，頁 1332。
〔註 156〕《三國志》，卷 60〈吳書・鍾離牧傳〉，頁 1393。
〔註 157〕《三國志》，卷 60〈吳書・周魴傳〉，頁 1391。
〔註 158〕《三國志》，卷 56〈吳書・朱桓傳〉，頁 1312。
〔註 159〕《三國志》，卷 60〈吳書・賀齊傳〉，頁 1377。
〔註 160〕《三國志》，卷 49〈吳書・太史慈傳〉，頁 1188。
〔註 161〕《三國志》，卷 60〈吳書・賀齊傳〉，頁 1380。
〔註 162〕《三國志》，卷 58〈吳書・陸遜傳〉，頁 1344。

> 山民作亂，江邊守兵多徹，慮曹丕乘空弄態，而反求和。議者以為
> 內有不暇，幸來求和，於我有利，宜當與通，以自辨定。恐西州不
> 能明孤赤心，用致嫌疑。孤土地邊外，間隙萬端，而長江巨海，皆
> 當防守。丕觀釁而動，惟不見便，寧得忘此，復有他圖。〔註163〕

文中「山民作亂，江邊守兵多徹」，此語尤其重要！誠如本文第五章第一節所論，孫吳有賴長江防線與曹魏相抗，故在沿江重地皆設軍鎮駐防，若鎮壓山越需要調動「江防部隊」協助，則防線將露缺口，如此來看，山越問題遠非內亂治安層級的問題，而是國家安全的隱憂。例如是尤突所在的鄱陽郡，費棧所在的丹陽郡，皆是臨江南岸之地，地方兵若無法控制動亂，一旦調動江防部隊，北方曹魏則有可趁之機，更甚者，動亂若波及沿江軍鎮，則國防前線將陷入內外夾攻的危機，豈能輕忽？之後張溫出使蜀國，臨行前孫權又特別交代：「卿不宜遠出，恐諸葛孔明不知吾所以與曹氏通意，以據古寫本刪故屈卿行。若山越都除，便欲大構於（曹）丕。」丕據古寫本改〔註164〕又如孫權向陸遜諮詢政權發展規劃時，陸遜亦稱「夫腹心未平，難以圖遠」，〔註165〕與諸事對照，則知孫吳對外積極用兵，必定要在內部山越平靜之時，方能無虞。

　　不過，孫吳亦曾反利用山越，作為設局誘敵之法。黃武七年（228），孫權令鄱陽太守周魴「密求山中舊族名帥為北敵所聞知者，令譎挑魏大司馬揚州牧曹休」，〔註166〕故周魴致曹休信中提及：

> 鄱陽之民，實多愚勁，帥之赴役，未即應人，倡之為變，聞聲響拆。
> 今雖降首，盤節未解，山棲草藏，亂心猶存，而今東主圖興大眾，
> 舉國悉出，江邊空曠，屯塢虛損，惟有諸刺姦耳。若因是際而騷動
> 此民，一旦可得便會，然要恃外援，表裏機互，不爾以往，無所成
> 也。〔註167〕

周魴假稱，不僅自己舉郡投降，又偽求印綬，以誘亂鄱陽的山越宗帥，曹休誤信，率領步騎十餘萬從壽春南下，赴尋陽接應，未料遭陸遜、朱桓等人渡江截擊，在石亭大敗，曹魏淮南戰力重創。由此觀之，若非敵對政權皆熟知山越問題之影響，此計未必能成功。

〔註163〕《三國志》，卷47〈吳書・吳主傳〉，注引《吳錄》，頁1131。

〔註164〕《三國志》，卷57〈吳書・張溫傳〉，頁1330。

〔註165〕《三國志》，卷58〈吳書・陸遜傳〉，頁1343。

〔註166〕《三國志》，卷55〈吳書・周魴傳〉，頁1387。

〔註167〕《三國志》，卷55〈吳書・周魴傳〉，頁1388。

（三）山越勢力的分布

山越問題的形成，不僅表現在叛亂行動對孫吳統治的負面影響，也與其勢力分布地區具有相當大的關連性。今為明其詳細情況，茲製表如下：

表 5-2-1：《三國志‧吳書》所見山越勢力表 〔註 168〕

動亂時間	分布區域	山越勢力	控制手段	資料出處
興平二年以後 （195～）	丹楊、吳郡	丹楊、宣城、涇、陵陽、始安、黟、歙諸險縣大帥祖郎、焦己及吳郡烏程嚴白虎	鎮壓	〈孫策傳〉注引《吳錄》，頁 1107
	丹楊郡	宣城、涇、安吳、陵陽、春谷諸賊	鎮壓	〈程普傳〉，頁 1283
	豫章郡	豫章上繚宗民〔註 169〕	不明	〈孫策傳〉，頁 1104
建安元年以前～建安五年 （196～200）	會稽郡	剡縣、太末、豐浦、侯官山越	鎮壓	〈賀齊傳〉，頁 1377
			領縣	
建安五年以前 （200）	丹陽郡	永平山越	鎮壓	〈凌統傳〉，頁 1296
			領縣	
建安七年～黃武二年 （202～223）	丹陽、吳郡	故鄣山越	鎮壓	〈朱治傳〉，頁 1303
			領郡	
建安八年 （203）	豫章郡	鄱陽、樂安山寇	鎮壓	〈吳主傳〉，頁 1116
			領縣	
	會稽郡	建安、漢興、南平、大潭、蓋竹、餘汗等縣賊洪明、洪進、苑御、吳免、華當等	鎮壓	〈賀齊傳〉，頁 1378
			領郡	
			編戶分縣	
			收編	
建安八年以後 （203～）	臨川郡 〔註 170〕	臨川山賊	鎮壓	〈朱然傳〉，頁 1305
	丹陽郡	石城等九縣山越	鎮壓	〈黃蓋傳〉，頁 1284
			領縣	
		臨城、南阿山賊	鎮壓	〈徐盛傳〉，頁 1298

〔註 168〕本表資料出處皆為《三國志‧吳書》，故僅註傳名、頁數。
〔註 169〕《三國志》，卷 46〈吳書‧孫策傳〉注引《江表傳》，頁 1108 有海昏、上繚諸宗帥，同之。
〔註 170〕此郡尋罷，不同太平二年（257）所設之臨川郡。

建安十年 （205）	豫章郡	不明	鎮壓	〈賀齊傳〉，頁 1378
			分縣	
建安十三年以 前（～208）	豫章郡	鄱陽賊彭虎	鎮壓	〈董襲傳〉，頁 1291
	會稽郡	東冶賊呂合、秦狼	鎮壓	〈蔣欽傳〉，頁 1286
建安十三年 （208）	丹陽郡	歙帥金奇、毛甘，黟帥陳僕、 祖山等	鎮壓	〈賀齊傳〉，頁 1378
			編戶分縣	
			分郡 〔註171〕	
			領縣	
建安十四年 （209）	豫章郡	豫章賊率周鳳	鎮壓	〈張昭傳〉注引《吳 書》，頁 1221
建安十四年以 後（209～）	吳郡	吳郡山越	鎮壓	〈全琮傳〉，頁 1381
			收編	
建安十八年以 前（～213）	丹陽、鄱陽郡	丹楊、鄱陽山賊	鎮壓	〈朱桓傳〉，頁 1312
建安十九年 （214）	鄱陽郡	鄱陽賊帥	鎮壓	〈呂蒙傳〉，頁 1276
			收編	
			徙民	
建安二十年以 前（～215）	吳、豫章郡	陽羨山賊	鎮壓	〈潘璋傳〉，頁 1299
		建昌賊	收編	
建安二十年 （215）	廬陵郡	廬陵賊	鎮壓	〈呂蒙傳〉，頁 1276
			編戶	
建安二十一年 以前（～216）	會稽郡	會稽山賊大帥潘臨	鎮壓	〈陸遜傳〉，頁 1343
			收編	
建安二十一年 （216）	鄱陽郡	鄱陽賊帥尤突	鎮壓	〈陸遜傳〉，頁 1343
			收編	
建安二十四年 以前（～219）	丹陽郡	丹楊賊帥費棧	鎮壓	〈陸遜傳〉，頁 1343
			收編	
			編戶	
	吳郡	吳郡山中人	鎮壓	〈凌統傳〉，頁 1297
			收編	

〔註171〕史載分丹楊歙、黟、始新、新定、犁陽、休陽爲新都郡。

建安二十四年 （219）	長沙郡 （屬荊州）	長沙山寇	鎮壓	〈張昭附子承傳〉，頁 1224
			收編	
建安二十四年 以後（219～）		益陽山賊	鎮壓	〈黃蓋傳〉，頁 1285
黃武二年 （223）	丹陽郡	丹楊賊	鎮壓	〈韓當傳〉，頁 1286
黃武四年以前 （～225）	吳郡	錢唐大帥彭式	鎮壓	〈周魴傳〉，頁 1397
黃武四年 （225）	鄱陽郡 〔註172〕	鄱陽賊彭綺	鎮壓	〈周魴傳〉，頁 1387
黃武五年 （226）	丹陽、吳、會 稽郡	三郡山越	鎮壓	〈吳主傳〉，頁 1133
			分郡 〔註173〕	
		丹楊、吳、會山民	編戶	〈全琮傳〉，頁 1382
			收編	
黃武七年 （228）	丹陽郡	山賊	鎮壓	〈呂範附子據傳〉，頁 1312
黃龍元年以後 （229～）	豫章郡、臨川 郡〔註174〕	賊帥董嗣	鎮壓	〈周魴傳〉，頁 1391
			編戶	
嘉禾三年 （234）	丹陽郡	丹楊山民、山越	鎮壓	〈諸葛恪傳〉，頁 1431
			招降	〈顧雍附子承傳〉，頁 1231
			收編	〈陳武附陳表傳〉，頁 1290
嘉禾三年 （234）	廬陵、會稽郡	廬陵賊李桓、路合，會稽東 治賊隨春、南海賊羅厲	鎮壓	〈吳主傳〉，頁 1140
				〈呂岱傳〉，頁 1385
		會稽山越		〈吾粲傳〉，頁 1339
嘉禾五年 （235）	鄱陽郡	鄱陽賊彭旦	鎮壓	〈吳主傳〉，頁 1141
嘉禾六年 （236）	鄱陽、豫章、 廬陵郡	鄱陽民吳遽，豫章、廬陵宿 惡民	鎮壓	〈陸遜傳〉，頁 1352
			收編	〈陳武附陳表傳〉，頁 1209

〔註172〕建安十五年分豫章郡立，事參《三國志》，卷 47〈吳書‧吳主傳〉，頁 1118。
〔註173〕史稱分三郡惡地十縣置東安郡，出處參右欄位。
〔註174〕按孫亮太平元年（257）始分豫章立臨川郡，陳壽未察，以新地名載舊事。

赤烏元年（238）	廬陵郡	廬陵賊	鎮壓	〈吳主傳〉，頁 1142
太平二年（257）	建安、〔註175〕鄱陽、新都郡〔註176〕	建安、鄱陽、新都三郡山民	鎮壓	〈鍾離牧傳〉，頁 1393
寶鼎元年（266）	會稽、吳、丹陽郡	永安山賊施旦等	鎮壓	〈三嗣主，孫皓傳〉，頁 1166

為進一步觀察山越分布的地點，茲將表中提及山越勢力曾出現的地點繪成簡圖，以利觀察，參下圖：

圖 5-2-1：山越勢力分布圖

補充說明：表中廬陵郡亦有山越活動，但因史料記載不明，未詳確切地點，故以黃色標示。

〔註175〕按孫休永安三年（263）始分會稽南部立建安郡，陳壽未察，以新地名載舊事。
〔註176〕按建安十三年分丹陽郡六縣立新都郡，事參《三國志》，卷 47〈吳書・吳主傳〉，頁 1117。

我們將表與圖結合來看，有幾項值得注意的地方：

首先，山越分布地點，遍及揚州境內的各郡，除江北廬江、九江兩郡外，江南的丹陽、吳、會稽、豫章、廬陵無郡不有，即連孫吳新設之新都、鄱陽、建安、臨川、吳興等郡，也皆是鎮壓山越之後，爲強化控制力所析置的新政區。則揚州確爲山越主要分布的區域。比如丹陽郡內「宣城、涇、安吳、陵陽、春谷諸賊」，從屬縣位置判斷，其勢力應在今皖南丘陵的山區，且從圖表對照之情況來看，丹陽郡叛亂次數最多，分布地點也相當密集，乃是山越勢力十分活躍的地區。

同樣位在皖南丘陵的新都郡，按設置情況來看，史稱：

> （建安）十三年，遷威武中郎將，討丹陽黟、歙。時武彊、葉鄉、
> 東陽、豐浦四鄉先降，齊表言以葉鄉爲始新縣。而歙賊帥金奇萬戶
> 屯安勒山，毛甘萬戶屯烏聊山，黟帥陳僕、祖山等二萬戶屯林歷
> 山。……，齊復表分歙爲新定、黎陽、休陽。并黟、歙，凡六縣，
> 權遂割爲新都郡，齊爲太守，立府於始新。〔註177〕

黟、歙兩縣原屬丹陽郡南部，在今新安江上流，而新安江又源自皖南丘陵山區（鄰近黃山東南側），文中所提之安勒、林歷山，據陳健梅考證，亦屬今皖南丘陵，〔註178〕賀齊平此區山越後，孫權析丹陽南部爲新都郡，並分立新縣及郡治始新，以控管殘餘山越勢力。以此類推，吳興郡（分吳、丹陽郡而置）之山越，因地鄰皖南丘陵，其山越勢力也可能同出此區。

《三國志‧陸遜傳》提及的「會稽山賊大帥潘臨」，在被平定前，長期活躍在會稽山區，並寇掠附近縣邑，危害頗大，則其可能即出自皖南、浙閩丘陵交界處的會稽山。又如「會稽東治賊隨春」，按東治（即侯官）在閩江流域，則其應出自浙閩丘陵山區。同樣的，孫吳析會稽所置的臨海、建安兩郡之山越，亦是出自浙閩丘陵山區。鄱陽郡位今鄱陽湖盆地，周圍有皖南、浙閩丘陵與西側九嶺山，則三處山區皆可能爲山越據點，例如樂安縣在鄱陽郡東北側，則「樂安山寇」相當可能來自接壤的新都郡山區，即皖南丘陵西南部；又如「剡縣、太末、侯官、南平山越」，按剡縣在會稽郡，太末在東陽郡，侯官、南平在建安郡，則我們也能夠推斷，此四處山越應來自浙閩丘陵山區。綜合圖表所示，揚州東北區域是山越勢力分布最密集處，但此處有首都建業、

〔註177〕《三國志》，卷60〈吳書‧賀齊傳〉，頁1378。
〔註178〕參〈新都郡〉，前揭《孫吳政區地理研究》，頁59。

太湖經濟區及江南防線，屬孫吳政軍經要地，故戰在孫吳政權角度，自是不能坐視山越問題惡化。

其次，表中直呼「山越」者不佔多數，取而代之的有「山寇、山民、山賊」這類名稱，足見「以山區爲據點」是這些地方勢力的共同特徵，且史書多數時候取自統治者觀點，往往使用「貶稱」的記錄方式來命名。不過，筆者此處需加說明的是，在製表過程中，筆者認定上是採取最寬鬆、廣義的標準，那麼是否夾雜中間會出現並非山越勢力者呢？這是極有可能的，然山越是否皆是異民族？或這些勢力是否皆爲山越？恐非「孫吳政權」關心重點，重要的是，這些勢力人戶居於山區且「不服統治」，故即便不是山越，只要活動型態相似，也比照處置山越的手段來對付（如表中欄位的諸項控制手段）。故探討「山越問題」而非「山越」的話，便應從孫吳統治者角度來看，將焦點放在滿足統治需求之癥結點，也就是說，山越問題的核心，並非反抗勢力的性質，而是其反抗活動的方式，本質上可說是「在山不在越」了。

再次，表中可見其領袖有稱「宗帥」、「賊帥」、「大帥」者，如祖郎、潘臨、費棧，但也有僅稱「賊」，如羅厲、李桓、彭虎等，甚至也多有不見領導者姓名者，可知山越組織型態不一，有受強宗饒帥指揮者，山越則成其麾下宗部、部曲，亦有世居山民不願受孫吳統治，就採取武力抵抗，但本身並無嚴密的組織系統。無論如何，在孫吳統治者觀點中，他們同屬「反政府」勢力，基本皆以武力征討爲中心，嚴屬打擊。不過，唐長孺指出，孫吳征服某地山越後，並不急於在山區設立統治機構，而是多數人口強迫遷移至平地。簡言之，孫吳政策在「爭人」，而非爭地，亦即擴大對境內「所有勞動力」的控制，才是眞正目的。〔註179〕陳可畏亦指出，丹陽郡內多高山峻嶺，是「逃避和反抗壓迫的好地方」，故免不了有不願受統治者，逃入山區，比照山越生活模式者，〔註180〕形成所謂「逋亡宿惡，咸共逃竄」的現象，〔註181〕那麼即便是入山漢人所組成的「僞山越」，孫吳仍是依其活動型態，施以對付山越之相同手段，則某種程度上，其實等同眞正山越了。

山越廣泛分布在揚州山區，據點眾多，但各勢力之間未有任何明顯的從屬關係，有宗族、宗部方式運作，也有盜匪之流的武力集團，難以清楚得知

〔註179〕〈孫吳建國及漢末江南的宗部與山越〉，前揭《魏晉南北朝史論叢》，頁 17。

〔註180〕〈東越、山越的來源與發展〉（收入中國社會科學院歷史研究所編，《古史文存──秦漢魏晉南北朝卷》（北京：社會科學文獻出版社，2004 年），頁 86。

〔註181〕《三國志》，卷 64〈吳書・諸葛恪傳〉，頁 1431。

其人數多寡和勢力規模。然山地面積廣闊，山頭數量多不勝計，要逐山搜捕是不可能做到的。因此，孫吳早期對付山越多半採消極防備，待其亂起，才派兵剿滅，故諸葛恪才會指出，過往征討「徒得外縣平民而已，其餘深遠，莫能盡擒」，〔註182〕可見孫吳鎮壓手段，治標而不治本。

二、孫吳對山越的處置手段

（一）征討政策之制定

從表 5-2-1 中可見，孫吳對山越以武力鎮壓為核心，搭配收編（為兵）、編戶（為民）、領縣領郡等方式，逐步瓦解其勢力。高亞偉將孫吳平定山越的過程區分為三個時期，〔註183〕第一時期始興平二年（195）孫策渡江，到建安五年（200）孫策身亡，在孫策敗劉繇後，首先面對的山越是「丹楊、宣城、涇、陵陽、始安、黟、歙諸險縣大帥祖郎、焦已及吳郡烏程嚴白虎」，〔註184〕這也是孫吳與山越長期對抗的開端。第二時期自建安五年（200）孫權領導，到黃龍元年（229）孫權稱帝，期間屢次發兵征討，可考次數有十數次，其因在於西征黃祖時，即屢受牽制，孫吳為了對荊州、交州積極發展，便不能鬆懈對山越的控制，如建安十年（205）即叛亂四次之多，足見此期間山越動亂最為劇烈、嚴重，可說是山越的活躍高峰期，讓孫權花費了龐大心力。第三時期自黃龍元年（229）到赤烏元年（238），前兩時期大抵針對「叛亂的山越」進行剿滅，但消極鎮壓，不能根除問題，往往「雖前發兵，徒得外縣平民而已，其餘深遠，莫能禽盡」，〔註185〕且「今雖降首，盤節未解，山棲草藏，亂心猶存」，〔註186〕也就是說，孫吳還未能將山越徹底控制，為求深入掃除山越，孫權派諸葛恪對付四郡深山的山越，戰果豐碩。此後雖尚有四次叛亂，但已不能構成重大威脅，這是孫吳耗費四十年伴隨著名將凋零、版圖擴張受阻等代價換來之成績，胡阿祥甚至認為，山越問題亦是孫權「老死東南、限江自保」之因。〔註187〕

〔註182〕《三國志》，卷64〈吳書・諸葛恪傳〉，頁1431。
〔註183〕參高亞偉，〈孫吳開闢蠻越考（下）〉（《大陸雜誌》第7卷第8期，1953年），頁238～239。
〔註184〕《三國志》，卷46〈吳書・孫策傳〉引注《江表傳》，頁1107。
〔註185〕《三國志》，卷64〈吳書・諸葛恪傳〉，頁1431。
〔註186〕《三國志》，卷60〈吳書・周魴傳〉，頁1389。
〔註187〕前揭《六朝疆域與政區研究》，頁50。

　　初，赤壁之戰黃蓋給曹操的降書中，即稱孫吳用「江東六郡山越之人，以當中國百萬之眾」，〔註188〕可知當時已有山越人進入孫吳軍隊，故孫吳對山越除武力鎮壓外，另一重要目標，便是吸收山越人口為用，除了能夠進一步削弱山越勢力外，還可為孫吳帶來充足的兵員與勞動力，此策略首為陸遜明確提出，史稱：

> 　（孫）權以兄策女配（陸）遜，數訪世務，遜建議曰：「方今英雄棊峙，財狼闚望，克敵寧亂，非眾不濟。而山寇舊惡，依阻深地。夫腹心未平，難以圖遠，可大部伍，取其精銳。」權納其策。〔註189〕

陸遜出身江東大族，具政治眼光，並熟悉江東地區社會狀況，亦深知妥善處理山越問題，有助政權，故有此建言。事實上，此策略也受到許多將領支持，如駱統即言「宿惡之民，放逸山險，則為勁寇，將置平土，則為健兵」，〔註190〕賀齊討豫章則「揀其精健為兵，次為縣戶」，〔註191〕陸遜自己平費棧餘黨時，採「彊者為兵，羸者補戶」，〔註192〕凌統亦說「山中人尚多壯悍，可以威恩誘也」。〔註193〕可見，對山越人民以單純攻伐改為鎮壓、收編並重，是孫吳將領的共識。陶元珍指出，孫吳軍制的六項特色，其中一項便是異族兵眾多，按先後所得異族兵不下十六萬人，其中山越人數又不下十三萬。〔註194〕王仲犖也認為，孫吳軍隊共有二十餘萬，其中精銳的十餘萬就是由山越人組成。〔註195〕

　　從表5-2-1的控制手段一欄可知，建安五年以前孫策基本僅有武力鎮壓，但成效不彰，故孫權即位後，搭配諸將領縣領郡，就地威鎮山越，直到建安十四年開始，陸遜提案受到重視，孫吳也大量在征討中析兵入伍、擴充軍源，不少將領如全琮、賀齊、鍾離牧、朱桓，甚至是陸遜自己的起家兵，都來自初步招募後，打擊山越、收編人口，已充部眾。這個策略出現後，便一直維持不變，直至孫吳亡國。為估計史料記載中，孫吳將領究竟收編了多少兵力，茲參下表：

〔註188〕《三國志》，卷54〈吳書・周瑜傳〉注引《江表傳》，頁1263。
〔註189〕《三國志》，卷58〈吳書・陸遜傳〉，頁1343～1344。
〔註190〕《三國志》，卷57〈吳書・張溫傳〉，頁1332。
〔註191〕《三國志》，卷60〈吳書・賀齊傳〉，頁1379。
〔註192〕《三國志》，卷58〈吳書・陸遜傳〉，頁1344。
〔註193〕《三國志》，卷55〈吳書・凌統傳〉，頁1297。
〔註194〕〈三國吳兵考〉，頁50。
〔註195〕前揭《魏晉南北朝史》，頁82。

表 5-2-2：孫吳將領收編山越兵數表〔註196〕

將領姓名	史書所見數量	收編後的運用	收編地點	資料出處
張　承	精兵萬五千人	張承任濡須督，隨承駐守江防重地	長沙郡	〈張昭附子承傳〉，頁1224
顧　承	精兵八千人	隨顧承屯駐章阬	吳郡	〈顧雍附孫承傳〉，頁1231
凌　統	精兵萬餘人	未久凌統病卒，兩子烈、封年幼，兵由中央暫時收管	吳郡	〈凌統傳〉，頁1297
潘　璋	八百人	隨潘璋返建業	豫章郡	〈潘璋傳〉，頁1299
朱　桓	萬餘人	後隨朱桓征討丹楊、鄱陽山賊	吳、會稽郡	〈朱桓傳〉，頁1312
陸　遜	二千餘人	隨陸遜征討鄱陽賊帥尤突，後屯利浦	會稽郡	〈陸遜傳〉，頁1343、1344、1352
	精卒數萬人	返屯蕪湖	吳、丹陽、會稽郡	
	精兵八千餘人	隨陸遜駐武昌	鄱陽、豫章、廬陵郡	
賀　齊	兵萬人	隨賀齊征討揚州南部的山越勢力	會稽郡	〈賀齊傳〉，頁1378、1380
	精兵八千人	隨賀齊出鎮江上，防禦扶州至皖的區域	丹陽郡	
全　琮	精兵萬餘人	隨全琮出屯牛渚	丹陽郡	〈全琮傳〉，頁1381、1382
	萬餘人	東安郡罷，軍隊隨全琮返屯牛渚	丹陽、吳、會稽郡	
諸葛恪	甲士四萬	其中萬餘人隨諸葛恪佃廬江、皖口，其他分給諸將	丹陽郡	〈諸葛恪傳〉，頁1431

從上表可見，孫吳將領確實從山越中，收編數量龐大的兵力，其中以賀齊、陸遜、諸葛恪三人數量最大，又因挑選身體強健者，故多稱精銳之兵，且這些山越又多出自揚州。可注意的是，將領所掠取山越兵，基本都直接納入其部隊，隨該將征討或移防他地，也就是說，孫吳將領駐防沿江軍鎮時，所指揮的江防部隊內，含有大量山越人。故妥善治理山越問題，不僅非是國家安全危機，反而是國防軍力的十分重要的來源，例如諸葛恪所得的甲士四萬，

〔註196〕本表資料係出自《三國志・吳書》，故僅書書傳名與頁數。

除了自領萬人外，還能分予諸將，尤是一證。

（二）征討山越所面臨的地理問題

對付山越，孫吳基本力行征討政策，瓦解其勢。然所謂「知己知彼，百戰不殆」，這是指要戰勝敵人，基礎條件便是建立在對敵人的了解之上，《三國志・諸葛恪傳》中，有段記載對於山越活動的特性分析甚深，按史載：

> （諸葛）恪以丹楊山險，民多果勁，雖前發兵，徒得外縣平民而已，其餘深遠，莫能禽盡，屢自求乞為官出之，三年可得甲士四萬。眾議咸以丹楊地勢險阻，與吳郡、會稽、新都、鄱陽四郡鄰接，周旋數千里，山谷萬重，其幽邃民人，未嘗入城邑，對長吏，皆仗兵野逸，白首於林莽。逋亡宿惡，咸共逃竄。山出銅鐵，自鑄甲兵。俗好武習戰，高尚氣力，其升山赴險，抵突叢棘，若魚之走淵，猨狄之騰木也。時觀間隙，出為寇盜，每致兵征伐，尋其窟藏。其戰則蠭至，敗則鳥竄，自前世以來，不能羈也。皆以為難。〔註197〕

事在嘉禾三年（234），時諸葛恪主動提議，欲徹底對付吳、會稽、鄱陽等五郡深山山區山越，即徹底掃蕩皖南丘陵內，尚未服從的殘餘山越勢力。從記載可知，山越活動與自然地理形勢有關，那麼究竟是何種地理條件能給予山越抵抗統治、不易被征討的保護呢？以下茲節錄相關史料之記載，參下表：

表 5-2-3：《三國志・吳書》山越相關地理描述用詞表 〔註198〕

例數	史料文句節錄	前項文句之簡要說明	資料出處
1	丹楊、宣城、涇、陵陽、始安、黟、歙諸險縣	建安二年，孫策攻擊祖郎時，其地為山越勢力活躍區	〈孫策傳〉注引《江表傳》，頁1107
2	深險彊宗，未盡復歸	建安五年，孫策準備渡江前的江東形勢	〈孫策傳〉注引《異同評》，頁1111
3	深險之地猶未盡從	建安五年，孫權剛繼位時，揚州山越仍多未服從	〈吳主傳〉，頁1116
4	太史慈領海昏，韓當、周泰、呂蒙等為劇縣令長	建安八年，孫權征黃祖，山越動亂，分諸將領縣鎮壓	
5	分三郡惡地十縣置東安郡	黃武五年，孫權分會稽、吳、丹陽郡立東安郡，並命全琮征討活動在該處險要山地的山越	〈吳主傳〉，頁1133

〔註197〕《三國志》，卷64〈吳書・諸葛恪傳〉，頁1431。
〔註198〕本表資料係出自《三國志・吳書》，故僅書傳名與頁數。

6	（太史）慈當與（劉）繇俱奔豫章，而**遁於蕪湖，亡入山中**……大爲山越所附	太史慈逃入山區躲避孫策追擊，受山越勢力依附	〈太史慈傳〉，頁1188
7	鄱陽民帥別立宗部，**阻兵守界**，不受子魚（華歆）所遣長吏	建安四年，太史慈告訴孫策，華歆無法控制豫章山越	〈太史慈傳〉注引《江表傳》，頁1190
8	羣盜**滿山**	建安五年，張昭指山區的山越勢力仍多，勸孫權放下喪兄悲慟	〈張昭傳〉，頁1220
9	**山藪**舊惡，皆慕化從善，義出作兵	建安二十二年孫權與曹操議和，顧徽出使言內部山越控制得當，欲讓曹操放棄煽動山越作亂	〈顧雍傳〉注引《吳書》，頁1228
10	是時丹楊**深地**，頻有姦叛	朱治自願屯軍，整治丹陽山區的山越	〈朱治傳〉，頁1305
11	諸**深惡劇地**，所擊皆破。	黃武七年後，呂範子呂據討各處山賊，地點未詳	〈呂範附子據傳〉，頁1312
12	夫宿惡之民，放逸**山險**，則爲勁寇	駱統認爲放任山越在山區，管理困難，移之平地則可爲吳精兵	〈張溫傳〉，頁1332
13	輕剽者則迸入**險阻**，黨就羣惡	駱統指出徵調過重，將使性情剽悍之民入山結合山越勢力	〈駱統傳〉，頁1335
14	時吳、會稽、丹楊多有**伏匿**	陸遜請求攻擊躲藏在吳、會稽、丹陽三郡的山越	〈陸遜傳〉，頁1343
15	討治**深險**，所向皆服	陸遜討平會稽賊帥潘臨	
16	山寇舊惡，**依阻深地**	陸遜建議孫權優先討平山越，才能向外發展	〈陸遜傳〉，頁1344
17	林歷山**四面壁立**，高數十丈，**經路危狹**，不容刀楯，賊臨高下石，不可得攻……守路備**險**者，皆還走依眾。	建安十三年賀齊討山越黟帥陳僕、祖山，對山地不易進攻情況的描述，此地在丹陽郡，後改屬新都郡	〈賀齊傳〉，頁1378～1379
18	（孫）權分**三郡險地**爲東安郡	同例五說明	〈全琮傳〉，頁1382
19	（羅）厲負**險**作亂，自致梟首	嘉禾三年，孫權下詔稱許呂岱討平羅厲之功	〈呂岱傳〉，頁1385
20	被命密求山中舊族名帥爲北敵所知者……故在山草……**山棲草藏**……山谷魁帥……	黃武七年，孫權命周魴，以叛變加誘亂山越之計，設局對付曹休，及周魴信中對曹休所描述鄱陽山越之情況	〈周魴傳〉，頁1389～1391
21	賊帥董嗣**負阻**劫鈔，豫章、臨川並受其害	指董嗣率眾仰山區險阻爲保障，劫掠豫章、臨川兩地	〈周魴傳〉，頁1391

22	（諸葛）恪以丹楊山險，民多果勁……其餘深遠……丹楊地勢險阻……山谷萬重，其幽邃民人，……皆仗兵野逸，白首於林莽。逋亡宿惡，咸共逃竄。山出銅鐵，……升山赴險，抵突叢棘……尋其窟藏……皆以為難。	諸葛恪請討丹陽山越，吳將眾議認為丹陽山區險阻，進攻十分困難	〈諸葛恪傳〉，頁1431
23	山越恃阻，不賓歷世……蕩滌山藪，獻戎十萬	嘉禾三年，孫權嘉許諸葛恪討山越之功，派薛綜勞軍，薛綜書中表彰恪	〈諸葛恪傳〉，頁1432

史料文字為陳壽寫史用語，雖然不見得能完全反映吳人看法，仍具很高的參考價值。表中對於「山」的描述，大量出現「深」、「險」、「阻」這類形容詞，若將其串連分析之後，則可解讀為「深山地區險阻的自然環境，被作為防禦性的屏障來利用」，因而造成「既深又險故阻」的觀感。簡言之，這便是吳人忌憚山越所佔的地形之利。如例四的「劇縣」以及例十一的「劇地」，按胡三省所釋，劇者「艱也，甚也，言其地當山越之要，最為艱劇之甚者也」，[註199]可知不同地點山越勢力的活躍程度也有所分別的，故需針對勢力強盛之處嚴加控管。而透過自然山地之掩護，山越人能夠「遁」、「逃竄」、「伏匿」、「仗兵野逸」，使孫吳難以控制，方成為統治上的大患。

　　諸葛恪是孫吳將領中，征討山越最有成效之代表，表中最後一段即節錄自其傳，文中及特別提到，因「山谷萬重」故能「幽邃民人」，也就是說，山越憑靠著地形掩護「仗兵野逸」、「咸共逃竄」，且山越人有「升山赴險，抵突叢棘，若魚之走淵，猿狖之騰木也」這種卓越的環境適應力，無怪乎同樣的山險，孫吳軍隊入山不易，山越人卻擁有極好的機動性，能輕鬆進出往返於山區，故為了徹底對付山越，勢必考慮地形阻礙，如何克服這樣的劣勢，嚴峻考驗著孫吳將領。

（三）山越的地障作戰與孫吳反制之道

　　山越基本利用山區達到地障作戰的效果，因其熟悉山區環境，故機動性勝過吳軍，不過山越人不是受過正式訓練的軍隊，與精銳吳軍正面交鋒，難佔上風，因此多趁城邑守備不嚴時，出山攻擊，一旦吳軍集結到往叛亂地點，

〔註199〕《資治通鑑》，卷64〈漢紀·獻帝建安八年十月〉條，頁2052。

與戰不利，山越輒奔回山區，躲避追擊，故史稱山越「時觀閒隙，出爲寇盜，每致兵征伐，尋其窟藏。其戰則蜂至，敗則鳥竄，自前世以來，不能羈也。皆以爲難。」〔註200〕

所謂「蜂至」指叛亂時各勢力會有群聚效果，「鳥竄」則是遭受吳軍反擊時各自流散，逃回山區據點。然這些山越並非純粹無事叛亂，而多是把握所謂「閒隙」之機的時地條件，趁著孫吳可能用兵他地時，「出爲寇盜」，不僅是劫掠財物、糧食之類，有時還有「攻沒諸縣」的能耐，足令孫吳不堪其擾。再從某些敵吳正權拉攏山越，皆採用授印封爵的手法來看，部分山越是帶有政治性的反抗意識，並非只是單純的強盜匪賊而已，如史書記載：

（孫）策既平定江東，逐袁胤。袁術深怨策，乃陰遣閒使齎印綬與

丹楊宗帥陵陽祖郎等，使激動山越，大合眾，圖共攻策。〔註201〕

又如《三國志·陸遜傳》曰：「會丹楊賊帥費棧受曹公印綬，扇動山越，爲作內應」，由此可知山越與孫吳的對立，跟雙方政治利益有密切關係，因此山越才會與孫吳的敵國互通合作，民族性的衝突反而未見其蹤。

雖然不能有效打擊山越，是受到這些「既深又險且阻」的山地影響（如皖南、浙閩丘陵山區），使得山越在廣大崎嶇的山澤森林區域「山棲草藏」，猶如隱身在自然帷幕內。然吳軍即使面對地利吃虧的地障作戰，仍未放棄征討，反而投入了更龐大的人物力。而在孫吳投入征討山越的眾多名將中，以賀齊、陸遜、諸葛恪三人成效最佳，故茲舉三人征討紀錄，看看其運用了哪些戰術對策，以反制山越的地利優勢。

1. 「奇襲」，按《三國志·賀齊傳》所提：

林歷山四面壁立，高數十丈，徑路危狹，不容刀楯，賊臨高下石，不可得攻。軍住經日，將吏患之。齊身出周行，觀視形便，陰募輕捷士，爲作鐵弋，密於隱險賊所不備處，以弋拓爲緣道，夜令潛上，乃多縣布以援下人，得上百數人，四面流布，俱鳴鼓角，齊勒兵待之。賊夜聞鼓聲四合，謂大軍悉已得上，驚懼惑亂，不知所爲，守路備險者，皆走還依眾。大軍因是得上，大破僕等，其餘皆降，凡斬首七千。〔註202〕

〔註200〕《三國志》，卷64〈吳書·諸葛恪傳〉，頁1431。
〔註201〕《三國志》，卷51〈吳書·孫輔傳〉，頁1212。
〔註202〕《三國志》，卷60〈吳書·賀齊傳〉，頁1378。

林歷山位皖南丘陵南部，其地形阻礙效果，文中明確可見，而賀齊面對僵持局面，利用少數精銳士兵，趁夜晚潛行上山，再配合戰鼓虛張聲勢，一時山越人慌了手腳，誤以為對方已經在不知不覺中大軍壓境，就失去抵抗意志，徑自奔逃，吳軍趁此一口氣攻上山，順利剿滅。這是賀齊反過來利用地形地貌掩護，完成奇襲的佈局，恐怕是山越始料未及的。由此可證，吳軍並非只困陷於地形不利的情況下，只要戰術運用正確，也能利用地形特色反制，相同方式，陸遜也曾用過，史稱：

> 丹楊賊帥費棧受曹公印綬，扇動山越，為作內應，權遣遜討棧。棧支黨多而往兵少，遜乃益施牙幢，分布鼓角，夜潛山谷間，鼓譟而前，應時破散。〔註203〕

兩人採取方式與效果，幾乎雷同。那麼何以奇襲能夠達到如此高的成效呢？這是因山越平時擅於地障作戰，而非正規軍隊指揮佈陣，面臨慌亂之刻，易造成群眾組織迅速瓦解，無法凝聚足夠力量抵抗精銳吳軍，縱然山越有「升山赴險」的強大機動性，也無由發揮。奇襲不僅是改換了吳軍在地形上的劣勢，更是抓住了山越地障作戰的致命缺點，故能夠屢收成果。

2. 「堅壁清野」，這是對山越戰術中，效果最好的方式，也最符合收編人口的目的，史稱：

> （諸葛）恪到府，乃移書四郡屬城長吏，令各保其疆界，明立部伍，其從化平民，悉令屯居。乃分內諸將，羅兵幽阻，但繕藩籬，不與交鋒，候其穀稼將熟，輒縱兵芟刈，使無遺種。舊穀既盡，新田不收，平民屯居，略無所入，於是山民飢窮，漸出降首。〔註204〕

諸葛恪命令皖南丘陵周遭四郡的地方長吏，加強維繫治安守備且招降山越之人，另一方面，又派遣兵將執行圍堵，但不主動攻擊山越，等到秋天收成時，派軍隊把山越穀物全部奪走，這些山越原本叛亂目的就是掠取資源、抵抗統治，然多次產無所獲，不僅暴露出其山區生產能力不如平地的缺點，一旦存糧耗盡，就不得不因為飢窮而「漸出降首」。此即標準的「堅壁清野」手段，從資源方面去壓迫山越，在消耗最少軍隊力量的情況下，使山越人出山投降，納入孫吳統治之下，此法便是把握到「山能藏民卻不足以養民」的特性，加以利用。同時，為了取信這些山越人，徹底避免他們再度竄回山區、

〔註203〕《三國志》，卷58〈吳書‧陸遜傳〉，頁1344。
〔註204〕《三國志》，卷64〈吳書‧諸葛恪傳〉，頁1431。

群聚叛亂，又嚴令地方長吏不可爲難投降之人，諸葛恪的本傳中提到：

> （諸葛）恪乃復敕下曰：「山民去惡從化，皆當撫慰，徙出外縣，不得嫌疑，有所執拘。」白陽長胡伉得降民周遺，遺舊惡民，因迫暫出，內圖叛逆，伉縛送（言）〔諸〕府。恪以伉違教，遂斬以徇，以狀表上。民聞伉坐執人被戮，知官惟欲出之而已，於是老幼相攜而出，歲期，人數皆如本規。〔註205〕

所謂「從化平民」，基本便是指自山區出降山越勢力，被移居平地，由於諸葛恪嚴令不得爲難，這些山越接受孫吳編戶統治的意願也會隨之增加，進而達到當初他向孫權承諾的「甲士四萬」之數，也符合陸遜時代定下「彊者爲兵，羸者補戶」〔註206〕的收編政策，比起派遣軍隊將全部山越殺戮殆盡，來得更加容易且有實際效益。

（四）征討政策與政區建置

奇襲與堅壁清野是孫吳將領在戰場戰術上的發揮，多能達到掃除山越叛亂勢力之效，然而僅是屬於「點」的破壞，也就是針對一個一個山地區中的山越人或殺或捕，但爲確保已經掃蕩的點「不輕易爲山越所再度盤據」，就必須有相應的政治措施作爲配套，此即「政區建置」。簡單說，就是增設析置新的「郡」與「縣」，利用這種屬於地方層級的管理單位，來強化地方控制力。

最初，孫權採取「分部諸將，討不從命」的方式，即是把鎮壓將領委任爲地方長官，如韓當、呂蒙、周泰等，都曾因征討山越，而擔任「劇縣令長」，此屬臨時性的調度方式，最後地方管理權還是會委任在長吏之手，針對析置郡縣的用意，下段史料說得明確，《三國志·孫皓傳》載孫皓詔書曰：

> （孫）皓詔曰：「古者分土建國，所以褒賞賢能，廣樹藩屏。秦毀五等爲三十六郡，漢室初興，闓立乃至百王，因事制宜，蓋無常數也。今吳郡陽羨、永安、餘杭、臨水及丹楊故鄣、安吉、原鄉、於潛諸縣，地勢水流之便，悉注烏程，既宜立郡以鎮山越，且以藩衛明陵，奉承大祭，不亦可乎！其亞分此九縣爲吳興郡，治烏程。」〔註207〕

〔註205〕《三國志》，卷64〈吳書·諸葛恪傳〉，頁1431。
〔註206〕即吸收山越人眾，用來提升國家經濟生產與充實兵源，見於《三國志》，卷58〈吳書·陸遜傳〉，頁1344。
〔註207〕《三國志》，卷48〈吳書·三嗣主·孫皓傳〉，頁1166。

從詔書內容可知，孫吳大量增設郡縣，確實與鎮壓山越有關，也就是說，「增設據點」之意，在於強化對該地區之控制力，也就是建立「屬於孫吳的點與線」來取代「山越的點與線」，就較大的郡級政區增設情況，茲參下表：

表 5-2-4：孫吳新置郡表〔註 208〕

君主＼州名	揚　州	荊　州	交　州	廣　州
孫　策				
孫　權	蘄春郡、新都郡、（廢臨川郡、廢東安郡、廢雲陽郡、廢彭澤郡、鄱陽郡）	廢固陵郡、廢西陵郡、廢武昌、廢漢昌郡	臨賀郡、珠崖郡、高涼郡	
孫　亮	臨海郡、臨川郡	衡陽郡、湘東郡		
孫　休	建安郡、（廢古鄣郡）	建平郡、天門郡	合浦北部都尉	
孫　皓	吳興郡、東陽郡、安成郡、廬陵南部都尉、（廢巴丘郡）	營陽郡、始安郡、昭陵郡、始興郡	新昌郡、武平郡、九德郡	桂林郡、高興郡
合計數目	10	8	7	2

注：
1. 本表列入一度置廢的郡名，但不計入數目。
2. 揚州不計入毗陵典農校尉，交州不計入九真屬國和日南屬國。
3. 新置郡或有變動州屬，但計入初置之州屬，即臨賀郡、高涼郡、合浦北部都尉計入交州。

揚州的新置郡數目最多，若計入一度置廢的郡數，所佔比例更高，可見揚州的經營一直是孫吳的重點，到了孫皓時期依舊未改。而揚州的新都郡、臨川郡、東安郡、吳興郡都是因將領討平該地山越，〔註 209〕為了避免山越勢力復起，因而從舊郡中劃分出來，但郡級政區常因戰事需求而旋即置廢，有其不穩性，為了更詳細探討征討山越與政區建置的關連，茲參下表：

表 5-2-5：孫吳揚州新置縣表〔註 210〕

郡名＼吳主	孫　策	孫　權	孫　亮	孫　休	孫　皓	未　知
丹陽郡	始安、廣德、永平、安吳	懷安、寧國、臨城、臼陽				

〔註 208〕本表引自陳健梅，前揭《孫吳政區地理》，〈附表一〉，頁 324。
〔註 209〕新都郡與東安郡是賀齊，臨川郡則是朱然，東安郡廢後不復設，臨川郡則是孫權廢後，孫亮再度設置。
〔註 210〕本表引自陳健梅的《孫吳政區地理》，附表二，頁 325。

新都郡		始新、新定、黎陽、休楊			
吳　郡		建德、桐廬、新昌、新城、海昌、永安、臨水			
會稽郡	吳寧、豐安、建安、漢興、昭武	平昌、定陽、永康、武義、臨海、南始平、羅陽、松陽、建平			
建安郡			將樂、南平、東安		
豫章郡	西安、葛陽、樂安	宜豐、富城、陽樂、上饒、鐘陵、廣昌			
廬陵郡	新興、巴丘、興平、永新			吉陽、東昌	西昌、陽城
臨海郡		羅江			
臨川郡		西平、東興、南豐、永城、宜黃、安浦、西寧、新建			
安成郡				新渝、萍鄉	
合計數目	16	34	9	3	4	2

觀察上表，可發現皖南丘陵所鄰近的丹陽、吳、新都郡，及夾於皖南、浙閩丘陵之間的會稽郡，在孫權時代增設的縣數相當驚人，由此推論，孫權時期征討的山越主要集中皖南丘陵，且時間長達孫吳國祚一半，除是此地山越勢力龐大外，也與所在位置緊鄰孫吳要地有關。就孫權時期多次豐厚的勝利來看，皖南山越的威脅已獲得很高程度的控制。

　　孫亮時期則設置了臨海、臨川郡底下的大量屬縣，由此推斷，此階段應著重在浙閩丘陵中部與西側〈相關位置可前參本節附圖〉，據陳健梅看法，〔註211〕浙閩丘陵的沿海地帶，主要採取沿江溯流（即自下游向上游建立據點，控制線就會與河川流域重疊）之方式，逐漸往上游山區推進，故臨海郡

〔註211〕參〈山越問題與揚州的開發〉，前揭《孫吳政區地理》，頁288～304。

屬縣皆圍繞於永安溪與甌江沿岸，臨川郡位鄱陽盆地南側，屬縣則順著撫河流域進入浙閩丘陵西側，正好與沿海地帶的政區建置形成自東西兩側向中延伸的態勢。

　　孫休時期又設了建安郡，建安郡位浙閩丘陵中南部，以閩江爲主幹，鋪設新的屬縣。由於浙閩丘陵多數山脈採東北——西南走向，恰與獨流入江的東南水系形成十字切割貌，故從外繞自沿海口慢慢入山的建置路徑，遂成最佳選擇，此可視爲是孫吳「仰水入山」之法。透過各時期不同的政區建置情況，可觀察該時期經營重點之轉變。孫權大抵完成對皖南丘陵之控制，孫亮、孫休則是始往浙閩丘陵的中南部推進，孫皓時期因蜀漢滅亡，且揚州開發已達到穩定階段，爲對抗晉朝在西南國防進逼，遂把經營重心移到交州，從他並未對建安郡有新設縣來看，孫吳對浙閩丘陵的控制尙未落實於南部。

　　本節依序探討了山越問題的形成、影響與處理手段。筆者以爲，孫吳在手段上，力行武力鎮壓與吸收人口的策略，主要乃是按國防政策與國家安全需求而行。山越問題原本理屬內患，但因部分涉及層面超越內患，且孫吳對揚州統治之穩固，必須建立在對山越控制上，特別是揚州北側爲孫吳國防抗魏前線，在守江態勢戰略縱深不足的情況下，更不容許內部山越叛亂，導致江防部隊需分心鎮壓（特別是丹陽、鄱陽地區的山越）。再者，孫吳江防部隊兵源，不少來自山越人，故孫吳全力征討，也是著眼其背後利益，因此，筆者才將山越問題列入國防政策的層面分析。總之，孫吳國防對外爲維持江防體系，對內則爲治理山越問題，兩者一表一裡，合則兩利，分則兩害，攸關孫吳國家安全的維持。

第六章　結　論

　　以中國史分期而言，魏、蜀、吳三國鼎立時期，基本被劃屬魏晉南北朝大分裂時代之始。而在分裂時期，各政權盛衰興亡因素的探討比較，尤是歷史研究上十分重視的議題。三國時代傑出人物輩出，經典戰爭與謀略常爲文學創作的題材，古今學人亦多有評論。不過，由於歷來孫權經常被視爲偏安之主，不存統一之志，使得孫吳政權的歷史評價，受到了一定程度的貶抑，同時「吳魏對抗」作爲三國時期之歷史重心，所受重視也相對不足。因此，筆者選擇從國家戰略的研究視野切入，希望對孫吳政權能有更客觀、更全面性的理解。

　　國家戰略者，乃爲一國的生存與發展所服務。然而，分裂時期的政權與一統王朝不同，有部分往往早在政權肇興，追求建國之過程中，即已逐步形成國家戰略，如本文研究主角——孫吳即是。孫策時期渡江開拓、始建政權，雖然江東六郡之地，是孫吳國家戰略發軔的重要基礎，不過此時尚未具有成熟的國家戰略，僅在發展方向上，把「西向荆州」作爲主要拓展方向。至孫權統事，不僅克服統治危機，更恢復西向發展，又受魯肅啓發，進一步擴大轉型，形成以建國爲終極目標的「全據長江」戰略，此戰略以長江爲地理基礎，二分天下，創建「劃江而治」的國家型態，實開歷史經驗未有之先河，對於後代南朝政權的立國是一範式原型。

　　孫吳的國家戰略，基本可劃分爲前、後兩期，前期的戰略重點在「全據長江」，所謂「全據長江」，乃是針對長江中上游荆州地區，夏口、江陵、夷陵等沿江要地進行爭奪，夷陵之戰後，孫吳完成了「有限度的全據長江」，簡言之，就是控制交通聯繫較緊密的荆、揚兩州爲疆域主體，對上游蜀國採行

外交結盟與關限防禦，以保存最大力量，在長江防線上抵抗曹魏。另外，經略交州也隸屬於全據長江戰略的一個次要環節，其目的在於增益戰略後方，以及鞏固荊州西南側的防禦。蜀漢滅亡後，吳、晉嘗在此曾爆發戰爭，足見交州戰略地位之轉變與提升，故本研究獨立一節分析。

黃武年間，孫吳後期國家戰略逐步進入「進圖淮南」，主要聯盟蜀漢，並針對淮南地區，進行北伐，目的在於改善江防形勢，以及作爲追求統一的前置準備。然而「進圖淮南」戰略失敗，不但孫吳疆域未能擴張，國力亦在戰爭與後期政治內鬥中，嚴重耗損，雖然曹魏逢司馬氏專政，導致淮南鎮將三度叛變，引發國防危機，但孫亮時期的三權相諸葛恪、孫峻、孫綝未能把握良機，以致爭奪淮南的軍事行動再度無功。國家戰略也不得不因應守國偏安之現實，在孫休時期正式轉入「限江自保」戰略，後蜀漢滅亡，孫皓時期吳、晉形成不均衡的南北對抗，孫吳生存危機日增。最終，長江防線自上游爲王濬水師摧毀，在長江防線崩潰，「限江自保」戰略亦不能維持時，孫吳終亡於西晉之手，這是本研究第二、第三章所欲呈現之觀點。

第四章主談孫吳外交，由於曹操與劉備兩人屬於完全敵對的狀態，故孫權外交立場上選擇聯合何者、打擊何者，可言是三國前期外交中的主戲。孫吳外交政策，因配合國家戰略制度，也可區分前、後兩時期，建國前的「全據長江」階段，基本屬於「發展期」，期間以荊州利益爲第一考量，兩度轉換結盟對象，曹操南下荊州欲完成統一，則聯合劉備阻擋；劉備佔據荊州不讓，則轉拉攏曹氏打擊劉備，明顯以短期戰爭目的爲主，故外交立場屢屢改易。

待至「全據長江」完成，則進入「穩定期」，以吳蜀復交爲始，並配合進圖「淮南戰略」之需求，重建吳、蜀聯盟，雙方再度聯手曹魏。其中，經略東北同屬穩定期的外交活動，與抗魏之國家戰略目標相應，雖然結果失敗，仍可視爲孫權追求統一的意志展現。基本上，孫吳在外交方面皆採取主動積極的佈局態度，前期在遊走曹、劉之間的矛盾，成功的協助了奪荊建國的目標。不過，後期雖能靠著聯盟蜀漢以牽制曹魏，但因與蜀的聯合伐魏方面，未能充分配合，使得聯盟形勢雖有效的推遲魏（晉）統一時機，卻無法扭轉北強南弱的局勢，誠是孫吳後期不能再有發展之因。

第五章則談孫吳國防，孫吳之國防政策配合國家戰略的推動，可區分爲兩大方向，其對外部份，以建構長江防線爲主；「全據長江」時期著重「西向

延展」，爭奪長江中上游地區，並順利將國防線深入三峽之內，以西陵（夷陵）
爲重鎮，對蜀漢建立起關限防禦。「進圖淮南」時期著重「北向延展」，主力
爭奪淮南地區，希望國防上能以「守淮」代替「守江」，改善長江防線縱深不
足的劣勢。然西向延展成功，北向延展卻失敗收場，使得孫吳在江防即國防
的態勢上，必須積極防禦，建立更完善的江防體系。而孫吳之江防體系共設
三道防線，第一線爲長江北岸的緩衝地帶，輔以江陵、濡須兩個重鎮爲荊、
揚國防前沿，第二線則以江面水師爲主，利用水戰優勢封堵曹軍渡江，第三
線則在夾江南北的要津重地，設立軍鎮都督駐防，以力阻曹魏南下。在末主
孫皓晚年昏聵，鬆懈上游荊州防務前，長江防線對於孫吳國祚的延續，做出
了巨大的貢獻。

其對內部份，以征討山越爲主，實際上孫吳境內少數民族甚多，但以山
越的數量最龐大，動亂規模也最嚴重，時聞動亂，或與外敵相通。爲鞏固政
權統治，始孫策渡江至亡國前夕，孫吳歷任君主皆長時間對山越採行武力鎮
壓，山越動亂雖屢屢造成孫吳發展上的制肘，但征討山越獲得的人口，卻也
爲孫吳提供了龐大的生產力與士兵來源，可言是國防上的雙面刃，利弊兼有，
故筆者才會在研究上，將山越視爲國家安全問題的層次，特別置入國防層面
探討。

綜合上述研究內容顯示，孫吳的國家戰略受到了「長江制其區宇」的影
響，不論生存還是發展，皆不脫長江的地理要素之制約，成爲其戰略最大特
色，此早屬學界共識。而本研究所以選擇國家戰略之角度，對孫吳政權進行
再研究，主要是針對「孫吳偏安論」的議題而發，歷來學者常借用「限江自
保」之概念，評判孫吳政權由孫權建國之始，即以江南基業爲滿，不復進取，
筆者愚以爲此說法尚有能夠補充的部份。

就國家戰略的角度來看，孫吳「全據長江」的終極目標在於建國，「進圖
淮南」的終極目標則可說是統一，其體現在孫權的積極北伐與經略東北等行
徑上，且孫權北伐所以失利，除是受到曹魏防禦戰略成功、吳、魏國力差距
以及名將早亡等客觀條件限制外，實與孫權爭淮南的戰場戰略失敗有關，也
就是說，孫權在軍事上缺乏突破僵局的能力，乃一大主因，並非是初始即抱
偏安之志，否則以當時孫吳建國之初，國防守江的穩固，不足以說明孫權需
要頻繁大動兵戈之理。

「限江自保」戰略曾在「進圖淮南」失敗後，浮上檯面，其時間點約在

孫權晚年，反映在他放棄北伐，修繕江防設施的舉措上。不過，孫亮時期三權相——諸葛恪妄起北伐，孫峻、孫綝逢淮南內亂，而不能有所獲，使得進圖淮南退縮往限江自保的過程，經歷了一段過渡期，但就客觀形勢而言，孫吳國力與曹魏差距日大，蜀漢滅亡後，更是處在完全不平衡的對峙中。因此，限江自保戰略某種程度上，不是具有選擇性的採行，而是現實困境下，政權不得不爲的生存手段。

「限江自保」戰略最初發軔於吳將陸遜，直接體現在其以夷陵爲「國之關限」，的想法上，其主張以長江鞏守孫吳現有三州疆域，不耗損人力、物力於北伐，保境安民。不過，孫權稱帝後雖然日漸昏聵，出現如經略東北、儲位二宮之爭、校事監察等，失當的政治措施，但並不以此爲國家戰略主軸。因此，限江自保戰略眞正的實踐者是陸遜之子陸抗，實踐的時期，則是孫休、孫皓時期，陸抗在孫休到孫皓在位期間，一路晉升至國家首席軍事統帥，長期坐鎮荊州，力保上游不失，對延續孫吳政權起了莫大作用。陸抗死後，西晉才六路齊發，攻破長江防線，陸抗可謂不愧其父。以此觀之，孫權稱帝後的諸項作爲，雖是孫吳國力由盛轉衰的關鍵，但不能以失敗的結果，便論定孫權初始即爲偏安心態，蓋因從孫吳國家戰略的形成、推動與轉變的過程來看，最後走向限江自保，中間有其不能省略部份與原因，方能理解孫吳政權盛衰興亡的背後，所隱藏的歷史意涵。

徵引書目

一、基本史料（依朝代先後排列）

1. 〔東周〕孫武，〔東漢〕魏武帝等註，〔清〕孫星衍等校，《孫子集註》，臺北：東大圖書股份有限公司，2006 年。

2. 〔漢〕司馬遷，《史記》，北京：中華書局，1959 年。

3. 〔東漢〕班固，《漢書》，北京：中華書局，1962 年。

4. 〔晉〕陳壽、〔南朝宋〕裴松之注，《三國志》，北京：中華書局，2006 年。

5. 〔晉〕葛洪，《抱朴子》，上海：上海古籍出版社，1990 年。

6. 〔晉〕袁宏撰，周天游校注，《後漢紀校注》，天津：天津古籍出版社，1987 年。

7. 〔東晉〕常璩，任乃強校補圖注，《華陽國志》，上海：上海古籍出版社，2007 年。

8. 〔北魏〕酈道元注，《水經注》，上海：上海古籍出版社，1990 年。

9. 〔南朝宋〕范曄、〔晉〕司馬彪補志，《後漢書》，北京：中華書局，2006 年。

10. 〔南朝宋〕劉敬淑，《異苑》，北京：中華書局，1996 年。

11. 〔南朝宋〕劉義慶，《世說新語》，北京：中華書局，2005 年。

12. 〔南朝梁〕沈約，《宋書》，北京：中華書局，2008 年。

13. 〔唐〕李吉甫，《元和郡縣圖志》，臺北：新興出版社，1988 年。

14. 〔唐〕房玄齡等，《晉書》，北京：中華書局，2010 年重印。

15. 〔唐〕姚思廉，《梁書》，北京：中華書局，1973 年。

16. 〔唐〕杜祐，《通典》，北京：中華書局，1988 年。

17. 〔唐〕許嵩，《建康實錄》，北京：中華書局，1986 年。

18. 〔唐〕歐陽詢、汪紹楹校，《藝文類聚》，北京：中華書局，1965 年。

19. 〔宋〕王應麟，《通鑑地理通釋》，臺北：廣文書局，1980 年。

20. 〔宋〕司馬光、〔元〕胡三省注，《資治通鑑》，北京：中華書局，1992 年。

21. 〔宋〕王象之、李勇先校點，《與地紀勝》，成都：四川大學出版社，2005 年。

22. 〔宋〕李燾，《六朝通鑑博議》，收入南京稀見文獻叢刊，南京：南京出版社，2007 年。

23. 〔宋〕張敦頤，《六朝事跡編類》，收入南京稀見文獻叢刊，南京：南京出版社，2007 年。

24. 〔明〕羅貫中，《三國演義》，臺北：聯經出版社，1990 年。

25. 〔清〕王夫之、舒士彥整理，《讀通鑑論》北京：中華書局，2008 年重印。

26. 〔清〕王鳴盛，《十七史商榷》，北京：中華書局，1985 年。

27. 〔清〕何焯，《義門讀書記》，北京：中華書局，1987 年。

28. 〔清〕吳增儀，《三國郡縣表附考證》，收錄於《二十五史補編·第二冊》，臺北：開明書局，1959 年。

29. 〔清〕洪飴孫，《三國職官表》，收錄於《二十五史補編·第二冊》，臺北：開明書局，1959 年。

30. 〔清〕楊守敬，《三國郡縣表補正》，收錄於《二十五史補編·第三冊》，臺北：開明書局，1959 年。

31. 〔清〕楊守敬、熊會貞，《楊熊合撰水經注疏》，臺北：台灣中華書局，1971 年。

32. 〔清〕楊晨，《三國會要》，臺北：世界書局，1975 年。

33. 〔清〕萬斯同等，《後漢書三國志補表三十種》，北京：中華書局，1984 年。

34. 〔清〕趙一清、陶元珍補遺，《三國志注補併補遺》，上海：上海古籍出版社，2008 年。

35. 〔清〕盧弼，《三國志集解》，北京：中華書局，1982 年。

36. 〔清〕錢儀吉，《三國會要》，上海：上海古籍出版社，2006 年。

37. 〔清〕謝鍾英，《三國疆域表》，收入《二十五史補編·第三冊》，臺北：開明書局，1959 年。

38. 〔清〕顧祖禹、賀次君、施和金點校，《讀史方輿紀要》，北京：中華書局，2005 年。

39. 〔韓〕金富軾，《三國本紀》，臺北：東方文化書局，1971 年。

二、近人論著（依作者姓名筆劃排列）

1. 中國社會科學院歷史研究所編，《古史文存——秦漢魏晉南北朝卷》，北京：社會科學文獻出版社，2004 年。

2. 中國歷代戰爭史編纂委員會所編纂，《中國歷代戰爭史》第四冊，臺北：黎明出局書版社，1963 年。

3. 方詩銘，《方詩銘論三國人物》，上海：上海古籍出版社，2006 年。

4. 毛漢光，《中國中古社會史論》，臺北：聯經出版社，1988 年。

5. 毛漢光，《中國中古政治史論》，臺北：聯經出版社，1991 年。

6. 王永平，《孫吳文化》，南京：南京出版社，2005 年。

7. 王永平，《孫吳政治與文化史論》，上海：上海古籍出版社，2005 年。

8. 王仲犖，《說曹操》，北京：中華書局，2009 年。

9. 王仲犖，《魏晉南北朝史》，上海：上海人民出版社，2004 年。

10. 王蕊，《魏晉十六國青徐兖地域政局研究》，濟南：齊魯出版社，2008 年。

11. 北京吳簡研討班編，《吳簡研究（第一輯）》，北京：崇文書局，2004 年。

12. 史州，《安徽史志綜述》，合肥：安徽教育出版社，2002 年。

13. 田余慶，《秦漢魏晉史探微》，北京：中華書局，1993 年。

14. 石泉，《古代荊楚地理新探·續集》，武漢：武漢大學出版社，2004 年。

15. 朱大渭，《六朝史論稿》，北京：中華書局，1997 年。

16. 呂思勉，《燕石札記》，上海：上海書店，1991 年。

17. 宋杰，《中國古代戰爭的地理樞紐》，北京：中國社會科學出版社，2009 年。

18. 李其泰，《外交學》，臺北：正中書局，1962 年。

19. 李則芬，《三國歷史論文集》，臺北：黎明文化事業股份有限公司，1982 年。

20. 李洪天主編，《回望如夢的六朝——六朝史論集》，南京：鳳凰出版社，2009 年。

21. 李培棟，《魏晉南北朝史緣》，上海：學林出版社，1996 年。

22. 李劍農，《魏晉南北朝經濟史稿》，臺北：華世出版社，1981 年。

23. 李曉杰，《東漢政區地理》，山東：山東教育出版社，1999 年。

24. 長沙市簡牘博物館走馬樓簡牘整理組等編著，《長沙走馬樓三國吳簡》，北京：文物出版社，2003 年。

25. 胡阿祥，《六朝疆域與政區》，北京：學苑出版社，2006 年。

26. 胡阿祥主編，《兵家必爭之地》，海口：海南出版社，2007 年。

27. 唐長孺，《三至六世紀江南大土地所有制的發展》，臺北：帛書出版社，出版資訊不詳。

28. 唐長孺，《魏晉南北朝史論叢》，石家庄：河北教育出版社，2002 年。

29. 馬植杰，《三國史》，北京：人民出版社，2006 年。

30. 高敏，《長沙走馬樓簡牘研究》，桂林：廣西師範大學出版社，2008 年。

31. 高敏，《魏晉南北朝史發微》，北京：中華書局，2005 年。

32. 高敏，《魏晉南北朝兵制研究》，鄭州：大象出版社，1999 年。

33. 高敏，《魏晉南北朝社會經濟史探討》，北京：人民出版社，1987 年。

34. 高曉星、張鐵牛，《中國古代海軍史》，北京：解放軍出版社，1993 年。

35. 張大可，《三分的輓歌——話說三國十二帝》，北京，華文出版社，2006 年。

36. 張大可，《三國史研究》，北京：華文出版社，2003 年。

37. 張程，《三國大外交》，重慶：重慶出版社，2007 年。

38. 張靖龍，《赤壁之戰研究》，鄭州：中州古籍出版社，2004 年。

39. 張儐生，《魏晉南北朝史》，臺北：幼獅文化出版社，1987 年。

40. 張儐生，《魏晉南北朝政治史》，臺北：中國文化大學出版部，1982 年。

41. 梁滿倉，《漢唐間政治與文化探索》，貴陽：貴州人民出版社，2000 年。

42. 郭建、王志強，《滄桑分合·魏晉南北朝興衰啟示錄》，臺北：年輪文化事業有限公司，1998 年。

43. 陳文德，《策略規劃家——諸葛亮大傳》，臺北：遠流出版事業股份有限公司，2004 年。

44. 陳玉屏，《魏晉南北朝兵戶制度研究》，四川：巴蜀書社，1988 年。

45. 陳金鳳，《魏晉南北朝中間地帶研究》，天津：天津古籍出版社，2005 年。

46. 陳垣，《二十史朔閏表》，北京：古籍出版社，1956 年。

47. 陳致平，《三國史話》，臺北：三民書局，2008 年。

48. 陳健梅，《孫吳政區地理研究》，長沙：岳麓書社，2008 年。

49. 陳寅恪，萬繩楠整理，《魏晉南北朝講演錄》，臺北：昭明出版社，1999 年。

50. 陶新華，《魏晉南朝中央對地方軍政官的管理制度研究》，成都，巴蜀書社，2003 年。

51. 陶賢都，《魏晉南北朝霸府與霸府政治研究》，湖南：湖南人民出版社，2007 年。

52. 傅樂成,《漢唐史論集》,臺北:聯經出版社,1977 年。

53. 黃仲文,《三國戰爭史略》,臺北:信明出版社,1969 年。

54. 萬繩楠,《魏晉南北朝史論稿》,臺北:雲龍出版社,1994 年。

55. 雷家驥,《孔雀東南飛箋證》,臺北:蘭臺出版社,2008 年。

56. 雷家驥,《蔡琰悲憤詩箋證》,收入氏著《史詩三首箋證》,臺北:蘭臺出版社,2009 年。

57. 雷家驥師,《中古史學觀念史》,臺北:臺灣學生書局,1990 年。

58. 劉淑芬,《六朝的城市與社會》,臺北:臺灣學生書局,1992 年。

59. 蔣福亞,《魏晉南北朝社會經濟史》,天津:天津古籍出版社,2005 年。

60. 鄭欣,《魏晉南北朝史探索》,山東:山東大學出版社,1997 年。

61. 鄭欽仁等,《魏晉南北朝史》,臺北:里仁書局,2007 年

62. 黎虎,《漢唐外交制度史》,蘭州:蘭州大學出版社,1998 年。

63. 黎虎,《魏晉南北朝史論》,北京:學苑出版社,1999 年。

64. 嚴耕望,《中國地方行政制度史‧乙部》上冊,臺北:中央研究院歷史語文研究所專刊之四十五,1963 年。

65. 嚴耕望,《兩漢太守刺史表》,上海:上海古籍出版社,2007 年。

66. 饒勝文,《佈局天下——中國古代軍事地理大勢》,北京:中國人民解放軍出版社,2006 年。

三、期刊論文（依作者姓名筆劃排列）

1. 川本芳昭,〈六朝における蛮の理解についての一考察:山越‧蛮漢融合の問題を中心として見た〉,《史學雜誌》第 95 卷第 8 號,1986 年。

2. 毛漢光,〈三國政權的基礎〉,收入《史語所集刊》第 41 期,1969 年。

3. 王永平,〈孫亮、孫休時期宗室與權專權倖及其鬥爭——孫吳後期政治史研究之一〉,《許昌學院學報》第 25 卷第 1 期,2006 年。

4. 王石天,〈從孫劉聯盟的破裂看關羽北上襄、樊的時機〉,《河南大學學報》(社會科學版) 第 36 卷第 6 期,1996 年。

5. 王延武,〈「隆中對」與「吳門對」的比較能說明什麼?〉,收入武漢大學中國三至九世紀研究所編《中國前代史理論國際學術研討會論文集》,武漢:湖北人民出版社,1997 年。

6. 王延武,〈孫權北擊合肥的歷史作用——吳、魏前期戰事評議〉,湖北:《中南民族學院學報》(人文社會科學版) 第 6 期,2001 年。

7. 王前程、楊愛麗,〈三國爭霸,爭在夷陵——簡論三國時期宜昌地區的軍事價值〉,《三峽大學學報》(人文社會科學版) 第 30 卷第 5 期,2008 年。

8. 王素、宋少華、羅新，〈長沙走馬樓簡牘整理的新收穫〉，《文物》，1999
年第 5 期。

9. 王進科、呂勇，〈鎮壓還是安撫——也談孫權對山越的政策〉，《蕪湖職業
技術學院學報》第 1 期，2007 年。

10. 王霜媚，〈孫吳政權的成立與南北勢力的興替〉，《食貨月刊》第 10 期 3
月號，1980 年。

11. 王鑫義，〈曹魏淮河流域屯田述論〉，《安徽大學學報》（哲學社會科學版）
第 24 卷第 5 期，2000 年。

12. 朱子彥，〈論三國時期的荊襄之戰〉，《上海大學學報》（社會科學版）第
1 期，1993 年。

13. 朱子彥、王光乾，〈論三國時期交州的戰略地位與攻守形勢〉，《上海大學
學報》（社會科學版）第 1 期，2008 年。

14. 西嶋定生，〈親魏倭王冊封に至る東アジアの情勢——公孫氏政權の興亡
を中心として〉，收入氏著，《中國古代國家と東アジア世界》，東京：東
京大學出版社，1983 年。

15. 何光岳，〈山越的分布與消融〉，《吉安師專學報》第 5 期，1994 年。

16. 何堤，〈失荊州原因新議〉，《歷史月刊》，第 209 期，2005 年。

17. 何榮昌，〈略論六朝的江防〉，收於江蘇省六朝史研究會編《六朝史論
集》，合肥：黃山書社，1993 年。

18. 何滿子，〈孫權經略遼東評議〉，《學海》，第 1 期 1994 年。

19. 呂春盛，〈三國時代的山越與六朝的族群現象〉，《臺灣師大歷史學報》第
33 期，2005 年。

20. 宋燕鵬、馮磊，〈孫吳分交州置廣州緣由之我見〉，《保定師範專科學校學
報》第 1 期，2002 年。

21. 李步嘉，〈漢末魏晉南朝江陵城又稱「荊州城」、「南郡城」考釋〉，《武漢
大學學報（哲學社會科學版）》第 3 期，1997 年。

22. 李紅權、郭秀琦，〈孫權經營東北戰略構想——以嘉禾二年正月詔書為中
心的考察〉，《宜賓學院學報》第 10 卷第 4 期，2010 年。

23. 李程，〈孫權外交策略的失敗〉，《江漢論壇》第 6 期，2005 年。

24. 村田哲也，〈孫吳政權の軍事力形成と山越討伐の——考察〉，《東洋史苑》
第 47 號，1996 年。

25. 村田哲也，〈孫吳政權の軍制に関する一考察：孫吳政權像の理解をめぐ
って〉，《東洋史苑》第 59 號，2002 年。

26. 村田哲也，〈孫吳政權後期政治史の——考察：孫權死後の北伐論の開展
から〉，《東洋史苑》第 52、53 號，1999 年。

27. 佐藤佑治,〈公孫氏政權と司馬懿の遠東遠征〉,《関東学院大学文学部紀要》第 105 輯,2005 年。

28. 周兆望,〈東吳舟師作戰特點〉,《漢中師院學報》第 2 期,1991 年。

29. 邱宏亮,〈均勢與制衡──三國鼎立時期孫吳外交思想研究〉,《重慶師範大學學報》(哲學社會科學版) 第 3 期,2006 年。

30. 金裕鳳,〈試論孫權的外交策略〉,《柳城師範學院學報》(社會科學版) 第 2 期,2000 年。

31. 俞玲,〈論孫吳襲取江陵的軍事謀略〉,《湖北大學學報》(哲學社會科學版) 第 2 期,1993 年。

32. 胡志佳,〈三國外交使節之研究〉,《逢甲人文社會學報》第 2 期,2001 年。

33. 孫家州、邱瑜,〈西陵之爭與三國孫吳政權之存亡〉,《河北學刊》第 26 卷第 2 期,2006 年。

34. 孫祥偉,〈三國時期東吳、遼東與三韓關係探略〉,《隴東學院學報(社會科學版)》第 17 卷第 1 期,2006 年。

35. 馬以謹,〈孫吳九攻合肥失利之因試探〉,收入中興大學歷史系主辦,《中國中古史社會與國家國際學術研討會》會議論文,2010 年。

36. 高亞偉,〈孫吳開闢蠻越考〉,《大陸雜誌》第 7 卷第 7、8 期,1953 年。

37. 張鶴泉,〈孫吳軍鎮都督略論〉,吉林:《史學集刊》第 2 期,1996 年。

38. 梁雁庵,〈漢代交州州治沿革〉,《廣東史志》第 2 期,1996 年。

39. 許倬雲,〈三國吳地的地方勢力〉,《史語所集刊》第 37 本上冊,1967 年。

40. 陳玉屏,〈論孫吳毗陵屯田的性質〉,雲南:《西南民族學院學報》(社會科學版) 第 2 期,1989 年。

41. 陳金鳳,〈孫吳建都與撤都武昌的原因探析〉,《河南科技大學學報》(社會科學版) 第 21 卷第 4 期,2003 年。

42. 陳金鳳,〈孫吳益州戰略論析〉,《軍事歷史研究》第 4 期,2005 年。

43. 陳金鳳,〈益州戰略與吳蜀關係〉,湖北:《江漢論壇》第 2 期,2008 年。

44. 陳健梅,〈從政區建置看三國時期川江沿線的攻防策略〉,北京:《中國歷史地理論叢》第 23 卷第 3 輯,2008 年。

45. 陳連慶,〈孫吳的屯田制〉,《社會科學輯刊》第 6 期,1982 年。

46. 陶元珍,〈三國吳兵考〉,《燕京學報》第 13 期,1933 年。

47. 傅樂成,〈孫吳與山越之開發〉,《文史哲學報》第 3 期,1951 年。

48. 曾現江,〈孫吳長江防線略論〉,成都:《成都大學學報》第 2 期,2001 年。

49. 渡邊義浩，〈孫吳の正統性と國山碑〉，《三國志研究》第 2 號，2007 年。

50. 菊地大，〈孫吳政權対外政策について：東アジア地域を中心に〉，《駿臺史學》第 116 輯，2002 年。

51. 楊富，〈公孫氏政權下遼東經濟中心的發展與衰落〉，《西藏大學學報》第 23 卷第 2 期，2008 年。

52. 萬穎中，〈東漢末年的荊州問題析論——兼談「借荊州」事件的眞僞〉，《淡江人文社會學刊》第 33 期，2008 年。

53. 葉國慶，〈三國時山越分布之區域〉，《禹貢》第 2 卷第 8 期，1934 年。

54. 雷家驥，〈赤壁之戰——形成中國首次分裂的三大會戰之二〉，《歷史月刊》第 16 期，1989 年。

55. 雷家驥，〈從督軍制、都督制的發展論西魏北周之統帥權〉，收入《中國中古史研究》第八期，2008 年。

56. 雷家驥，〈猇亭之戰——形成中國首次分裂的三大會戰之三〉，《歷史月刊》第 18 期，1989 年。

57. 裴傳永，〈三國時期的外交鬥爭述論〉，《理論學刊》第 6 期，1995 年。

58. 裴傳永，〈孫權偏安江東說質疑〉，《山東社會科學》第 6 期，1991 年。

59. 趙小勇，〈東吳末年江防兵力考釋〉，江蘇：《連雲港師範高等專科學校學報》第 1 期，2005 年。

60. 趙昆生〈孫吳世襲領兵制〉，重慶：《重慶師範大學學報》（社會哲學版）第 4 期，2003 年。

61. 劉芝慶，〈「隆中對」的魯肅版〉，《歷史月刊》第 172 期，2002 年。

62. 劉國石，〈三國外交人才述論〉，《吉林師範學院學報》第 11 期，1996 年。

63. 劉漢東，〈東吳領兵、復客、奉邑三制關係之研究〉，河南：《許昌師專學報》（社會科學版）第 13 卷第 1 期，1994 年。

64. 樂凱銘，〈三國時代孫吳之軍事外交策略〉，《陸軍學術月刊》第 34 期，1998 年。

65. 黎虎，〈孫權對遼東的經略〉，《北京師範大學學報》（社會科學版）第 5 期，1994 年。

66. 謝偉傑，〈孫吳「彈性外交」述論〉，《漢學研究》第 22 期，2004 年。

67. 羅威，〈益陽在孫吳統治時期的戰略地位〉，《湖南城市學報》第 26 卷第 5 期，2005 年。

四、學位論文 （依作者姓名筆劃排列）

1. 尹輝風，〈孫吳長江防線研究〉，湖南師範大學歷史所碩士論文，2008 年。

2. 邱宏亮，〈孫吳外交思想述論〉，重慶師範大學歷史所碩士論文，2007 年。

3. 張文杰,〈三國孫吳政治社會結構及其統治政策探研〉,國立中興大學歷史研究所博士論文,2006 年。

4. 陳冬陽,〈孫權時期孫吳戰略決策研究〉,華南師範大學歷史研究所碩士論文,2004 年。

5. 黃聲岳,〈孫吳屯田與農田水利〉,國立彰化師範大學歷史研究所碩士論文,2008 年。

6. 趙小勇,〈論長江防線與東吳政局〉,安徽師範大學歷史研究所碩士論文,2006 年。

7. 鄭慶華,〈東吳與蜀漢魏晉關係研究〉,國立台灣大學歷史學研究研究所碩士論文,1976 年。

五、翻譯及外國論著

1. 〔日〕大川富士夫,《六朝江南の豪族社會》,東京:熊山閣,1987 年。

2. 〔日〕川勝義雄,《六朝貴族制社會研究》,上海:上海古籍出版社,2007 年。

3. 〔日〕宮川尚志,《六朝史研究・政治社會篇》,京都:平樂寺書店,1977 年。

4. 〔日〕濱口重國,《秦漢隋唐史の研究》,東京:東京大學出版社,1966 年。

5. 〔法〕薄富爾,鈕先鍾譯,《戰略緒論》,臺北:麥田出版社,2000 年。

6. 〔美〕Andrew Heywood,楊日新等譯,《最新政治學新論》,臺北:韋伯文化出版社,2002 年。

7. 〔英〕李德哈特,鈕先鍾譯,《戰略論》,臺北:麥田出版社,2007 年。

8. 〔德〕克勞塞維茨,楊南芳等譯校,《戰爭論》,臺北:左岸文化出版社,2006 年。

六、工具書

1. 〔日〕立間祥介,《三國志戰略年代記》,臺北:楓書坊文化出版社,2006 年。

2. 《中國地理地圖集》編委會,《中國地理地圖集》,北京:中國大百科全書出版社,2011 年。

3. 西北師範學院地理系及地圖出版社主編,《中國自然地理圖集》,北京:新華書店,1984 年。

4. 張舜徽,《三國志辭典》,濟南:山東教育出版社,1992 年。

5. 許盤清,《三國風雲圖說》,北京:地震出版社,2004 年。

6. 譚其驤,《中國歷史地圖集》,北京:中國地圖出版社,1996 年。